Ein Band der
Reihe Film
in **Fischer Cinema**

Rainer Werner Fassbinder, 1945 in Bad Wörishofen geboren, 1982 in München gestorben, hat zwischen 1965 und 1982 mehr als 50 Filme, Fernsehserien, Theaterinszenierungen und Hörspiele, zumeist nach eigenen Vorlagen, Stoffen und Bearbeitungen hergestellt. Unter den Regisseuren des Jungen Deutschen Films war er der vielseitigste und produktivste Autor. Er hat Methoden von Andy Warhols »Factory« und später der arbeitsteiligen Hollywood-Produktion (weitgehend festes Team von Darstellern, Kameraleuten, Bühnenbildnern und Musikern) mit Darstellungsformen des Volksstücks, des Melodrams und des (amerikanisch-französischen) Gangsterfilms verbunden. Diese Monographie (1974 in der Reihe Film im Carl Hanser Verlag erschienen und mehrfach aktualisiert) war das erste Buch, das Fassbinders Entwicklung, die Vielfalt seines Talents umfassend dokumentierte, beschrieb und analysierte. Die im Datenteil auf den letzten Stand gebrachte Taschenbuchausgabe behandelt sämtliche Filme Fassbinders.

Die Autoren

Peter Iden (1938, Brandenburg). Studium der Philosophie in Frankfurt und Wien; Theater- und Kunstkritiken für die »Frankfurter Rundschau«; 1966 Mitbegründer der Frankfurter Theater-»Experimenta«; Autor einer Edward Bond-Monographie (Velber 1973).
Peter W. Jansen (1930, Elsdorf/Köln). Verlagsbuchhändler, Studium Germanistik, Geschichte, Soziologie, Dr. phil. (Joseph Roth). Redakteur bei »Der Mittag«, Westdeutscher Rundfunk, »Frankfurter Allgemeine«, Südwestfunk. Lebt in Gernsbach/Baden.
Yaak Karsunke (1934, Berlin). Drei Semester Jura-Studium; zwei Jahre Schauspielschule; sieben Jahre Hilfs- und Gelegenheitsarbeiter; 1965 Mitbegründer und bis 1968 Chefredakteur der Zeitschrift »kürbiskern«; seit 1969 freiberuflicher Literaturproduzent (Gedichte, Hörspiele, Theaterstücke).
Hans Helmut Prinzler (1930, Berlin). Studium der Publizistik und Theaterwissenschaft; 1969 bis 1979 Studienleiter an der Deutschen Film- und Fernsehakademie Berlin; seit 1979 Mitarbeiter der »Stiftung Deutsche Kinemathek« Berlin. Bücher: »Film in der Bundesrepublik Deutschland« (mit H.G. Pflaum, 1979), »Lubitsch« (mit Enno Patalas, 1984), »Spielberg« (mit Antje Goldau, 1985).
Wilhelm Roth (1937, Regensburg). Studium der Germanistik und Geschichte; freiberuflicher Journalist; 1968 bis 1972 Redakteur der Zeitschrift »Filmkritik«; von 1973 bis 1979 Mitarbeiter der »Freunde der Deutschen Kinemathek« Berlin. 1981 bis 1983 verantwortlicher Redakteur von »Kirche und Film«. Seit 1984 verantwortlicher Redakteur von »epd Film«. Lebt in Berlin und Frankfurt.
Wolfram Schütte (1939, Frankfurt a.M.). Studium der Germanistik, Soziologie und Philosophie in Frankfurt. Seit 1967 Feuilletonredakteur der »Frankfurter Rundschau«. Zahlreiche Beiträge in der »Reihe Film«.
Wilfried Wiegand (1937, Berlin). Studium der Kunstgeschichte; Dr. phil.; Redakteur bei »Die Welt«, »Der Spiegel«, »Frankfurter Allgemeine«; Autor einer Monographie über Pablo Picasso (1973).

Rainer Werner Fassbinder

Herausgegeben von Peter W. Jansen
und Wolfram Schütte
in Zusammenarbeit mit der
Stiftung Deutsche Kinemathek

Mit Beiträgen von
Peter Iden, Peter W. Jansen,
Yaak Karsunke, Hans Helmut Prinzler,
Wilhelm Roth, Wolfram Schütte
und Wilfried Wiegand

Fischer
Taschenbuch
Verlag

Fischer Cinema
Lektorat: Ingeborg Mues

Veröffentlicht im Fischer Taschenbuch Verlag GmbH,
Frankfurt am Main, Mai 1992

Lizenzausgabe mit freundlicher Genehmigung
des Carl Hanser Verlages, München Wien

5., ergänzte und erweiterte Auflage 1985
Umschlaggestaltung: Buchholz/Hinsch/Hensinger
Umschlagfoto: Munichpress – Stephanie Reisp
Druck und Bindung: Clausen & Bosse, Leck
Printed in Germany
ISBN 3-596-11318-0

Inhalt

anti-theatergeschichte
Die Anfänge

Von Yaak Karsunke

Seit der Eröffnung des *action-theaters* sind zehn, seit seiner zwangsweisen Schließung fast elf Jahre vergangen, inzwischen hat sich herumgesprochen, daß dort – auf der Behelfsbühne eines pleitegegangenen action-Kinos in der Münchner Müllerstraße – *der* Fassbinder das Konzept *des* antiteaters entwickelt hat. Heute darüber schreiben, heißt Theatergeschichte betreiben, eine Wissenschaft, die Personen und Ereignisse gern als Monumente ihrer selbst vorführt, sogar Clowns müssen da noch analytische Periodisierungen erleiden: der frühe, der mittlere, der späte Grock ... Nit m*ööö*glich, aber so gehts zu. Im *action* ging es – z.B. am 3. Oktober 1967 – so zu: an der Theke konnte man ein Bier (oder ein Glas Hauswein) erwerben, es mit an seinen Platz nehmen und rauchen (was der frühe Brecht gefordert und der späte nicht verwirklicht hat). Dann kam – durch den Publikumseingang – ein Haufen Hippies mit Blumen, die sie auf ihrem Zug durchs Parkett an die Zuschauer verteilten, anschließend kletterten sie auf ein Nudelbrett von Podest. Das war mit Reklamewänden einer großen Illustrierten umstellt: Farbfotos warben für eine Serie über das persische Kaiserpaar (vier Monate und einen Tag zuvor war bei einem Besuch eben dieses Paares in Westberlin ein Student von einem Polizisten erschossen worden). Hinter diesen Stellwänden verschwand das Ensemble bis auf einen untersetzten, sanft blikkenden jungen Mann, der aus seinen Jeans ein Reclamheft fischte, sich bäuchlings auf den Boden legte, noch einmal kurz ins Publikum sah, dann sein Büchlein aufschlug und vorlas: »Leonce und Lena. Ein Lustspiel von Georg Büchner.«

Dieses Lustspiel wurde im folgenden mit *Lust gespielt*, wobei aktuelle Anspielungen nicht fehlten. Als der Schulmeister die zur Begrüßung abkommandierten Untertanen belehrte: »zeigt die gehörige Rührung, oder es werden rührende Mittel gebraucht werden« gab es Szenenbeifall – angesichts des Schahs aktualisierte sich der Text von allein. Zur Hochzeit zwischen

Leonce und Lena hingegen hatte das *action* die Beatles gebeten, die aus dem Lautsprecher die berechtigte Frage stellten: »Will you still need me – will you still feed me – when I'm sixty-four?« Die Provinzkritiker reagierten – wenn überhaupt – philologisch-säuerlich. Den Leuten, die den fingerdicken Staatstheaterstaub auf klassischen Texten längst für deren authentische Oberfläche hielten, galt Pusten als Sakrileg, als Umgangsform mit Dichtung war ihnen *zelebrieren* geläufig. Die unbefangen-lebendige Art, mit einem überlieferten Text zu *spielen,* unterschied sich außerdem auch frappierend von dem, was andere Keller- oder Zimmertheater boten. Auf die Tatsache, daß sich die subventionierten großen Häuser per Werkraum, Werkstatt etc. selbst unter*kellert* hatten, reagierten die Mini-Bühnen nämlich weitgehend hilflos. Es gab Rückzüge in die Theatergeschichte, vornehmlich des Expressionismus, ein paar standardisierte Artaud-Zitate und immer mal wieder des seligen Jarry »Ubu«. Im übrigen lieferte der Keller lediglich dilettantische Kopien dessen, was der offizielle Kulturbetrieb längst kommerziell anbot: Ionesco wäre hier ebenso zu nennen wie Handke.
So (mit »Jakob oder der Gehorsam«, gefolgt von der »Publikumsbeschimpfung«) hatte auch das *action* begonnen, immerhin etwas sorgfältiger, weniger eitel und weniger verkrampft inszeniert als an vergleichbaren Orten. Erst Peer Rabens *living-theatre*-nahe »Antigone« jedoch fiel deutlich aus dem Kunstgewerbe-Rahmen. Auf dem Programmzettel teilte der Regisseur mit: »Bei der Probenarbeit wurde der Text der einzelnen Szenen von den Schauspielern aus der Erinnerung an eine gelesene Fassung spontan verwendet. Das Ergebnis wurde von mir fixiert und mit Bertolt Brechts Legendenfassung (aus dem »Antigonemodell 1948« Y.K.) ergänzt, so liegen dieser Aufführung verschiedene Übersetzungen und Bearbeitungen zugrunde.« Szenische Zitate waren noch jüngeren Datums als Altmeister Brecht, bei dem es an einer Stelle über die Bewohner Thebens heißt:
»Früh am Morgen standen sie schon vorm Haus des Kreon.
Und zurück aus der Schlacht, voraus dem Heere vor Argos,
kam der Tyrann und fand sie vorm Haus im Dämmer der Frühe.
Und er beschrieb, auf den Säbel gestützt, wie drüben in Argos
Geier nun hopsten von Leiche zu Leiche; es freute die Theber.
Eilig bekränzten sie ihn mit Lorbeer.«

Rhythmisch von verschiedenen Ensemblemitgliedern vorgetragen, ging der Text zum einen Ohr rein, zum anderen raus – merkwürdig war nur, daß derselbe Text direkt anschließend wiederholt wurde. Während man noch über den Sinn dieser Übung nachdachte, schob das *action* eine »aus den Nahkampfregeln der deutschen Bundeswehr« entwickelte (also ziemlich brutale) Schlachtszene ein, die bis in den Zuschauerraum gespielt wurde. Dann kam der Text zum *dritten* Mal: und mit den Mitteln des Theaters der Grausamkeit aus dem klassisch einschläfernden Rhythmus aufgeschreckt, *begriff* das Publikum, *was* die Theber da so freute, daß sie ihren Tyrannen mit Lorbeer bekränzten.

Mit *Montage* oder *Collage* wäre dieses Verfahren nur näherungsweise bezeichnet. Klassische Vorlagen untersuchte das *action* auf ihren Gebrauchswert, indem es Zusammenstöße der Stück-Realität mit der aktuellen Realität inszenierte: die »Iphigenie« etwa kam ein Jahr später als kunstvoll splitterübersätes Wrack auf die Bühne, bereits als *antiteater*-Produktion und Fassbinder-Inszenierung. Die »Antigone«-Premiere fand noch ohne ihn statt – Fassbinder sprang erst später für ein ausgefallenes Truppenmitglied ein, sein Name tauchte jedoch schon bei der nächsten Inszenierung (»Leonce und Lena«) innerhalb des vierköpfigen Regiekollektivs auf. Fünf Monate (und drei Premieren) später debutierte er als Autor, wenn auch noch anhand einer fremden Vorlage.

» ›Zum Beispiel Ingolstadt‹ ist eine frei montierte szenische Reflexion über die Denkwelt der Bürger nach dem Muster der erfahrenen Wirklichkeit Marieluise Fleißers. Die Textneufassung ist der Diktion der Vorlage (der ›Pioniere von Ingolstadt‹ Y. K.) angepaßt. In den assoziativen Mitteln verläßt die Inszenierung historische, philologische und dramaturgische Postulate zugunsten der Demonstration komplexer Vorgänge: die Logik – verfangen in der Sackgasse von Nebensachen – und übersprungene Zusammenhänge, das Denken nicht in Begriffen, sondern in Bildern, das Reden nicht als Formereignis, sondern als Wiederholungsmechanismus angewöhnter Ausdrucksmuster.« Szenisch entsprach diesem Konzept eine fast choreografierte Personenführung, mit gestischen Zitaten aus dem katholischen Ritus angereichert – ›Zum Beispiel Ingolstadt‹ war in Text und Regie eine Vorarbeit zum »Katzelmacher«, der zweieinhalb Monate später Premiere hatte.

»Katzelmacher« hatte auf der Bühne eine Spieldauer von 40 Minuten, eine weitere (knappe) Viertelstunde dauerte Jean-Marie Straubs Version von Bruckners »Krankheit der Jugend« (eine skelettierte, aber intensive *szenische Rezension* der Bruckner'schen Problem-Kommerzialisierung, die Straub später in seinen Kurzfilm »Der Bräutigam, die Komödiantin und der Zuhälter« aufnahm). Offenbar Straubs wegen schickte die »Süddeutsche Zeitung« erstmals keinen Theater-, sondern einen Filmkritiker ins *action*, der auch für Fassbinders Arbeit mehr Verständnis aufbrachte. Das scheint die Ansicht zu bestätigen, die Fassbinder selbst im Februar 1974 interviewweise geäußert hat: »Anfangs war das ja ziemlich extrem bei mir. Ich habe im Theater so inszeniert, als wäre es Film, und habe dann den Film so gedreht, als wär's Theater, das hab ich ziemlich stur gemacht.«

Offenbar bedeutet »stur« in Bayern etwas anderes als in Berlin: der (preußische) Betrachter von 1968 jedenfalls empfand gerade die genaue Reflexion auf jeweils gegebene räumliche und personelle Möglichkeiten als wohltuend – dadurch vermied das *action* den peinlichen »will und kann nicht«-Stil anderer Kleinstbühnen. Noch in der Buchausgabe des »Katzelmacher« findet sich der Vorspruch: »Eigentlich hätte dies ein Stück über ältere Leute werden müssen. Aber es sollte am ›antiteater‹ realisiert werden. Jetzt sind sie alle jung.«

Das ›antiteater‹ ist an dieser Stelle ein Anachronismus, der »Katzelmacher« wurde noch am *action* realisiert, ebenso wie der kollektiv erarbeitete »Axel Cäsar Haarmann«, mit dem das Ensemble Ende April 1968 auf das Attentat auf Rudi Dutschke reagierte. Der Programmzettel war ein auf Saugpost abgezogenes Blatt und erinnerte so an studentische Flugblätter – auch inhaltlich: »Es geht um *Springer* ...! (und die angefaulte Demokratie, die ihn herrschen läßt)« heißt es da, ein Brecht-Zitat erläutert: »über, was herrschen ist, besteht eine verkehrte Meinung, bei einigen« und auf die beginnende staatliche Repression verweist die Mitteilung: *»Der Erlös der Vorstellungen fließt dem Rechtshilfefonds des SDS zu.«*

Formal aus studentischen Protestformen entwickelt – Demonstrationszug mit Tafeln und Transparenten, Sprechchöre, teach-in und sit-in-Abläufe –, dokumentierte der »Haarmann« die kurze Geschichte der Studentenbewegung (vornehmlich an Berliner Beispielen). Zum Schluß erschien Fassbinder mit einem Schlauch auf der Bühne, »die Theaterleitung« verkündete über Lautsprecher den Schluß der Vorstellung und forderte (naturgetreu *dreimal*) zur Räumung des Zuschauerraums auf. Charakteristisch für das *action* war ebenso, daß den Worten dann tatsächlich das Wasser folgte (und z.B. einem Vertreter der »ästhetischen Linken« das joviale Lächeln recht vollständig aus dem Gesicht schwemmte) wie der Entschluß, den »Haarmann« nach wenigen Vorstellungen trotz guten Besuchs wieder abzusetzen: als schnelle Reaktion improvisiert, erschien er dem Ensemble für eine längere Laufzeit zu unfertig – falls später mal jemand nach Belegen für eine tatsächlich *neue* Sensibilität suchen sollte: hier wäre einer.

Die damals geführte Debatte um den »Tod der Literatur« und die Funktionen von Kulturarbeit überhaupt, ausgehend von Marcuses kritischem Begriff der »affirmativen Kultur«, spiegelte sich im Spielplan des *action* in der Erarbeitung einer Agitationsszenenfolge (»Chung«), die nicht mehr im Theater, sondern als Straßentheater im Rahmen der Anti-Notstands-Kampagne gespielt werden sollte. In der Müllerstraße fand lediglich eine Voraufführung statt. In der »Süddeutschen Zeitung« vom 21. Mai 1968 erschien eine wohlwollende Besprechung (das waren noch Zeiten – vor sechs Jahren!) und eine kurze Zusatz-Notiz: »Die Wiederaufnahme des ›Katzelmacher‹ und Straubs Bruckner-Inszenierung ›Krankheit der Jugend‹ mußten auf unbestimmte Zeit verschoben werden, da der Autor und Mitakteur des ersten Stückes, Rainer Werner Fassbinder, in Paris festgenommen wurde. Ungeklärt ist, ob Fassbinder aktiv an Demonstrationen teilgenommen hat, oder als zuschauender Passant einem polizeilichen Stoßtrupp in die Hände fiel.«

Am selben Tag fertigte das Amt für öffentliche Ordnung der Landeshauptstadt München einen Bescheid aus, betreff: »Vollzug der Landesverordnung über technische Bühnenvorstände.« Prüfungen des Technischen Überwachungsvereins hatten Mängel an einigen elektrischen Leitungen ergeben – und obwohl die *action*-Leute diese Leitungen stillgelegt hatten und es eine Zusage eines Fachmannes für kostenlose Reparatur gab, wurde das *action* am 6. Juni geschlossen. Der Schließung gingen Verhandlungen voraus, bei denen ein Vertreter des Amtes tröstend erklärte, dem *action* wäre doch ohnehin bald die Konzession entzogen worden: den »Chung«-Rezensionen sei zu entnehmen gewesen, daß es sich wohl eher um politisches

Kabarett gehandelt habe, die Theater-Konzession dagegen gestatte nur »vorwiegend künstlerische Auseinandersetzungen«. Ob dieser Belehrung bei der Umtaufe des *action* Pate gestanden hat, ist nicht bekannt, im Juli jedenfalls gastierte das Ensemble mit dem Weiss'schen »Mockinpott« in der Akademie der bildenden Künste bereits unter neuem Namen: »antiteater = ensemble des action theaters, antiteater = sozialistisches theater, antiteater = information« verkündete der Programmzettel und forderte mit viel Leerzeilen zum Aufstellen weiterer Gleichungen auf.

Nach den negativen Erfahrungen, die die Truppe mit dem Straßentheaterversuch gemacht hatte – »die Leute hören nicht zu« – wollte man den »Mockinpott« ursprünglich während der Werkspausen in Fabriken vor Arbeitern spielen. Die Naivität dieses Vorhabens erbrachte immerhin ein Lernergebnis: die Fabrikbesitzer gaben keine Erlaubnis, die Gewerkschaften keine Unterstützung. Die Truppe rächte sich mit einer Regression auf Jarry: ihre »Orgie Ubu« war eine bitterböse Klein- und Spießbürgersatire, gast-gespielt in einem Kellertheater, dessen Besitzer auf seinen Brettern »weder politische noch obszöne« Darbietungen dulden mochte und – doppelt motiviert – dem Ensemble während der Vorstellung das Licht abstellte. (Wie die Zwangsschließung fand diese Zensur an einem Donnerstag statt – in der *antiteater*-Bettleroper hieß es später: »Donnerstags geht Leopold Bloom durch Dublin. Donnerstag ist ein literarischer Tag. Donnerstags geht Mecki zu seinen Huren.« Aber da spielte das *antiteater* schon täglich – außer Donnerstag.)

Schließlich fand das Ensemble im Hinterzimmer einer Schwabinger Wirtschaft eine neue Bleibe. Als erste Premiere in der »Witwe Bolte« gab man am 25. Oktober 1968 »Iphigenie auf Tauris von Johann Wolfgang von Goethe«, bearbeitet und inszeniert von Rainer Werner Fassbinder. 1962 hatte ihm ein bayerischer Oberlehrer noch weiszumachen versucht, die »Iphigenie« sei »das Drama von der Großmut der Mächtigen« – innerhalb eines halben Jahres war allerlei geschehen, was Fassbinders Zweifel an dieser Sentenz aktualisiert und bestärkt hatte: die sogenannten »Osterunruhen« nach dem Attentat auf Dutschke, der Pariser Mai, die Verabschiedung der Notstandsgesetze und die Intervention der Warschauer-Pakt-Staaten in der CSSR hatten die Mächtigen wenig großmütig gezeigt. Fassbinder kümmerte sich auch nicht um jene pseudo-marxistische Rechtfertigungs-Philologie (à la Lukács etwa), die klassizistische Verlogenheit als humanistisches Erbe erschleichen möchte, sondern ging einfach von dem Gebrauch aus, den die bürgerliche Gesellschaft von der angeblich reinen Dichtung macht: Produktionsmittel falschen Bewußtseins und herrschaftsstabilisierende Propaganda.

Fassbinders Iphigenie saß in einem Hollywoodschaukel-Käfig aus Mannesmannrohren und Maschendraht – ein rothaariger Lockvogel, der die (von Peer Raben vertonten) affirmativen Arien Goethens sang und damit zwei junge Homosexuelle anlockte: Orest und Pylades. Deren Dialoge mit dem König Thoas gingen ziemlich bald in jenen Wortwechsel über, den kurz zuvor Fritz Teufel und Rainer Langhans im Westberliner Kommuneprozeß mit dem Landgerichtsdirektor Schwerdtner geführt hatten; eine Liste mit mehrmonatigen Gefängnisstrafen aus den beginnenden politischen Prozessen gegen studentische Demonstranten folgte. Szenische Zitate aus *comic strip* oder *living theatre* waren ebenso funktional einmontiert wie Texte von Mao und Paul McCartney: die Aufführung fügte dem Stück all das zu, was es in seiner sonst üblichen Verwendung vergessen machen soll.

Das begriffen im Verlauf des Abends sogar einige Vertreter des »anarchistischen« Flügels des Münchner SDS, die anfangs die Vorstellung zu stören versucht hatten, weil ihnen – wenn überhaupt – Theater nur noch als Agitprop gerechtfertigt schien (und weil sie zahlenmäßig zu schwach waren, diese Ansicht in einem großen Theater artikulieren zu können). Wenn Alfons Scharf recht hat mit seiner These, die antiautoritäre Bewegung sei zu verstehen als nachgeholter Kulturrevolutions-Ansatz zur mißratenen bürgerlichen Revolution von 1848 (»Antworten eines lesenden Arbeiters« Kursbuch 25), dann war Fassbinder auch an diesem Abend seinen Widersachern um einiges voraus. Seine erste Reaktion auf Zerfall und Fraktionierung bzw. Dogmatisierung der ehemaligen Apo bestand in szenischer Reflexion des überlieferten kulturellen Fundus; auf die »Iphigenie« folgte der »Ajax« des Sophokles, von Fassbinder unter das Motto gestellt: »Das wichtigste ist, scheint mir, Unbehagen an den Einrichtungen des Bürgertums zu schaffen.«

Dennoch widersetzte sich der (gemessen an der »Iphigenie«)

zwölfmal ältere »Ajax« seiner Umfunktionierung, wobei die zeitliche Distanz ebenso eine Rolle spielte wie die aus ihr herrührende unterschiedliche Tradierung und Funktionalisierung der Stücke in der Sozialisation deutscher Bürgerkinder. So berechtigt der Ideologieverdacht war – Menelaos im »Ajax«: »Doch ist ein schlechter Bürger, wer als Bürger es verschmäht, zu hören auf das Wort der Herrschenden« – so wenig überzeugte die Verlagerung der Handlung aus der Antike in ein Bundeswehrkasino, die Aktualisierung blieb Kabarett.
Von der »Bettleroper« (Gay/Pepuch) entlehnte Fassbinder dann auch nur noch Personal und Handlungsgerüst, das er mit Münchner Subkultur- und Wohngemeinschaftserfahrungen auffüllte, wobei nicht alle Widersprüche zwischen Vorlage und aktueller Adaption fruchtbar gelöst werden konnten – ein weiterer Schritt erbrachte das zweite Original-Fassbinder-Stück. »Preparadise sorry now« war eine sehr streng und symmetrisch angelegte Szenenreihung über »faschistoides Grundverhalten im Alltag«, im Wechsel mit Dialogen zwischen bzw. Erzählungen über Ian Brady und Myra Hinley (die britischen »Moormörder«), ergänzt durch »Texterinnerungen an liturgische und kultische Kannibalismen« – wie bei Buñuel hat auch bei Fassbinder das katholische Milieu inhaltliche wie formale Spuren hinterlassen. Noch einmal waren die sparsamen, verdeutlichenden Gänge und Gesten zu sehen, diese truppeneigene Variante brecht'scher Verfremdungstechnik, die selbst noch laienhaften Mitspielern formalen Halt bot, ohne die Superstars (wie Hanna Schygulla) unnötig einzuengen. Den Stücktext kann man (ebenso wie »Katzelmacher« und die »Bettleroper«) im ersten *antiteater*-Band der »edition suhrkamp« nachlesen, dort sind auch mögliche Varianten in der Spielreihenfolge der einzelnen Szenen angegeben, denn »das Stück kann man sich zusammensetzen, wie man es für richtig hält, doch sollten die Zusammenhänge der verschiedenen Komplexe verfolgbar bleiben«. Die Laxheit der Formulierung sollte nicht davon ablenken, daß hier formale *und* inhaltliche Interessen berücksichtigt werden: auch das war *antiteater*typisch.
Ironischerweise mit der »Anarchie in Bayern« betrat die Truppe dann erstmals subventionierten Boden, zur Woche der Werkraumtheater in das der Münchner Kammerspiele eingeladen. Fassbinder selbst hat das Stück nicht drucken lassen, der Rezensent hat aus Gründen privater Anarchie die Aufführung

Liebe ist kälter als der Tod

verpaßt und damit den Abschied des *antiteaters* von der Subkultur-Zeit. Seither läuft die Wette, ob der Kulturbetrieb Fassbinder und das Ensemble integrieren/korrumpieren wird oder nicht – »beteiligen Sie sich an den menschlichen Einsätzen, beurteilen Sie unparteiisch die Kampfform der Gegner und lenken Sie ihr Interesse auf das Finish« (Brecht).

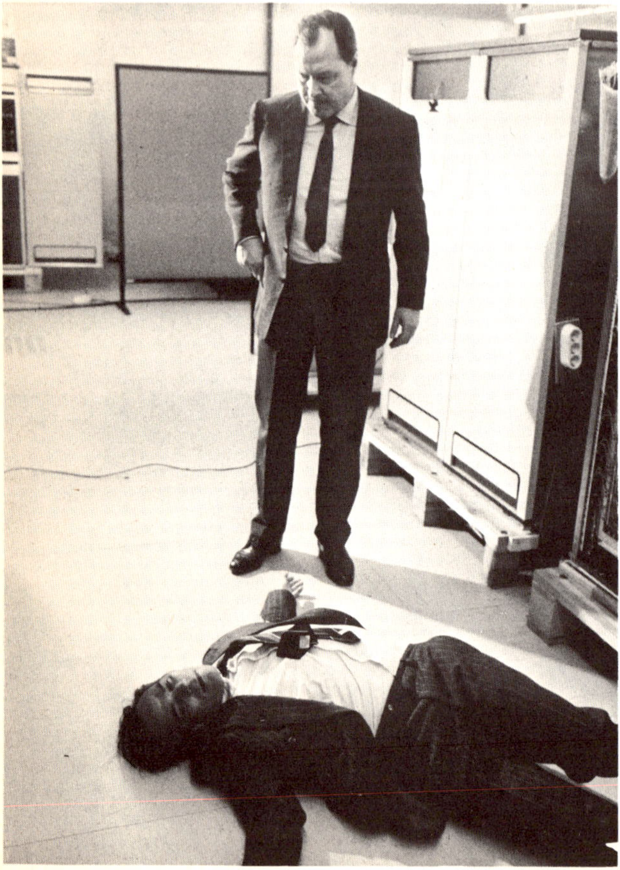

Die Welt am Draht

Der Eindruck-Macher
Rainer Werner Fassbinder und das Theater

Von Peter Iden

Das Programm, mit dem Rainer Werner Fassbinder aus dem Milieu eines Münchner Kellertheaters auf die große Bühne und vor die größere Öffentlichkeit eines Stadttheaters wechselte, nannten die Bremer Helfer dieses Umstiegs einen »Showdown«. Es war ein windiger Tag, Anfang November 1969, das Bremer Theater zeigte zwei Filme Fassbinders, KATZELMACHER und LIEBE IST KÄLTER ALS DER TOD, und zwei Arbeiten für die Bühne: seine Version von Goldonis »Kaffeehaus« und die kabarettistische Nummernfolge »Anarchie in Bayern«. Selten hat ein Talent so nachdrücklich sich vorgestellt wie Fassbinder an dem Tag jener Bremer Kraftprobe. Alles wirkte verstörend: Die angehaltenen Tempi und die betonte Künstlichkeit in der Aufführung des Stücks nach Goldoni, und Fassbinder selber, nachher in einer Diskussion, kaum zu einer Formulierung fähig, von fast stupider Wortlosigkeit. Aber klar wurde auch: Hier war nun einer, mit dem in Zukunft gerechnet werden mußte. Die Sicherheit, mit der man das damals in Bremen annehmen konnte, ist durch die Arbeiten, die Fassbinder seitdem auf der Bühne veröffentlicht hat, immer wieder in Zweifel gezogen worden. Das macht den Versuch eines Überblicks heute so schwierig: daß die Bremer Veranstaltung retrospektiv als ein Anfang erscheint, aus dem die Entwicklung nicht gefolgt ist, die er versprochen hat. Vielmehr folgten immer neue Anfänge. Die Übersicht muß sich damit abfinden, daß in ihnen kein durchgängiges Prinzip zu ermitteln, kein die Ergebnisse verknüpfendes Nachdenken über Theater festzustellen ist.
Jener »Showdown«, eine Zäsur in der Biographie und der Produktion eines Autors und Regisseurs, der dreiundzwanzig Jahre alt war, als er nach Bremen kam, bedeutete auch für das Bremer Theater Kurt Hübners noch einmal einen Einschnitt, einen neuen Ansatz. Es war der vorletzte – die Entwicklung des Bühnenbildners Wilfried Minks zum Regisseur prägte später die letzte Phase der Arbeit Hübners in Bremen. Hübner hatte Fassbinder in dessen Münchner »antiteater« entdeckt. (Er sah

die »Bettleroper«). Die Arbeitsweise, die Fassbinder in dem Kellertheater mit einer Gruppe junger Schauspieler praktizierte, war an dem Bremer »Kaffeehaus« noch abzulesen und ist ein Moment geblieben, das den Einzug der Gruppe in die etablierten Theaterbetriebe, zuerst in Bremen, nachher in Bochum, nicht ohne Konflikte hat abgehen lassen. (Wörtlich: In Bochum folgte dem Einzug sehr bald ein heftiger Abgang). Was kennzeichnete die Methoden Fassbinders und der Gruppe? Eine große Spontaneität des Spielens, die Neigung, den Zugriff auf Stoffe aus einem Einfall zu begründen, Willkür und Unbedenklichkeit im Umgang mit den Formen der szenischen Darstellung, eine vehemente Spielfreude aber auch und eine lässige, legere Art von Aggressivität. Fassbinders Weg am deutschen Theater ist davon bestimmt geblieben, auch als er selbst aus seiner Gruppe sich mehr und mehr herauslöste.
Aber ist der Theaterweg Fassbinders nicht nur ein Seitenpfad seiner künstlerischen Entfaltung? Die Aufzählung aller Aktivitäten nach Bremen zeigt ein deutliches Übergewicht der Arbeiten für den Film und das Fernsehen. Es gab immer wieder Querverbindungen vom Film zum Theater, Stoffe (wie DIE BITTEREN TRÄNEN DER PETRA VON KANT oder BREMER FREIHEIT), die in beiden Medien abgehandelt wurden. Aber die Zahl der Theaterentwürfe ist doch wesentlich kleiner als die der Filmprojekte. Man wird daraus allerdings nur vorsichtig den Schluß ableiten können, Fassbinders Interesse gelte dem Film stärker als dem Theater. Er ist zur Bühne noch immer wieder zurückgekehrt – und von den dort herrschenden Arbeitsbedingungen (die Fassbinder, zuletzt in Bochum, als hemmend und einschränkend empfunden hat) auch wieder abgestoßen worden. Die Schwierigkeiten mit dem Theater haben ihn aber den Blick für einen entscheidenden Vorzug fortgesetzter Theaterarbeit nicht verlieren lassen: daß auf der Bühne eher als im Film die Möglichkeit für eine Kontrolle der Mittel und für deren Weiterentwicklung sich anbietet. Die Entscheidung, im Herbst 1974 das Frankfurter TAT zu übernehmen, hatte wohl vor allem darin ihren Grund.
Was an der Fülle der Filme auffällt, wird auch an den bisherigen Theaterarbeiten sichtbar: Ein überfließendes Talent, arbeitswütig bis zur Selbstbeschädigung, konfus, aber kräftig die Stoffe, die Stile, die ästhetischen Positionen wechselnd. In dem

Textbuch der Bearbeitung von Lope de Vegas »Das brennende Dorf« liest man den Hinweis auf die Entstehungsorte München, Madrid, Fuerteventura, Las Palmas und Paris auch als einen Hinweis auf die rastlose Mobilität eines Autors, der immer schon woanders (wenngleich vielleicht nicht weiter) ist als seine Beobachter. So steht man, was Fassbinders Theaterunternehmungen angeht, vor einem »Werk«, das nicht als Zusammenhang sich zu erkennen gibt und beschreibbar ist, sondern als Angebot disparater Äußerungen sich darstellt. Kurzfristig anberaumte Veranstaltungen, oft unter großem Produktionsdruck in knappster Zeit verwirklicht. Abenteuerliche Entstehungsgeschichten von Stücken und Aufführungen, mangelhafte Planung und ebenso inkonsequente Realisationen – wer von Fassbinder und dem Theater spricht, muß auch das assoziieren. Eine Überraschung steckte noch in der Ankündigung jedes Projekts. Stücktitel erschienen auf Spielplänen, als es die zugehörigen Stücke noch längst nicht gab (»Die sanften Tangos der Faschisten« zum Beispiel im Frankfurter Programm), Bearbeitungen wurden aufgeführt und man sah ihnen an, was Fassbinder gerne zugab: Der Autor hatte die Vorlage kaum gelesen (»Kaffeehaus«, »Das brennende Dorf«). Solche zweifelhaften Effekte haben der Wirkung und dem Erfolg des Mannes am Theater nicht geschadet, sondern sie eher befördert. Einen Erfolg, der auf einer nie sich verleugnenden Ausdruckslust gründet – aber mindestens ebenso begründet wurde von dem Neuigkeitsverlangen des Theatermarkts der ausgehenden sechziger und frühen siebziger Jahre. Begünstigt auch von dem Mangel an Stückeschreibern, Schwierigkeiten der Autoren des Theaters, auf die umgebende Realität zu reagieren. Premieren Fassbinders, in Bremen, in Bochum, in Nürnberg, in Frankfurt, in Berlin: Das waren immer vielberaunte Termine hochgespannter Erwartung – und ihnen folgten oft Enttäuschungen, Klagen. Für die Theater ist Fassbinder, mit der distinkten Ausnahme seiner »Bremer Freiheit« (da hatte man: ein Drama), immer ein Eindruck-Macher gewesen. Er produzierte ihnen kurze, mit dem Abend ihrer Ausstellung schon vergangene Reizungen. Daß unsere Theater auf sie nicht verzichten konnten, war Fassbinders Chance. Er hat sie genutzt, großzügig und zugleich sich verschleißend.

Da die Einzelheiten dieser Bewegungen auf einem Markt durch keine Kontinuität zusammengehalten werden, kann zur Kennzeichnung von Fassbinders Arbeit am Theater nur eine (unvollständige, wohl auch beliebige) Auswahl von Belegstücken noch einmal skizziert werden. Die Diskontinuität der Arbeitsansätze ist von keiner nachträglichen Beschreibung in einen Zusammenhang umzubilden. Fünf Beispiele also: »Kaffeehaus« (Bremen, Ende 1969), »Das brennende Dorf« (Bremen, Ende 1970), »Blut am Hals der Katze« (Nürnberg, März 1971), »Die bitteren Tränen der Petra von Kant« (Frankfurter »Experimenta«, Juni 1971), »Bremer Freiheit« (Bremen, Dezember 1971). Arbeiten aus nur drei Jahren. Aber was später, bis zur Inszenierung von Ibsens »Hedda Gabler« in Berlin im Frühjahr 1974 entstand, die Bochumer Produkte des Zusammenstoßes mit Peter Zadek eingerechnet, führt über die fünf Beispiele nicht so weit hinaus, daß diese wirklich davon überholt würden. Drei der genannten Stücke hat Fassbinder selbst geschrieben (»Blut am Hals der Katze«, »Petra von Kant«, »Bremer Freiheit«); zweimal hat er Vorlagen bearbeitet (»Kaffeehaus«, »Das brennende Dorf«); drei der Stücke hat er selbst inszeniert (»Kaffeehaus«, »Blut am Hals der Katze«, »Bremer Freiheit«), »Petra von Kant« und »Das brennende Dorf« hat Peer Raben eingerichtet, dabei von Fassbinder beraten; einmal, in »Blut am Hals der Katze«, hat der Autor und Regisseur auch selber mitgespielt. Am deutlichsten wird eine äußerliche Verbindung dieser Arbeiten noch dadurch, daß Schauspieler des alten »antiteaters« in ihnen zu sehen waren; Margit Carstensen, die Fassbinder allerdings im Bremer Ensemble entdeckt hat, war bis auf »Blut am Hals der Katze« immer dabei. – Fünf Beispiele für eines der produktivsten Talente, die am deutschen Theater in den letzten Jahren aufgetreten sind, Belege für die vielseitigen Fähigkeiten, aber immer wieder auch: für die vielseitigen Schwächen des Rainer Werner Fassbinder. Ein rascher Gang durch einige Versuche, Tür auf, Tür zu:

1. »Das Kaffeehaus« oder: Spiele aus anderen Spielen.

Zum ersten Mal ist an Fassbinders Bearbeitung der alten Komödie Goldonis (von 1750) erkennbar geworden, was seine Aneignung von Stoffen und fremden Stücken später noch oft bestimmt hat: die Substitution einer Wirklichkeit durch eine

Das Kaffeehaus (Fernsehinszenierung)

andere, die selber wiederum geprägt ist durch zusammengesetzte Teile von sehr verschiedener Wertigkeit. Goldonis Stück, in dem ein Don Marzio, ein lästiger, parasitärer Schwätzer und Denunziant, schließlich Venedig verlassen muß, betreibt die Anschwärzung der Figur und der Gesellschaft, die sie produziert hat, in kreuz und quer verschlungenen Liebes- und Geldhändeln. Fassbinder hebt die soziale Definition der Figuren auf (nur für den Diener Trappolo geschieht das nicht, er wird zu einer merkwürdigen Kontrast-Figur) und macht aus dem Don Marzio eine wehmütige, fast: eine Schnitzler-Gestalt, deren Trauer und Morbidität im Zentrum der Aufführung steht. Der Raum, den Wilfried Minks der Inszenierung entworfen hat, zitiert die Bühne der »Tasso«-Version Peter Steins am gleichen Theater: jetzt ein rosa Flusenteppich, ein hohes Glasgebilde mit der Attrappe einer Torte darauf, links und rechts, als erotische Aperçus, ein männlicher und ein weiblicher Akt. In diesem Raum sind alle Spieler immer anwesend, bewegen sich zwischen schwarzen Stühlen in schönen Kostümen, freilich bei aller Kostbarkeit barfuß und mit Colts an den Hüften. Venedig und der Western-Saloon. Bilder als Synthese von Bildern. Die Inszenierung ist sehr langsam, alles ist wie aus einer tiefen Lähmung entworfen, die Figuren gleiten ineinander, ranken sich umeinander, verlieren sich an die kleinen Spiele der Veränderung einer Haltung, einen sachten Gang, eine vage Erinnerung. Fassbinder zitiert Bewegungen und Posen aus Steins »Tasso«, Einstellungen aus seinen eigenen und den Filmen Straubs, er zitiert Haltungen von Gary Cooper und Bruno Ganz. Und in den Frauenrollen erinnern sich Brigitte Janner und Margit Carstensen an Jutta Lampe und Edith Clever. – Wenn man sagen konnte, daß Stein mit dem Manierismus seines »Tasso« am gleichen Theater ein Stück für die Lage derer, die es spielten, durchsichtig machte, so bleibt nun der Manierismus ohne diese kritische Perspektive bei sich selbst. Alles ist an dieser Bearbeitung und ihrer Aufführung Spiel aus anderen Spielen, Vorstellung von anderen Vorstellungen.

2. »Das brennende Dorf« oder: Auflehnung als obszöne Gebärde.

Auch dieser Abend – Peer Raben führt Regie – zerfällt in lauter widersprüchliche Momente. Bei Lope de Vega hat der König Ferdinand einem Großkomtur das Dorf Fuente Ovejuna überlassen. Der Komtur herrscht mit Grausamkeit; als er ein Mädchen, das sich ihm verweigert hat, kurz vor dessen Heirat entführt, erschlagen ihn die Bewohner des Dorfs. Ferdinand, der König, hält Gericht über sie, findet aber keinen einzelnen Täter: auf die Frage, wer den Komtur erschlagen habe, antworten alle immer nur mit dem Namen des Dorfs. Von solcher Einmütigkeit beeindruckt, läßt der König alle straffrei abziehen. – Fassbinders Bearbeitung verändert diesen begütigenden, die Milde des Herrschers rühmenden Schluß: Die Bauern sollen auf Ferdinands Wunsch bei einem großen Fest, das der König für den Hof geben will, gehenkt werden. Stattdessen holen die Verurteilten sich König, Königin und Gefolge vom Thron und fressen sie auf.

Dieses letzte Bild der blutsaufenden Horde ist in anderen vorbereitet. Schon die Ermordung des Komturs (der bei Fassbinder Commandor heißt), von den Weibern des Dorfs gefordert und vollzogen, führt in einen Blutrausch. Die Frauen fallen über den Mann her, begraben ihn unter ihren Leibern, zerreißen ihn, man sieht sie, beschmiert von seinem Blut, sich am Boden wälzen. Das heißt: Die hier sich auflehnen, ihren Unterdrücker auffressen, sind Bestien geworden, waren Bestien von Anfang an. Das Mädchen Laurentia, die der Commandor später vergewaltigt, spricht davon schon in ihrer ersten Szene: wie sie sich eine Speise gekocht hat, die wie Menschenfleisch schmeckt. Man trifft in der Bearbeitung Fassbinders, so wie an dieser Stelle, dauernd auf Beispiele dafür, wie ihn der Zusammenhang beschäftigt zwischen Sexualität und Gewalt, Trieb und Rausch, Auflehnung und Sinnlichkeit. An dem Commandor rühmen die Frauen sein gewaltiges Geschlechtsteil. Wenn sie ihn erschlagen, spürt man: das ist nicht nur ein Akt der Auflehnung gegen Willkür und Terror, sondern, und viel mehr, ein enormer, kollektiver Orgasmus. Das ist das gesellschaftlich Unhaltbare an dieser Bearbeitung: daß sie die Selbstbefreiung der Bauern nur als Freisetzung ihres Geschlechts-Triebs versteht. – Wieder sind also soziale Bezüge und Begründungen ersetzt durch konträre Formen: solche des Taumels und orgiastischer Besinnungslosigkeit.

3. »Blut am Hals der Katze« oder: Es ist schade um die Menschen.

Nach den Bearbeitungen nun ein eigenes Stück Fassbinders. Phoebe Zeitgeist, die immer nackte und ständig schrecklichen Folterungen unterworfene Titelfigur des bekannten amerikanischen comic-strips, bewegt sich durch die Szenen wie ein Double von Indras Tochter in Strindbergs »Traumspiel«. Sie betrachtet, was die anderen Figuren so alles tun und reden, und versucht, gleichsam von einem fremden Stern herabgestiegen, herauszufinden, aufgrund welcher sprachlichen und gestischen Übereinkünfte die Menschen miteinander verkehren. Im letzten Drittel des Stücks glaubt sie, verstanden zu haben, worum es geht, und gibt die von ihr aufgenommenen Wörter und Bewegungen an die anderen Spieler zurück. Aber: Phoebe hat nur Wörter gehört und Gesten gesehen, sie kann sie aber nur sinnentleert wiedergeben, zu einer Gebärde der Zuneigung etwa setzt sie einen Satz, der Haß bekundet. Der Lernprozeß

der Fremden ist unvollständig geblieben, ihre Reaktionen kommen deplaziert, ver-rückt. Die Irritation der anderen durch dieses Fehlverhalten führt schließlich alle in einen Zustand der Erstarrung: Phoebe, indem sie Kommunikationsformen als nicht funktionierende demonstriert, lähmt den Lebensnerv ihrer Umgebung.
Wir lernen, sagt das Stück, doch immer nur das Falsche; die jämmerlichen Verhältnisse in der Welt sind, wie sie eben sind: man kann da nichts machen, nur leiden. So wird in den Szenen viel geklagt. Die Schauspieler des »antiteaters«, von Fassbinder geführt (der auch selber auf der Bühne ist, träge an einer Bar herumsitzt), weisen auf der Nürnberger Bühne, die Stück und Aufführung angeregt hat, eine angenehme Nonchalance vor, eine schöne, sanfte Gelassenheit des Ausdrucks. Sie bewegen sich wie im Anfang einer Trance, schöne Mädchen und mancherlei Mannsbilder in einem rätselvollen Reigen. Die Szenen verströmen ein fremdartiges, anziehendes Parfum, eine Ahnung von Begierde, Raserei auf schweren Motorrädern, tollen Abenteuern und müden Depressionen nachher, Verbrechen in Hinterhöfen und small-talk auf Cocktail-Parties von Zuhältern. Der Wert der Produktion liegt in solchen, schmalen, vagen Reizen. – Der Versuch Fassbinders, sich mit der Unzuverlässigkeit gesellschaftlicher Verkehrsformen zu beschäftigen, gehört in den Zusammenhang der Stücke von Gombrowicz und Handke. Das Stück hat aber nicht die dichterische Kraft von Gombrowicz und nicht die analytische Kälte Handkes. Fassbinders Theater hier: statisch und perspektivlos. Entworfen wird ein Krankheitsbild, aber als Schilderung von Zuständen, nicht als Folge von Ursachen.

4. »Die bitteren Tränen der Petra von Kant« oder: Das echte Gefühl.

Die Arbeit von Fassbinder, geschrieben auf Anregung der Initiatoren der vierten »Experimenta«, von Peer Raben in Darmstadt für die Frankfurter Uraufführung produziert, ist von dem Autor selbst als Film noch einmal inszeniert worden. Auf sie wird in diesem Band an anderer Stelle noch ausführlicher eingegangen. – Mit der Bühnenfassung sucht Fassbinder wieder einen Anfang. Ansatz ist die Frage: Wieviel ist von der Realität eines Gefühls (der Liebe, der Eifersucht, des Hasses) mit welchen Mitteln des Theaters darstellbar? Aus dieser Fragestellung erklärt sich das Illustrierten-Milieu einer mondänen, lesbischen Modeschöpferin (Fassbinder hat von Anfang an die Carstensen in dieser Rolle gesehen), die von ihrer Geliebten versetzt wird, als Zitat und zugleich als behauptete Wirklichkeit. Die Arbeit verliert dann aber ihren Ansatz, indem sie Gefühle nur als übertreibende Sentimentalität versteht und pathetisch vorführt. Es war aber Fassbinders, allem äußeren Anschein entgegen, dringlichste Anstrengung, sich auf eine andere als nur künstliche Wirklichkeit einzulassen.

5. »Bremer Freiheit« oder: Leben und viel Sterben.

»Die bitteren Tränen der Petra von Kant« konnte man ansehen als den Versuch, einen abgegriffenen Trivial-Stoff so weit zu entwickeln, daß daraus würde, worauf man in Fassbinders Stücken und Bearbeitungen oft stößt: die Erprobung von Glaubwürdigkeit und Lüge der pathetischen Stilfigur auf der Bühne. »Bremer Freiheit«, dessen Uraufführung er in Bremen selbst inszeniert, langt nun dort an, wo diese Erprobung der Statthaftigkeit des großen Gefühls, der schweren Gebärde und der endgültigen Tat in die schwierigste Phase eintritt: beim Trauerspiel. Das Stück nimmt sein Material aus bremischen Berichten des vorigen Jahrhunderts über eine »schöne Gesina«, die eine berühmte Giftmischerin war. Die Verarbeitung des Stoffs hat ihren literatur-historischen Bezugspunkt in einem Drama, das etwa aus der gleichen Zeit (der »Gesina«-Berichte) stammt – in Hebbels »Maria Magdalene«. Wie darin dem Mädchen Klara, ist auch der Geesche Gottfried in »Bremer Freiheit« die Welt ein Ort, an dem es für sie nur Unfreiheit gibt und Unterdrückung durch ein starres System bürgerlicher Wertsetzungen, die der Frau einen eigenen Lebensentwurf nicht zugestehen. In beiden Stücken verkörpern die Väter dieses System. Hebbel läßt seinen Meister Anton am Ende das Mörderische dieser Ordnung ahnen, für die er selber steht: der Mann begreift da die Welt nicht mehr. Wo Hebbel schließt (mit einem Zweifel, einer Frage an die alte Ordnung), setzt Fassbinder ein. Seine Geesche erträgt die Unfreiheit nicht, befreit sich Zug um Zug, Mord um Mord. »Und ich?« sind in

Bremer Freiheit (Fernsehinszenierung)

der Bremer Aufführung ihre ersten Worte. Sie kündigen an: Jemand ist auf sich selbst gestoßen, beginnt, an sich selbst zu denken.
Und beginnt, für sich selbst etwas zu tun. Die einzelnen Bilder des Stücks sind analog gebaut. Kurz wird jeweils angespielt, worunter die Frau gerade leidet; dann sieht man, wie die, die daran schuld sind, sterben. Der Mann, der sie herumkommandiert und sie erniedrigt vor den Freunden; die Kinder, um derentwillen sie ein anderer nicht heiraten mag; dann dieser andere selbst; später einer, der ihr Geschäft gefährdet; ein Vetter, ein Bruder und zuletzt noch eine Freundin – für sie alle gibt es Arsen in die Tassen, keiner überlebt das Bild, in dem er vorgestellt wird. Aber die Beseitigung des Zwangs ist stets nur vorübergehend, die Unterdrücker wachsen dauernd nach. Als der Gläubiger, der geliehenes Geld zurückverlangt, zu Tode kommt, wartet der Bruder, der die Geesche auch nur verkleinern möchte, schon auf seinen Auftritt. – Schließlich wird die

Mörderin entdeckt. »Jetzt sterbe ich«, sagt sie, und singt noch einmal das fromme Lied, mit dem sie jedes Opfer abgesungen hatte.
Was will diese Handlung, die Hebbels bürgerliches Trauerspiel als Befreiungsdrama weiterspielt? Der Titel, »Bremer Freiheit«, enthält einen doppelten Zynismus: Freiheit war nicht, was Geesche hatte, und Freiheit wird nicht, was sie mörderisch zu erreichen meint. Man glaubt, eine Tendenz wahrzunehmen, die sich kritisch verhält gegen die Praxis heutiger revolutionärer Strategien. Nicht nur Geesches Abhängigkeit ist nämlich Ausdruck gesellschaftlicher Mißverhältnisse, sondern »falsch« ist auch, wie sie das Ideal ihrer Befreiung, indem sie es verfolgt, zugleich pervertiert.
Die Inszenierung von Fassbinder hat diesen politischen Aspekt nicht weiter präzisiert: Sie beschäftigt sich mehr mit der Wirkungs-Ästhetik der Bühne als mit der gesellschaftlichen Dimension des Stoffs. Fassbinder, die Schauspielerin Margit Carstensen (als Geesche) und der Bühnenbildner Minks untersuchen die Möglichkeit, verschiedene Wirklichkeitsebenen in den Zusammenhang eines Spielvorgangs einzubringen. Minks liefert die symbolische Ebene: Ein liegendes, dunkles Kreuz bildet (im »Concordia«, der Bremer Studio-Bühne) die Spielfläche. Das Kreuz ist umgeben von einer roten Plastikmasse, auf der einzelne Möbelstücke – das Büffet mit dem Gift, ein Sofa, ein Schminktisch – wie auf einem Meer (von Blut?) treiben. Graue Hitchcock-Möwen sind an die Wände gemalt, mit Bullaugen und Gallionsfiguren nehmen die Zuschauer-Tribünen sich aus wie Schiffe. Diese Bühne ist ein überdeutliches Bild: das Kreuz steht für die alte Ordnung, die »ins Schwimmen« kommt. – In der Frage des Darstellungs-Stils entscheiden Fassbinder und die Carstensen sich für Formen des Übergangs von einem kalten Realismus zu manieriert rankenden Gebärden, in die Gefühle der Liebe, des Verlangens, des Leidens und auch ein flirrendes, anarchistisches Glücksempfinden nach jedem Mord übersetzt sind. –

Ende des Durchgangs. Was ist zu resümieren? Der Weg des Regisseurs Fassbinder auf der Bühne und der Weg des Autors ins Drama ist immer auch ein Durchqueren alter Stoffe und Formen des Theaters (und des Films). Ein Durchqueren und ein Durchkreuzen – es scheint manchmal, als beziehe Fassbinders Arbeit ihren Antrieb aus der Lust an etwas Vorgefundenem und Vorgedachtem so sehr wie aus dem Reiz, es zu zertrümmern, um im Kontext des Alten Platz zu schaffen für den eigenen Gedanken. Die zitierten Beispiele bezeugen die Anstrengung, sich selbst zu definieren an und aus Fremdem. Man hat es immer auch zu tun mit Selbstdarstellungen. Sie gehen zulasten der (für das Theater sehr wichtigen) Vermittlung historischer Zusammenhänge. Wirklichkeiten, vergangene und gegenwärtige, werden umgestellt, künstliche Ersatz-Realitäten unterschoben. Es ist oft spannend gewesen, diesen Substitutionen zuzusehen. Aber man hat in den Bearbeitungen und den Inszenierungen auch den großen Wirklichkeitsverlust spüren können. Wenn Fassbinder nun in Frankfurt seine Theaterarbeit intensivieren will, wird er da anzusetzen haben, wo er bislang immer wieder ausgewichen ist: Er muß Wirklichkeit sehen und ihr, antwortend, standhalten. Das Diffuse seiner Theater-Produktionen bis heute könnte dann nur das Merkmal eines Vorspiels gewesen sein.

P.S., April 1975

Ein Jahr vergangen. Aber das Vorspiel dauert noch an. Fassbinder hat inzwischen das Frankfurter TAT übernommen. Mit einer Inszenierung der Karsunke-Bearbeitung des »Germinal« von Zola begann er die Arbeit in Frankfurt. Seine Regie milderte, beinah freundlich, den sozialen Druck des Romans, Zolas anklagende Gebärde bewegte ein Mitleids-Drama.

Dann Fassbinder als Schauspieler: der Hausknecht Jean in Strindbergs »Fräulein Julie« (mit Margit Carstensen als Julie). Eine unsichere Kollektiv-Inszenierung, schwankend; und Fassbinder darin so entschieden wie schmal, so schmal wie entschieden Figur machend. – Eine Tendenz zur Selbstdarstellung hatten wir zuvor gemeint als ein Merkmal der Theaterarbeiten Fassbinders erkennen zu können. In Frankfurt heißt das Stichwort nun: Selbstfindung. Fast zerfällt darüber schon nach wenigen Monaten das Ensemble. Und daß Tschechows »Onkel Wanja«, so liebevoll der Regisseur Fassbinder und seine Schauspieler darauf sich einlassen, doch zum kläglichen Rührstück mißlingt, wird mit den ablenkenden Mühen jener Selbstsuche wohl auch in Verbindung zu bringen sein. –

P.S., Juni 1975: Fassbinder verläßt das TAT. Er ist danach nur noch selten zum Theater zurückgekehrt.

Die Puppe in der Puppe
Beobachtungen zu Fassbinders Filmen

Von Wilfried Wiegand

Rainer Werner Fassbinder ist 1974 achtundzwanzig Jahre alt geworden. Er hat in den letzten fünf Jahren rund zwanzig abendfüllende Spielfilme gedreht. Zählt man die Folgen der Fernsehserien einzeln, dann ergeben sich sogar fast fünfundzwanzig Filme. Fassbinder hat zu ihnen auch die Drehbücher geschrieben (oder zumindest mitgeschrieben), Filme produziert und in Filmen gespielt, auch in solchen anderer Regisseure. Fast pausenlos ist er für das Theater tätig gewesen: als Autor und als Bearbeiter, als Regisseur und als Darsteller. Schließlich gibt es noch die Hörspiele. Kurz: Fassbinder ist produktiver als jeder andere deutsche Filmregisseur. Warum ist Fassbinder so produktiv?

Entwicklung

Noch vor drei Jahren schien Fassbinders Stil fast ohne Entwicklung. Als seine Leistung galt gerade der einmal gefundene »Fassbinder-Stil«, für den der KATZELMACHER vielleicht das populärste Beispiel ist, dessen Merkmale man aber auch da noch erkennt, wo der Autor, wie im WHITY und DEN BITTEREN TRÄNEN DER PETRA VON KANT, eine artifizielle Welt bürgerlicher Dekadenz geschildert oder wo er, wie im WILDWECHSEL, mit eher naturalistischen Mitteln ein Unterschichten-Milieu nachgebildet hat. Doch seit dem HÄNDLER DER VIER JAHRESZEITEN hat Fassbinder immer andere Filmgenres aufgegriffen, neue Ausdrucksformen sind neben jenen ersten Fassbinder-Stil getreten. Neu in seinem Werk war die Gattung des sozialkritischen Volksstücks, die er mit dem HÄNDLER DER VIER JAHRESZEITEN eröffnet und mit der Fernseh-Serie ACHT STUNDEN SIND KEIN TAG sowie dem Spielfilm ANGST ESSEN SEELE AUF fortgesetzt hat. Mit WELT AM DRAHT und MARTHA ist Fassbinder dann dem Vorbild Hollywood so nahe gekommen, wie

es, mit der einen Ausnahme von Volker Schlöndorffs *Mord und Totschlag,* keinem anderen deutschen Regisseur seit Fritz Lang gelungen ist.
Es scheint also naheliegend, Fassbinders stilistische Entwicklung linear zu begreifen: von einfachen Anfängen hin zu immer komplexeren Stilformen. Aber eine solche Deutung würde nur sehr oberflächlich seiner Entwicklung gerecht, die eher sprunghaft ist, sich nicht nur vor-, sondern auch rückwärts bewegt, nicht nur künftige, sondern auch einstige Möglichkeiten sich aneignet. So wird man in EFFI BRIEST vergeblich die Merkmale der Hollywood-Dramaturgie suchen, die für Fassbinders jüngere Arbeiten sonst zum Leitbild wurde. Im Gegenteil knüpft der Film an jene Tradition von Dreyer, Bresson und Straub an, mit der Fassbinders Anfänge mehr zu tun haben als seine neueren Arbeiten.
Durch Rückgriffe und Selbstzitate, durch die gleichbleibende Sprache und Schauspielertruppe sowie in den neueren Filmen auch durch die Wiederverwendung musikalischer Motive wird der Eindruck noch verstärkt, daß wir in jedem neuen seiner Filme etwas wiedererkennen, was wir zuvor schon einmal in einem seiner früheren gesehen hatten. Daraus entsteht der Eindruck, daß sich dieser Regisseur trotz neuer Themen und Stilmittel im Grunde doch immer mit den gleichen Problemen herumzuschlagen scheint, die sich für ihn nicht lösen, sondern nur neu formulieren lassen. Es könnte sein, daß Fassbinder auch deshalb so produktiv ist.

Verzweiflung

Vielleicht hat Straub auch das gemeint, als er von Fassbinders Kurzfilmen sagte, es seien die Filme, »die am meisten Gewalt an sich haben von den deutschen.«[1] Denn gewalttätig wirken diese Filme ja nicht nur dadurch, daß in ihnen Menschen mit Pistolen bedroht werden, sondern spürbar wird auch eine Aggressivität gegen den Zuschauer. Sie äußert sich darin, daß Fassbinder die von den Produktionsbedingungen diktierte Dürftigkeit von Schauplatz, Handlung und Ausstattung keineswegs zu verschleiern sucht, sondern mit fast dilettantischer Direktheit zur Schau stellt. Die Erzählweise ist auf derselben ästhetischen Ebene angesiedelt wie die Objekte, über die da berichtet wird. Keinerlei Kunstmittel schieben sich vermittelnd zwischen den Betrachter und die Dinge, deren Armseligkeit der Zuschauer kraß ausgeliefert ist. Auch die ersten langen Filme sind Beispiele dieser Ars povera. In LIEBE IST KÄLTER ALS DER TOD beispielsweise besteht das Büro des Syndikats aus einem Raum, dem man zwar einerseits ansieht, daß in ihm eine gewisse Macht ausgeübt werden soll, andererseits wirken der Schreibtisch und die Schale darauf und der Stoff, mit dem die Wand hinter dem Schreibtisch verhängt ist, derart dürftig, daß der Zuschauer dieses Arrangement als einen quälenden Widerspruch erlebt zwischen dem, was da eigentlich zu sehen sein sollte und dem, was da tatsächlich zu sehen ist. Fassbinder hat betont, die Armut mache seine Filme ehrlicher als die anderer deutscher Regisseure: »Das ist das einzige, was mich an *Achtundvierzig Stunden bis Acapulco* (von Klaus Lemke) stört, daß die Mädchen so schick sind und daß die Autofahrten zu elegant sind. ... bei mir sind die Figuren in einer Geschichte angesiedelt, die so armselig ist wie sie selber, während zum Beispiel auch der Thome immer meint, er müßte die Menschen schicker machen, als seine Geschichten sind.«[2] Gerade der Vergleich mit Rudolf Thome (besonders mit dessen Film *Detektive*, der vor Fassbinders erstem Langfilm entstanden ist) macht den entscheidenden Unterschied deutlich: bei Thome sterben zwar auch Menschen eines gewaltsamen Todes, aber dem Film fehlt völlig der Ausdruck des Leidens, der noch fast jedes Werk Fassbinders gekennzeichnet hat. Mit der halben Ausnahme von RIO DAS MORTES gibt es von ihm keine Komödie. In seinen Filmen äußern die Menschen Verzweiflungsausbrüche, wie es sie in den Werken anderer junger deutscher Regisseure nicht gibt. Eine solche Sequenz beschließt den AMERIKANISCHEN SOLDATEN, wenn sich der Bruder über Rickys Leiche wirft; oder in den BITTEREN TRÄNEN DER PETRA VON KANT, wenn Petra gesteht, sie sei nicht »verrückt« nach Karin, sondern: »ich liebe sie ... ich liebe sie, wie ich noch nichts geliebt habe in meinem Leben.« Eine absolute Verzweiflung äußert sich auch, wenn Hans im HÄNDLER DER VIER JAHRESZEITEN sich vor den Augen seiner Frau und wider besseres Wissen zu Tode trinkt oder wenn Kurt Raab in WARUM LÄUFT HERR R. AMOK? Frau und Nachbarin erschlägt und sich dann erhängt.

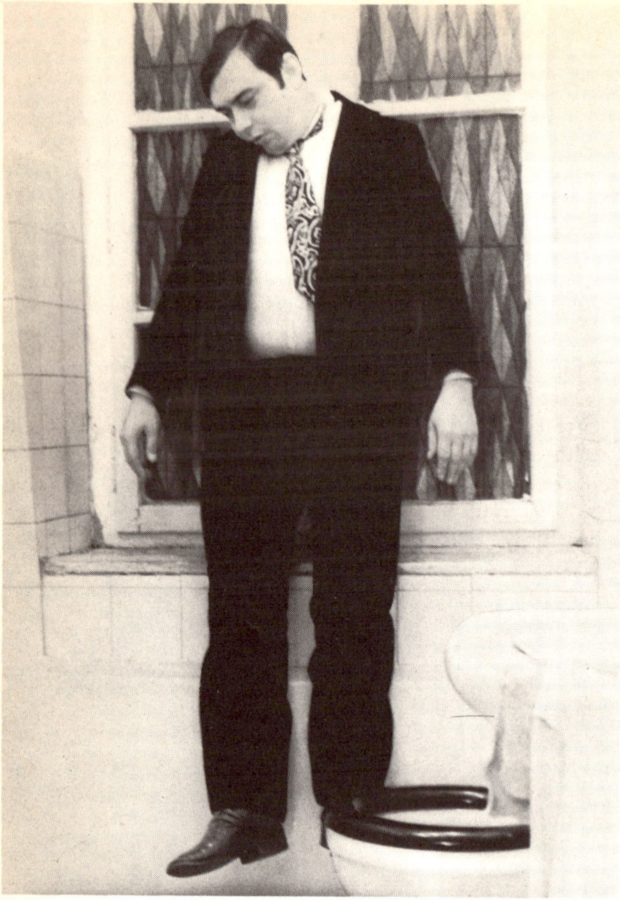

Warum läuft Herr R. Amok?

Man muß sehr weit zurückdenken in der Geschichte des deutschen Films, will man Vergleichbares finden. Jener Satz, den der Herstellungsleiter in der WARNUNG VOR EINER HEILIGEN NUTTE spricht »Weißt du, das einzige, was ich akzeptiere, ist Verzweiflung« könnte ein Schlüssel zu Fassbinders Werk sein. Der Schauspieler, der diesen Herstellungsleiter spielt, ist Rainer Werner Fassbinder.

Guckkastenraum

Typisch für Fassbinders Stil ist ein bühnenartig klar definierter Guckkastenraum, dessen hintere Begrenzung meist eine bildparallele Wand ist. Immer wieder sieht man eine geringfügig variierte Einstellung, in der ein rechteckiger Tisch quer vor dieser Wand steht. Hinten und an den Seiten des Tisches sitzen Menschen, die vordere Tischseite bleibt leer – wie auf Leonardos »Abendmahl«. Einen bildparallelen Aufbau verwendet Fassbinder oft auch bei Außenaufnahmen. Nicht zufällig spielen einige dramaturgisch entscheidende Außenszenen in Höfen. Dort legen sich die Mauern wie Wände eines Raumes um die Figuren: im AMERIKANISCHEN SOLDATEN, im HÄNDLER DER VIER JAHRESZEITEN. Nicht zufällig spielt die Landschaft in seinen Filmen keine große Rolle. Eine Ausnahme machen DIE NIKLASHAUSER FART und EFFI BRIEST, es sind bezeichnenderweise seine einzige Historienfilme: die Landschaft nimmt dort größeren Raum ein, weil sie auch für die Menschen einer anderen Epoche eine größere Rolle gespielt hat. Nicht zufällig, so können wir vermuten, hat Fassbinder den Menschen unserer Zeit die Enge seiner Bildräume zugeordnet.

Seit der WARNUNG VOR EINER HEILIGEN NUTTE hat Fassbinder auch kompliziertere Bildräume gezeigt. Bei den auch jetzt noch sehr wichtigen Tischszenen beispielsweise steht der Tisch oft nicht mehr quer, sondern fluchtet längsrechteckig in die Tiefe (so etwa, wenn Hans im HÄNDLER DER VIER JAHRESZEITEN sich zu Tode trinkt). Der Raum hat in solchen Szenen mehr Tiefe bekommen, und die Kamera braucht nur geringfügig in Bewegung zu kommen, um dem Zuschauer auch eine emotionale Tiefendimension zu vermitteln, die der distanzierte Abendmahl-Aufbau nicht hat. In seinen neueren Filmen entsteht oft diese Tiefenwirkung, so wenn im Science Fiction-Milieu der WELT AM DRAHT (durch ein Weitwinkelobjektiv) der Raum sich schlauchartig verengt zu haben scheint, als ob der Zuschauer durch ein umgedrehtes Fernglas blickte: der Raum scheint größer und der Mensch darin zu einem Fremdling in seiner eigenen Welt geworden. Oder wenn Ali in ANGST ESSEN SEELE AUF sich von Emmi mit den Worten verabschiedet, er wolle »mal allein sein«, dann erscheint Emmi, die wir durch den Korridor hindurch in der Küche stehen sehen, ganz weit von uns fortgerückt. Raum und Perspektive interpretieren die Figuren, wie auch die wenigen Landschaftsszenen, am deutlichsten wohl jene aus dem Flugzeug aufgenommene Totale in GÖTTER DER PEST, die ganz klein das Auto der Helden in der weiten Landschaft zeigt – das Bild einer Freiheit, welche die Insassen des Autos vielleicht ahnen, aber doch nicht so klar sehen können wie der Zuschauer.

Geräusche und Musik

Symbolisch ist die Großaufnahme des in der Tasse herumstrudelnden Kaffees im vierten Teil von ACHT STUNDEN SIND KEIN TAG (der hier nicht, wie in Godards berühmter Szene in *Zwei oder drei Dinge, die ich von ihr weiß,* das Weltall, sondern nur noch das aufgewühlte Innere eines Menschen symbolisieren soll). Symbolisch sind auch manche Geräusche: eine Möwe schreit gerade dann, wenn die Titelheldin von MARTHA ihrer Freundin während einer Bottsfahrt anvertraut, sie fürchte sich vor ihrem Mann; und in der EFFI BRIEST sagen uns Eulenschrei und Dampfsirene, was die Heldin nicht zu sagen wagt.
Auch die Musik mit ihren sich wiederholenden Melancholie-, Zärtlichkeits-, Spannungs- und Betonungsmotiven interpretiert das Geschehen so, wie es dem Empfinden der Figuren entspricht. Selbst auf die Geräusche trifft das zu.
So ist der Ton in der WELT AM DRAHT absichtlich »eine Spur verhallt« (Fassbinder), wie überhaupt immer dann, wenn ein Film nachsynchronisiert wurde, der Regisseur darauf achtet, »zum Teil bei den Geräusch-Aufnahmen Effekte herzustellen, die wie Originalton sind oder noch krasser als Originalton, ... so daß dadurch klarer wird, daß das etwas Künstliches ist, etwas Vorgestelltes, während es im Original halt nur ein Nebenprodukt des Originaltons ist« (Fassbinder). Besonders in GÖTTER DER PEST gibt es diesen übersteigerten Eindruck von Naturton mit überlautem Gläserklirren und Löffelklappern. Und wenn in LIEBE IST KÄLTER ALS DER TOD Bruno im Bett liegt und darauf wartet, daß sich Joanna auszieht und zu ihm legt, dann hören wir aus dem Off das Öffnen des

Reißverschlusses mit jener Deutlichkeit, mit welcher der Held es hören könnte.

Kamerabewegungen

Die Kamera verhält sich in den neueren Filmen Fassbinders eher so, wie die handelnden Personen ihre Umwelt wahrnehmen. Die Tischszenen beispielsweise können jetzt auch häufig übereck aufgenommen werden, und im Vordergrund werden dann Figuren, die uns den Rücken zukehren, vom Bildrand überschnitten. Zu dieser Verlebendigung des Raumes gehört ebenso, daß die Kamera nun nicht bildparallel auf das Geschehen gerichtet bleibt oder am Bild entlangfährt, sondern außer den perspektivischen Tiefenbewegungen nun auch komplizierte Fahrten ausführt. Beginnend mit der WARNUNG VOR EINER HEILIGEN NUTTE gibt es nun Fahrten, die einen Raum ganz ausmessen, wobei der Grundriß der Kamerabewegung keineswegs nur kreisförmig bleibt, sondern sie kriecht, sternförmig auszackend, in jeden Winkel des Raumes hinein. Die Hotelhalle in der WARNUNG VOR EINER HEILIGEN NUTTE und eine Kneipszene in den PIONIEREN IN INGOLSTADT sind dafür ebenso Beispiele wie die Hochzeitsfeier im vierten Teil von ACHT STUNDEN SIND KEIN TAG, wo uns die Kamera vom Korridor aus in mehrere Zimmer der Wohnung blicken läßt. Auch die Figuren führen nun kompliziertere Bewegungen aus. Bezeichnend sind dafür etwa die Drehsessel-Szenen, in denen sich eine Person ihrem Partner abrupt zuwendet oder von ihm abkehrt. Vergleicht man diesen verlebendigten Raum seiner neueren Filme mit den einfachen Bewegungen, die im KATZELMACHER nicht nur an der weitgehend stabilen Kamera, sondern auch an der Starrheit der Figuren ablesbar waren, so scheint der Bildraum nun mehr von den Empfindungen der Figuren zu beherbergen. Er ist zu einem Erlebnisraum geworden.

Großaufnahmen

Es gibt in den neueren Filmen Fassbinders deshalb auch die Großaufnahme, die er früher nur selten verwandte. Seit dem

HÄNDLER DER VIER JAHRESZEITEN dient sie zur Kennzeichnung dramatischer Höhepunkte: als Großaufnahme sehen wir das zerbrochene Geschirr, wenn sich im HÄNDLER DER VIER JAHRESZEITEN die beiden Kriegskameraden zufällig wiedertreffen; groß sieht man in diesem Film auch die Hände der Prostituierten, als sie sich auf dem Polizeirevier die Bluse aufknöpft; ebenso die Gesichter der Streitenden in der Wohnküche, als der Betrug des Geschäftspartners aufgedeckt wird. Seit WHITY benützt er jenen Typus von Großaufnahmen, der zur Irreführungsdramaturgie des Hollywoodfilms gehört: so dreht sich in der Eingangssequenz von WHITY der Türknauf, die Mutter schreit angstvoll auf, aber es ist dann doch nur Whity, der den Raum betritt. Ähnlich wird in MARTHA das Telefon einmal derart nah in den Vordergrund des Bildes gerückt, daß der ganze Raum gleichsam aus der Perspektive dieses Apparates zu sehen ist: dem Telefon wächst jene Bedeutung zu, die es für Martha in diesem Augenblick besitzt. Entsprechend sehen wir mit den Augen des eifersüchtigen Manfred auf das Fenster, hinter dem Monika im fünften Teil von ACHT STUNDEN SIND KEIN TAG das Licht ausmacht. In MARTHA ist dieses Prinzip konsequent angewandt. Das Innere des Hauses erscheint höher als es in Wirklichkeit ist, da die dramaturgische Wichtigkeit der Treppe dem Raum eine Höhendimension mitteilt, die er objektiv gar nicht hat. Und letztlich könnte die Geschichte des Films als Vision Marthas interpretiert werden. In dem ganzen Film gibt es kaum eine Einstellung, die nicht so gestaltet ist, wie Martha die betreffende Szene – und sei es in der nachträglichen Rekonstruktion – erlebt haben könnte. Insofern ist die psychologische Bedeutungsperspektive hier auch nicht mehr irreführend: sie wurde zum Mittel, um aus der Sicht einer Person zu erzählen.

Komplexer Stil

Fassbinder hat jedoch auch in seinen neueren Filmen die Verfremdungseffekte seines frühen Stils nicht preisgegeben. Zwar sind die für ihn so bezeichnenden Tischszenen jetzt meist komplizierter aufgebaut, oft jedoch hat er die alte Lösung in der neuen aufgehoben. So beispielsweise in der Schlußszene des fünften Teils von ACHT STUNDEN SIND KEIN TAG, wo

Oma neben Gregor sitzt und beide geradeaus auf die Tür blikken, hinter der sich Monika mit Manfred trifft: wir erleben also gleichzeitig, wie symmetrisch (das heißt: feierlich) die Szene für die Figuren selber und wie lebendig und bewegt (gleich: humoristisch) sie für uns ist. Die Einstellung mit Emmi und Ali (in ANGST ESSEN SEELE AUF) bei ihrer Hochzeitsfeier im Restaurant zeigt beide so symmetrisch von einem Türrahmen eingefaßt, daß einerseits die Isolierung anschaulich wird, in der sich die beiden befinden, andererseits dieser nochmalige Rahmen im Bilde die Beziehung ausdrückt, die wir zu den Figuren einnehmen. Gleichzeitig und durch dasselbe Stilmittel wird deutlich, daß die beiden schwach und einsam sind, aber ebenfalls Vorbilder für uns sein könnten. Es ist ein dialektischer Gebrauch des Stils, der die Realität in ihrer Widersprüchlichkeit anschaulich macht. Dazu gehört auch, daß Fassbinder die einfachen Lösungen seines frühen Stils zum Teil weiterverwendet. Die Hochzeitstafel in MARTHA ist so bildparallel aufgebaut wie die entsprechenden Szenen in einem seiner frühen Filme. Neu freilich ist, der Stellenwert, der solch einfachem Bildaufbau nun in MARTHA zukommt. Denn wie die Sprache Fassbinders vom zögernd gestammelten subjektiven Bekenntnis bis zur sentenzhaften Formulierung einer objektiven Erkenntnis reicht, so ist nun auch seine bildliche Ausdrucksweise reichhaltiger geworden: sie umfaßt die extrem subjektiven Nahaufnahmen eines Details bis zu Modellsituationen, die wie optische Sentenzen wirken.

Gefängniswelten

Fassbinders Helden leben in den Räumen seiner Filme, wie man in einem Gefängnis leben mag. Schon in DAS KLEINE CHAOS, seinem Kurzfilm aus dem Jahre 1966, verwandelt sich ein Wohnzimmer, nachdem die Bande eingedrungen ist, für die Wohnungsinhaberin praktisch in ein Gefängnis. Im Gefängnis des Gangstersyndikats spielt die erste Szene von LIEBE IST KÄLTER ALS DER TOD, zu einer Art Gruft wird das Herrenhaus im WHITY durch Farbstilisierung, Holztäfelung und Blumenschmuck. Als gefängnishaft werden auch die proletarisch-kleinbürgerlichen Wohnungen im KATZELMACHER, WILDWECHSEL und im HÄNDLER DER VIER

Acht Stunden sind kein Tag

JAHRESZEITEN charakterisiert, und in einer Art Gefängnis lebt Herr R. in WARUM LÄUFT HERR R. AMOK?. Wenn Herr R. sich schließlich aufhängt, dann entspricht das dem Verhalten von Hans am Ende des HÄNDLERS DER VIER JAHRESZEITEN, als er sich zu Tode trinkt: psychische Explosionen, die oft unvermeidlich werden, nachdem die Entfaltungsmöglichkeiten einer Person durch einen engen Raum klaustophobisch zusammengepreßt worden waren. Das gilt ebenso für die Aggressivität, die sich im KATZELMACHER

entlädt, wobei die Menschen in diesem Film nur selten in einem Raum eingeschlossen sind. Der Raum, der sie umschließt, wird durch ihre immer wiederkehrenden Sprach- und Bewegungsfiguren definiert. Es ist jenes Gefängnis, das Provinz heißt.
Wie von unsichtbaren Gitterstäben scheinen diese Menschen von der möglichen Vielfalt und Schönheit des Lebens ferngehalten. Das trifft auch auf die Angehörigen der Oberschicht zu: für Effi Briest, Nora Helmer und Petra von Kant. Auf andere Art hat Fassbinder das Gefängnishafte in den BITTEREN TRÄNEN DER PETRA VON KANT und der WELT AM DRAHT veranschaulicht. Dort leben die Menschen wie exotische Fische in einem Aquarium. Durch Zimmerpalmen und Blumenschmuck hat er den Räumen in vielen seiner Filme diesen Effekt gegeben. Wir betrachten die Menschen dabei wie durch eine Glaswand, die sie selber nicht zu bemerken scheinen, bis einige von ihnen sie dann eines Tages doch erkennen und ahnen, daß da draußen, jenseits der Scheibe, das eigentliche, das wirkliche Leben sein muß. Manchmal hat er das Leben im Glashaus ganz direkt gezeigt: etwa in der Schlußszene der WELT AM DRAHT, oder wenn Martha, um eine Zigarette zu rauchen, auf der Veranda sitzen muß; oder wenn im HÄNDLER DER VIER JAHRESZEITEN die Schlußszene von außen durch das Fenster des Volkswagen-Busses aufgenommen ist. In der WARNUNG VOR EINER HEILIGEN NUTTE wird das Gefühl der Distanz zum wirklichen Leben auf den Künstler (sprich: sich selber) bezogen, indem er als Nachspann Thomas Mann zitiert: »Ich sage Ihnen, daß ich es oft sterbensmüde bin, das Menschliche darzustellen, ohne am Menschlichen teilzuhaben ...« Das Zitat stammt aus dem vierten Kapitel des »Tonio Kröger«, jener Erzählung, in welcher der Held am Schluß auf der Veranda sitzt und die Objekte seiner Liebe durch eine Glastür betrachtet.
Bereits Thomas Mann hatte dieses Gefühl der Isolierung mit der Zugehörigkeit seines Helden zum Bürgertum in Zusammenhang gebracht. Auch in Fassbinders Filmen hat man nicht selten den Eindruck, die Klassenzugehörigkeit sei das eigentliche Gefängnis dieser Menschen. Andeutungsweise ist das an Effis Verhalten gegenüber den Dienstboten zu sehen, wenngleich sie keine Konsequenz daraus zieht. Daß sie es nicht tut, liegt daran, daß sie es nicht kann. Denn Effi Briest und Nora Helmer sind tragische Figuren gerade dadurch, daß ihr Be-

wußtsein nicht in der Lage ist, das Gefängnishafte ihres Lebens zu erkennen. Fassbinder zeigt sie uns hinter Gittern und Vorhängen, als wären sie in Ornamenten gefangen. Aber sie selber scheinen diese ornamentierten Gitter nicht zu bemerken – und wären sie dazu in der Lage, so würden sie vermutlich nur deren schönes Ornament bemerken. Sie können ihre Gefängniswelt ebensowenig durchschauen, wie Martha ihre Welt anders denn als eine Art Irrenhaus wahrnehmen könnte. Diese Figuren leben in einem doppelten Gefängnis: nicht nur bestehen durch ihre konkreten gesellschaftlichen Bedingtheiten gleichsam aus Konventionen und Vorschriften gefügte Mauern um sie her, sondern es gibt solche Trennwände zum möglichen Leben auch in ihrem Kopf. Und das eine Gefängnis ist immer die Vorbedingung für das andere, wie man den Satz auch drehen mag. Wenn Effi Briest in der Apotheke steht, sehen wir hinter ihr ein vergittertes Fenster – und vor ihrem Gesicht einen Schleier. Keinem der Helden Fassbinders gelingt es, die Scheibe zu zerschlagen, die ihn vom wirklichen Leben trennt. Und gelänge es ihm, so täte sich lediglich ein anderes Gefängnis vor ihm auf – so wie in der Puppe, die in einer Puppe steckt, wiederum eine Puppe steckt. Der Held der WELT AM DRAHT schafft zwar den Einbruch in das wirkliche Leben, aber nur, nachdem seine Identität ausgetauscht wurde. Wie ein Gast wird er unter den wirklichen Menschen leben – und das nur durch die Hilfe einer Frau, die ihn liebt, weil er sie an einen anderen erinnert: die Puppe in der Puppe in der Puppe. Die Vervielfachung des Gefängnishaften kennzeichnet schon LIEBE IST KÄLTER ALS DER TOD. Dessen Eingangsszene spielt im Gefängnis des Verbrechersyndikats: in die vom normalen Leben abgesonderte Welt der Verbrecher ist nochmals ein Bereich eingeschlossen, wie wenn ein Käfig in einem Käfig steht – als ein Symbol dafür könnte man das Aquarium in einem Zimmer der WELT AM DRAHT deuten.

Douglas Sirk

In *Imitation of Life*, einem Hauptwerk von Douglas Sirk und einem der Lieblingsfilme Fassbinders, leben die Personen ebenfalls wie Gefangene vom wirklichen Leben getrennt. In ihrer aller Leben »ist nichts natürlich. Nie. Den ganzen Film über nicht. Und doch versucht jeder krampfhaft, seine Gedanken oder seine Wünsche auch für das seine zu halten.«[3] Jeder jagt seinem Traum vom wirklichen Leben nach: die Farbigen den Weißen, die Jungen den Alten, die Armen den Reichen, und auch im Beruf ist jeder damit beschäftigt, das Leben anderer nachzuahmen; nicht zufällig sind die Hauptfiguren des Films ein Fotograf, eine Schauspielerin und ein Mädchen, das als Sängerin und Tänzerin arbeitet. So sehen wir, wenn wir in *Imitation of Life* Lana Turner betrachten, auf der Leinwand das Bild einer Schauspielerin, die eine Schauspielerin spielt, die Menschen spielt, die ein Schriftsteller sich ausgedacht hat, den wir, wiederum von einem Schauspieler dargestellt, ebenfalls auf der Leinwand sehen können. Es ist eine fast totale Künstlichkeit, die aber Leben vorstellbar macht, denn: »Wir sind dem Aufwachen nah, wenn wir träumen, daß wir träumen«.[4] *Imitation of Life* ist ein Schlüsselfilm für Fassbinder: nicht nur durch das Motiv des unechten Lebens, sondern beispielsweise auch durch die dramaturgische Verwendung von Spiegeln. Oft vermittelt ein Spiegel das Geschehen als gerahmtes Bild im Bild, wobei der Held des Films in solchen Augenblicken meist das gleiche tut, was auch wir tun: er schaut sich dieses Bild an, so daß wir fast glauben möchten, uns selber auf der Leinwand zu sehen. Die Leinwand wird zum Spiegel.

Zitatfluchten

Die Dramaturgie der unendlichen Vervielfachung hat Fassbinder schon in seinen frühen Filmen angewandt. Beispielsweise imitiert Ulli Lommel in LIEBE IST KÄLTER ALS DER TOD Alain Delon aus einem der Gangsterfilme Jean-Pierre Melvilles, während Delon bei Melville so spielt, als wäre er Humphrey Bogart, wenn dieser Raymond Chandlers Romanfigur Philip Marlowe darstellt. Dieses Rollenspiel trifft man in Fassbinders Filmen nicht nur im Bereich filmischer Zitate an, sondern es gehört zum Grundgestus seiner Figuren. In seinen frühen Gangsterfilmen symbolisiert das Aufsetzen der Sonnenbrille dieses Maskenspiel. Später ist das Rollenspiel oft an interpretierenden Details ablesbar: wenn Marion und Jochen sich im zweiten Teil von ACHT STUNDEN SIND KEIN TAG in der Bar zanken, dann sieht man, als beide den Raum verlassen, am Ausgang eine Putto-Figur und ein Filmplakat mit einem Bild von Charles Bronson: Symbole jener Rollen, in denen beide Helden sich gesehen haben, als sie den Streit begannen: er ein harter Mann, sie eine Art Engel. Und weil sie sich in diesen Rollen sahen, deshalb, so können wir ergänzen, ist es zum Streit gekommen. Die Menschen sind in ihren Rollen gefangen, und wenn Franz zu Beginn von GÖTTER DER PEST das Gefängnis München-Stadelheim verläßt, so erwartet ihn nur das Trugbild der Freiheit, da es keine Freiheit geben kann in einer Welt, die von ihren Bewohnern als Gefängnis erlebt wird.

In der NIKLASHAUSER FART schließlich wird die Sehnsucht nach den Kinofiguren mit der Beschwörung politischer Leitbilder identisch: denn nicht nur Wirklichkeit wird in diesem Film zitiert, sondern auch Glauber Rochas Film *Antonio das Mortes,* der selber die Beschwörung einer legendären Figur ist, so daß wir in der NIKLASHAUSER FART das Zitat eines Zitats sehen. Wenn wir uns vergegenwärtigen, daß auch Glauber Rochas Film in Brasilien nie die politische Funktion hat erlangen können, die ihm in Anbetracht der dort herrschenden Verhältnisse objektiv zukäme, dann wird DIE NIKLASHAUSER FART, dieser deutsche Film über das Scheitern der politischen Protestbewegung, zum utopischen Bild eines utopischen Bildes. Die Puppe-in-der-Puppe-Dramaturgie mit ihrer gleichsam in die Unendlichkeit gerichteten Perspektive ist also kein Ausdruck der Hoffnungslosigkeit, sondern gerade der Sehnsucht, der Hoffnung: sie ist die Form, die dem Denken der Utopie entspricht.

Sprachbarrieren

Gefangen sind die Menschen Fassbinders auch in ihrer Sprache, die sie in ein ganz bestimmtes Milieu bindet. Wenn Jorgos, der griechische Gastarbeiter, im KATZELMACHER sein »Alle ich Bumbum ... Ich nix verstehn«[5] lallt, mutet dies ebenfalls an, als ob jemand gegen eine Wand stoße, die ihn von einer möglichen Kommunikation mit seinen Mitmenschen trennt. Doch die Sprache dient Fassbinders Menschen kaum noch zu sinnvoller Kommunikation. Im Gegenteil ist die Sprache gerade das Hilfsmittel der Denunzianten und Lügner. De-

Liebe ist kälter als der Tod

Niklashauser Fart

nunziert wird in sehr vielen von Fassbinders Filmen, und jeder scheint zur Denunziation fähig: der Freund, der Kollege, die Geliebte. Fast alle Menschen Fassbinders lügen. In den Eingangsszenen vieler seiner Filme werden wir Zeuge einer solchen Lüge: Petra von Kant belügt am Telefon ihre Mutter, ebenso Hanna in RIO DAS MORTES, Martha belügt in der entsprechenden Szene ihren Vater.
Die Sprache steht bei Fassbinder vor allem den Herrschenden zur Verfügung, ihnen ist sie ein zusätzliches Hilfsmittel, die Welt in Besitz zu nehmen. Eine solche Besitzer-Sprache sprechen die Behörden-Angestellten und der Werkshallenleiter in ACHT STUNDEN SIND KEIN TAG, eine solche Sprache spricht in den PIONIEREN IN INGOLSTADT der Vater Fabians, wenn er seinen Sohn unterweist, oder Harald in ACHT STUNDEN SIND KEIN TAG, wenn er seine Frau maßregelt, und es ist kein Zufall, daß er auf diese Weise mit ihr spricht, denn »sie passen eben nicht zusammen«, erläutert Oma im vierten Teil der Serie, »sie ist eben bloß ein Arbeiterkind, und er hat einen Smoking an«. In Haralds Sprachgebrauch drückt sich nur noch einmal der soziale Abstand aus, den er ohnehin seiner Frau gegenüber hat. Umgekehrt entstammt Kurt Raabs Ehefrau in WARUM LÄUFT HERR R. AMOK? einer höheren Schicht als er, und daß ihr und ihresgleichen die Sprache mehr zur Verfügung steht als ihm, macht ihn so stumm und ist schließlich auch der Auslöser, der ihn zum Mörder werden läßt. Viele Menschen in Fassbinders Filmen flüchten in die Stummheit. Stumm lebt die ausgebeutete Marlene in den BITTEREN TRÄNEN DER PETRA VON KANT. Andere ziehen es vor, stumm zu werden wie Hans im HÄNDLER DER VIER JAHRESZEITEN; »Du kannst ja nicht reden«, sagt Marie im KATZELMACHER zu Jorgos, »das ist das Beste für mich«. Und in der WARNUNG VOR EINER HEILIGEN NUTTE ist Eddie, der die deutsche Sprache kaum beherrscht, von allen Personen dem richtigen Leben gewiß am nächsten.
Andere drücken sich ungenau aus, beenden ihre Sätze fast stets mit einem nachgestellten »... oder was«, »... oder so«, »... und so« und »immerhin«. Oder sie bedienen sich so verkürzter Bestätigungsformeln, daß die Sprache außer einem Gefühlsausdruck fast gar nichts mehr vermittelt; das gilt besonders für die bei Fassbinder häufigen Ausrufe wie »Wahnsinn«, »logisch« und »genau«. In manchen Szenen werden wir Zeugen,

wie Menschen durch die Verhältnisse sprachlos gemacht werden, oft genügt dazu der Telefonapparat in ihrer Hand, der sie von einer unmittelbareren Kommunikation so deutlich trennt, daß sie es gleich aufgeben, Verständigung zu suchen. Das Absinken angefangener Gespräche in Gestammel ist in vielen Szenen mitzuerleben, wie überhaupt in jedem Film mehrere Stufen der Sprachlichkeit gegenwärtig sind. Sie reichen von der Stummheit bis zum Aneinanderreihen auswendig gelernter Formeln, so daß eine kommunikative Sprache fast nie entsteht. Die Stufung hat jedoch die wichtige Aufgabe, uns Sprache in einer gesellschaftlichen Hierarchie erleben zu lassen: selbst unter den sprachlich Unterprivilegierten im KATZELMACHER gibt es den griechischen Gastarbeiter, der intellektuell die Rolle eines Subproletariers einnimmt. Auch die partielle Sprachlosigkeit der Unterdrückten dient wiederum weiterer Unterdrückung. Hinzu kommt, daß die Beziehung innerhalb der Gruppen sich auch in der Sprache spiegeln: die Menschen Fassbinders reden so, wie sie am Tisch sitzen, mehr uns als einander zugekehrt. Und wenn ihre Sprache in Bewegung gerät, dann oft nur, um »die Stufen der sozialen Redeleiter hinanzuklimmen, das ›feine‹ ›gehobene‹ Deutsch der herrschenden Klassen zu sprechen«.[6]
Manchmal, wenn in seinen Filmen jemand wagt, die Dinge beim richtigen Namen zu nennen, ergeben sich inmitten all dieses pervertierten Sprechens Momente der Klarheit, wie im Märchen, wenn ein Kind oder bei Shakespeare der Narr als einziger die Wahrheit sagt. Im dritten Teil von ACHT STUNDEN SIND KEIN TAG unterbricht ein Arbeiter den Werkshallenleiter und fragt ihn nach der Bedeutung eines Wortes, das er nicht versteht: »Was ist das: eine Maxime?«, und im zweiten Teil des Films liest Oma auf der Polizeibehörde lachend ein Formular und fragt den entrüsteten Beamten: »Finden Sie denn ihre Ausdrucksweise nicht komisch?« Diejenigen, die nicht zuletzt auch durch die Sprache unterdrückt werden, setzen sich in solchen Momenten – mit Hilfe der Sprache – zur Wehr, sie schlagen mit Worten zurück. Das geschieht auch in jener Szene in ANGST ESSEN SEELE AUF, wo Emmi mit Ali im Gartencafé sitzt und den Gaffern zuschreit: »Glotzt doch nicht, ihr blöden Schweine, das ist mein Mann, mein Mann«; oder wenn Oma in der zweiten Folge von ACHT STUNDEN SIND KEIN TAG Gregor als ihren »Geliebten« vorstellt. In

solchen Augenblicken geschieht nichts weiter, als daß jemand wagt, die Dinge beim Namen zu nennen.
In den Liebesszenen wird kaum gesprochen, und wenn, dann meist im Rückgriff auf die Sprache der Kindheit: »Bin aus München, hab ein Mädchen da«, sagt Franz in LIEBE IST KÄLTER ALS DER TOD, »die hab ich lieb«, und noch in der WELT AM DRAHT spricht Margit Carstensen fast wie ein Kind: »Du, ich hab dich immer noch lieb.« Auf ihrem Bett sehen wir, während sie diesen Satz spricht, eine Puppe, und auch sonst sind die Zimmer der Mädchen und Frauen bei Fassbinder oft mit Puppen oder Putto-Statuen dekoriert. Aber was in der Sprache des Kindes noch sagbar ist, ist es in der Welt der Erwachsenen schon nicht mehr. Hier ist alles korrumpiert, und die Wahrheit kann man allenfalls ahnen, wenn die Sprache durch das Bild der Verlogenheit überführt wird. Als Hanni in der Schlußszene von WILDWECHSEL auf dem Gang des Gerichtsgebäudes sagt: »Aus ist's, das war keine richtige Liebe, das war nur körperlich mit uns«, dann sehen wir etwas, was Hanni nicht sieht, nämlich das Gesicht von Franz, und während er zu Hanni sagt: »Eine richtige Liebe hat uns nie verbunden, das sag ich auch«, sehen wir in seinem Gesicht das Gegenteil.
Die Liebesdialoge zwischen Hanna Schygulla und Harry Baer in den PIONIEREN IN INGOLSTADT sind vielleicht die schönsten Liebesszenen des deutschen Films seit Murnau. In diesen Dialogen sieht das Mädchen etwas im Gesicht des Mannes, was auch wir sehen, weil die Kamera es uns so deutlich zeigt: nämlich die Menschlichkeit, zu der dieser Mann fähig sein könnte, zu der er jedoch längst keinen Mut mehr aufbringt, weil er gelernt hat, man komme in dieser Welt mit Brutalität besser davon, so daß er seine eigene Humanität hinter einer gewalttätigen Sprache versteckt. Mitten in diesem Lügengerede wird durch das stumme Bild etwas Besseres sichtbar.

Utopien

So kann, was wie Liebe aussieht, in Verrat enden (in LIEBE IST KÄLTER ALS DER TOD), oder in der totalen Unterdrückung (MARTHA). Die Liebe Evas zu Stiller in der WELT AM DRAHT verleiht ihm nur eine Art geliehener Existenz. Selbst die heroische Verbindung von Emmi und Ali in ANGST

ESSEN SEELE AUF dürfte nie wieder so bruchlos sein, wie sie einmal zu Beginn war. So verfehlt jeder das, was er liebt, und er muß es wohl verfehlen, denn: »Es gibt kein richtiges Leben im falschen«.[7]

Wenn in der Schlußszene des AMERIKANISCHEN SOLDATEN der Bruder sich über Rickys Leiche wirft, bekommt diese Szene durch die Zeitlupe etwas Feierliches. Ein Augenblick wird für das subjektive Zeitgefühl zur Ewigkeit. Diesen Eindruck vermittelt auch die Schlußszene in der WELT AM DRAHT, wo die Kranfahrt immer wieder durch Zwischenschnitte derselben Szene unterbrochen und dadurch für unser Zeitempfinden auch der Fluß der Zeit angehalten wird. Aber solche Momente der Ewigkeit sind nur Versprechen, wie die erste Begegnung von Margit Carstensen und Karlheinz Böhm in MARTHA eines ist. Die Wirklichkeit löst diese Versprechen nicht ein, und die Liebe bleibt eine Utopie. Vielleicht hat sie deshalb bei Fassbinder mehr Gewicht als bei jedem anderen jungen deutschen Regisseur, denn: »Es gibt ja doch keine Liebe, es gibt ja nur die Möglichkeit einer Liebe« (Fassbinder).

Die Menschen Fassbinders haben, wie er selber sagt, »alle so etwas wie eine Hoffnung, das ist die Sehnsucht nach einer Utopie«. Oft wird diese Utopie lokalisiert: Griechenland oder sonst ein südliches Land Europas (KATZELMACHER und GÖTTER DER PEST) oder Südamerika (in RIO DAS MORTES); aber vorhanden ist mehr der Wunsch als eine konkrete Vorstellung, die Hauptfigur in RIO DAS MORTES vermutet die Mayas in Peru (anstatt richtig in Mexiko). In der verkehrten Welt wird die Utopie etwas Dürftiges, sobald sie in der Wirklichkeit konkretisiert werden soll: das Mädchen Helga, das im KATZELMACHER brav ihre Ersparnisse geopfert hat, um Schauspielerin zu werden, könnte, wenn es wirklich die Wahrheit erführe, nur enttäuscht werden. Die Reise nach Griechenland, von der das Mädchen Marie im KATZELMACHER träumt, könnte, wenn sie je zustande käme, nur zur Katastrophe führen, da der Grieche schon verheiratet zu sein und zwei Kinder zu haben scheint. Die Reise nach Chicago, die in WHITY Hannas Lebensumstände bessern soll, erscheint ihr und ihrem Freund am Ende so schrecklich, daß sie den Selbstmord vorziehen. In solchen Momenten offenbart sich, daß auch die Utopie brüchig geworden ist. Von den Menschen Fassbin-

ders wird die Utopie oft nur noch als ein Zerrbild erlebt. Die Lederjacken der Jungen in KATZELMACHER, auf die »man was draufkleben« kann, »Chicago Rockers oder so«, sind ein ebensolches Zerrbild wie in WILDWECHSEL die mit dem Wort »Korea« verzierte Jacke von Franz, nach welcher der Film ursprünglich KOREANISCHER FRÜHLING hatte heißen sollen.[8] »Weißt du noch: Marokko 47?«, fragt im HÄNDLER DER VIER JAHRESZEITEN mit leuchtenden Augen der ehemalige Fremdenlegionär seinen Freund, Effi Briest spricht von »meinen Krankheitstagen, die eigentlich fast meine schönsten gewesen sind«, und im KATZELMACHER gesteht Marie: »Ich hab dich auch lieb, ich spür es, ganz weh tut es, bestimmt« – Äußerungen, in denen sich die verkehrte Welt zu Wort meldet, der das Schreckliche – der Krieg, die Krankheit und der Schmerz – das Höchste geworden ist.
Wenn die Utopie nicht ausgenommen bleibt von den Widersprüchen der Epoche, warum soll sie dann nicht auch in den obszönen Glücksversprechungen der Öldruck-Gemälde aufgesucht werden, auf denen das utopische Glücksversprechen ähnlich überbetont wird wie durch die Geschlechtsmerkmale auf einem Pin-up-Foto? Die Menschen Fassbinders haben ihre Wohnräume fast alle mit Bildern ausgeschmückt: mit Plakaten von Schlagersängern und Reitern im Abendrot, mit Gemälden, die Alpenlandschaften und Meereswogen zeigen. In gehobenen Kreisen wird auch die Utopie auf einer anderen Ebene gesucht: Petra von Kant hat eine Reproduktion nach Poussin an der Wand (und einmal im zweiten Akt liegt sie in der gleichen Pose davor wie eine schlafende Gestalt auf dem Bild). Im WILDWECHSEL sieht man in jener Sequenz, in der die Mutter auf den (inzwischen erschossenen) Vater wartet, ihren Kopf groß vor einer Alpenlandschaft mit See und Insel. Hinter dem Kopf der Frau öffnet sich diese Landschaft und führt unseren Blick in eine Tiefe, die ihr Gesicht allein nicht ausdrücken könnte, die ihr aber als eine psychische Dimension zugehört. So müssen die mit Öldrucken geschmückten Räume »nicht unbedingt dem realistischen Milieu entsprechen, in dem diese Figuren leben würden, sondern es hat mehr mit ihrer Psyche zu tun; also es sind Räume, die mehr die Räume sein könnten, die ihre Seele bewohnt« (Fassbinder). Wie armselig eine Welt aussieht, in der selbst diese verstümmelten Utopien fehlen, zeigt WARUM LÄUFT HERR R. AMOK?. Aber für ihn gilt,

was Fassbinder über MARTHA sagt: selbst ein derartiger Film habe »etwas Positives, weil natürlich jedweder Mensch, der das sieht, sich davon absetzen will und das einfach anders machen muß.« So ist WARUM LÄUFT HERR R. AMOK? kein Film über, sondern eine Polemik gegen das Alltagsleben. Sie zeigt uns Kleinbürger etwa so, wie uns Buñuel katholische Priester vorführt. Gelegentlich fehlt bei Fassbinder die symbolisch geöffnete Tiefe der hinteren Raumbegrenzung: wenn Hans im HÄNDLER DER VIER JAHRESZEITEN sich zu Tode trinkt, ist hinter seinem Kopf die kahle Wand zu sehen. Das Leben ohne Utopie ist der Tod.

Die Utopie des Mannes, der sich da im HÄNDLER DER VIER JAHRESZEITEN zu Tode trinkt, war zuvor buchstäblich zerbrochen: er selber hatte die Schallplatte mit dem Schlager »Buona buona notte« zertrümmert, die Ausdruck seiner Träume gewesen war. Kein Denken kann für die Menschen Fassbinders die Funktion der Utopie übernehmen. »Man denkt nie zuviel, eher zu wenig«, war Hans im HÄNDLER DER VIER JAHRESZEITEN zuvor von seiner Schwester belehrt worden; seine Antwort: »Wirklich? Aber mich quält es.« Und in der WELT AM DRAHT sterben fast alle, die den Gedanken wagen, daß ihr Leben nicht echt, sondern nur simuliert sein könnte. Nicht das Denken, sondern der Traum erweitert das Leben. Fassbinder: »Bis dahin, wo ich denken kann, sehe ich keine Hoffnung. Nur hinaus über das, wo ich hindenken kann, da sehe ich eine.« Sie zu erwecken, ist die Aufgabe auch der Kunst.

Imagination

Die Arbeiter in der Serie ACHT STUNDEN SIND KEIN TAG haben die Sehnsucht nach der Utopie, aber kein klares Bild von ihr: im Nachspann jeder Folge sieht man eine rote Sonne über rauchenden Fabrikschornsteinen. Aus den Schloten quillt Rauch, und die Sonne steigt ziemlich schnell im Zeitrafferverfahren am Himmel empor. Es wird in dieser Einstellung in einem Bildrhythmus erzählt, der nicht den handelnden Figuren entspricht, sondern uns Zuschauern eine Interpretation der Personen bietet. In diesen Arbeitern, die ihre mögliche Utopie nicht mehr sehen, wird jener Zustand der Entfremdung

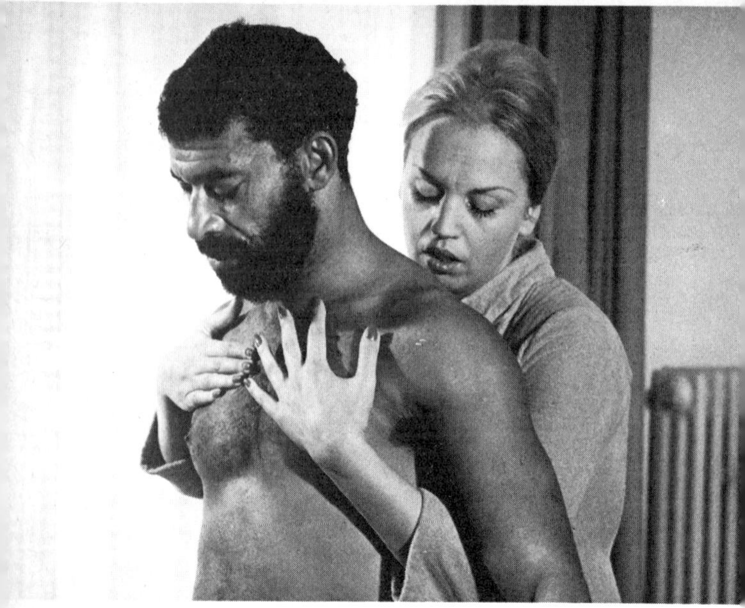

Angst essen Seele auf

anschaulich, der »nicht mehr nur die individuelle Selbstentfremdung des Einzelarbeiters einschließt, sondern vielmehr zur kollektiven Selbstentfremdung einer ganzen ›Klasse‹ sich ausgewachsen hat, zum Verlust ihres eigenen gesellschaftlichen Standortbewußtseins«.[9] So fehlt es der Serie keineswegs an einer Perspektive, jedoch ist sie der Entfremdung angemessen. Fassbinder: »Ich glaube, daß die Arbeiter dadurch, daß sie zuerst mal Veränderungen innerhalb des Systems machen (wenn es so passierte), sensibilisiert würden für ein anderes und vielleicht menschlicheres System.« Nur durch sinnvolle Veränderungen wird die Vorstellung einer besseren Zukunft sichtbar, und nur durch die Vorstellung einer besseren Zukunft werden sinnvolle Veränderungen möglich. Denn »wir sind halt so getrimmt auf das, was ist«, beklagt sich ein Arbeiter im fünften Teil von ACHT STUNDEN SIND KEIN TAG, »daß wir uns was anderes gar nicht mehr vorstellen können.« In der NIKLASHAUSER FART kommt es deshalb nicht zu einer Verbesserung der bestehenden Zustände, weil die Menschen sich diese besseren Zustände nicht mehr als etwas Konkretes vorstellen können. Ihnen ist die Utopie allenfalls ein totes Bild, in Wahrheit jedoch entwickelt sie sich in einen Prozeß, in beständiger Arbeit. »Glaubst du, daß sich das lohnt: immer kämpfen und kämpfen?« wird der Arbeiter Franz im dritten Teil von ACHT STUNDEN SIND KEIN TAG von seiner Frau gefragt, und er antwortet: »Wenn man siegt ... klar!« In der Aufklärungsarbeit seiner Fernsehserie ACHT STUNDEN SIND KEIN TAG hat Fassbinder ein Beispiel dafür gegeben, wie auch Kunst sich an diesem Prozeß beteiligen kann. Manche von seinen neueren Filmen hielten auch dann stand, wenn man sie allein mit den Maßstäben der Sozialpädagogik messen würde, so etwa ANGST ESSEN SEELE AUF, in dem – unter anderem – die Themen der Gastarbeiter-Diskriminierung, der psychosomatischen Krankheit und der psychischen Verelendung der älteren Generation in einer Spielfilmhandlung dargestellt werden.

Opfer der Erziehung

In Fassbinders Filmen sind auch die Unterdrücker Opfer. Er läßt keinen Zweifel daran, daß die falschen Verhältnisse von anderen falschen Verhältnissen herrühren. »Bist du gesund aus dem Krieg gekommen?«, fragt die Mutter im AMERIKANISCHEN SOLDATEN ihren aus Vietnam heimgekehrten Sohn, »Es geht, Mamma«, antwortet er lakonisch; »Und wir«, ruft der Vater im WILDWECHSEL, »... wir waren keine Jugend, wir waren Soldaten«; und in den PIONIEREN IN INGOLSTADT verkündet ein Soldat ungeniert: »Wo kein Krieg ist, da muß man sich einen machen.« Die unwürdigen Arbeitsbedingungen, denen der Junge im WILDWECHSEL ausgesetzt ist, werden in der kurzen, aber ungemein anschaulichen Szene in der Hähnchenschlachterei spürbar. Um auch den Vater als ein Opfer darzustellen, hatte Fassbinder ursprünglich beabsichtigt, »eine Szene aus dem Arbeitsbereich des Vaters« zu zeigen, »um ganz klarzumachen, was der wiederum für Unterdrückungen an seinem Arbeitsbereich ausgesetzt ist, die er dann halt nur weitergibt – das ist nicht erlaubt worden«.[10] Die Erziehung funktioniert als perfektes Unterdrückungsinstrument. Erwachsene wie die Titelfigur in MARTHA und

Hans (im HÄNDLER DER VIER JAHRESZEITEN) sind das Opfer von Erziehungsprozessen, in EFFI BRIEST und NORA HELMER versuchen erwachsene Männer, ihre erwachsenen Frauen zu erziehen; und im WILDWECHSEL können wir verfolgen, wie jede Generation die nachfolgende als eine Art pädagogischen Schuttabladeplatz benutzt. Wenn Hanni sich als sadistischen Scherz ausmalt, wie ihr Freund kastriert wird, spricht sie als Tochter eines Vaters, dem die Kastration von Franz als angemessene Bestrafung erscheint. »Kinder brauchen nicht glücklich zu sein, Monika«, erklärt der gestrenge Harald in der vierten Folge von ACHT STUNDEN SIND KEIN TAG, »Kinder müssen auf das Leben vorbereitet werden.«

Verdinglichungen

In diesem Leben, auf das da vorbereitet wird, erscheinen die menschlichen Beziehungen dann weitgehend als Beziehungen zu Sachen. Marlene in den BITTEREN TRÄNEN DER PETRA VON KANT wird wie ein Objekt behandelt, in der NORA sind die Gefühlsbeziehungen mit Eigentumsverhältnissen identisch, zum Sexualobjekt wird auch Ali in ANGST ESSEN SEELE AUF, sei es, daß Barbara Valentin ihn entkleidet, sei es, daß die gutmütige Emmi ihren Kolleginnen seine Muskeln vorführt. Oft sind die Beziehungen zu den Dingen liebevoller als zu den Menschen: nicht über den Tod des Vaters, sondern über den Verlust der Handtasche regt sich Martha auf, liebevoll streichelt einer der Männer in den GÖTTERN DER PEST den Mercedes auf dem Bauernhof, und nur schwer kann sich der Junge in RIO DAS MORTES beim Autohändler von seinem Wagen trennen, erst will er noch die Zusicherung hören, daß das Fahrzeug auch pfleglich behandelt werde; ebenso hält es der Besitzer des Obstkarrens im HÄNDLER DER VIER JAHRESZEITEN.

»Wissen Sie«, heißt es einmal in der WARNUNG VOR EINER HEILIGEN NUTTE, »die Gesellschaft hat etwas ganz Totes aus ihm gemacht, er kann nicht mehr von innen heraus reagieren.« In Fassbinders Filmen können wir oft miterleben, wie den Menschen diese Fähigkeit, von innen heraus zu reagieren, ausgetrieben wird. Jochen beispielsweise reagiert ganz spontan, wenn er im ersten Teil von ACHT STUNDEN SIND KEIN TAG, nachdem am anderen Ende der Hörer aufgelegt wurde, eine Telefonnummer noch einmal wählen will. Er hat schon den Finger an der Wählscheibe, doch dann bemerkt er, was er vergessen hat, und legt auf: er hat vergessen, daß Telefonieren Geld kostet, und er hat gerade keine passenden Münzen mehr bei sich. Die Liebe ist in KATZELMACHER oder in WILDWECHSEL (wo der Vater erklärt: »aber ohne Geld gibt's keine Liebe ...«) bei den meisten Menschen nach finanziellen Gesichtspunkten geregelt, nicht bei allen zwar, aber die verdinglichte Beziehung ist doch die normale. Wenn Whity zu Hanna kommt, dann erklärt er vorsichtshalber: »Ich kann das zahlen, wenn du willst«, obwohl sie das, wie wir sehen, offenkundig nicht wünscht. Aber woher soll Whity das wissen? Das Geld ist eine Verkehrsform, an die er sich gewöhnt hat, da sie auch jenseits der Rassenschranken Gültigkeit besitzt; die Zärtlichkeit, auch wenn sie dazu viel besser geeignet wäre, ist es nicht. In der Schlußszene von WILDWECHSEL sieht man, wie an dem angeklagten Jungen der Gastarbeiter, sein ehemaliger Freund, grußlos vorbeigeht und hinter einer Tür verschwindet, auf der wir – in Großaufnahme – das Wort »Kasse« lesen können: er ist zum Agenten der bestehenden Verhältnisse geworden.

Motivationen der Figuren

Aber auch eine solche Haltung kann bei Fassbinder im Prinzip verständlich gemacht werden, denn nicht die Menschen, sondern ihre materiellen Nöte sind es, die sie so unmenschlich reagieren lassen. »Da ist eine Aufklärung und eine Freizügigkeit,« höhnt der Vater im WILDWECHSEL, »die können sich die leisten, die ein Geld haben«. Er benennt damit die Ursachen seiner eigenen anti-aufklärerischen Haltung, auch wenn er sich nur zynisch zu ihr zu bekennen scheint. Dieses Eingehen auf alle Figuren kennzeichnet die Filme Fassbinders. In ACHT STUNDEN SIND KEIN TAG beispielsweise »wären in den weiteren Folgen die Motivationen für alle Figuren klarer und deutlicher geworden, es hätte für eigentlich jede Figur eine Folge geben sollen und geben müssen, wo der spezifische Hintergrund dieser Figur klar wird – warum, was an Struktur und

was an Familie aus ihr das gemacht hat, was jetzt aus ihr geworden ist – was diese Möglichkeiten und diese Unmöglichkeiten ergibt« (Fassbinder). Auch die Motivationen, die den Arbeiter Jürgen so unsolidarisch machen, wären dann deutlich geworden. Ebenso hätten wir weiterverfolgen können, wie Fräulein Erlkönig ihre Vorurteile abbaut, womit sie, wie wir in den letzten Folgen sehen konnten, durch die Freundschaft mit dem Arbeiter schon begonnen hatte.
Dieses verständnisvolle Eingehen möglichst auf jede Figur erfordert eine Inszenierung, die oft absichtlich den detailgetreuen Realismus vermeidet. Wenn bei Fassbinder Schlager gesungen werden, sind sie meist etwas zu alt, und auch die Gemälde in der Wohnküche sind altmodischer als in der Wirklichkeit, wo die Menschen, die seinen Kinofiguren entsprechen, längst schon Reproduktionen von van Goghs Sonnenblumen an der Wand haben. Wenn die Arbeiter in ACHT STUNDEN SIND KEIN TAG in ein Lokal gehen, dann sind sie etwas zu fein angezogen, auch das Lokal macht oft einen allzu bürgerlichen Eindruck. Aber solches absichtliche Daneben-Inszenieren verhindert gerade das Denunziatorische. Denn wir bewerten die Bilder an der Wand nun nicht nach unseren Bildern zu Hause, sondern verhalten uns erkennend: die Szene wird zum Modell, wir vergleichen sie, anstatt bloß emotional auf sie zu reagieren. Selbst bei den Synchronisierungen hat er nach diesem Prinzip die Stimmen egalisiert: die Stimme von Kurt Raab zum Beispiel im HÄNDLER DER VIER JAHRESZEITEN »auf diesem Typ, das wäre so ein Ausbund von was geworden, und dadurch, daß er von dem Peter Gauhe gesprochen wird, der eine sehr normale Stimme hat ... das macht den etwas menschlicher. Das ist auch bei der Irm Hermann in der EFFI ... so, die von der Margit Carstensen synchronisiert wird ...« (Fassbinder).

Alles ist veränderbar

Fassbinders Menschen sind veränderbar. Wenn Marion im vierten Teil von ACHT STUNDEN SIND KEIN TAG Jochen davon überzeugen will, daß Fräulein Erlkönig als Trauzeugin geeignet sei, sagt sie, ihre Kollegin habe »einen guten Kern«, worauf er antwortet: »Den siehst aber bloß du«, und sie fügt hinzu: »Immerhin« – was nicht heißen soll, daß sie sich etwas einredet, was in Wirklichkeit gar nicht vorhanden wäre, sondern sie erkennt eine objektiv in Fräulein Erlkönig angelegte Möglichkeit. Auch Oma bekennt sich im zweiten Teil der Serie auf ihre Weise zur Dialektik, wenn sie Gregors Vermerk: »Die Dinge sind eben so, wie sie sind« mit dem Satz kontert: »Sind sie eben nicht«. Die Wörter und die Sätze können sich verändern, wenn der Zusammenhang sich verändert. »Geschichten, die das Leben schrieb, sind nie so einfach«, sagt einer der Journalisten in der WELT AM DRAHT, und von einem Kollegen daran erinnert, daß er den Satz sonst gerade andersherum zitiert, antwortet er, es spräche doch nur für diesen Satz, daß es ihn zweimal gebe. Das Verhalten der Menschen verändert sich, wenn ihre Interessen sich geändert haben. Das war schon in KATZELMACHER immer wieder zu beobachten, und wird besonders deutlich in der wechselnden Beurteilung, die Emmis Eheschließung in ihrer Umgebung erfährt (ANGST ESSEN SEELE AUF). Dabei kann es auch zu grotesken Überkreuzungen kommen, so wenn ausgerechnet der Arbeitgeber in ACHT STUNDEN SIND KEIN TAG die Arbeiter über ihre unterschiedlichen Interessen aufklären muß; wenn im KATZELMACHER ausgerechnet Elisabeth, die den Gastarbeiter am meisten ausnutzt, ihre Umgebung belehrt, es heiße nicht »Fremdarbeiter«, sondern »Gastarbeiter«. Und wenn Emmi in ANGST ESSEN SEELE AUF erklärt, ihr Mann sei ein »Fremdarbeiter aus Polen« gewesen, dann wird darin der objektive Gang der Geschichte sichtbar: die Humanität war in der Unmenschlichkeit verborgen und schält sich nun zaghaft daraus hervor. Emmis Verhalten ist schon humaner entwickelt als ihre Sprache. Der Menschlichkeit, als sie endlich ans Licht treten darf, kleben in Gestalt des Nazi-Wortes »Fremdarbeiter« gleichsam noch die Eierschalen der Barbarei am Gefieder. In Fassbinders Filmen kann zwar das äußere Erscheinungsbild einer bestimmten geschichtlichen Epoche genau rekonstruiert sein – so etwa die Ära Adenauer im HÄNDLER DER VIER JAHRESZEITEN –, aber diese Richtigkeit des Details ist nicht nötig, um jene Kräfte im Menschen sichtbar zu machen, die dann tatsächlich in die Geschichte eingreifen.[11] Fassbinder zeigt nicht Faschismus, aber er zeigt, wie faschistoides Verhalten entsteht.

Krankheit und Tod

Wenn die Widersprüche der Gesellschaft im einzelnen ausgetragen werden, dann bleibt auch das, was üblicherweise als die Natur des Menschen ausgegeben wird, dem Zugriff der Gesellschaft nicht entzogen. Bei Fassbinder sind die Krankheiten deshalb psychosomatisch: der erste Zusammenbruch von Hans im HÄNDLER DER VIER JAHRESZEITEN oder das Magengeschwür Alis in ANGST ESSEN SEELE AUF, das durch den Streß der Gastarbeiter verursacht wurde. Der Tod erscheint als eine Art resignierender Antwort, die ein Mensch in einer gesellschaftlichen Konfliktsituation gibt (der Meister im ersten Teil von ACHT STUNDEN SIND KEIN TAG). Selbst jene Todesfälle, die sich ereignen, als wäre aus dem Unterbewußtsein ein Befehl zu ihrem Vollzug gekommen, haben gesellschaftliche Ursachen, beispielsweise wenn Hans im HÄNDLER DER VIER JAHRESZEITEN sich zu Tode trinkt. In den Kunstwerken früher Jahrhunderte ist der Tod meist als eine Strafe für »Sünden« dargestellt worden, und in säkularisierter Form hat diese theologische Auffassung sich auch in den Romanen des 19. Jahrhunderts und noch im Hollywoodfilm durchgesetzt. Wenn dort die unmittelbare Todesursache auch eine Revolverkugel sein mag, so trifft sie jedoch nur den, der nach den Spielregeln der allwissenden Dramaturgie abzutreten hatte, auf daß, wer am wenigsten »gesündigt« hatte, am Schluß übrigbleibt. Es gibt keinen Gott mehr, der über das Leben und den Tod befiehlt, die Befehle kommen nun aus dem Unterbewußtsein der Figuren – eine psychologische Interpretation des Todes. Daß sich Fassbinders Dramaturgie davon absetzt, wird vielleicht am deutlichsten, wenn man seinen Science-Fiction-Film WELT AM DRAHT mit einem beliebigen anderen Computer-Film oder -Roman vergleicht (etwa dem, der seinem Film zugrundeliegt). Während in den herkömmlichen SF-Stoffen meist suggeriert wird, die Menschen seien ohnmächtige Diener allmächtiger Gewalten, läßt Fassbinder kein Zweifel daran, wer diese falsche Welt so falsch gemacht hat und auch ein Interesse daran besitzt, sie so zu erhalten: nämlich bestimmte Menschen mit ganz bestimmten Interessen. So wäre nicht mehr der Theologe, aber auch nicht mehr der Psychoanalytiker zuständig, wenn es gälte, in einer solchen Welt die Ursache des Todes zu ermitteln. Unter allen

Regisseuren ist Fassbinder – soweit ich sehe – der einzige, der auch den Körper des Menschen als einen Schauplatz gesellschaftlicher Konflikte begriffen hat.

Angst essen Seele auf

Heimatlose Helden

Ein Schauplatz von Geschichte ist auch er selber – in dem doppelten Sinn, den das Wort Geschichte dabei hat: als die Geschichte eines individuellen Lebens, das aber zugleich auch ein Stück politischer Geschichte wiederspiegelt. Zwar verschlüsselt, Fassbinder in seinen Filmen die Selbstdarstellung meist, aber aus allen ließen sich Züge seines privaten Lebens doch besser erschließen, als bei irgendeinem anderen jungen deutschen Film-Regisseur. Sein privates Leben, wie es sich da mit Vorlieben und Abneigungen in seinen Filmen niedergeschlagen hat, besitzt ganz unmittelbare Bezüge zur konkreten politischen Geschichte. Denn diese Filme handeln unter anderem auch davon, wie eine Revolution nicht zustande kommt, wie Menschen in einer antiautoritären Lebensgemeinschaft zu arbeiten versuchen, wie sie gegen Konventionen ankämpfen und zögernd Solidarität erlernen …
Die Filmhelden Fassbinders, könnte man sie zu einer Kinofigur zusammenziehen, ergäben zumindest die Umrisse einer mythi-

schen Gestalt, die zu beschreiben wäre als ein vaterloser Jugendlicher, der, beständig auf der Flucht vor einer schrecklichen Vergangenheit, seine Träume nur noch in der Ferne glaubt verwirklichen zu können. Es ist ein Mensch, der sich in seinem

Faustrecht der Freiheit

eigenen Lande heimatlos fühlt. Die Gastarbeiter in Fassbinders Filmen – fremd im fremden Land –, sind eine Art seitenverkehrtes Bild seiner deutschen Jugendlichen. Es sind Menschen mit einem Fernweh, das im Grunde einem Heimweh entspricht, denn sie befinden sich immer wie auf der Suche nach ihrer nationalen Identität, – ein Motiv, das schon in der Literatur der deutschen Romantik eine zentrale Rolle spielte. Wobei auch dort der Gestalt des deutschen Wanderers mit der Sehnsucht nach dem Süden als Seitenverkehrung die Mignon-Gestalten der in Deutschland herumirrenden Waisen- und Zigeunerkinder zugeordnet sind. Es ist ein nationaler Mythos, wie der bewaffnete Einzelgänger in der amerikanischen Kunst. Auch Alexander Kluges *Abschied von Gestern* und vielleicht sogar Volker Schlöndorffs *Mord und Totschlag* tendieren dazu. Es spricht für die Wichtigkeit Fassbinders, daß unter den neuen deutschen Filmen gerade diese beiden so herausragenden Filme sich am engsten mit seinem Werk berühren. Nur Fassbinder freilich hat an diesem Thema ohne Unterbrechung weitergearbeitet, und so wie dieses Motiv sich in der deutschen Kunst der letzten zweihundert Jahre gewandelt hat, so hat es sich

als ein Spiegelbild der politischen Geschichte auch bei Fassbinder weiter verändert.
Zu diesen Erfahrungen jüngster deutscher Geschichte gehört für die Generation Fassbinders vor allem der Aufbruch einer politisierten Jugend in den späten sechziger Jahren – und deren Scheitern, wie es paradigmatisch im Pariser Mai des Jahres 1968 deutlich wurde. Fassbinders Filme sind, mit Ausnahme der drei kurzen, nach diesem Einschnitt entstanden. Sie alle erfüllt jene Melancholie, die nach dem Scheitern einer Revolution immer wieder in der europäischen Kunst zu einem Leitmotiv wurde. Das Gefühl, in einer total verzerrten Gesellschaft zu leben, die sich um ihre besten Möglichkeiten gebracht hat und deren Mitglieder das meist gar nicht einmal wissen, gehört nicht zu den »Erfindungen« Fassbinders. Es entspricht dem Lebensgefühl seiner Generationen, seiner Generation zumindest innerhalb des aufgeklärten Bürgertums – jener Schicht also, der in den westlichen Ländern in der Regel die Künstler entstammen.

Arbeitsprozesse der Wahrheit

Fassbinders Filme sind nachrevolutionäre Filme, wobei nachrevolutionär in einem ganz bestimmten Sinn auch bedeutet: utopisch. Eine Utopie, die nicht mehr den naiven vorrevolutionären Traum einer besseren Welt ansteuert, sondern die Gebrochenheit einer negativen geschichtlichen Erfahrung in sich aufgenommen hat. Sie ist nicht irgendwo außerhalb unserer Welt, sondern sie steckt – wie die Puppe in der Puppe – tief im Inneren unserer Welt. So hat die Dramaturgie von Fassbinders Filmen durchaus eine Perspektive, die uns immer neue Fernen eröffnet, jedoch im Fluchtpunkt jeder Ferne immer nur uns selber zeigt.
Auch Fassbinders Hinwendung zu den Klischees der Kulturindustrie hängt mit jener negativen politischen Erfahrung zusammen, die auch in der NIKLASHAUSER FART thematisiert ist. Denn wenn die politische Protestbewegung gescheitert ist, legt das nicht auch eine Konsequenz für die Ästhetik nahe? Daß nämlich mit dem politischen Scheitern zugleich auch eine bestimmte Art von politisch gemeinter Kunst scheiterte, die den wirklichen Ereignissen aufklärend und vorbereitend vor-

ausgegangen war? Die Filmkunst Godards, die politische Fortschritte durch die Revolutionierung der filmischen Erzählweise symbolisch vorwegzunehmen suchte, konnte nur bis zum Mai 1968 für politisch revolutionär gehalten werden. Daß Fassbinder seit dem HÄNDLER DER VIER JAHRESZEITEN eine neue Volkskunst zu schaffen versucht, hängt mit seiner politischen Erfahrung zusammen. Denn nach einer gescheiterten Revolution bietet sich die Gesellschaft nicht mehr in derselben Klassenkampfsituation dar wie zuvor. (Den meisten halbdokumentarischen Arbeitsplatzfilmen, die heute als Musterbeispiele einer politisch aufklärenden Kunst gelten, wäre vorzuwerfen, daß sie diese Veränderung nicht zur Kenntnis nehmen). Diese unklare gesellschaftliche Situation mit einem weitgehend verbürgerlichten Proletariat bestand schon in Deutschland nach 1918, Siegfried Kracauer hat sie in seinem Buch »Die Angestellten« analysiert. Ödön von Horváth schrieb 1932, Deutschland bestehe »wie alle übrigen europäischen Staaten zu neunzig Prozent aus vollendeten oder verhinderten Kleinbürgern, auf alle Fälle aus Kleinbürgern. Will ich also das Volk schildern, darf ich natürlich nicht nur die zehn Prozent schildern ...«[12] Neben Horváth haben damals auch Autoren wie Marieluise Fleißer oder Hans Fallada den Versuch gemacht, gerade dieses große Publikum mit einer neuen Volkskunst verstehend zu schildern und kritisch anzusprechen. Eine ähnliche Situation lag nach dem Mai 1968 vor. Fassbinders neue Volkskunst ist ein Versuch, darauf künstlerisch zu reagieren. Die gesellschaftliche Widersprüchlichkeit der Bevölkerungsschicht, die er in seinen Stücken und Filmen schildert, spiegelt sich in ihrer Sprache wie in ihren Handlungen und Gesten. Dies gilt für Marieluise Fleißer ebenso wie für Fassbinder. Verfremdung bezeichnet für beide: Entfremdung.

Fassbinder läßt sich also auf das falsche Bewußtsein seines Publikums ein. Denn das richtige besteht nicht außerhalb des falschen, wie die Kunst nicht irgendwo außerhalb des Kitsches zu suchen wäre. Die Kunst ist der Sonderfall, nicht der Kitsch, der als Ausdruck falschen Bewußtseins in der falschen Welt das Normale ist. Kitsch ist nicht Pervertierung von Kunst, sondern Kunst Aufhebung von Kitsch. Insofern enthält der Kitsch die Kunst wie die Lüge die Wahrheit. Es gilt, sie herauszuholen. Die Wahrheit ist eine Arbeit.

Deshalb ist Fassbinder so produktiv.

[1] Filmkritik, August 1969, S. 472.

[2] Alle Äußerungen Fassbinders, in diesem Aufsatz stammen, sofern nichts anderes angegeben ist, aus einem Gespräch, das am 20. Februar 1974 in Berlin geführt wurde.

[3] Fassbinder in: Fernsehen und Film, Februar 1971, S. 12.

[4] Novalis, Nachtrag zu »Blütenstaub«, Nr. 15.

[5] Die Zitate aus dem KATZELMACHER sind dem Text des Theaterstückes entnommen, (R. W. Fassbinder, Antiteater, 3. Aufl., Frankfurt 1973, S. 7–30, Edition Suhrkamp Bd. 443). Meine Zitate aus dem KATZELMACHER stimmen also nicht unbedingt wörtlich mit dem Filmtext überein. Der Film hat das Stück auch inhaltlich etwas erweitert: »Der Film fängt sehr viel früher an, das Stück fängt da an, wo der Grieche kommt, aber der Film zeigt, was das für Beziehungen sind, die die Leute da (schon vorher) untereinander haben, und da bricht der Grieche dann mehr rein, es gibt noch andere Unterschiede, aber das ist der Hauptunterschied« (Fassbinder, a. a. O.). Geändert sind auch einige inhaltliche Details: so träumt das Mädchen, das im Film Schauspielerin zu werden hofft, im Stück von einer Zukunft als Schlagersängerin.

[6] Walter Benjamin 1929 in seiner Rezension eines Erzählungsbandes von Marieluise Fleißer, zitiert nach: G. Rühle (Hg.), Materialien zum Leben und Schreiben der Marieluise Fleißer, Frankfurt 1973, S. 141 (Edition Suhrkamp Bd. 594).

[7] Theodor W. Adorno, Minima Moralia, Nr. 18.

[8] Fassbinder: »Ich wollte den Film ursprünglich KOREANISCHER FRÜHLING nennen wegen der Jacke, die der da anhat und weil Korea für mich was mit Krieg zu tun hat … und das haben sie« (nämlich die Produktionsfirma und der Sender Freies Berlin) »nicht zugelassen, leider« (a. a. O.).

[9] Werner Hofmann, Verelendung, in: E. Th. Mohl (Hg.), Folgen einer Theorie, Essays über »Das Kapital« von Karl Marx, 3. Aufl., Frankfurt 1969, S. 60 (Edition Suhrkamp Bd. 226).

[10] Den wichtigsten Unterschied seiner Verfilmung zum Stück von Kroetz hat Fassbinder so erläutert: »Für mich war der Junge halt das Opfer und nicht die beiden Kinder, das ist der Unterschied, der wesentliche. Der Junge ist das Opfer und die drei – der Vater, die Mutter und das Mädchen – sind halt ganz klare Geschöpfe der Gesellschaft, und der Junge ist (im Film) der Außenseiter und nicht die Kinder, sondern halt der Junge« (a. a. O.).

[11] Daß in den PIONIEREN IN INGOLSTADT an den Uniformen auch Kennzeichen der Hitlerzeit auftauchen (zum Beispiel einmal ein

Hakenkreuz an der Uniformmütze von Harry Bär), hat Fassbinder so erklärt: »Ich wollte es mit Bundeswehruniformen drehen, weil ich dachte, das sei das Unverfänglichste, das sei das Unauffälligste, was die Kostüme anbelangt, weil ... Wenn man da so mit Hakenkreuzen oder sonstwas arbeitet, dann sei es doch sehr aufdringlich, daß es Kostüme sind. Wenn man mit Bundeswehruniformen arbeitet, das hat jeder doch ein bißchen mehr vor Augen, dann ist es weniger auffällig. Dem ZDF erschien es hinterher ein Akt der Aggression zu sein, sie haben das untersagt, und dann mußten wir noch mal mit diesen alten Wehrmachtsuniformen und diesen Hitler-Uniformen anfangen ... Wir haben uns dann um die Kostüme nicht mehr gekümmert ... Wir haben einfach dann Kostüme genommen, wir haben gesagt, wir wollen alte Kostüme, es hätten dann also auch englische oder französische gewesen sein können ...« (a.a.O.). So hat Fassbinder bei der Verfilmung dieses Fleißer-Stückes, das eigentlich ja in den zwanziger Jahren spielt, den Eindruck einer gewissen Zeitlosigkeit hervorgerufen – was aber wohl doch nicht nur durch den geübten Zwang zu erklären ist, zumal es für Fassbinder ja ein Leichtes gewesen wäre, beispielsweise die zwanziger Jahre oder die Hitler-Zeit äußerlich genau zu rekonstruieren. Er hat auch auf dem Kasernenhof ein Zeichen der Atomwaffengegner, das dort auf der Wand zu sehen ist, nicht entfernt. Zwar ist dieses Zeichen »nicht extra hineingemalt worden,« aber »das war da, und dann hab ichs halt gelassen« (a.a.O.). Daß er es stehengelassen hat, obwohl es doch so leicht zu entfernen gewesen wäre, ist bezeichnend nicht nur für Fassbinders Stil (der stets die Hauptlinien auf Kosten von Unwichtigkeiten hervorhebt), sondern scheint auch etwas von seinem Verhältnis zur Geschichte zu spiegeln, wie es vor allem in der NIKLASHAUSER FART am deutlichsten wird. Dort werden absichtlich die Versatzstücke mehrerer Epochen verwendet, so daß ein Eindruck von Zeitlosigkeit entsteht, der doch sehr genau einem bestimmten Bewußtsein entspricht, in dem gleichsam die Ablagerungen der überwundenen Geschichtsepochen noch gegenwärtig bleiben.

[12] Ödön von Horváth, Zur Erneuerung des Volksstückes (1932), in: D. Hildebrandt u. T. Krischke (Hg.), Über Ödön von Horváth, Frankfurt 1972, S. 16 (Edition Suhrkamp Bd. 584).

Sein Name: eine Ära
Rückblicke auf den späten Fassbinder (1974/82)

Von Wolfram Schütte

Der Neue deutsche Film (was von den „Oberhausenern" geblieben ist und danach kam) besitzt viele Energien. Alexander Kluge wäre seine kombinatorische Intelligenz, Werner Herzog sein athletischer Wille, Wim Wenders seine phänomenologische Wahrnehmungskraft, Werner Schröter sein Emphatiker der Emotion, Herbert Achternbusch der Rebell seines Eigensinns, und Volker Schlöndorff ist sein Handwerker. Rainer Werner Fassbinder aber wäre das Herz, die schlagende, vibrierende Mitte aller dieser Partialtriebe, dieser je eigenen energetischen Ausprägungen gewesen. Melos und Melodramatik, Emotion und Kalkül, Wahrnehmungssensibilität und handwerkliche Perfektion: im Schnittpunkt dieses Spannungsfelds ist der Ort seines künstlerischen Werks zu finden; es war das Prisma, in dem sich die Arbeiten der anderen brachen. Fassbinder war die dominierende künstlerische Persönlichkeit des Neuen deutschen Films; weil er auf verschiedene Weise zwischen Avantgarde und Konvention, dem Zentrum und der Peripherie, dem Neuen und dem Alten und zwischen den Medien (Film und Fernsehen und Theater) vermittelte; weil er in alle ästhetischen Bereiche kraft seiner Sensibilität, Intelligenz und Phantasie ausschwärmte und weil er sich in seinen Arbeiten, im Laufe seiner künstlerischen Entwicklung und aufgrund seiner speziellen Tätigkeiten soviel aneignete, in sich einsog und weitergab.

Vor allem aber stand er im Zentrum, als Gravitationsfeld des Neuen deutschen Films, weil er dessen entschiedenster Erzähler war. Er hinterließ – von LIEBE IST KÄLTER ALS DER TOD bis zu QUERELLE – nicht nur ein Decamerone von Geschichten, Anekdoten, Erzählungen; sondern vor allem eine kaum überschaubare Galerie von Porträts. Er war ein Darsteller, Beschreiber, ein Maler von Menschen, von Charakteren; die Palette seiner Menschendarstellungskunst umfaßte alle Farben, sein Interesse richtete sich auf alle Formen menschlicher Existenz, der Fokus seiner Wahrnehmungsfähigkeit und seiner Gestaltungskraft umfaßte Alte und Junge, Frauen und Männer – alle Differenzen und Homogenitäten zwischen ihnen. Erst im Rückblick – und vielleicht braucht dieser Blick noch eine größere Distanz, um sich dessen bewußt zu werden – wird man inne, welche Comédie humaine Rainer Werner Fassbinder in seinem Oeuvre hinterlassen hat, wie intensiv seine filmischen Erzählungen von Menschen durchtränkt sind von der Politik, der Geschichte und dem Alltag, den Wechseln und den Kontinuitäten im Lebenszusammenhang Deutschlands – gerade auch dort, wo er das Land und seine Geschichte nicht in paradigmatischen Augenblicken und Menschen – wie z. B. dem HÄNDLER DER VIER JAHRESZEITEN oder der EHE DER MARIA BRAUN – sich zu imaginieren versuchte; auch (wenn nicht *gerade*) solche scheinbar zutiefst persönliche Auseinandersetzungen wie WARNUNG VOR EINER HEILIGEN NUTTE, IN EINEM JAHR MIT 13 MONDEN und QUERELLE (oder »Nebenarbeiten« wie ANGST VOR DER ANGST und ICH WILL DOCH NUR, DASS IHR MICH LIEBT) fallen weder als subjektive Privatissima noch als periphere Fingerübungen aus einem Oeuvre, dessen künstlerisches und geistiges Temperament – so sehr es jeden Stoff prägte – den immer gegenwärtigen Charakter einer zeitgenössischen Zeugenschaft besaß.

Derartig umfassend, in Breite und Tiefe gestaffelt, ist die Bundesrepublik (bis in ihr historisches Vorfeld) in keinem anderen künstlerischen Werk der Nachkriegszeit präsent – mit der *einen* Ausnahme: dem literarischen Oeuvre Heinrich Bölls; und wenn man, unter diesem Blickwinkel, im europäischen Kino Vergleichbares und Verwandtes sucht, so drängen sich einem die cinematographischen Werke Luchino Viscontis, Ingmar Bergmans, Jean-Luc Godards und Claude Chabrols auf; aber nur Filme Andrzej Wajdas besitzen möglicherweise den gleichen – vielleicht sogar deutlicher erkennbaren – Charakter einer zeugenhaften Signatur der nationalen Kultur und Epoche. Während der polnische Regisseur, aufgrund der ganz anderen politischen Kultur seines Landes, sein Werk (eng verbunden mit seinen anderen filmpolitischen Aktivitäten) »repräsentativ«, d. h. zwar nicht im Einklang mit der herrschenden *Macht* (eher sogar subversiv gegen sie), aber im Bewußtsein nationaler *Identität* entfalten konnte, ist der paradigmatische Charakter von Fassbinders Oeuvre sowohl *gegen* den herrschenden Konsens als auch *ohne* eine politische Identität entstanden. In seinen Filmen hat sich keine Nation erkannt; sie wird aber in ihnen erkannt werden. Der paradigmatische Charakter wächst diesem Werk hinterrücks, im Laufe der Zeit, indem es historisch wird, immer dichter zu.

Fassbinder hat das geahnt und gewußt; und spätestens seit dem HÄNDLER DER VIER JAHRESZEITEN hat er über ANGST ESSEN SEELE AUF, MUTTER KÜSTERS' FAHRT ZUM HIMMEL, DEUTSCHLAND IM HERBST, DIE EHE DER MARIA BRAUN, DIE DRITTE GENERATION, LOLA und der SEHNSUCHT DER VERONIKA VOSS diese bundesrepublikanische Geschichtsschreibung verfolgt; mit LILI MARLEEN war er in die Nazi-Zeit zurückgegangen, mit BOLWIESER, DESPAIR und BERLIN ALEXANDERPLATZ in die Weimarer Republik; EFFIE BRIEST schließlich reichte am weitesten historisch zurück.[1]

Zu diesem Projekt, den Deutschen ihre Geschichte der letzten 100 Jahre zu erzählen, und hinter den Fehlentwicklungen der Gegenwart die Spuren der vergangenen, aber immer noch fortwirkenden Irrungen und Wirrungen aufzusuchen, gehörte sowohl seine Adaption von Gerhard Zwerenz' aktuellem Frankfurt-Roman »Die Erde ist unbewohnbar wie der Mond« (zu der ein vollständiges Drehbuch Fassbinders vorliegt, wenngleich Motive davon in *Schatten der Engel* von Daniel Schmid und in IN EINEM JAHR MIT 13 MONDEN eingegangen sind); als auch sein Vorhaben einer dreizehnteiligen Fernseh-Serie nach Gustav Freytags »Soll und Haben«. Beide Arbeiten kamen nicht zustande.[2]

Dekor und Dingwelt dieser Filme, Kostüme und Alltagsgegenstände konstituieren den historischen Raum – auch bei den Arbeiten mit zeitgenössischen Stoffen (wie DIE DRITTE GENERATION): das sind dann *historische Filme in statu nascendi.* Was in der Paläontologie »Leitfossilien« anzeigen, von denen aus das historische Umfeld zu bestimmen ist, prägt das Erscheinungsbild dieser Arbeiten nachhaltig. In FONTANE EFFI BRIEST ist es der Gestus und die Ikonografie der zeitgenössischen Fotografie, im HÄNDLER DER VIER JAHRESZEITEN Schlagermusik, in MARIA BRAUN, LOLA und DIE SEHNSUCHT DER VERONIKA VOSS sind es Fußball-Reportagen; in IN EINEM JAHR MIT 13 MONDEN und der DRITTEN GENERATION ist es die allgegenwärtige Präsenz der modernen (Kommunikations-) Medien: Spielautomaten, Fernsehen, Radio, Video, Computer. Die jeweilige Zeit und das dominante Umfeld der modernen Medien prägt zunehmend die Ästhetik und den Erzählstil dieser Arbeiten; ihre Farbdramaturgie, der Ton, die Kameraperspektive und die Montage wird davon erfaßt. Fassbinders Filme über die Nachkriegs- und Adenauerzeit (und ebenso LILI MARLEEN: ein UFA-Film) sind immer zugleich auch objektiv-ironische Imitationen bestimmter zeittypischer Filmstile. Dieser ästhetische Historismus beschreibt den Stoffen und Erzählungen einerseits eine durchgehende künstlerische Distanz ein: als handwerkliche Kunst-Stücke wie als künstliche Produkte; andererseits rekonstruieren solche ›heutigen‹ Filme die Stilgeschichte des filmischen Mediums, um dessen Wirkungsästhetik und »Dramaturgie des Publikums« (Volker Klotz) – z. B. in LILI MARLEEN – oder deren verlorene Erzähltechniken (z. B. die Blenden in der VERONIKA VOSS) erinnernd vor Augen zu stellen.

Der parabelhafte Realismus etwa von ANGST ESSEN SEELE AUF wird spätestens seit DESPAIR (der ersten Arbeit nach einem fremden Drehbuch) in ein immer komplexeres System mehrfacher ästhetischer Codierungen übersetzt – bis zu QUERELLE, das jede Verbindung zur Produktion des Scheins von Realität kappt und in der totalen Künstlichkeit des Dekors eine rituelle, symbolistische Darstellungsweise ansteuert.

So penibel Fassbinder versucht, die wechselnden historischen Ambientes seiner deutschen Filmgeschichtsschreibung zu rekonstruieren: der genuine Erzähler richtet seinen Blick, sein Interesse an Subtilitäten auf die Menschen, welche in dieser Außenhaut stecken wie in einem Etui; und *in* den Menschen auf die Dialektik von Psyche und Physis, von Einzelnem und Gruppe, von Außenseiter und Gesellschaft. Es ist eine Geschichte der Gefühle, die er mit Geschichten in der Geschichte aufsucht und aufschreibt; und wenn die Liebe im Zentrum seines Oeuvres steht (immer unter dem Aspekt ihres Scheiterns), so als Utopie einer Sehnsucht, welche auf eine »Heimat« zielt (nach dem bekannten Wort Ernst Blochs am Ende seines »Prinzips Hoffnung«), die »allen in die Kindheit scheint und worin noch niemand war«.[3] In Fassbinders Kindheit schien solche Heimat wohl kaum, allenfalls verschattet, als Erfahrung des Mangels, als Leerstelle; oder als Erlebnis, das den Liebenden von dem Geliebten abhängig macht, ein sadomasochistisches Verhältnis stiftet. Wenn Heinrich Bölls literarische Produktivität als »Verteidigung der Kindheit« interpretiert wurde[4] – und in seinem Werk Liebes-Verhältnisse eine ebenso dominante Rolle spielen wie in Fassbinders Arbeiten –, so suchen die Fassbinderschen Helden und Heldinnen in der Liebe nicht die Wiedergewinnung eines verlorenen Kindheitsparadieses, sondern ein »Glücklichsein«, das, nach der Bemerkung Walter Benjamins, »heißt, ohne Schrecken seiner selbst inne werden (zu) können«.[5] In der Unbedingtheit einer Liebesäußerung steckt die Kraft einer fundamentalen Veränderung der Lebensverhältnisse: jeder nähme sich als er selber (für)wahr, und jeder im anderen: den anderen. Der »andere Zustand« (Robert Musil), den die Utopie der Liebe in Fassbinders Filmen als Ziel einer ungestillten Sehnsucht beschreibt, wäre ein herrschaftsfreier Raum, eine zeitlose Zeit, ein Sprung aus der Geschichte. Antizipationen dieses anarchischen Glücks gibt es einige in Fassbinders Filmen: wenn z. B. Karlheinz Böhm Margit Carstensen leidenschaftlich umarmt und küßt und die Kamerabewegung strudelnd um das Paar kreist (MARTHA); oder wenn Mieze zum erstenmal das Zimmer Biberkopfs betritt (BERLIN ALEXANDERPLATZ). Häufiger jedoch sind die Zeichen des Scheiterns, der Unterdrückung und Ausbeutung, der schließlich vom Liebenden gegen sich selbst gerichteten Gewalt – von HÄNDLER DER VIER JAHRESZEITEN über FONTANE EFFI BRIEST, ANGST VOR DER ANGST, ICH WILL DOCH NUR DASS IHR MICH LIEBT, FAUSTRECHT DER FREIHEIT bis zur EHE DER MARIA BRAUN und IN EINEM JAHR MIT 13 MONDEN. Wenn so viele seiner Arbeiten mit Tod oder Suizid enden – sein Werk kennt keine Idyllen, nur Zustände der Euphorie im klinischen Sinne –, so spricht das jeweils herrschende Realitätsprinzip zwar sein Urteil über die Wünsche, die allein nicht helfen; aber: »Nur über die Sehnsucht jedes einzelnen nach etwas anderem kann etwas anderes entstehen«.[6]

Wilfried Wiegands Annahme, geäußert im Augenblick von Fassbinders ersten Publikumserfolgen, er versuche eine »neue Volkskunst zu schaffen«,[7] hat sich nicht erfüllt. Zwar bedeutete die Bekanntschaft mit dem filmischen Werk Douglas Sirks der Durchbruch zu den eigenen Möglichkeiten, womit ihm »die Angst, auf eine Art und Weise profan zu werden, weggenommen« wurde.[8] Aber sein gleichlautendes Bekenntnis zu Sirk und zum Hollywood-Film meinte gewiß den Publikumserfolg (ebenso wie eine arbeitsteilige Produktionsweise); jedoch weder die Imitation Hollywoods noch jene zermürbenden Gruppenprozesse, denen er sich (und denen er andere) mehrfach danach aussetzte.

Sirk war »eben nicht, wie man sich Hollywood so vorstellt«; er sei ein »hochgebildeter Europäer, hoch sensibel«. Aber bei Sirk erst sei ihm »klar geworden, daß es absolut möglich ist«, sich der »verlogenen Hollywooder Dramaturgie« zu bedienen, eine »direkte und unverholene Publikumswirkung« zu erreichen und doch subversive Filme zu machen.[9]

Sirk: das war weder Hitchcock noch Fuller, Ray, Ford oder Hawks; weder Gangsterfilm noch Western, weder Landschaften noch die Kriminalität der Schwarzen Serie; nicht die Kultfiguren, die tough-guys, nicht die großen Mythen des amerikanischen Kinos; sondern: seine banalsten, trivialsten Seiten: das Treibhaus der verdrängten Gefühle, die Versagungen, welche der groß- oder kleinbürgerliche Alltag verlangte, Ehe und Karriere, Geschäft und Liebe, Mikroprozesse der Kommunikation. Das war Fassbinders Domäne. Ein Autorenfilmer wie seine Generationsgenossen, knüpft er doch über Sirk und die tragisch-sentimantalen Stoffe des Melodramas an die abgerissene Tradition des traditionellen *Erzählkinos* wie kein anderer an. »Sirk hat gesagt, man kann nicht Filme über etwas machen, man kann nur Filme mit etwas machen, mit Menschen, mit Licht, mit Blumen, mit Spiegeln, mit Blut ... Sirk hat außerdem gesagt, das Licht und die Einstellung, das ist die Philosophie des Regisseurs«.[10] Also weder »Problemfilme«, welche die Redundanz des Erzählens unter das Diktat der übergeordneten Begriffe und der illustrativen Funktion stellen; noch das erbaulich-repressive Melodrama, das im deutschen »Heimatfilm« der Fünfziger Jahre die bundesrepublikanische Filmszene beherrscht hatte.

Bevor Fassbinder jedoch in die zweite intensive Phase seiner Produktivität gelangte, die mit der BOLWIESER-Adaption einsetzte und bis zu seinem Tod reichte, geriet er in eine Krise. Sie hatte tiefreichende äußere Ursachen: sein letzter Versuch, aus einer existentiellen Gruppensituation heraus zu arbeiten, sein oft geträumter Traum von der »Großfamilie« scheiterte endgültig. Das Experiment der Mitbestimmung am »Theater am Turm« wurde weder von der Stadt Frankfurt am Main gebilligt, noch konnte es Fassbinder befriedigen, der wohl vorhatte, mit dem festen Stamm eines Theaterensembles weitere Film- und Fernsehprojekte zu entwickeln. Die öffentliche Kritik an der Theaterarbeit, dann die zwiefache, demütigende Zurückweisung der schon erwähnten Vorhaben, Gerhard Zwerenz' Frankfurt-Roman und Gustav Freitags »Soll und Haben« zu adaptieren; schließlich ein drohender Plagiatsvorwurf gegen die Story von MARTHA[11] –: sie lösten in dem beispiellos Erfolgreichen die Panik der Zurückweisung, der Isolation und des künstlerischen Stillstands aus. Nicht nur die Titel, sondern auch die erzählten Geschichten der Filme jener Zeit signalisieren die existentielle Situation: ANGST VOR DER ANGST, ICH WILL DOCH NUR, DASS IHR MICH LIEBT und SATANSBRATEN. In der Tat war er mit dem Konzept seiner einfachen Parabelfilme wie dem HÄNDLER DER VIER JAHRESZEITEN und ANGST ESSEN SEELE AUF, denen er dann noch FAUSTRECHT DER FREIHEIT hinterherschickte, an einen künstlerischen Endpunkt gekommen; mit MUTTER KÜSTERS' FAHRT ZUM HIMMEL und der zynisch-verzweifelten Komödie SATANSBRATEN verteilte er Rundumschläge: gegen ein scheinheiliges, durch die Mediengeilheit verkommenes soziales Gewissen der Linken und gegen die autoritäre Selbstinszenierung eines künstlerisch ausgelaugten ehemaligen Revolutionsbarden. Das waren *auch* Selbstkasteiungen. Aus diesem öffentlichen und veröffentlichten Purgatorium, einer tiefgreifenden Identitätskrise Fassbinders geht er als jemand hervor, der seine Arbeit nun im Zeichen Antonin Artauds und dessen »Theaters der Grausamkeit« begreift[12] und wider die gesellschaftliche Rationalität die Partei der unterdrückten Lebensenergien, des kasernierten Lebenswillens und der entgrenzenden Freiheit des Wahnsinns setzt.

Das neu gewonnene künstlerische Selbstbewußtsein führte zu einer Verfeinerung und Vervielfältigung artistischer Möglichkeiten und zu einer größeren Komplexität seines ästhetischen Vokabulars. Es zeigte sich schon in der epischen Ruhe des zweiteiligen BOLWIESER-Fernsehfilms, in den hochartifiziellen Brechungen von DESPAIR (mit dem sein manieristisches Spätwerk einsetzt) und trat dann in Fassbinders Episode zu *Deutschland im Herbst* als radikalste existentielle Entblößung der eigenen Person, ihrer Ängste und Grausamkeiten hervor. Solche Freiheiten erlaubt sich nur einer, der nichts mehr zu verlieren hat – nur zu gewinnen. Nach dem kommerziellen Welterfolg der EHE DER MARIA BRAUN standen Fassbinder alle Türen offen, seiner produktiven Lust am Erzählen und Experimentieren nachzugehen.

Sein alter Traum, wie in Hollywood zu produzieren, war zweimal zerbrochen; in der WARNUNG VOR DER HEILIGEN NUTTE (1970) hatte er eine erste Negativbilanz gezogen, im SATANSBRATEN (1975/76) eine zweite. Gleichwohl fuhr er fort, in und mit Gruppen zu arbeiten, bezog aber – eben durch seine kontinuierliche, ausgreifende Tätigkeit – zugleich daneben viele andere in seine Film- und Fernseharbeiten ein: Kameraleute, Dekorateure, Kostümbildnerinnen; vor allem aber entdeckte er unbekannte Schauspieler(innen) für das Kino, verpflichtet Bühnendarsteller (wie Margit Carstensen); und anders als fast alle seine Kollegen vom Neuen deutschen Film holte Fassbinder eine ganze Reihe von vergessenen Schauspielern und Schauspielerinnen des alten kommerziellen bundesdeutschen Films zurück auf die Leinwand: von Luise Ulrich und Werner Fink (ACHT STUNDEN SIND KEIN TAG), über Brigitte Mira, Adrian Hoven, Barbara Rütting bis zu Rudolf Platte und Karla Hofer (VERONIKA VOSS). Er knüpfte dadurch nicht allein menschliche, sondern auch filmhistorische Traditionsbezüge zum Kino seiner Jugend; ebenso pflanzte er seinem Werk durch solche Beschäftigung mit den gleichen Schauspielern Kontinuitätsmerkmale ein; schließlich aber strahlte seine Tätigkeit, die soviele Filmschaffende an sich zog (nicht wenige nur auf Zeit; und manche auf Nimmerwiedersehen auch von sich stieß – wie Hanna Schygulla oder Michael Ballhaus, Kurt Raab oder Irm Hermann), weit in den bundesdeutschen Film hinein, den er dadurch belebt, bereichert und professionalisiert hat. Daß sich im Verlauf seines Schaffens (und besonders ab Mitte der Siebziger Jahre) eine hochqualifizierte filmkünstlerische Infrastruktur in der Bundesrepublik herausgebildet hat, ist nicht zuletzt ein Verdienst Fassbinders. Ebenso sehr aber auch des Fernsehens, des WDR, mit dem Fassbinder viele seiner Arbeiten herstellen konnte. Dort waren es vor allem der Produzent

Günter Rohrbach und der Dramaturg Peter Märtesheimer, die Fassbinder Arbeitsmöglichkeiten gaben. Als beide zur Bavaria gingen und die überwiegend fernseheigene »Atelierbetriebsgesellschaft« zu einer der derzeit größten Film- und Fernsehproduktionsstätten in Europa auszubauen begannen, zogen sie Fassbinder mit sich. Geiselgasteig sollte sein Hollywood werden; und er sein Groß- und Starregisseur[13]. Nach der EHE DER MARIA BRAUN hat Fassbinder alle seine großen Filme dort gedreht – außer dem JAHR MIT 13 MONDEN und der DRITTEN GENERATION, die er beide, mangels öffentlicher Unterstützung, in eigener Produktion mit dem Filmverlag hergestellt hat; sein letzter Film (QUERELLE) ist in Berliner Ateliers entstanden.

Die Rolle, welche die »Bavaria« für die jüngste Phase des Neuen deutschen Films übernommen hat, ist noch nicht in ihren Konsequenzen abzusehen. Sicher aber hat Fassbinders Verbindung mit Rohrbach und Märtesheimer, der zusammen mit Pea Fröhlich das Drehbuch zur MARIA BRAUN schrieb[14], *einer* Tendenz der bundesdeutschen Fernseh- und Filmproduktion die Richtung gewiesen: die Rückkehr des ehemaligen open-air-Films mit dokumentarischer Zeugenschaft ins Atelier; die Herstellung von mehrteiligen Fernsehserien nach literarischen Vorlagen[15] und die Produktion bewußt für den Weltmarkt entworfener Filme. Wie kein anderer besaß Fassbinder die Freiheit, mit diesen Projekten und Kapitalien umzugehen, d. h.: sich seine Stoffe[16] zu wählen; wie kein anderer aber auch die künstlerische Substanz und Kreativität, trotz dieses Wechsels vom low-budgetierten radikalen Autorenfilm zum arbeitsteiligen Industrieprodukt seinen Arbeiten den Stempel seiner künstlerischen Handschrift aufzudrücken. Besitzen seine zwei Eigenproduktionen, die bezeichnenderweise direkte, aktuelle Interventionen sind, ein schärferes Profil, ein zupackenderen Impetus, so arbeitet Fassbinder in seinen »großen Filmen« nicht minder persönlich – wenn auch vermittelter, indirekter. Denn der späte Fassbinder, am Ende einer Ära, die er bestimmte, hatte zu jener Produktionsmethode gefunden, von der er früher sentimental als Gruppenproduktion träumte; nun erreicht er sie im Team, in der Zusammenarbeit mit Spezialisten wie Rolf Zehetbauer (Dekor), Xaver Schwarzenberger (Kamera), Peer Raben (Musik) und mit Stars wie Franco Nero, Jeanne Moreau oder Brad Davis.

Das umfassendste, episch differenzierteste Kompendium seiner Menschen-Darstellung, der Gefühle und Gedanken, der Wünsche und der Depressionen gelang Fassbinder zweifellos in seinem zugleich intimen wie monumentalen Fresko (nach Alfred Döblins) BERLIN ALEXANDERPLATZ. Der Großstadt-Roman ist einer der Großstadt-Menschen, und wie er später die Sprachphantasmagorie Genets in Dekor, Licht, Farben übersetzt, so lauscht der (Nach)Erzähler Fassbinder auf die psychischen Unterströme in der Prosa Döblins. Das babylonische Thema wird in die Psyche einer Vielzahl von Personen zurückgenommen – in Gesten und Körpersprache, in Blicke und kontrapunktische Kommentare. BERLIN ALEXANDERPLATZ ist seine persönlichste »Summa« geblieben.

Rainer Werner Fassbinder war innerhalb des Neuen deutschen Films ein Autor vom Zuschnitt Balzacs; wie dessen einer ununterbrochenen Produktivität entwachsenes Oeuvre trägt auch seines Züge des Unausgeführten, Mißlungenen, bloß flüchtig Hingeworfenen; es ist zugleich sehr persönlich und episch-überpersönlich, inwendig und auswendig, emotional erhitzt und eisig kühl, sentimental und zynisch; von großer Emphase für die Außenseiter und die Opfer und von einer subtilen (auch derben) Faszination für das ästhetische Raffinement. Er hat Stoffe und Themen, die »in der Luft lagen«, mit seiner gereizten Sensibilität gewittert, bevor sie »öffentlich« wurden; trotz mancher misogyner Züge enthält sein weitgespanntes Werk die vielfältigsten, differenziertesten Frauenporträts des gesamten deutschen Nachkriegsfilms, verkörpert von Hanna Schygulla, Margit Carstensen, Brigitte Mira, Elisabeth Trissenaar und Barbara Sukowa.

Er war kein Regisseur der Weite und der offenen Horizonte, kein Pathetiker der Landschaft oder der Natur; seine Domäne war die Enge, die Bedrängungen des Dekors, darin Verspiegelungen und Durchblicke, wo er die poetischen Orte des Kammerspiels aufsuchte und den unterdrückten Gefühlen in falschen Gesten (et vice versa) zur Wahrheit ihrer uneingestandenen Wünsche verhalf. Fassbinder war, in seinen historischen so gut wie in seinen aktuellen Arbeiten, ein unnachsichtiger Chronist der menschlichen Verluste und ein Emphatiker der Leiden, welche »der Angstapparat aus Kalkül« (Fontane), den er in EFFIE BRIEST zitiert, tief in den Einzelnen (*Ver-*

Dreharbeiten: Berlin Alexanderplatz

einzelten) hinterlassen hat und welcher noch deren Opfer sadomasochistisch zu eigenen Henkern macht. Er war das schlagende Herz. Es ist nun stillgestellt.

1 Die NIKLASHAUSER FAHRT ist eine Collage (wie Godards *One plus one* oder *Week end.*
2 S. Daten S. 273.
3 Ernst Bloch: Das Prinzip Hoffnung, Frankfurt a. M. 1959, S. 1628
4 Christian Linder: Böll, Reinbeck b. Hamburg 1978.
5 Walter Benjamin: Gesammelte Schriften, Frankfurt a. M. 1972, IV, 1, S. 113.
6 Wolfgang Limmer: R. W. Fassbinder Filmmacher, Reinbeck b. Hamburg 1981, S. 78.
7 S. S. 60.
8 Limmer a. a. O. S. 91.
9 Limmer a. a. O. S. 91.
10 R. W. Fassbinder: Imitation of Life. Über die Filme von Douglas Sirk, Fernsehen und Film 1971, Nr. 2.
11 Vergl. Limmer a. a. O. S. 93.

12 Auf Artaud hat er mehrfach verwiesen: SATANSBRATEN beginnt mit einem Artaud-Zitat, DESPAIR ist Artaud, van Gogh und Unica Zürn gewidmet, zu THEATER IN TRANCE besteht der Kommentar nur aus Artaud-Zitaten, von Fassbinder gesprochen. Das Wagnis, sich auf Genets Roman »Querelle« einzulassen, wäre kaum ohne weitgehende Identifikation mit Artauds anarchistischer Lebensphilosophie unternommen worden.

13 Immerhin war dort schon zuvor Ingmar Bergmans *Das Schlangenei* produziert worden, in dessen Dekorationen Fassbinder z. T. DESPAIR und vor allem BERLIN ALEXANDERPLATZ drehte. Danach wurde in der Bavaria mit Profitziel Weltmarkt *Das Boot* produziert und jetzt *Die unendliche Geschichte* (nach Michael Endes Alternativ-Bestseller), beide von Wolfgang Petersen realisiert.

14 Nach einer Idee RWFs; Märtesheimer/Fröhlich haben auch die Drehbücher zu LOLA und SEHNSUCHT DER VERONIKA VOSS verfaßt.

15 Beispiele: H. W. Geißendörfers *Theodor Chindler,* Th. Kotullas *Der Fall Mauritzius,* Geißendörfers *Zauberberg,* Sinkels *Bekenntnisse des Hochstablers Felix Krull,* Franz Seitz' *Dr. Faustus.*

16 Bekanntlich sollte Werner Schroeter »Querelle« verfilmen, nachdem Bernardo Bertolucci dem Projekt eine Absage erteilt hatte (vergl. Reihe Film 24, S. 70). Mit dem Namen Fassbinders fand der deutsche Produzent Dieter Schidor internationale Coproduzenten.

Interview 1

Von Wilfried Wiegand

Ein filmisches Vorbild war damals, als Sie angefangen haben, Filme zu machen, wahrscheinlich Godard, Außer Atem *und* Die Außenseiterbande.

Nein, beides nicht, für mich fängt Godard bei der *Außenseiterbande* an, nicht mehr interessant zu sein. Es gibt einen Film von Godard, den ich siebenundzwanzig Mal gesehen habe, das ist *Vivre sa vie*, das ist der Film, der für mein Leben zusammen mit *Viridiana* (von Buñuel) der wichtigste Film gewesen ist.

Aber am Schluß von LIEBE IST KÄLTER ALS DER TOD, *wenn der Franz zur Joanna »Nutte« sagt, ist das nicht ein ähnlicher Schluß wie das »Du bist zum Kotzen« in* Außer Atem?

Na gut, aber das ist etwas, was ich nicht bewußt gemacht habe, als ich es gemacht habe.

Wie ist es mit dem Einfluß Melvilles für Ihre frühen Filme, die ja Gangsterfilme sind? Bei Ihnen spielt ja, wie bei Melville auch, die Brutalität der Außenwelt und der Polizei eine geringere Rolle als im Hollywood-Film. Bei Ihnen und auch bei Melville geht es ja mehr um einen Ehrenkodex, um das Verhältnis von Freunden zueinander, also mehr um die subjektive Seite der Sache.

Aber ob das nicht wirklich daran liegt, daß man, wenn man als Europäer etwas macht, was mit diesen amerikanischen Kinoerfahrungen zu tun hat, daß das dann, durch ein europäisches Bewußtsein gefiltert, immer etwas anderes ergibt? Ich will sagen, daß ich möglicherweise keinen Melville als Brille brauchte. Der STADTSTREICHER hat sehr viel mit *Im Zeichen des Löwen* (von Rohmer) zu tun, das ist auch einer der ganz großen Filme gewesen für mich.

Ab wann sind Sie ins Kino gegangen?

Ich bin ins Kino gegangen ab fünf und hab da zuerst so Planwa-

Götter der Pest

gen-Western gesehen, und dann eigentlich so ab sieben habe ich alles gesehen, ich bin auch wirklich jeden Tag im Kino gewesen und dann später zwei-, dreimal, wenn es ging.

Gibt es amerikanische Filme außer denen von Sirk, die Sie wesentlich beeinflußt haben?

Ja, Raoul Walsh …

Welche Filme zum Beispiel?

Hamish, der Sklavenhändler (Band of Angels), White Heat … Die Beziehung zwischen dem James Cagney und seiner Mutter, die ist halt so, wie sie zwischen allen meinen Helden und ihren Müttern ist. Dann noch von Huston *Asphalt Dschungel* das war sehr wichtig, dann Howard Hawks, die schwulen Geschichten …

Wo sind da schwule Geschichten?

Bei Hawks immer.

Sie haben mal einen Aufsatz über Josef von Sternberg schreiben wollen. Was hat Sie an Sternberg fasziniert?

Was der Sternberg mit dem Licht macht; die Möglichkeit, Geschichten nicht direkt zu erzählen, sondern auf einem Umweg … Es ist halt diese extreme Künstlichkeit, die dann doch in der Wirkung wieder etwas sehr Lebendiges ist.

Dieses Künstliche spielt ja auch bei Ihren Filmen eine große Rolle.

Meine Ansicht ist immer die gewesen, daß je schöner und je gemachter und inszenierter und hingetrimmter Filme sind, umso freier und umso befreiender sind sie.

Gab es Filme von jungen deutschen Regisseuren, die Ihnen besonders gefallen haben?

Mord und Totschlag (von Volker Schlöndorff) und *48 Stunden bis Acapulco* (von Klaus Lemke).

War Straub ein Vorbild?

Der Straub ist für mich mehr als eine Figur wichtig gewesen.

Aber sind Sie von ihm nicht zu einem langsamen Erzählrhythmus angeregt worden, auch zum Prinzip der Realzeit, daß Vorgänge auf der Leinwand genau so lange dauern wie in Natur?

Wichtiger war für mich, daß Straub am action-theater dieses Stück geprobt hat, »Krankheit der Jugend« (Ferdinand Bruckner), und an den zehn Minuten haben wir insgesamt vier Monate geprobt, also immer wieder und immer wieder, zwar nur zwei Stunden am Tag, aber es war doch wahnsinnig viel. Die Erfahrung, die ich da mit Straub gemacht habe, mit so einer komischen Ernsthaftigkeit, mit der er an seine Arbeit und an Menschen rangegangen ist, das war für mich schon faszinierend. Wie der uns so eine Szene hat spielen lassen und dann gesagt hat: Wie fandet ihr euch denn jetzt selber? – und da war das schon ganz richtig, und man dann selber so eine Haltung zu dem entwickeln mußte, was man macht, so daß man schon während man gespielt hat, so eine Technik entwickelt hat, sich selbst zuzuschauen, so daß einem nicht so eine totale Identität

Die bitteren Tränen der Petra von Kant

zwischen der Rolle und einem selbst passierte, sondern ein Abstand. Die Filme, die finde ich ganz schön, die er gemacht hat, also die ersten Filme *Machorka Muff* und *Nicht versöhnt,* auch noch die *Chronik der Anna Magdalena Bach,* obwohl sich jetzt an *Othon* und anderen Sachen doch für mich gezeigt hat, daß das, was am Straub wichtiger ist, das ist, was mich nicht an ihm interessiert.

Sie haben Ihren Schauspielern auch im Film oft die Namen gegeben, die sie in Wirklichkeit tragen.

Die Haltung, die ich den Figuren gegenüber habe, was schon beim Schreiben des Drehbuchs eine Bedeutung hat, hängt natürlich mit meiner Haltung zu diesen Leuten zusammen, die ich hatte. Also ich hatte so eine Haltung zur Hanna Schygulla, daß die eben immer zwar die Heldin, aber die Verräterin und was-weiß-ich ist. Und ich habe zu Irm Hermann so eine Haltung, ich habe zu Harry Baer so eine Haltung, und ich habe deswegen den Leuten auch meistens die Namen gegeben, die sie original haben. Und ich habe versucht, trotzdem Geschich-

Warnung vor einer heiligen Nutte

ten zu machen, in denen die nicht auftreten könnten, diese Leute. Es ist nicht so, daß ich Geschichten erzählt habe, die unter diesen Leuten möglich wären.

Das sind fiktive Geschichten.

Das sind fiktive Geschichten, die zwar irgendwo schon die Sehnsüchte dieser Leute … oder dieser Wunsch, dieses Warten auf eine Utopie, das ist etwas Reales an den Figuren, aber nicht die Geschichten. Ich habe auch eine Haltung zu den Leuten so als Schauspieler. Ich habe also eigentlich von Anfang an, habe ich die Leute so behandelt und so gefilmt meiner Ansicht nach, als wären es halt Stars.

Warhol hat gesagt, jeder ist ein Star.

Ja, das meine ich auch, aber ich meine, nicht einfach dadurch, daß man jemanden vor irgendeine Kamera stellt, wird er ein Star, sondern nur in einer bestimmten Funktion, in einem bestimmten Bild, in einer bestimmten Kamerabewegung. Wenn die Kamera nicht Hollywood ist, dann ist auch der Schauspieler, der fotografiert wird, nicht Hollywood. Ja, und wir haben von Anfang an versucht, in den Einstellungen so zu tun, als wären es richtige Filme, als wir das noch gar nicht konnten und auch von den Mitteln noch gar nicht möglich gewesen ist, haben wir auch immer so versucht zu tun, als hätten wir alles schon zur Verfügung, an Können und an finanziellen Möglichkeiten.

Wie kommt es, daß sie jetzt Schauspieler auftreten lassen, die man aus deutschen Filmen der fünfziger und frühen sechziger Jahre kennt: Karlheinz Böhm, Joachim Hansen ...

Das ist doch eine ganz logische Entwicklung: Wenn ich so tue, als wäre Hanna Schygulla Marlene Dietrich, dann komme ich doch eines Tages zwangsläufig darauf, Marlene Dietrich zu nehmen. Und wenn ich die nicht kriegen kann, dann nehme ich halt Barbara Valentin. Weil die für mich halt den Glamour haben. Und dazu kam, daß ich mit denen halt wesentlich besser arbeiten kann.

Warum?

Weil sie nicht so zickig sind ...

Das heißt, die älteren Schauspieler sind professioneller?

... sind professionell und haben einen gewissen Glamour, auf den ich achte. Die waren immer gut, die haben nur in schlechten Filmen gespielt.

Haben Sie denn mal versucht, einen berühmten Hollywood-Star für einen Ihrer Filme zu bekommen?

Ja, Lana Turner.

Und warum haben Sie die nicht gekriegt?

Das waren finanzielle Gründe, die wollte zuviel Geld haben.

Für welchen Film wollten Sie die denn haben? Für einen Film, den Sie dann tatsächlich auch gedreht haben?

Nein. Ich wollte nochmal dieselbe Geschichte erzählen, die Sirk in *All That Heaven Allows* erzählt, das ist die Geschichte mit dem Gärtner.

Aber Ihr Film sollte in Deutschland spielen?

Ja.

Der Händler der Vier Jahreszeiten

Es sind alles sehr persönliche Filme, die Sie machen, Autorenfilme. Trotzdem haben sie einen Gebrauchscharakter, einen momentanen Charakter.

Ja, weil es im großen und ganzen Filme gewesen sind zum Wegwerfen, also Filme, die man in einer bestimmten Situation zu einer bestimmten Sache macht und die man auch hinterher meinetwegen vergessen kann. Also, ich habe bislang so diesen Drang nach Ewigkeit im großen und ganzen nicht gehabt. Also, sicher, GÖTTER DER PEST ist ein ziemlich genauer Film über so ein Zeitgefühl, das es damals wirklich gegeben hat in dieser eigenartig nachrevolutionären Ära, die da 1970 war. Und die WARNUNG VOR EINER HEILIGEN NUTTE ist auch ein ziemlich genauer Film über Gruppen, der wird auch so etwas Zeitloses haben.

Wenn Sie Ihre ganze Biographie in Ihren Filmen ausdrücken, dann bedeutet das natürlich, daß Sie in Ihrem Leben noch sehr viele Filme machen werden.

Das weiß ich nicht. Vielleicht schaffe ich das ja auch noch eines Tages, daß ich mal, ich weiß nicht, anderthalb Jahre das speichern kann und dann in einen Film tun.

Sehen Sie da mehr ein Problem Ihres Lebens oder Ihrer Filmemacherei?

Das hat sicher was mit meinem Leben zu tun, das ist doch klar, Filmemacherei, das ist doch nicht alles, das ist zwar sehr viel ..., also im Moment ... Ich hab immer so das Gefühl, ich möchte es überhaupt nicht mehr machen, ich möchte jetzt ein Jahr lang Pause machen und so, und wenn dann die erste Woche von dem Jahr herum ist, dann halte ich's überhaupt nicht mehr aus, dann lese ich irgendwas in der Zeitung, oder jemand erzählt mir eine Geschichte, und ich weiß in der Sekunde, wo ich's höre: also das muß jetzt passieren. Für mich war es meistens wichtig, eine Sache jetzt gleich zu machen und ohne Rücksicht auf irgendwelche Verluste und ohne diesen Ewigkeitsanspruch, sondern: diese Geschichte da, die muß ich jetzt machen, und zum größten Teil haben wir halt auch unheimliche finanzielle Risiken auf uns genommen, also nach den ersten drei Filmen, die wir gemacht haben – LIEBE IST KÄLTER ALS DER TOD, KATZELMACHER und GÖTTER DER PEST –, die völlig ohne Geld gemacht wurden, alle drei nur auf Schulden hin, da hätten wir auch mit, was weiß ich, 500000 Mark Schulden dasitzen können, wenn's da nicht weitergegangen wäre, das Risiko sind wir halt immer wieder eingegangen, jetzt auch mit der EFFI BRIEST, ich hab in der EFFI schlichtweg alles drin, was ich in den letzten drei oder vier Jahren verdient habe, und ich muß es auch nicht unbedingt durch die EFFI wiederkriegen, ich muß nur halt dann auch wieder durch die EFFI Chancen kriegen, das Geld dann woanders wieder zu verdienen oder so. Und da hab ich mich einfach viel mehr drauf verlassen, daß es schon irgendwie weitergehen wird.

Fontane Effi Briest

Ist die EFFI BRIEST *der erste Film mit »Ewigkeitsanspruch«?*

Ja sicher hat das mehr »Ewigkeitsanspruch« als all die anderen Filme.

Wann haben Sie Sirk-Filme kennengelernt?

Im Winter 1970/71 in München, und dann bin ich zu ihm hingefahren nach Ascona, weil ich wirklich völlig weg war von den Filmen.

Waren die Filme mehr eine Bestätigung von Sachen, die schon bei Ihnen angelegt waren?

Das waren alles plötzlich so Filme, die alle so waren, wie ich sie selber gern gemacht hätte und wie ich auch glaube, daß die meinen noch nicht so sind.

Daß Sie so einfache Filme machen und sich mit trivialen Erzählformen einlassen, hängt doch sicher auch mit ihrer Einstellung zur offiziellen Kunst zusammen: daß das offizielle, das anerkannte Prinzip, wie man Wahrheiten auszudrücken habe, verlogen ist.

Ich glaube, daß die offizielle Kunst dazu geeignet ist, den Menschen zu unterdrücken.

Gibt es nicht karikaturistische Szenen in Ihren eigenen Filmen, zum Beispiel im AMERIKANISCHEN SOLDATEN, *wenn da das Zimmermädchen Selbstmord begeht und die anderen an ihr vorbeigehen, als sei nichts los, ist das nicht eine Karikatur?*

Für mich war es keine Karikatur. Für mich ist die Szene aus dem Grunde drin gewesen, um zu zeigen wie kalt Leute reagieren, wenn jemand so was ganz Heißes tut. Und wenn das aber parodistisch wirkt, dann glaub ich das, und dann schäme ich mich und entschuldige mich.

Und ACHT STUNDEN SIND KEIN TAG, *das ist keine Parodie auf Fernsehserien, wenigstens teilweise?*

Nein. Da, wo man es für eine Parodie halten könnte, da trifft sich mein Geschmack mit dem Geschmack der anderen Serienschreiber. Da parodiere ich nicht, da ist halt die Haltung sehr ähnlich.

Der amerikanische Soldat

Aber gibt es in Ihren frühen Filmen nicht so eine parodistische Note, die alles als Rollenverhalten sichtbar macht?

Parodistisch nicht. Es ist so, daß alle, da wo sie Gangster sind, Rollen spielen, weil es bei uns keine Gangster gibt.

Es gibt schon welche, aber die laufen nicht in solchen Anzügen herum.

Ja. Es sind die Rollen von Hollywood-Filmen.

Gab es denn in Deutschland damals überhaupt Leute, die so herumliefen?

Ja, gerade unter Leuten, die sich für Gangster halten. Da wo diese Leute sind, um die es in diesem Film geht, da ziehen sie sich auch so an, da stilisieren sie sich auf diese Weise, und es ist insofern schon realistisch, die parodieren schon im Leben, wenn man so will, aber ich finde das keine Parodie, ich finde das viel trauriger. Es sind Leute, die, um das leben zu können, was ihnen lebenswert erscheint, sich halt in Rollen begeben, die eigentlich nicht die ihren sind, das ist natürlich etwas Trauriges oder auch etwas Schönes, wie immer Sie wollen.

Gegen Sie ist gelegentlich der Vorwurf erhoben worden, Sie würden in Ihren Filmen Menschen denunzieren.

Also ich würde mich gegen den Vorwurf der Denunziation von Menschen eigentlich in allen Sachen, die ich gemacht habe, wehren. Im Gegenteil, ich meine, daß ich wirklich weniger als fast alle anderen Leute Leute denunziere und viel zu sehr positiv auf Leute eingehe, wo es eigentlich schon gar nicht mehr tragbar ist. Wenn zum Beispiel in WILDWECHSEL der Vater von seinen Kriegserlebnissen erzählt, wenn seine Ansichten besonders schrecklich werden, dann sind wir immer besonders zart mit ihm umgegangen, um klarzumachen, daß das Schreckliche etwas ist, was sie sprechen und was natürlich ihre Ansichten sind, die ihnen aber beigebracht worden sind, also daß eigentlich der Mensch etwas Zartes oder Zärtliches ist und daß das, was er sagt oder denkt, das Schreckliche ist – und nicht, daß er das ist.

Sie denunzieren weniger als »alle anderen Leute«, das heißt: weniger als andere jüngere deutsche Filmregisseure?

Als die meisten, die in diesem Lande Filme machen, ja.

Aber es gibt andere, auch außer Sirk?

Ich kenne sicherlich viele Regisseure, die es auf der Welt gibt, die ein Verhältnis zu ihren Figuren haben, das ich sehr schön finde.

Dieses Verhältnis wäre dadurch gekennzeichnet, daß der Regis-

seur nicht auf einer höheren Ebene als die Figuren angesiedelt ist?

Richtig.

Daß er sie nicht kommentiert, sondern versteht, daß er sie gleichsam aus ihrer Ebene aufnimmt?

Daß er einer ist wie sie letztendlich. Daß er zugibt vor sich selber, daß er zumindest weitgehend so ist wie die Leute, ja.

Was aber nicht ausschließt, daß er die Figuren kritisiert, wobei Kritik dann mit Selbstkritik identisch wäre?

Richtig, ja.

Der Film wird also nicht, wie bei den meisten deutschen Jungfilmern, von einem Punkt außerhalb gemacht ....

... sondern von innerhalb ...

... durch Darlegung der Widersprüche, die in den Figuren selber sind?

Ja, ein dialektischer Prozeß, wenn Sie so wollen.

Die Figuren sind also keine Illustration von Widersprüchen, sondern sie selber leiden an Widersprüchen.

Sie selbst leiden an Widersprüchen, die Widersprüche finden in ihnen statt. Das habe ich aber schon sehr früh gesagt: daß ich keine Lust habe, Filme zu machen, die mit Modellen spielen oder mit Ideologien, sondern daß ich über nichts als über Menschen Bescheid weiß, daß ich von nichts als von Menschen eine Ahnung habe, wenn überhaupt, und daß ich persönlich mit Modellen und so weiter in der Arbeit nichts anfangen kann, wie ich auch in meinem Leben nichts damit anfangen kann.

Ihre älteren Filme enthalten sehr viel Selbstdarstellung, während Ihre jüngeren sozusagen objektiver sind. Ist die WARNUNG VOR EINER HEILIGEN NUTTE *da ein Wendepunkt? Allerdings könnte man auch da sagen, daß Sie sich selber dargestellt haben, indem Sie sich gleichsam in mehrere Personen zerlegt haben.*

Ich kann das nicht leugnen, obwohl ich der Ansicht bin, daß einige Filme vorher präzisere Selbstdarstellungen sind. Ich finde die WARNUNG VOR EINER HEILIGEN NUTTE schon die Darstellung einer Gruppe, fast wie eine Analyse von Gruppenverhalten, dieser Gruppe, während ich LIEBE IST KÄLTER ALS DER TOD, GÖTTER DER PEST und RIO DAS MORTES – mit Abstrichen auch WHITY und den AMERIKANISCHEN SOLDATEN – für die genaueren Selbstdarstellungen halte. Also da würde ich sagen, daß eigentlich jede Figur ein Teil von mir ist, auch wenn sie sich zum Teil widersprechen. In der HEILIGEN NUTTE, da fängt für mich eigentlich das Neue an, ich finde auch die PIONIERE IN INGOLSTADT noch ein bißchen die alte Kiste, während die NUTTE eigentlich der letzte antiteater-Film ist, obwohl die PIONIERE später gedreht worden sind. Die Filme, die noch gekommen sind, sind natürlich genau so autobiographisch, wenn man so will. Sie sind es nur, weil da auch ein Jahr dazwischen lag – zwischen den PIONIEREN und dem HÄNDLER DER VIER JAHRESZEITEN liegt ja fast ein Jahr, wo ich keinen Film gemacht habe –, daß ich da eine Möglichkeit gefunden habe, das an Autobiographischem nicht mehr so onanistisch, zum Selbstzweck zu machen, sondern eine Möglichkeit zu finden, das, was ich über mich sagen kann, so zu sagen, daß es allgemeingültiger ist, also daß ich angefangen habe, mich in einem Bezug zu einer Umwelt zu sehen und nicht nur in Bezug zu mir selber oder zu meinen Freunden, und das ist meiner Ansicht nach der entscheidende Unterschied von den antiteater-Filmen zu den späteren Filmen, es wird sicher noch mal eine neue Phase geben, wenn ich noch Möglichkeiten habe oder noch länger lebe.

Wenn die WARNUNG VOR EINER HEILIGEN NUTTE *einen Wandel bedeutet, bezeichnet dann nicht der* HÄNDLER DER VIER JAHRESZEITEN *nochmal einen Wandel?*

Also mit der HEILIGEN NUTTE hört etwas Altes auf und fängt was Neues an, und mit dem HÄNDLER ist das Neue da.

... das man als Realismus charakterisieren könnte?

Ich würde immer noch nicht sagen: Realismus. Ich würde sagen, daß es da anfängt, allgemeiner zu werden, daß die Filme da anfangen, nicht mehr nur Filme für mich und meine Freunde zu sein, sondern daß sie da anfangen, Filme für die Menschen zu sein, also daß sie da nicht mehr den Hochmut haben, den die Filme früher hatten. Ich finde, daß die Filme, die wir früher gemacht hatten – auch wenn sie einfacher sind gegenüber den späteren –, hochmütig und kalt sind gegenüber den späteren Filmen, die ich viel menschlicher finde, auch wenn sie durch die Perfektion kälter sind. Die perfektesten Filme sind Sirk-Filme meiner Ansicht nach, und sie sind trotzdem die menschlichsten, die ich kenne.

Ihre neueren Filme sind natürlich nicht realistisch im Sinn einer genauen Rekonstruktion der äußeren Wirklichkeit.

Der Realismus, den ich meine und den ich will, das ist der, der im Kopf der Zuschauer passiert, und nicht der, der da auf der Leinwand ist, der interessiert mich überhaupt nicht, den haben die Leute ja jeden Tag. Was ich will, ist ein offener Realismus, einer, der einen Realismus zuläßt und nicht provoziert, daß die Leute sich zumachen. Wenn man den Leuten noch einmal dasselbe, so wie sie es erleben, vorzeigt, verschließen sie sich meiner Ansicht nach. Man muß eine Möglichkeit bieten, daß die Leute sich aufmachen für die schönen Dinge. Je wahrer Dinge werden, umso märchenhafter werden sie natürlich. Es hat ja immer Märchen gegeben, nur die Märchen, die es früher gab, waren ja doch halt böse Märchen, weil sie die Leute krank gemacht haben. Und genauso, wie man böse Märchen erzählen kann, die die Leute krank machen, kann man auch gute Märchen erzählen, die die Leute gesund machen, glaube ich.

In gewisser Weise sind Ihre neueren Filme, besonders der HÄNDLER …, ACHT STUNDEN SIND KEIN TAG *und* ANGST ESSEN SEELE AUF *ja auch märchenhaft.*

Ich kann mir vorstellen, daß das Unrealistische in diesen Filmen die Leute mehr zu ihrer eigenen Realität und darüber hinaus zu einer Utopie bringen kann, weil sie die Möglichkeit eines Vergleichs haben und weil ihnen nicht noch einmal dasselbe auf den Kopf geschlagen wird. Nochmal dasselbe sehen will man ja nicht. Die Leute wollen's nicht noch mal sehen, sondern sie wollen's nochmal erleben, aber nicht, indem sie einfach dasselbe nochmal sehen, sondern indem ihnen das, was sie sehen, die Möglichkeit gibt, es nochmal zu erleben und ihnen das nicht versperrt, Spaß an ihrer eigenen Realität zu haben. Diese meisten sozialistischen Filme nehmen den Leuten das Vergnügen an ihrer eigenen Realität.

Sie betonen in Ihren Filmen das Wichtige zuungunsten des Unwichtigen. Daß ein Zimmermädchen ein Steak in Wirklichkeit erst nach einer halben Stunde bringen würde, während es im AMERIKANISCHEN SOLDATEN *praktisch sofort gebracht wird – das ist eben unwichtig; ob ein Arbeiter in* ACHT STUNDEN SIND KEIN TAG *einen individualistischen oder einen solidarischen Standpunkt vertritt, das ist wichtig.*

Das, was ich an den Leuten und ihren Möglichkeiten für wichtig halte, betone ich, ja.

Was Sie für wichtig halten, scheint oft doch durchaus identisch mit der objektiven Tendenz der geschichtlichen Entwicklung und wäre insofern eben realistisch.

Mich interessiert Geschichte daran überhaupt nicht. Mich interessiert das, was ich von meinen Möglichkeiten oder Unmöglichkeiten oder meinen Hoffnungen und Utopien begreife und was ich bei all diesen Sachen auch bei meiner Umwelt begreife, das interessiert mich. Mich interessiert Solidarität, und mich interessieren die Möglichkeiten, die ich habe, über all das, was mich bedrängt, Ängste und all das, hinwegzukommen, viel mehr als eine Theorie. Denn ich glaube nicht, daß Theorien für mich als Fernsehzuschauer wichtig sind, sondern nur als Leser von Büchern. Als Fernseh- oder Kinozuschauer ist einfach für mich wichtiger, daß in mir das aktiviert wird, was auch Träume aktivieren können oder so.

Seit dem HÄNDLER *hat sich auch die Sprache in ihren Filmen geändert, es ist nicht mehr die typische Fassbinder-Sprache, wie man sie etwa vom* KATZELMACHER *kennt.*

Ich habe für mich entdeckt an dieser Sprache aus den frühen Filmen, daß die zwischen dem Zuschauer und dem Film steht, daß der Zuschauer eben über die Sprache nicht einen Zugang zum Film findet, sondern daß ihm diese spezifische Fassbinder-Sprache den Zugang zum Film eher verstellt. Das, was ich früher in der Sprache drin hatte, das versuche ich jetzt in die Struktur der Bewegungen und in die Struktur der Bilder zu legen, weil ich auch glaube, daß das mehr Wirkungen hat, also

Acht Stunden sind kein Tag

mehr auf die Gefühle der Leute wirkt als so eine zwar schöne und genaue, aber doch sehr fremde Sprache.

Aber die Sprache ist auch jetzt nicht völlig egalisiert, sie ist nicht identisch mit Umgangssprache.

Es ist immer eine sehr verkürzte und auch sehr stilisierte Sprache. Aber sie ist auf eine andere Art verkürzt und stilisiert als früher.

Inwiefern?

Früher hat sich die Sprache, die ich verwendet habe, von vornherein als etwas Künstliches preisgegeben, während sie das heut nicht so eindeutig tut. Ich glaube, daß den Leuten dieses offensichtlich Künstliche an einer Sprache den Zugang zu einer Geschichte verstellt, und ich versuche jetzt, eine Möglichkeit zu finden, in der Sprache schon noch bestimmte Eigenarten für Figuren zuzulassen, es auf der anderen Seite aber nicht so zu machen, daß es den Zugang verstellt, sondern daß es die Möglichkeiten der Zuschauer erweitert zu dem, was sie an Bildern und Träumen bekommen.

Sie haben mal gesagt »Ich will eine Distanzierung zu den Dingen inszenieren, das gibt die Möglichkeit, sich mit diesen Dingen zu beschäftigen«. Gilt das generell für Ihr Werk?

Ich würde das generell sagen. Ich bin dafür, daß der Zuschauer im Kino oder im Fernsehen die Möglichkeit hat, bei sich selber über die Figuren Gefühle und Dinge zu aktivieren, aber trotzdem in der Struktur der Sache selber die Möglichkeit zur Reflexion gegeben ist, also daß die Inszenierung so ist, daß sie einen Abstand und darüber eine Reflexion möglich macht.

In der MARTHA *haben Sie sich ja sehr eng an das Schema von Hollywood-Psychohorrorfilmen angelehnt. Trotzdem ist der Film sozusagen gegen das Genre inszeniert.*

Man kann es gar nicht anders. Ich könnte einfach einen Film wie *Marnie* (von Hitchcock) nicht erzählen, wie *Marnie* erzählt ist, weil ich den Mut zu so einer Naivität, einfach einen Film so zu erzählen und dann am Schluß durch so ein Ding, so eine Aufklärung zu geben – den hätte ich nicht, da gehört natürlich auch so etwas wie Mut dazu, vielleicht bring ich den eines Tages noch mal auf und dann bin ich ganz wie Hollywood.

Die Frage ist natürlich, ob Sie das wollen. Wollen Sie den deutschen Hollywoodfilm?

Ja.

Ehrlich?

Ja. Ich bin sehr dafür. Ja, ich will das unbedingt.

Der Hollywoodfilm hat doch weitgehend keine kritische, sondern eine bestätigende Funktion. Müßte man nicht, wie die meisten Medientheorien es heute fordern, gegen solche Klischees aninszenieren? Das haben Sie in Ihren Anfängen doch auch getan, besonders auf dem Theater.

Ja, ich habe mich halt verändert. Das Beste, was ich mir vorstellen könnte, wäre es, so eine Verbindung zu schaffen zwischen einer Art, Filme zu machen, die so schön und so kraftvoll und so wunderbar sind wie Hollywoodfilme und die trotzdem nicht unbedingt Bestätigungen sind. Das wäre schon mein Traum, so einen deutschen Film zu machen, der so schön und so toll

Fontane Effi Briest

und so wunderbar ist und der trotzdem systemkritisch sein könnte, zumal es eine ganze Masse Filme aus Hollywood gibt, die keineswegs so simpel bestätigend sind, wie es immer oberflächlich behauptet wird. Zum Beispiel ist *Suspicion* von Hitchcock der krasseste Film gegen die bürgerliche Einrichtung Ehe, den ich kenne.

Aber auf jeden Fall wäre das, was Sie wollen, kein »Kunstfilm« im herkömmlichen Sinn, das wäre eher eine Art Volkskunst?

Ja.

Sie haben in den letzten Tagen noch einmal fast alle Ihre Filme angesehen. Wenn Sie nun Ihre Entwicklung überblicken, würden Sie sagen, daß Sie bestimmte Dinge überwunden und andere erobert haben?

Ja. Aber das ist für mich jetzt ein zu weites Feld, weil das etwas ist, was ich jetzt erst verarbeiten muß. Ich hab da 22 Filme gesehen in vier Tagen. Das sind die Sachen, die ich für mich jetzt nutzbar machen muß.

Der obige Text ist aus der fünfstündigen Tonbandaufzeichnung eines Gespräches zusammengestellt worden, das am 20. Februar 1974 in Berlin geführt wurde. Bei einem weiteren Gespräch am 10. März in Frankfurt wurden ergänzende Fragen gestellt. An dem Gespräch in Berlin hat Wilhelm Roth teilgenommen. – Eine ausführlichere Fassung dieses Interviews wurde in den früheren Auflagen abgedruckt; sie mußte hier aus Platzgründen gekürzt werden.

Interview 2

Von Peter W. Jansen

Es gibt in Ihren Filmen sehr viele Mitteilungen über Sie selbst, aber über Ihre Biografie, wenigstens bis zu dem Augenblick, in dem Sie anfingen, Theater, Hörspiele, Filme zu machen, über diese frühe Biografie erfährt man nichts.

Weiß ich nicht. Ich sehe das anders. Ich meine, alles, was man macht, das ist eine Zusammenstellung von Erfahrungen, die man gemacht hat. Natürlich sind auch die Erfahrungen, die ich als Kind, als Jugendlicher, in der Schule, im Elternhaus, wo auch immer, gemacht habe, in den Filmen irgendwie drin. Auch wenn zum Beispiel in den Filmen, die ich gemacht habe, keine Kinder vorkommen, das heißt nicht, daß die Erfahrungen, die ich in der Kindheit gemacht habe, in den Filmen nicht drin sind. Vielleicht würde das jemand so interpretieren, daß es eine Kindheit gewesen ist, die man nicht als Kindheit im normalen Sinne sehen kann.

Es gibt ja auch ganz andere Beispiele. Nehmen wir François Truffaut. Der hat von Anfang an, seit Les 400 coups, *immer wieder seine verunglückte, seine verpatzte Kindheit, wie er sie empfindet, aufgearbeitet. – Sprechen Sie nicht gern über Ihre Kindheit?*

Das stimmt nicht. Ich spreche drüber. Über das, was es davon zu erzählen gibt, spreche ich, klar. Es ist wahrscheinlich keine Kindheit in dem Sinne von einer Kindheit, wie Truffaut sie erfahren hat als Kindheit. Es ist nicht eine verpatzte Kindheit, es ist eher keine.

Haben Sie sich geborgen gefühlt als Kind oder nicht?

Nein. Das würde ich nicht sagen, ich hab aber auch ein Elternhaus gehabt, in dem sich dieses Problem, sich geborgen zu fühlen, nicht gestellt hat. Also ich hab keine rechten Vergleichsmöglichkeiten gehabt. Es war nicht so, daß ich ein Elternhaus oder eine Kindheit gehabt hätte, in der ich unter etwas Derartigem hätte leiden können.

Ihre Eltern sind früh auseinandergegangen. Bei wem sind Sie gewesen, bei wem haben Sie sich zu Hause gefühlt, wenn man das fragen darf – bei Ihrem Vater oder bei Ihrer Mutter?

... ein bißchen schwierig. Ich hab meine Eltern erst sehr spät kennengelernt. Ich bin zwar mit ihnen aufgewachsen, aber das war ein Haushalt, in dem sehr, sehr viele Menschen gelebt haben, und ich glaub, daß ich als Kind nicht recht, als kleines Kind nicht recht die Möglichkeit hatte zu unterscheiden, wer nun wer ist und wer nun welche Wertigkeit und Wichtigkeit für mich hat. Als meine Eltern sich scheiden ließen, war ich sechs. Dann bin ich zu meiner Mutter gekommen. Ich mußte dann erst mal lernen, mit einem Menschen speziell mehr zu tun zu haben als mit anderen.

Besitzen Sie eigentlich Bilder aus dieser Zeit? Haben Sie Fotos aus Ihrer Kindheit?

Ich hab keine Fotos, nein. Meine Mutter hat welche, aber ich hab keine.

Ihre Mutter spielt in einigen Ihrer Filme mit. Was hat das für Sie zu bedeuten?

Mit meiner Mutter ist das so 'ne Sache. Wir haben dadurch, wie gesagt, daß ich sie eben sehr spät als Mutter begriff, haben wir ziemlich viel aufzuarbeiten, so rum gesagt. Andersrum gesagt, haben wir versucht, so was wie 'ne normale Freundschaft herzustellen. Vielleicht hat das damit zu tun, daß sie in den Filmen mitspielt. Ich hab immer meine Freunde auch in den Filmen mitarbeiten lassen, weil das zu meiner Möglichkeit gehört, mit Menschen eine besondere Art von Kontakt zu bekommen.

Aber diesen Kontakt lernt man doch in der Kindheit, in der Jugend. Wenn Sie diesen Kontakt nicht gelernt haben, wie werden Sie mit diesem Manko, wenn Sie es als eines empfinden, wie werden Sie mit diesem Manko fertig?

Ich hab nicht gesagt, daß es ein Manko ist. Das hab ich überhaupt nicht gesagt, das sagen Sie. Ich hab mit sehr vielen Leuten zu tun gehabt. Ich hatte sehr viel Leute um mich, sehr viele Menschen verschiedenster Art, mit denen ich Kontakt hatte. Es ist nicht so, daß ich gar keinen hatte. Es ist nur so, daß ich keinen hatte, der auf bestimmte Menschen, Vater, Mutter, Großmutter, Großvater oder so, festgelegt gewesen wäre.

Ihre Beziehungen, die Sie jetzt haben, die realisieren Sie doch weitgehend im Zusammenhang mit Ihrer Arbeit. Erfüllt sich Ihr Leben oder identifiziert sich Ihr Leben mit Ihrer Arbeit?

Weitgehend, natürlich, ja. Weitgehend ist das so. Die Arbeit an einem Film zum Beispiel oder am Theater, die Atmosphären, die sich da herstellen, die Komplikationen, das Kennenlernen oder das Nicht-Kennenlernen von Menschen hat sicherlich sehr viel mit dem zu tun, wie ich als kleines Kind gelebt habe. Ich kann nur halt sagen, daß mir das so lieber ist als so 'ne Fixierung auf ein, zwei, drei Menschen. Ich bin sehr froh, daß ich diese merkwürdige Art von Nicht-Elternhaus hatte.

Haben Sie denn Befürchtungen, in privaten Beziehungen zu versagen?

Was heißt Befürchtungen? Ich versag da halt immer wieder. Aber ich weiß es vorher, und wenn ich ganz toll bin, vermittle ich das auch den Menschen vorher. Wenn ich nicht so toll bin, nicht.

Können Sie zu zweit leben?

Mmm ...

Sie waren einmal verheiratet.

Nicht, um zu zweit zu leben. Wir waren verheiratet, weil wir uns auf eine Art und Weise besser verstanden haben, als wir uns mit anderen Menschen verstanden haben. Dieses Heiraten, das bedeutet was anderes oder hat was anderes bedeutet, als es bei anderen Menschen bedeutet.

Finden Sie es nicht typisch, daß die Frau, mit der Sie verheiratet sein mochten, aus demselben Metier kommt wie Sie, daß sie eine Schauspielerin ist?

Na ja, das ist klar. Ich meine, was lernt man für Menschen kennen? Man hat mit den Menschen in diesem Beruf zu tun und lernt hauptsächlich die Menschen kennen, die auch in diesem Beruf sind. Andererseits ist die Ingrid von all den Schauspielerinnen und Schauspielern, mit denen ich zu tun hatte, die, die sich am wenigsten darauf reduzieren läßt, Schauspielerin zu sein, sondern die am maximalsten da auch was anderes ist als Schauspielerin, also die am maximalsten Gesprächspartner ist. Ich meine, wenn man so sagt, es gibt so Wahlverwandtschaften im Leben, dann würde ich sagen, ist das für mich die wichtigste. Die Heirat, das ist was ganz Dummes gewesen, wenn man so will. Ich meine, wir hätten nicht heiraten sollen. Das wirft auf die Sache immer so ein ganz totes Licht. Wir haben uns vorher und nachher sehr viel besser verstanden als zu der Zeit, als wir verheiratet waren. Da hat bei uns ein ganz komischer Mechanismus eingesetzt, von dem ich nicht geglaubt hätte, daß er bei uns einsetzen würde. Es hat dieses komische Besitzdenken oder so auf eine merkwürdige Art und Weise eingesetzt, was nach der Scheidung wieder weggewesen ist. Es war was ganz Dummes. Wir haben uns auf etwas eingelassen, auf was Gesellschaftliches, was wir nicht hätten tun sollen.

Es heißt oder hieß von Ihnen, Sie wollten nicht mehr in Deutschland bleiben, sondern weggehen. Vielleicht in Amerika leben und Filme drehen. Sie selbst haben sich in dieser Richtung geäußert. Sie leben jetzt in Paris, haben eine Wohnung hier, in der wir uns unterhalten. Betrachten Sie Paris als eine Art von Exil, oder ist das nur ein Fluchtort für Sie, denn Sie arbeiten gegen die Voraussagen ja noch in der Bundesrepublik weiter. Sie planen sogar ein großes Fernsehprojekt. Wie verträgt sich das mit der Absicht, aus Deutschland wegzugehen?

Man muß es andersrum sagen. Ich meine, dieses Projekt, von dem Sie sprechen, das ist der Grund, warum ich erstmal in Deutschland weitergearbeitet habe. Das ist BERLIN ALEXANDERPLATZ, und es ist ein Projekt, das ich auf alle Fälle in meinem Leben noch machen wollte. Es hat sich eine Situa-

Dreharbeiten: *Berlin Alexanderplatz*

tion ergeben, daß jemand anderer die Rechte kaufen wollte und mir nichts anderes übrig blieb, als zuzugreifen oder das Projekt zu verlieren. Ich hab mich letztlich dann entschlossen, es zu machen. Was Paris anbetrifft: ich bin früher schon immer sehr viel hiergewesen. Ich hab mich hier wohler gefühlt als in

Deutschland. Es ist nur ... für mich ist es ein normaler Vorgang, daß ich jetzt hier lebe. Es ist nichts Besonderes. Exil würde ich noch nicht sagen. Vielleicht wird es das schneller, als ich denke.

Hatte die Überlegung fortzugehen irgend etwas mit den Angriffen zu tun, denen Sie ausgesetzt waren nach der Veröffentlichung Ihres Frankfurt-Theaterstücks Der Müll, die Stadt und der Tod *und nachdem bekannt geworden war, daß Sie* Soll und Haben *von Gustav Freytag fürs Fernsehen verfilmen wollten? Ich meine jene Vorwürfe, ein Antisemit zu sein bzw. Antisemitismus zu fördern. Hat Sie das persönlich verletzt?*

Persönlich verletzt würde ich nicht sagen, sondern mich hat das einfach in einer Art und Weise bestätigt, daß mit dem, was man macht, umgegangen wird auf eine Art und Weise, auf die man keinen Einfluß mehr hat. Es waren mehr Bestätigungen für Empfindungen oder Ängste, die ich ohnehin hatte. Es hat – ich kann das, glaub ich, nicht anders sagen – sicherlich auch damit zu tun. Andererseits haben mich die Vorwürfe selber eher traurig gemacht, natürlich, weil ich finde, daß ich wirklich mit allem, was ich gemacht hab, ziemlich klar gemacht habe, daß dieser Vorwurf nichts mit mir zu tun haben kann.

Könnten Sie denn Ihre Ängste, die Sie eben erwähnten, Ihre Sorgen, was Sie dazu bringt, sich zu überlegen, ganz aus Deutschland wegzugehen, konkretisieren? Ist es etwas Vages oder haben Sie ganz konkrete Anlässe?

Das ist natürlich auch in erster Linie etwas Vages. Als ich dieses Interview im *Spiegel* gab vor einem halben Jahr während der Berlinale, da war das noch vager als jetzt. Mittlerweile ist dieser berühmte Oktober gewesen, in dem Dinge passiert sind, die ich zum Beispiel vor einem halben Jahr noch nicht hätte formulieren können. Das sind Dinge gewesen, die ich fand, daß sie in der Luft liegen. Ich finde, es liegen noch mehr Sachen in der Luft, die ich nicht formulieren kann, wo ich erst, wenn sie passiert sein werden, weiß, daß es die Dinge waren, die mir Angst gemacht haben. Ich glaube, daß speziell Deutschland sich in einer Situation befindet, wo sehr vieles sehr rückläufig ist. Das heißt, ich würde sagen, daß 1945, als der Krieg zu Ende war, als das Dritte Reich zu Ende gewesen ist, daß da die Chancen, die Deutschland gehabt hätte, nicht wahrgenommen worden sind, sondern ich würde sagen, was ich auch in der *Zeit* damals geschrieben habe, daß die Strukturen letztlich und die Werte, auf denen dieser Staat, jetzt als Demokratie, beruht, im Grunde die gleichen geblieben sind. Das heißt, daß das zusammen mit einer Entwicklung nach rückwärts zu etwas führen wird, was eine Art von Staat ist, in dem ich nicht so gerne leben möchte.

Ist das ein Schwund an Freiheit? Fühlen Sie sich nicht mehr so frei in der Bundesrepublik?

Das würde ich so sagen, ja. Es ist ja ganz konkret einer da, ein Schwund an Freiheit, der für einige Leute ja absolut auch konkret spürbar und bemerkbar ist. Inwieweit andere ihre Äußerungen, in welcher Art und Weise ihre konkreten oder künstlerischen, darauf hin ausrichten, um nicht aufzufallen, ist die zweite Sache. Es ist ein Klima da, das auf so eine Egalisierung, auf so eine ... tja ... Egalisierung von Menschen hinausläuft. So als ganz blödsinnigen, utopischen Gedanken läuft das darauf hinaus, daß alle Leute gleich aussehen, gleich angezogen sind, das gleiche denken, sagen.

Haben Sie denn persönlich die Erfahrung gemacht, daß Sie nicht mehr das produzieren können, nicht mehr das sagen können, was Sie vorhaben, oder ist das bei Ihnen so mehr ein vages Gefühl, daß irgendwann diese Situation eintreten müßte?

Ich hab ja nun wirklich ganz konkret mit drei Projekten, die sich mit der Wirklichkeit hier und heute auseinandersetzen sollten – auch *Soll und Haben* ist ein Projekt, das eigentlich viel mehr mit heute zu tun hat – erfahren, daß ich sie nicht machen konnte. Das ist ja nun kein Scherz, kein Witz und kein was weiß ich mehr. Das ist ja passiert. Ich bin überzeugt, daß man immer mehr mit Dingen, die mit uns und unserer Situation und dem, wie wir sie empfinden, zu tun haben – und, sagen wir's mal so rum: Künstler sind ja doch nun immer Leute, die – na, nicht immer – manchmal so ein bißchen hellseherisch sind oder was weiß ich, die früher Sachen empfinden als andere Menschen –, daß man damit immer mehr Schwierigkeiten haben wird, bis es soweit ist, daß man es konkret nicht mehr darf.

Glauben Sie nicht, daß Sie damit eine Gefahr benennen, die einfach durch die Benennung zur Gefahr wird?

Das klingt nicht schlecht.

Das gibt's doch auch.

Ja, ja, das klingt nicht schlecht. Das ist bestimmt falsch, aber es klingt gut.

Kommen wir auf Ihre Wohnung zurück. Haben Sie noch andere Wohnungen, fühlen Sie sich dort zu Hause?

Ich hab noch eine Wohnung in München, wo ich mich nicht zu Hause fühle, wo ich mich auch nie zu Hause gefühlt habe, die ich auch aus privaten, aus anderen privaten Gründen genommen habe als diese hier, und ich werde mir noch eine in New York nehmen, wo ich hoffe, daß ich mich ähnlich zu Hause fühlen werde wie hier.

Richten Sie sich Ihre Wohnungen selber ein, und was nehmen Sie mit, wenn Sie umziehen?

Ich hab nicht sehr viel. Ich hab meistens nur das, was ich grade anhabe. Ich hab auch kein Gepäck, das ich identifizieren muß.

Haben Sie überhaupt eine Beziehung zum Besitz? Wollen Sie zum Beispiel diese Wohnung, dieses Haus hier besitzen?

Ich würd das Haus hier ganz gerne kaufen, weil ich es ganz schön finde. Ja.

Und Autos, Bücher, Platten, Kassetten?

Ach so, ja, ein Auto. Ein Auto ist ganz schön, weil man sich damit fortbewegen kann, und alles andere … Bücher kann man sich wieder kaufen, wenn man sie wieder lesen will, Platten auch, wenn man sie wieder hören will. Das sind nicht Sachen, auch beim Auto, das sind nicht so Sachen, wo ich meine, ich muß sie haben und behalten oder so etwas. Und dieses Haus hier ist auch irgendwie …, die Idee, das zu kaufen, war auch nicht meine, eigentlich, sondern die ist mehr so unter Freunden entstanden. Das ist auch ein Haus, das, wenn ich nicht da bin, von anderen benutzt wird. Es ist nicht so, daß das nun mein Haus ist, das dann genutzt wird, wenn ich hier bin, sondern es ist so eines, daß, wenn Leute hier sind, die leben dann auch hier.

Häuser und Wohnungen spielen in Ihren Filmen immer eine große Rolle. Ihre Filme sind alles in allem extrem in Innenräumen spielende Filme. Haben Sie eine solche Vorstellung von Räumen, in denen die Menschen Ihrer Filme leben, auch von den Räumen, in denen Sie selber leben möchten?

Nee. Ich möchte extrem in anderen Räumen leben. Also ich würde sagen, daß die Räume, die ich in den Filmen herstelle, daß das Räume sind, die irgendwas mit dem Besitz zu tun haben, die auf ganz bestimmte Leute ausgerichtet sind, in denen auch nur ganz bestimmte Leute sich wohlfühlen und leben können, die auch was mit der Engheit der Phantasie dieser Menschen, um die es da geht, zu tun haben. Ich möchte lieber Räume haben wie dieses Haus hier zum Beispiel, wo es wenig gibt, wo man sagen kann, das ist nun speziell fassbinderisch, da kann sich jemand anders nicht wohlfühlen. Das ist irgendwie so ein ..., das ist ein, ich weiß nicht, ein ganz schönes Gebilde hier, wo sich jeder mit seiner Identität für eine Zeit, für länger, kürzer, hineinbegeben kann. Na ja, ich möchte andere Räume, als ich sie bei anderen Menschen sehe und empfinde.

Es fällt auf, daß es in Ihren Filmen relativ wenig Außenaufnahmen gibt. Und Ihre Filme sind für mich urban. Die Natur ist weitgehend aus den Filmen ferngehalten. Haben Sie Reserven gegen die Natur, um nicht zu sagen, haben Sie Angst vor ihr? Haben Sie überhaupt eine Beziehung dazu?

Ja, so fängt das schon mal an. Ich hab sehr wenig Beziehung zur Natur. Das zweite ist – warum sie nicht vorkommt – ein Gedanke, der, bevor ich anfing zu arbeiten, da war: daß ich bei sehr vielen Regisseuren, speziell in Filmen, wenn sie Natur einbrachten, das als so eine Art Fluchtmöglichkeit empfand, die sie angeboten haben, und ich find die Natur als keine Fluchtmöglichkeit, als kein ..., also ich weiß es nicht, ich find den Wald oder was auch immer nicht eine Möglichkeit, wo man vor den Städten fliehen könnte.

Fliehen schon; aber man kann sich nicht verwirklichen?

Ja, das ist das gleiche, also kann man auch nicht dahin fliehen. Man kann dahin fliehen, aber man kann da letztlich doch nicht fliehen. Aus dem Grunde hab ich gesagt, Natur, die immer so hübsch und nett aussieht, wenn man sie filmt, lasse ich lieber möglichst weg, und wo ich nicht drumrum komme, sie einzubringen, versuche ich, sie auf eine Art und Weise zu zeigen, daß sie eher Angst macht als Sehnsucht oder als irgend so was.

Wir haben eben schon die Enge erwähnt, die die meisten Räume in Ihren früheren Filmen haben und die etwas von der Enge der Personen mitteilen, die in diesen Filmen auftreten. Man hat den Eindruck in Ihren Filmen, daß Sie beim Inszenieren gegen diese Enge angehen müssen. Warum? Brauchen Sie das?

Wenn ich Geschichten von Menschen erzähle, wo ich von vornherein mal sagen will, daß ich traurig darüber bin, daß sie auf diese Art und Weise leben müssen, auf die sie leben, muß ich das irgendwie zeigen. Ich zeige es anhand von Räumen, ich zeige es anhand von den Räumen, die sie sich als, sagen wir's nochmal, als die Fluchtmöglichkeit ihrer Existenz hergestellt haben. Film ist ja so eine sinnliche Umsetzung von Gedanken, die man sich vorher gemacht hat, und die Enge von Phantasie anhand der Enge von Räumen zu zeigen, finde ich etwas ganz Logisches, eigentlich.

Würden Sie sich selber als offen oder verschlossen bezeichnen? Teilen Sie sich auch ungefragt mit, oder muß man schon zu Ihnen kommen und hartnäckig bleiben, um etwas von Ihnen zu hören?

Ich rede eher weniger als mehr.

Und neigen Sie dazu, anderen das zu sagen, von dem Sie vermuten, daß es andere gerne hören wollen, oder setzen Sie in jedem Fall Ihr Gefühl durch?

Ob ich in jedem Fall mein Gefühl durchsetze, das weiß ich nicht. Aber ich sag den Leuten nicht das, was sie hören wollen.

Wie reagieren Sie überhaupt darauf, eine Person von öffentlichem Interesse geworden zu sein? War das schwer für Sie?

Nee, ich hab da kein Problem gehabt damit. Ich hab in dieser Welt auch schon gelebt, als sie noch nicht real war.

Wann ist es Ihnen denn zum erstenmal bewußt geworden, daß andere Menschen für ihr Leben an Ihrem, an Fassbinders Leben, interessiert sind?

Ich weiß nicht. Ich hab das, seit ich denken kann, nur für normal gehalten, daß die Leute sich für all das, was ich tue oder nicht tue, interessieren.

Und nicht nur interessieren, sondern: daß sie für ihr eigenes Leben an Ihrem Leben interessiert sind, an dem, was Sie machen.

Das kann man so nicht trennen. Die Leute sind an einem nicht einfach so interessiert. Die Leute sind schon an einem interessiert, weil man etwas tut oder weil man, was weiß ich, irgend etwas darstellt für sie. Ich glaub nicht, daß die Leute an irgend jemandem, wer es auch immer sei, interessiert wären, wenn die das nicht täten. Salvador Dalí, ohne das, was er tut – das nun mal als 'ne extreme Person, die Kunst in Leben umgesetzt hat –, ohne die Bilder, ohne das, was er wirklich dann getan hat, würde auch irgendwann mal aufhören. Das wäre eine exzentrische Person gewesen, ohne irgendwas. Es muß schon was da sein, glaube ich. Es gibt vielleicht so ein paar gesellschaftliche Figuren, die irgendwie dadurch, daß sie sich hübsch mitteilen können, interessant sind für andere, aber das bin ich nicht.

Ich meine etwas anderes: die Art des Zusammenlebens durch Arbeit. Das hat bei Ihnen doch im Prinzip angefangen mit dem »antiteater«, was Sie danach dann auch beim Filmemachen getan haben. Hatten Sie Vorbilder, so in einer Gruppe zu arbeiten, oder mußte man das alles ganz neu lernen?

Nee, es gab da keine Vorbilder, in der Gruppe zu arbeiten, also keine bewußten. Es gab damals nur diese weitverbreitete Sehnsucht von verschiedenen Leuten nach einer Gruppe, nach einer neuen Form von Zusammenarbeit und von Zusammenleben und so. Wir haben das halt auf unsere Art und Weise versucht zu realisieren, was andere Leute auf eine andere Art und Weise versucht haben zu realisieren. Wir haben ziemlich lange weiter so getan, als wären wir eine Gruppe, auch als wir schon begriffen haben, daß wir keine sind. Vielleicht auch weil wir dachten – da kommt das jetzt wieder zurück, was Sie vorhin sagten –, wenn wir immer wieder sagen, wir sind eine Gruppe, vielleicht werden wir dann doch eine. Das funktioniert nicht. Nicht durch das Sagen oder durch das Behaupten entsteht der Zustand.

Es hat sich doch sehr bald herausgestellt, daß die Gruppe einen, sagen wir mal, einen führenden Kopf brauchte. Dieser führende Kopf waren Sie.

Das sagen Sie. Sie braucht keinen führenden Kopf.

Hat Sie das sehr belastet, Verantwortung für andere mitzutragen?

Ich lehne erst mal das ab. Die Gruppe braucht keinen führenden Kopf. Es ist so, daß wir in einer Gesellschaft leben, die darauf ausgerichtet ist, daß ein führender Kopf auch einer Gruppe die Existenz erleichtert oder was weiß ich. Ich würde sagen, ich bin auf eine Art und Weise aufgewachsen, daß ich keinen führenden Kopf brauche, auch keiner sein müßte. Ich war nur mit lauter Leuten zusammen, die letztlich doch immer wieder einen Vater und eine Mutter gesucht haben. Ich hab's anfangs, würde ich sagen, mitgemacht, weil ich dachte, es ist eine Übergangsphase. Irgendwann mal ist mir auch klar geworden, daß es wohl keine Übergangsphase ist, sondern daß das wohl meine Rolle ist, die ich zu spielen habe. Das ist bedauerlich, aber das ist ein gesellschaftliches Phänomen, an dem wir genausowenig vorbeigekommen sind wie alle anderen. Da müßte man woanders anfangen. Da müßte die Erziehung des einzelnen oder aller und dann wieder jedes einzelnen anders sein, daß man vielleicht keinen Kopf und keinen Führer – ich sag's mal so – bräuchte. Das ist noch nicht so. Die Erziehungen sind anders, also keine Gruppe ohne Kopf.

Beim Film geht es ja gar nicht anders, als daß einer sagen muß: also jetzt fangen wir an, jetzt fällt die Klappe, jetzt wird gedreht.

Müßte alles nicht so sein. Ich meine, es sieht so aus, als müßte es so sein. Es müßte nicht so sein. Das Herstellen von Dingen könnte aus sich heraus, aus seiner eigenen Wichtigkeit heraus möglich sein. Es müßte nicht von irgendwoher der Druck und der Drang da sein. Der Druck könnte aus der Sache selbst heraus für jeden einzelnen mit seiner eigenen Aufgabe da sein. Ich stelle mir das nach wie vor vor, ich laß mir das nun auch nicht ausreden. Daß es zur Zeit und vielleicht auch noch ein paar Jahrhunderte so sein wird, ok, na gut.

Ein immer wiederkehrendes Motiv in Ihren Filmen, und ich meine, es hängt damit zusammen, ein immer wiederkehrendes Motiv ist, daß derjenige, der liebt, automatisch der Unterlegene ist. Ist Liebe ohne Macht nicht möglich?

Ich seh ... ich würde auch da wiederum ... ich meine, ich komm jetzt auf diese blöden Sachen zurück. Ich würde sagen, wir sind so erzogen, daß es nicht möglich ist. Natürlich ist der, der liebt oder mehr liebt oder mehr an dieser Liebe hängt oder an einer Beziehung hängt, der Unterlegene. Das hat damit zu tun, daß der, der weniger liebt, mehr Macht hat, klar. Damit fertigzuwerden, ein Gefühl, eine Liebe, ein Bedürfnis zu akzeptieren, dazu braucht es eine Größe, die die meisten Menschen halt nicht haben. Deswegen läuft das halt meistenteils sehr häßlich. Also ich kenne fast keine Beziehungen unter irgendwelchen Leuten, von denen ich sagen würde, daß sie schön sind.

Sie sahen sich immer wieder gezwungen, möglichst billig zu produzieren. Sind Sie dabei nicht darauf angewiesen, daß Leute mitmachen, weil es ihnen Spaß macht und unter Umständen mit einem geringeren Entgeld zufrieden sind?

Das ist eines von den Märchen, die sich ganz hartnäckig halten. Es hat Filme gegeben, bei denen das so gewesen ist, daß Freunde mitgearbeitet haben, mehr aus Spaß. Es hat sehr viel mehr Filme und sehr viel mehr Arbeiten gegeben, wo die Mitarbeiter sehr, sehr gut bezahlt worden sind, was mir übrigens letztlich lieber ist, wobei mir die Vorstellung, auch wieder einen Film machen zu können, wo Leute, die in ihrem Bereich sehr viel Können haben, also auch es nicht nötig hätten, aus

Freundschaft und aus der Wichtigkeit heraus mitmachen würden. Also allein die Möglichkeit, daß man es könnte, finde ich eine sehr schöne Idee. Wobei ich grundsätzlich sagen würde, mir ist es lieber, jeder verdient eher mehr als sonst, also das, was ihm zusteht.

Fällt es Ihnen schwer, Freunden klar zu machen, daß Sie glauben, daß sie für bestimmte Arbeiten, für bestimmte Rollen, nicht geeignet sind? Daß sie es besser lassen sollen, diese Rolle zu übernehmen.

Es fällt mir eher leicht, Leuten klar zu machen, daß sie für eine bestimmte Sache wichtig sind, als umgekehrt.

Sagen Sie das den Leuten selber, wenn es geschieht, daß sich jemand auf eine Rolle eingestellt hat und Sie erkennen, daß er nicht geeignet ist dafür, daß er das besser nicht machen sollte? Machen Sie das selber, oder macht das der Produzent?

Selbst wenn ich es den Produzenten machen lasse, mache ich es so sehr selber, daß ... Also das ist eine teuflische Situation. Ich war in dieser Situation wirklich erst zweimal. Es ist wirklich teuflisch, natürlich. Wer gesteht sich schon gerne zu, daß er für etwas nicht geeignet ist. Wer glaubt das schon gerne. Und jemandem das klar zu machen, selbst jemandem, mit dem man sehr viel gemacht hat, dem man sehr oft gezeigt hat, daß man ihn für etwas braucht und sehr schätzt, selbst da ist es unheimlich schwierig.

Das geht nie ohne Verletzungen ab?

Nein. Also es ist bei mir nie ohne Verletzungen abgegangen. Das mag damit zu tun haben, daß vielleicht die Beziehungen, die ich zu meinen Mitarbeitern habe, oftmals engere sind als üblich. Vielleicht würde ich bei Schauspielern, mit denen ich nicht befreundet bin, keine Probleme haben. Oder bei Mitarbeitern irgendeiner anderen Art.

Und kann es vorkommen, daß Leute, daß Freunde sich dadurch fallengelassen fühlen?

Das passiert schon mal, ja. Das passiert natürlich. Die Reaktionen sind sehr viel heftiger. Ich meine, wenn ein anderer

Regisseur, der zu dem Schauspieler nur eine arbeitsmäßige Beziehung hat, wenn der dem sagt, ok, ich hab mir zwar mal für die Rolle dich vorgestellt, nur jetzt nicht, na gut, dann sagt der: das nächste Mal. Bei mir ist das jedes Mal eine Lebenstragödie. Das ist klar. Vielleicht habe ich auch Spaß daran. Das wollen wir nicht ganz von der Hand weisen. Aber es ist auch schrecklich, klar.

Sie haben lange Zeit mit den gleichen Leuten gearbeitet. Und erst allmählich sind ältere, andere Darsteller hinzugekommen, Brigitte Mira, Karlheinz Böhm. Dann ausländische Profis wie Anna Karina, Macha Méril, Dirk Bogarde. Haben Sie Hemmungen vor fremden Menschen, oder haben Sie sie gehabt? Vor fremden Situationen, fremden Lebensläufen und Erfahrungen?

Klar habe ich Hemmungen vor fremden Menschen und vor fremden Situationen. Das ist wie die Situation, wenn man in eine neue Schulklasse kommt, wo schon lauter Kinder zusammen sind, man kommt da neu hinein und man stolpert dann ganz bestimmt erst mal über etwas. Das sind alles Situationen, die sich übersetzen lassen darauf. Ich hab davor Angst gehabt, hab mich natürlich mehr an Leute gehalten, mit denen ich schon Kontakte hatte, wo ich das Gefühl hatte, keine Angst haben zu müssen, wo die Integration von neuen Mitarbeitern mir leichter gefallen ist. Für die anderen war es übrigens wahrscheinlich schwerer, fällt mir dabei auf.

Aber es ist niemand Außenseiter geblieben?

Die, die Außenseiter geblieben sind, die sind dann auch nicht geblieben, würde ich sagen. Das ist dann auch, glaub ich, so gewesen, daß die zum Teil auch von alleine weggeblieben sind. Es gab einige Leute, die diese Art von Zusammenleben und Zusammenarbeiten, diese Art von Zusammensein nicht mochten. Aber die sind nicht von der Gruppe irgendwie – ich sag jetzt wieder Gruppe, obwohl es keine war; es war doch eine, irgendwie, naja –, die sind nicht ausgeschlossen worden. Da ist schon die Initiative auch von denen dagewesen, nicht mehr dabeisein zu wollen. In dieser Sache, glaube ich, war es eher ziemlich, ich sag jetzt mal: gesund, obwohl es auch ein dummes Wort ist, aber eher gesund.

Können Sie sich überhaupt vorstellen, einen Film mit ganz anderen, neuen, fremden Leuten zu machen, mit denen Sie noch nie gearbeitet haben?

Das könnte ich mir vorstellen, ja. Ich würde nicht wissen, warum ich's machen soll, aber ich könnte es mir vorstellen.

Würden Sie denn auch mit fremden Menschen Ihre eigenen Geschichten entwickeln? Sie schreiben ja Ihre Geschichten doch zum Teil auf die Leute, mit denen Sie zusammenarbeiten.

Könnte ich auch. Könnte ich auch. Die Entscheidung, so zu arbeiten, wie ich arbeite, die ist keine, die aus der absoluten Notwendigkeit entstanden ist, sondern es ist eine Entscheidung, die eine Spaß- oder eine Lustentscheidung gewesen ist. Ich würde mit neuen Menschen, mit denen ich anfange, natürlich auch wieder versuchen, Beziehungen herzustellen, über kürzere oder längere Zeit, die ähnlich denen wären, die ich zu anderen Menschen früher hatte. Ich könnte es – aber warum? Warum sollte ich es tun?

Tragen Sie Geschichten lange mit sich herum, bevor Sie dazu kommen, sie zu schreiben, zu filmen?

Die meisten ja. Die meisten Geschichten sind ein paar Jahre da.

Ändern die sich im Laufe der Jahre und verändert sich mit diesen Geschichten auch ihr Autor? Lernt er was aus der Veränderung der Geschichten für sich selbst?

Oh ja, natürlich. Keine Geschichte kann, um Gotteswillen, nach fünf Jahren noch so aussehen, wie sie vor fünf Jahren mal erfunden wurde. Das ist ganz logisch, und ich hoffe auch, daß ich mich mit den Geschichten, soweit es in meinen Möglichkeiten ist, mit verändere, sicher. Nur mit der Veränderung ist das so eine Sache. Man verändert sich halt sehr viel langsamer, als man denkt und möchte.

Was ist eigentlich – wenn Sie darauf antworten können oder mögen –, was ist eigentlich der Grundantrieb für Sie, so viele Filme zu machen?

Ja, das ist die Gretchen-Frage. Das muß irgendeine spezielle Art von Geisteskrankheit sein, ich weiß es nicht.

Hat es was damit zu tun, daß Sie sich beim Filmemachen wohlfühlen oder erst glücklich fühlen oder sich als Mensch realisiert, verwirklicht sehen?

Das ist sicherlich einer der Gründe, klar. Aber es gibt sicherlich noch andere. Ich würde auch sagen, ich hab das Bedürfnis, die Geschichten zu erzählen, die ich erzähle. Ich erzähle diese Geschichten nicht nur deswegen, weil ich die Möglichkeit habe, mit Leuten zusammenzusein. Das ist eines. Aber ich hab auch das Bedürfnis, diese Geschichten zu erzählen. Es gibt vielleicht noch ein paar Gründe. Da müßten wir einen Analytiker haben, mit dem wir dann drei Jahre arbeiten, dann würden wir bestimmt noch auf das eine oder andere stoßen, denke ich, was der Grund dafür wäre.

Haben Sie mal mit einem Analytiker gearbeitet oder würden Sie das scheuen?

Nein, ich würde es nicht scheuen. Ich hatte keine Gelegenheit, bislang lange genug in einer Stadt zu sein, um mit einem Analytiker die Arbeit anzufangen. Das ist halt so eine Sache, daß das halt eine gewisse Form von Leben voraussetzt, eine gewisse Regelmäßigkeit, die ich bislang noch nicht hatte.

Würden Sie nicht fürchten, daß dadurch eine gewisse Spontaneität verloren ginge?

Ich bin einer von denen, die das nicht glauben. Ich glaube nicht, daß durch die Arbeit mit einem guten Psychoanalytiker – mit einem schlechten ja, natürlich –, mit einem guten würde ich denken, daß überhaupt keine Gefahr ist, im Gegenteil. Wirklich im Gegenteil, würde ich eher sagen; daß da vielleicht noch mehr und andere Möglichkeiten befreit werden, die bislang eher verdrängt und verschüttet waren.

Und das könnte durchaus wieder Stoff für neue Geschichten geben?

Lust an anderen Geschichten. Stoff hab ich genug, Stoff ist gar kein Problem. Ich brauche nur eine Zeitung aufzuschlagen, hab ich Geschichten genug. Das ist nicht die Frage. Es ist die Lust an einer bestimmten Art von Geschichten oder das Bedürfnis, mich mit einer bestimmten Geschichte zu beschäftigen. Nach der Arbeit mit einem Analytiker würde ich vielleicht an anderen Sachen Lust haben. Das würde sich ganz bestimmt... Diese dumme Vorstellung, die manche Leute haben, daß das Talent verlorenginge, das glaube ich nicht.

Wenn man viele Geschichten macht, die einen überraschenden Gleichklang aufweisen mit Geschichten, die auch andere Leute betreffen, kommt man da nicht gelegentlich in die Lage, etwas zu erfinden, was fast von anderen sein könnte?

Ja natürlich. Je mehr man sich selber in Geschichten einbringt, also je ehrlicher oder – das ist auch wieder ein blödes Wort »ehrlich«, weil ich das nicht beanspruchen möchte im Moment –, aber je ehrlicher man sich selber in eine Geschichte einbringt, um so mehr hat diese Geschichte natürlich letztlich auch mit anderen zu tun. Unter Umständen gibt es eine Geschichte, die jemand anders gemacht haben könnte.

Warum wollen Sie das Wort »ehrlich« außenvor lassen? Das ist doch ein ganz wichtiges Wort für Ihre Filme.

Das ist so ein Problem, wenn ich auf der einen Seite sage, ich lebe in einer Gesellschaft, in der man nicht ehrlich sein kann, und dann sage ich wieder, ich bin ehrlich – das geht nicht. Also ich bin in dem Maße, in dem mich die Gesellschaft ehrlich sein läßt, bin ich ehrlich. Ich weiß nicht, wenn die Gesellschaft mir andere Möglichkeiten gäbe, ehrlich zu sein, wie ehrlich ich dann wäre.

Aber Sie sind doch gar nicht angepaßt.

Inwieweit ich angepaßt bin oder nicht angepaßt bin, das bin ich noch nicht mal selbst in der Lage zu beurteilen. Ich hoffe, daß ich maximal wenig angepaßt bin, oder denke, daß ich das bin, aber inwieweit ich letztlich doch angepaßt bin, kann ich nicht beurteilen. Ich glaube nicht, daß man völlig unangepaßt innerhalb dieser Gesellschaft überhaupt leben kann. Ich glaube, das geht nicht.

Aber die Ehrlichkeit hat doch etwas mit dem Filmemachen zu tun; Ihre Art Filme zu machen, hat mit Ehrlichkeit zu tun. Es ist bekannt, daß Sie es ablehnen, verschiedene Kameraperspektiven für bestimmte Szenen drehen zu lassen, um das erst mal auszuprobieren. Sondern für eine Einstellung haben Sie eine Einstellung. Bei Ihnen hat das Wort »Einstellung«, das technische Wort »Einstellung«, zugleich eine moralische Bedeutung.

Hat eine moralische. Ist richtig. Ich sage Ihnen ja, in dem Rahmen, in dem ich das Wort »ehrlich« benutzen kann, benutze ich es für mich und nehme ich es für mich in Anspruch. Ich sage nur, das ist nichts mit einem Absolutheitsanspruch, wie ich es vielleicht gerne hätte. Ich weiß nicht, wieweit ich wirklich ehrlich bin, darauf läuft es doch hinaus.

Der Schriftsteller Walter Kranz in SATANSBRATEN *schreibt Sachen, von denen er nachträglich feststellt, daß es sie schon gibt; und von dem schriftstellernden Gabriel im* CHINESISCHEN ROULETTE *sagt das Mädchen Angela, sie wisse, daß er alles abgeschrieben habe. Ist das eine Obsession?*

Eine Obsession? Na ja, es gibt so eine gewisse Befürchtung natürlich, daß irgendwann einmal die Geschichten, die mich interessieren, an denen ich arbeite, daß die in ihrer allgemeinen Brauchbarkeit soweit gehen, daß ich sie nicht mehr erzählen müßte – sagen wir's mal so. Etwas muß an den Sachen, die ich mache, schon, meine ich, sein, daß ich sie gemacht haben kann. Das wäre die Angst, mich davon zu entfernen, obwohl es im Grunde auch idiotisch ist. Warum eigentlich soll man sich davon nicht entfernen, warum soll man nicht Geschichten erzählen, die auch andere Leute erzählen können? Warum nicht?

SATANSBRATEN *würde ich zu den verzweifeltsten Filmen zählen, die Sie gemacht haben, außerdem noch* WARNUNG VOR EINER HEILIGEN NUTTE. *In den beiden Filmen setzen Sie sich, für mein Empfinden, entschiedener als sonst mit sich selbst auseinander, mit Ihrer Kreativität, mit Ihrem Umgang mit anderen Menschen.*

Woher wissen Sie das denn?

Das sehe ich in den Filmen.

Also verzweifelter ..., das stimmt bei beiden Filmen nicht. Es sind beides Filme, finde ich, die ich mit sehr viel Lust gemacht habe, also wo die Verzweiflung davor war. Wo es einen Grad der Verzweiflung gegeben hat, der vorher da war, der mich einfach soweit gebracht hat, so einen Film machen zu wollen, also diese beiden Filme machen zu wollen. Als ich sie gemacht habe, da war die Verzweiflung oder die spezifische Verzweiflung, die mich zu diesen Geschichten gebracht hat, im Entschluß, sie zu machen, verarbeitet. Ich hab unheimlich viel Spaß daran gehabt, diese Filme zu machen.

WARNUNG VOR EINER HEILIGEN NUTTE *schließt ja auch noch eine bestimmte Epoche Ihrer Arbeit, Ihrer Biografie ab.*

Das ist völlig richtig, ja. Es war der Versuch oder es war die Notwendigkeit, mir über vieles klar zu werden, was abgelaufen ist, auf was das ganze Gebäude gebaut war. Ob das Sand war. Das war notwendig. Und ich darf es nochmal sagen: diese Verzweiflung war vorher. Der Lernprozeß hat währenddessen stattgefunden. Der war sehr lustvoll. Lernprozesse, also zumindest die, die ich mir als Lernprozesse vorstelle, haben immer was sehr Lustvolles.

Das war der Abschluß des »antiteaters« für Sie, mit der Idee des »antiteaters«.

Offiziell, ja.

Aber der Schluß lag vorher? Warum mußten Sie ihn nochmal im Film aufarbeiten?

Tja, deswegen, weil ich eben diese Gruppensehnsucht sehr viel länger mit mir rumgetragen habe, als alle anderen. Und ich wollte mit diesem Film eigentlich auch gucken, ob ich sie noch habe. Ich hab rausgefunden, daß ich sie trotzdem noch habe, daß ich gar nicht genug beweisen kann, daß Gruppen nicht funktionieren, um immer wieder sagen zu müssen, sie wären das Maximalste an möglichem Zusammenleben.

Und welche Verzweiflung, welche Wut liegt vor SATANSBRATEN?

Ach, das, würde ich sagen, das sind eher sehr private Sachen. Da ist so ein Punkt gewesen, wo ich einfach auch wieder mal sagte, jetzt mußt du bestimmte Dinge dir selber formulieren. Du kannst nicht so weiterleben, ohne das formuliert zu haben, sagen wir's mal ganz simpel so.

Welche Dinge?

Private. Ganz private Dinge, ganz private Bedürfnisse, Obsessionen, Wünsche, was weiß ich. Wollten wir so privat werden, oder? Nee, wollten wir doch nicht. Ich meine, das würde auch wirklich zu weit führen. Ich meine, da müßte ich jetzt auf eine Art und Weise aus meinem Leben berichten, das würde die Zeit, die wir haben, sprengen, und das würde sowieso einiges sprengen. Wir wollen doch nichts machen, was man nicht senden darf.

Sie wollen seit längerem einen Roman schreiben. Das ist so ziemlich die einsamste Beschäftigung, die man sich vorstellen kann. Auf jeden Fall ist sie sehr viel anders als das Filmemachen. Es würde doch sicher in der Produktions- und Lebensweise für Sie eine radikale Änderung bedeuten. Stellen Sie mit dem Romanschreiben wieder etwas von der Einsamkeit her, die Sie aus Ihrer Kindheit kennen? Hat das was miteinander zu tun?

Sie sprechen von der Einsamkeit, die ich in meiner Kindheit empfunden habe – die ich ja doch nur vielleicht empfunden habe. Vielleicht möchte ich herauskriegen, ob ich sie empfunden habe. Das kann schon sein. Vielleicht werde ich das am Schluß wissen. Es gibt viele Gründe, warum man sagt, man macht jetzt irgend etwas. Für mich gibt es ganz praktische Gründe, warum ich gesagt habe, ich will einen Roman schreiben. Das sind unter Umständen alles Lügen. Darüber müßten wir hinterher dann wieder reden.

Welche Gründe haben Sie denn?

Ich hab so den Wunsch, einfach am ganz Praktischen mal zu gucken, ob ich überhaupt existieren kann ohne andere Menschen, ob ich in der Lage bin, zu schreiben ohne mit dem Blick darauf, mit wem ich das dann letztlich eigentlich erst verwirkliche. So will ich Ihnen das jetzt mal sagen. Und vor allem ist es etwas, weil das Schreiben eine Möglichkeit gibt, etwas zu sagen auf eine Art und Weise, wie man das mit Film nicht kann. Kann ich Ihnen alles so sagen. Das sind alles Gründe, die es gibt. Vielleicht gibt es irgendeinen, den ich selbst nicht weiß im Moment. Vielleicht ist es der, der mich eigentlich interessiert, kann sein.

Aber man kann ja auch ausprobieren, ob man aushält, ohne andere Menschen zu leben, ohne einen Roman zu schreiben.

Ich nicht. Ich muß halt leider immer was machen, das ist schon wahr. Das haben wir nun vorher besprochen, diese Art von Krankheit, die ich da habe. Ich muß wirklich immer irgend etwas tun, um mich existent zu fühlen. Das ist schon richtig.

Gibt es schon einen Stoff, gibt es eine Geschichte für Ihren Roman?

Ich schreibe an dem, soweit ich das bislang kann. In dem Moment, wo ich mich dann zurückziehen werde, um ihn wirklich als Roman fertig zu machen, ich weiß nicht, wieweit ich das noch hinauszögern kann. Es gibt eine Geschichte, ja. Es ist die Geschichte von jemandem, der eines Tages sich nicht mehr bewegen kann und jetzt vor der Alternative steht, also durch so eine Auto-Analyse rauszukriegen, warum er sich nicht mehr bewegen kann, oder aufzuhören zu atmen. Und er entschließt sich, das rauszukriegen, warum er sich nicht mehr bewegen kann. Zum Schluß kann er's dann wieder. Das ist die Geschichte.

Ein Mensch, der nicht gehen kann, ist auf die Mitwirkung anderer angewiesen, wenn er einen Ortswechsel vornehmen will. Wenn er nun durch eine extreme Anstrengung seines Gefühls und seines Bewußtseins dazu kommt, selbst gehen zu können, ohne andere, hat das nicht wieder etwas mit Ihnen zu tun?

Ich kann nur sagen, ich hoffe das letztlich. Daß ich das Bedürfnis habe, dieses Buch zu schreiben, und daß ich diese Geschichte als Grundidee – es ist ja erstmal keine Geschichte, sondern eigentlich nur so eine Ausgangsidee –, daß ich die hatte, das ist natürlich sicherlich kein Zufall, das ist klar. Vielleicht ist dieser Roman der Versuch, mich von der Notwendigkeit, mit anderen zusammenarbeiten zu müssen, zu befreien. Was aber nicht bedeuten muß, daß ich mich davon wirklich befreien will, sondern das kann auch bedeuten, daß ich mich vielleicht von vielem freimachen möchte, was die Gruppen oder die Gruppe, in der ich gerade bin, gefährdet.

Sie wollen den Roman in Amerika schreiben?

Vielleicht.

Aber Sie hatten die Absicht …

Schauen Sie, ich bin überhaupt nicht sicher, wo ich was machen werde oder will. Ich hab nicht so eine Liste, wo draufsteht, wann ich wo was mache. Wie es sich ergibt. In New York wäre es mir am liebsten, klar, weil ich da am liebsten lebe. Aber vielleicht auch wiederum nur deswegen, weil ich da letztlich nicht zum Arbeiten komme. Das kann auch sein, ich weiß es wirklich nicht.

Ist in Amerika ein freieres Klima als in der Bundesrepublik?

Das ist so eine bösartige Frage. Ich kann Ihnen das nicht beantworten so. Für mich persönlich ja, weil ich da wie ein Tourist, der das Gute mitnimmt und das Böse nicht sieht, leben kann, was ich in der Bundesrepublik nicht kann, ist das für mich freier. Wahrscheinlich ist es im Grunde nicht freier, oder? Was meinen Sie?

Und weshalb ist die Frage bösartig?

Weil sie einen dazu drängt, irgend so eine Antwort zu geben, die … Fragen verlangen ja immer nach einer Antwort, und diese Frage ist eine, von der Sie wissen, während Sie sie fragen, daß ich sie nicht beantworten kann. Trotzdem stellen Sie sie, also ist sie bösartig.

Sie können nicht allgemein darauf antworten …

Das kann niemand. Wenn ich die gleiche Zeit, die ich in Deutschland verbracht habe, in Amerika verbracht hätte, dann könnte ich die Frage beantworten. So kann ich sie natürlich überhaupt nicht beantworten. So kann ich sie noch nicht einmal auf Paris betreffend beantworten, weil ich auch hier nicht in der Gesellschaft drinstecke, daß ich wirklich Auskunft über sie geben könnte. Sie kommt mir freier vor, sie ist es sicherlich auch, hier zumindest in etwa. Nur ganz genaue Auskunft kann ich darüber nicht geben. Ich kann genaue Auskünfte bis heute nur über die Bundesrepublik Deutschland geben. Über alles andere müßte ich zu dem greifen, was ich gelesen habe und was ich daraus für Erfahrungen oder für Nachrichten für mich persönlich gezogen habe. Das wäre verkehrt.

Filmemachen ist doch eine Arbeit, die langfristiges Planen oder zumindest relativ langfristiges Planen voraussetzt. Man muß sicher auch ein ordentlicher Mensch sein, um Filme machen zu können. Aber gibt es darüber hinaus bei Ihnen so eine Regie des Privaten, gibt es einen Lebensplan, ich meine über die nächsten zwei, drei Projekte, über die nächsten anderthalb Jahre hinaus?

Es gibt den Plan für die nächsten drei Projekte. Es gibt, was mein Privatleben anbetrifft, überhaupt keinen. Da kann sich heute abend schon alles ändern – hoffentlich. Ich meine, wenn nichts passiert, wenn ich heute abend niemanden kennenlerne und morgen und übermorgen auch nicht und was weiß ich, dann wird das weitergehen, wie es jetzt ist. Ich werde mich nicht zwingen, daß es anders wird. Ich würde mich genausowenig zwingen, daß es so bleibt. Im Gegenteil. Ich bin da – das ist vielleicht ein ganz kleiner Vorteil, den ich habe – ziemlich offen, was das Private anbetrifft. Was das Filmemachen anbetrifft oder das Arbeiten an sich, da bin ich ein ordentlicher Mensch, ja. Es ist schlimm genug, daß man da ordentlich sein muß, weil der Zwang, da ordentlich zu sein, der geht natürlich in andere Bereiche des Fühlens und Denkens irgendwie auch ein. Es entsteht ein Ordentlichsein in allen Bereichen, das man vielleicht nicht möchte – kann sein.

Fernseh-Interview für den Südwestfunk, Baden-Baden, geführt und gefilmt am 9. Januar 1978 in Paris.

Kommentierte Filmografie

Von Wilhelm Roth

Inhaltsangaben zu Filmen sind nützlich, sie stützen die Erinnerung, sie helfen, die Filme zu identifizieren. Darum wird jeder der folgenden Texte zu den einzelnen Fassbinder-Filmen mit einer Inhaltsangabe eingeleitet. Dabei sind aber einige Eigentümlichkeiten zu berücksichtigen:

in vielen Filmen, vor allem den frühen Gangsterfilmen, werden die Geschichten nicht gradlinig und plausibel erzählt, sie müssen vielmehr aus oft kleinen Andeutungen erschlossen werden. Zusammengefaßt in einen Text von wenigen Zeilen, bekommen sie eine Eindeutigkeit, die sie im Film nicht haben;

Fassbinders Filme, insbesondere die frühen, sind Filme aus zweiter Hand, Montagen aus Zitaten. Auch die Handlungsdetails sind teilweise vorgefertigte Versatzstücke. Darum sagen Inhaltsangaben nicht viel über den spezifischen Reiz dieser Filme; obwohl Fassbinder in allen Filmen Geschichten erzählt, sind doch Gesten und Sprechweise meist wichtiger als der referierbare Inhalt. Das gilt besonders für KATZELMACHER und WARNUNG VOR EINER HEILIGEN NUTTE, die beiden Filme über Gruppen. Bei ihnen sind die Inhaltsangaben am unergiebigsten;

je mehr sich die Fassbinder-Filme auf die Realität einlassen, desto mehr besagen auch Inhaltsangaben (DER HÄNDLER DER VIER JAHRESZEITEN, ANGST ESSEN SEELE AUF);

ein Film ist nahezu identisch mit seiner Story, er hat das größte Tempo, in ihm wird nur erzählt: MARTHA.

W. R.

Der Stadtstreicher. 1965

Ein Stadtstreicher (Christoph Roser), der durch München zieht, findet in einer Allee eine Pistole. Vergeblich versucht er, die Waffe wieder loszuwerden. Zwei Männer, die ihn schon länger beobachtet haben, nehmen ihm die Pistole schließlich weg.

München ist in diesem Film, der im Herbst gedreht wurde, eine »Seelenlandschaft«: Die Trostlosigkeit der Stadt und der Fund der Pistole lösen in dem einsamen Mann Selbstmordphantasien aus. STADTSTREICHER kann man als eine Antwort Fassbinders auf seinen damaligen Lieblingsfilm *Le Signe du Lion* (*Im Zeichen des Löwen*) von Eric Rohmer ansehen. Rohmers Film zeigt einen Clochard, der in einem fast menschenleeren Paris, während der hochsommerlichen Ferienmonate, immer weiter verkommt, bis ihn zum Schluß eine unerwartete Erbschaft trifft. Während bei Rohmer eine Entwicklung geschildert wird, gibt Fassbinder eine Momentaufnahme. Das Davor und Danach ist der Phantasie des Zuschauers überlassen.

Das kleine Chaos. 1966

Drei junge Leute (Marite Greisele, Christoph Roser, R.W. Fassbinder) sind als Abonnentenwerber für Illustrierte unterwegs. Sie benützen diese Möglichkeit, unverdächtig in Wohnungen eindringen zu können, für einen Überfall auf eine Frau (Greta Rehfeld). Sie nehmen ihr das Geld weg und verschwinden unbehelligt.

Im KLEINEN CHAOS wird zum ersten Mal Fassbinders Faszination durch das amerikanische Kino spürbar. Die Gesten und Handlungen der drei Mini-Gangster sind Hollywood-Vorbildern nachempfunden. Fassbinder variiert das Schema allerdings inhaltlich. Er erfüllt sich den Wunsch, der im Film einmal ausgesprochen wird: »Ich möcht' endlich mal einen Krimi sehen, der gut ausgeht.«

Liebe ist kälter als der Tod. 1969

Der kleine Zuhälter Franz (Fassbinder) weigert sich, einem Verbrechersyndikat beizutreten. Das Syndikat gibt scheinbar nach, setzt aber den schönen Bruno (Ulli Lommel) auf ihn

Liebe ist kälter als der Tod

an. Franz liebt Bruno. Bruno, den die Polizei nicht kennt, begeht Morde, die Franz von der Polizei angelastet werden. Doch der Kommissar (Yaak Karsunke) hat keine Beweise gegen Franz. Schließlich planen Bruno und Franz gemeinsam einen Banküberfall. Joanna (Hanna Schygulla), die Freundin von Franz, verrät sie an die Polizei. Bruno hat einen Killer des Syndikats bestellt, der im Durcheinander des Überfalls Joanna erschießen soll. Alle Pläne scheitern. Bruno wird von der Polizei erschossen, Franz und Joanna aber können fliehen.

Fassbinders erster Spielfilm ist deutlich von Vorbildern abhängig, die aber nicht immer von Fassbinder selbst in den Film eingebracht wurden: den Hut aus Melvilles *Eiskaltem Engel* beispielsweise, den dort Alain Delon trägt, hat Lommel selbst für sich ausgesucht; Fassbinder kannte Melvilles Film zu der Zeit nicht. Die Vorliebe aber für den Gangsterfilm überhaupt,

die Vorstadt-Szenerie, die an den frühen Godard gemahnt, der insistierende Blick der Kamera, der an Straub erinnert, verweisen auf Vorbilder und Anregungen, die Fassbinder selbst und dem antiteater-Team damals wichtig waren. Die nächtliche Kamerafahrt durch die Landsberger Straße in München, vorbei an den vereinzelt dort stehenden Prostituierten, ist eine nicht verwendete Variante einer Einstellung aus Straubs *Der Bräutigam, die Komödiantin und der Zuhälter.*
Aus all diesen Versatzstücken und Zitaten wurde indes ein persönlicher Film, der sich auch von vergleichbaren Arbeiten anderer junger Regisseure der Zeit unterscheidet, von Lemkes *48 Stunden bis Acapulco* und Thomes *Detektive:* er ist schäbiger, trostloser und noch hollywoodferner als diese beiden anderen Münchner Kriminalfilme. Fassbinder selbst 1969: »Was übrig bleibt, wenn man diesen Film gesehen hat, das ist nicht, daß hier jemand sechs Leute ermordet hat, daß es hier ein paar Tote gegeben hat, sondern daß hier arme Leute waren, die nichts mit sich anfangen konnten, die einfach so hingesetzt wurden wie sie sind, und denen keine Möglichkeit gegeben wurde – so weit wollen wir da gar nicht gehen – die einfach keine haben, die schlichtweg keine Möglichkeit haben.« (Film 8 / 1969, S. 20) Franz, Bruno und Joanna sind Menschen, die Zärtlichkeit und Liebe suchen, dies aber nur in hilflosester Weise artikulieren können (Joanna zum Beispiel, indem sie den Überfall der Polizei verrät). Sie legen sich Gesten aus Gangsterfilmen zu, weil sie keine eigene Sprache haben.
In LIEBE IST KÄLTER ALS DER TOD gibt es, quasi als Einlagen, Ansätze zur Komödie. In einem Supermarkt klauen Bruno und Joanna Delikatessen in einer gut vier Minuten dauernden Einstellung von ballettähnlicher Eleganz: zwei Bewegungen (des Paares mit einem Einkaufswagen – der Kamera) sind aufeinander bezogen, kommen aufeinander zu, stoßen sich wieder von einander ab, untermalt von einer mehrmals wiederholten, elektronisch verfremdeten Passage aus Richard Strauss' »Rosenkavalier«. In einer anderen Szene (mit allerdings terroristischem Unterton) verunsichern Bruno, Franz und Joanna, die so tun, als kennten sie sich nicht, eine Brillenverkäuferin in einem Warenhaus durch immer neue Fragen, Einwürfe, Beschimpfungen, so daß es ihnen schließlich gelingt, drei Sonnenbrillen zu klauen. – Derartig komödiantische Szenen findet man gelegentlich auch in anderen Fassbinder-Filmen: wenn Herr

R. eine Schallplatte kaufen will, den Titel nicht kennt und deswegen schön falsch vorsingt (WARUM LÄUFT HERR R. AMOK?); besonders in RIO DAS MORTES, wenn Michel und Günther ihre verrückten Ideen über Baumwollanbau und Schafzucht in Peru ausbreiten. Grundsätzlich aber sind Fassbinders Filme humorlos. Daß sie so hermetisch in sich abgeschlossen wirken, hat damit zu tun. Selbst wenn sie einmal komisch werden, provozieren sie eher ein gequältes als ein befreiendes Lachen.

Katzelmacher. 1969

Vier Paare von unterschiedlicher Beständigkeit: »Marie (Hanna Schygulla) gehört zu Erich (Hans Hirschmüller), Paul

Katzelmacher

(Rudolf Waldemar Brem) schläft mit Helga (Lilith Ungerer), Peter (Peter Moland) läßt sich von Elisabeth (Irm Hermann) aushalten, Rosy (Elga Sorbas) treibt es für Geld mit Franz (Harry Baer)« (Fassbinder)[1]. Dieses System eines labilen Gleichgewichts auch wechselnder und zusätzlicher Verhältnisse gerät in Unordnung, als ein Gastarbeiter, Jorgos, (Fassbinder) ein »Griech' aus Griechenland« eintrifft und bei Elisabeth ein Zimmer mietet. »Instinktive« Abneigung gegen den Fremden und Sexualneid gegenüber dem vermeintlich potenteren Südländer vereinen die ganze Gruppe, aus der nur Marie ausbricht. Sie »geht« mit Jorgos. Die vier Männer schlagen ihn eines Tages zusammen und hoffen: »Jetzt geht er bestimmt.« Elisabeth aber will ihn als Mieter, den sie ausbeutet, halten. Helga und Paul wollen heiraten, zuerst, weil sie ein Kind erwartet, dann, obwohl sie einen Abgang hat. Erich geht zur Bundeswehr: »Ist besser als arbeiten.« Die Zukunft von Jorgos und Marie bleibt offen.

Katzelmacher

KATZELMACHER basiert auf dem Theaterstück gleichen Titels, das in Fassbinders eigener Inszenierung im antiteater 1968 nur etwa 20 Minuten dauerte. Im Stück geht es ausschließlich um den Griechen, den »Katzelmacher«.[2] Das erste Drittel des Films, vor dem Eintreffen des Fremden, fehlt im Stück. Auf einem Dorfplatz treffen sich die Bewohner, in immer wechselnden Gruppen, umkreisen den Fremden, stoßen zu, ziehen sich zurück. Die Choreographie ist so wichtig wie die Sprache.

Der Film, als ich ihn 1969 zum ersten Mal sah, kam mir leblos und abstrakt vor neben dem Theaterstück. Die Bewegungen auf der Bühne sind durch ein starres Arrangement ersetzt. Wenige Schauplätze, fotografiert in immer denselben Einstellungen: Ein Geländer vor einem Haus, auf dem in wechselnden Gruppierungen die Personen sitzen, ein Wirtshaustisch, ein Hinterhof, einige wenige Zimmer, alle bis zur Ununterscheidbarkeit karg möbliert. Das Milieu nicht mehr Dorf, sondern Vorstadt, Giesing vielleicht. Die Personen liefern Sätze ab, Sprechblasen, Zitierbares (die sogenannte Fassbinder-Sprache ist am reinsten, fast bis zur Selbstparodie, verwirklicht in KATZELMACHER). »Aus all dem ergibt sich eine fast terroristische Herrschaft des toten Inventars und des Arrangements über die Personen« (Peter W. Jansen, Frankfurter Rundschau 4. 10. 69), während auf der – leeren – Bühne das Arrangement mit der Bewegung der Personen identisch war.

Ich war damals ganz der Meinung von Wim Wenders: »Das Grauenvolle an diesem Film ist, daß er bis ins kleinste Detail lustlos ist. Die Schnitte sind wie ein mißmutiges Wechseln vom ersten aufs zweite Programm am Samstagabend, wenn einen jeder neuerliche Programmwechsel nur noch wütender und trauriger macht. Und daß alle Darsteller so verbissen schauen, liegt nicht an der Provinz, die sie darstellen, sondern an dem verbissenen Schema, das sie am liebsten nur noch als Marionetten vorführen möchte, höchstens noch als Fotoroman, aber dann mit schwarzen Balken über den Augen, wie die Leute, die in den Illustrierten nicht wiedererkannt werden wollen. – Aber von einer Zärtlichkeit ist keine Rede bei der, sagt eine in dem Film. – Nur Hanna Schygulla bleibt in diesem Totenfilm lebendig, daß man meint, sie in Farbe zu sehen.« (Filmkritik 12 / 69; S. 751f.)

Als ich KATZELMACHER 1974 wiedersah, die Erinnerung

Katzelmacher

an die Bühneninszenierung ist verblaßt, kam mir der Film weit lebendiger vor als vor fünf Jahren; trotzdem mag ich ihn nicht. Was sich überträgt (auf mich übertrug), ist eine unglaubliche Wut. Diese so kalt und lieblos gezeichneten Personen stoßen ja mit ihren hilflosen Redensarten, mit ihren Schlägen, wenn sie nicht weiterwissen, an Grenzen (ihres Bewußtseins und ihres Selbstbewußtseins). In den Einstellungen und im Film insgesamt, ist immer eine Zündschnur gelegt, aber die Ladung geht nie los, der Film explodiert nicht, an keiner Stelle. Selbst wenn die Männer den Griechen zusammenschlagen, ist das keine Befreiung, nicht im Kontext der Handlung, erst recht nicht für den Zuschauer. Daraus resultiert die kalte Wut, die der Film vermittelt.

Daß Menschen voneinander abhängig sind und diese Abhängigkeit ausnützen, daß Liebe in Ausbeutung umschlägt, daß alles käuflich ist und wer Geld hat, alles kann (jedenfalls fast

alles), daß man sich gegen einen Fremden zusammentut, ihn aber schließlich doch gewähren läßt, wenn man ihn ausnützen kann (später ein Hauptmotiv in ANGST ESSEN SEELE AUF): das sind Einsichten, die so aggressiv vorher wohl in keinem deutschen Film formuliert wurden. Dennoch bleiben Zweifel an der Wirksamkeit des Films: Denn diese Einsichten werden als Modell vorgeführt, nicht als Erfahrung. Nimmt man dagegen das Paar Emmi / Ali in ANGST ESSEN SEELE AUF, ein menschliches, differenziert gezeichnetes Paar, wird Fassbinders Fortschritt als ein Geschichtenerzähler, der zum Nachdenken anregen will, deutlich.
Ich habe den Verdacht, daß die relative Popularität des KATZELMACHER, gerade auch nördlich des Mains, vor allem dem kuriosen Kunst-Bayerisch zu verdanken ist, das die Personen sprechen: »Eine Liebe und so, das hat immer mit Geld was zum tun« – »Die hat Geld. Und die wo Geld haben, die können alles« – »Da wo der herkommt, da gibts Kommunisten« – »Ein Kommunist ist das und gehört verboten.«

[1] ARD-Broschüre, Spielfilme im Deutschen Fernsehen 1973, Seite 55.

[2] Bayerischer Ausdruck: Kollektivschelte für südländischen Gastarbeiter. – Volksetymologisch: Südländer, der deutschen Frauen Kinder macht, häufig und unkompliziert (wie die Katzen); korrekte Etymologie: Bezeichnung für Hersteller hölzerner Schöpfkellen (der Gatzeln) aus dem Grödnertal.

Götter der Pest. 1969

Franz Walsch (Harry Baer) wird aus dem Gefängnis entlassen. Er geht zu seiner früheren Freundin Joanna (Hanna Schygulla), die in einem Nachtclub singt. Er sucht seinen Bruder Marian (Marian Seidowski), findet ihn tot. Günther (Günther Kaufmann), der sich Gorilla nennt, gibt zu, Marian erschossen zu haben: »Marian hat gesungen ... Es war ein Befehl.« Franz hat inzwischen Margarethe (Margarethe von Trotta) kennengelernt und Joanna verlassen. Franz, Günther und Joe, ein alternder Gangster, der auf dem Land lebt, planen einen Überfall auf einen Supermarkt. Sie werden von Joanna – aus enttäuschter Liebe zu Franz – verraten. Aber auch Margarethe verrät den Überfall, weil sie Franz liebt. Der Überfall findet statt. Franz und der Chef des Supermarkts (Hannes Gromball) wer-

Götter der Pest

den erschossen. Der Gorilla kann entkommen. Er erschießt die Pornohändlerin Carla (Carla Aulaulu), die Joanna den Überfall verraten hatte.

GÖTTER DER PEST ist in mancher Hinsicht eine Fortsetzung von LIEBE IST KÄLTER ALS DER TOD. Harry Baer spielt diesmal den Franz, die Rolle Fassbinders (Fassbinder selbst erscheint nur kurz in einer Episodenrolle). Einmal wird beiläu-

Götter der Pest

fig erwähnt, daß Bruno tot ist. Und Günther, der Marian erschossen hat, handelte auf Befehl (des Syndikats?). Joanna, die Franz schon einmal verraten hat aus Liebe, verrät ihn nun aus enttäuschter Liebe. Und Joannas Verrat aus dem ersten Film wird nun mit gleicher Motivation von Margarethe wiederholt. Und wie im Erstlingsfilm gibt es für Franz hier nur einen Moment absoluten Glücks: Wenn er zum ersten Mal Günther wieder trifft, wenn sie sich umarmen und er ausruft: »Wahnsinn«. Das entspricht der, dort allerdings viel kühler dargestellten, Wiederbegegnung zwischen Franz und Bruno. Beide Verhältnisse sind belastet: Bruno kommt als Spitzel, Günther hat Franz' Bruder umgebracht. Trotzdem scheint das Franz' Liebe keinen Abbruch zu tun.

Für mich ist unter den frühen Filmen Fassbinders GÖTTER DER PEST der persönlichste, auch der pessimistischste, der schwärzeste. In diesen Dekors (den ersten, die Fassbinder hat

bauen lassen), die fast im Dunkel ertrinken, in diesem sonnenlosen München, müssen diese kleinen Gangster und armen Mädchen scheitern. Ob Margarethe Franz liebt oder Joanna Franz nicht mehr liebt: das Ergebnis ist immer das gleiche. Die Personen sind so sehr auf sich allein gestellt, so wenig fähig, sich einander zu öffnen, so sehr auch isoliert von Geschichte und Gesellschaft, daß nur Einsamkeit oder Tod am Ende stehen können.
Stärker noch als in LIEBE IST KÄLTER ALS DER TOD hat Fassbinder hier die Anregungen aus dem amerikanischen und französischen Gangsterfilm in seine persönliche Vision integriert. Zitate verselbständigen sich nicht mehr (wie die Alain Delon-Imitation Lommels), sie gehen bruchlos ein in die phantastische, in sich abgeschlossene Welt von GÖTTER DER PEST. DER AMERIKANISCHE SOLDAT ein Jahr später wird die Motive und Zitate wieder auffächern, gleichsam zu einem Fassbinder-Gag-Festival.

Warum läuft Herr R. Amok? 1969

Das alltägliche Leben einer durchschnittlichen Familie: Herr Raab (Kurt Raab) ist technischer Zeichner, seine Frau (Lilith Ungerer) hütet zu Hause das einzige Kind, einen Jungen (Amadeus Fengler). Den Abend verbringt das Ehepaar mit Fernsehen, das Wochenende mit Spaziergängen oder im Plausch mit den Eltern von Kurt (Herr und Frau Sterr). Aber das Leben hat kleine Schönheitsfehler: Herrn R.s erhoffte Verbesserung im Beruf läßt auf sich warten, der Sohn hat Schwierigkeiten in der Schule, der Arzt findet (allerdings belanglose) gesundheitliche Schäden, und überhaupt wirkt Herr Raab, der unter Kopfschmerzen leidet, oft etwas geistesabwesend. Nur als ein Schulfreund (Peer Raben) zu Besuch kommt, lebt er auf: Gemeinsam singen sie Kirchenlieder, mit denen sie als Kinder traktiert wurden. Am Ende erschlägt Raab seine Frau, eine Nachbarin (Irm Hermann), die gerade zu Besuch ist, und seinen Sohn mit einem schweren Leuchter. Er selbst erhängt sich am nächsten Morgen im Betrieb auf der Toilette.
Ein böser Film, penetrant alltäglich. Die Dialoge, von den Darstellern improvisiert (Fassbinder und Fengler skizzierten nur

Warum läuft Herr R. Amok?

die Umrisse der Szenen), sind von so banaler Durchschnittlichkeit, daß allein das Zuhören fast Schmerzen bereitet. Der Film ist schon unerträglich ohne sein Ende, wozu die ausgelaugten Farben beitragen. Er macht spürbar, wie unnormal dieses scheinbar so normale bürgerliche Leben in seinem immer gleichen Trott ist.

Fassbinder und Fengler suchen keinen Schuldigen, weder die

Gesellschaft noch der einzelne wird für das Desaster haftbar gemacht. Gewisse Unterdrückungsmechanismen allerdings werden deutlich (die kleinbürgerliche Herkunft von Raab – seine Frau ist was »Besseres«; die Erziehung im Internat; die mangelnde Anerkennung im Beruf). »Solche Einsichten gehen einem runter wie eine fette Schlagzeile oder – seriöser – eine Meldung aus dem Polizeibericht« (Alf Brustellin, Süddeutsche Zeitung, 9.2.1971). Was den Film so trostlos macht, ist nicht nur sein Inhalt, sondern auch seine ästhetische Methode. Die Stilisierung der anderen Filme, die Künstlichkeit der Sprache, die Ritualisierung der Gesten, ist in AMOK, der nicht wie ein Fassbinder-Film aussieht, in eine Fetischisierung der Wirklichkeit umgeschlagen. Die Darsteller, so bewundernswert sie improvisieren, letztlich bringen sie nichts anderes zustande als eine Verdoppelung der Realität. Jede Szene dauert so lange, wie sie auch in Wirklichkeit dauern würde. Wenn es einen naturalistischen Film gibt, dieser ist es. Ihm fehlt jedes utopische Element, jede Idee, wie ein menschenwürdigeres Leben aussehen könnte.

Rio das Mortes. 1970

Die Freunde Michel (Michael König) und Günther (Günther Kaufmann) besitzen eine Landkarte von Peru, auf der ein Schatz eingetragen ist, in der Gegend des Rio das Mortes. Gegen den Widerstand von Hanna (Hanna Schygulla), die Michel heiraten will, planen die Freunde eine Reise nach Peru. Ihre Versuche, das erforderliche Geld zu bekommen, schlagen fehl, bis sie eine Mäzenin (Hanna Axmann-Rezzori) finden, die vom Plan der Schatzsuche fasziniert ist und ihnen das Geld vorstreckt. Hanna kann die Freunde nicht zurückhalten. Hanna zielt mit einer Pistole auf die beiden als sie über das Flugfeld gehen, läßt die Waffe aber wieder sinken: ein Auto geriet in die Schußbahn.

RIO DAS MORTES ist unter Fassbinders Filmen der komödiantischste. Viele Szenen, in denen Günther und Michel Geld beschaffen wollen, ihre Recherchen über die Verhältnisse in Peru, ihre Rentabiltätsberechnungen für Schafzucht oder Baumwollanbau, gewinnen eine bizarre Komik aus dem Kontrast zwischen den tatsächlichen Verhältnissen und ihren naiven Vorstellungen. Dieser Kontrast läßt sich denn auch nur im Traum aufheben. Der (jedenfalls für den Augenblick befreiende) Märchenschluß ist nur möglich, weil die Figuren des Films stärker in der Realität verankert sind als die der Gangsterfilme. Auf ihnen lastet kein Fatum, das Komik ebenso verbietet wie märchenhafte Wunscherfüllungen. Michel ist Fließenleger, Günther, ein »Besatzungskind«, ein bayerisch redender Schwarzer, kommt gerade von der Bundeswehr, zu der er freiwillig gegangen war, um zu beweisen, daß er auch ein »richtiger« Deutscher ist. Hanna möchte Hausfrau und Mutter werden. Daß sie am Ende nicht schießt, sagt Fassbinder, läge nicht nur am Auto, das plötzlich in die Schußlinie fährt: »Wenn es ein Film wäre wie die anderen, die ich gemacht habe, würde sie schießen, da würde sie es so wichtig nehmen, wie sie es in Wirklichkeit nimmt«. (Fernsehen und Film, 2 / 1971, S. 43).

Rio das Mortes

RIO DAS MORTES enthält auch einen für Fassbinder ungewohnten Cinéma-Vérité-Einschub: Michel, plötzlich ganz beschlagen über die Zustände in Südamerika, interviewt Carl Amery über die Rolle der Kirche in der dortigen politischen Situation.
Die Figuren des Films sind nicht in ein System eingezwängt wie in den Gangsterfilmen, wie auch in WARUM LÄUFT HERR R. AMOK? Der Film ist offener, nicht auf eine einzige Stimmung festgelegt. Das nimmt für ihn ein, auch wenn er, gemessen an der stilistischen Geschlossenheit anderer Arbeiten, eher ein kleiner Film ist.

Whity. 1970

1878 irgendwo im Westen der Vereinigten Staaten. In einem Herrenhaus, das einem Mausoleum gleicht, residiert die Familie Nicholson: der Gutsbesitzer Ben Nicholson (Ron Randell),

Whity

seine nymphoman veranlagte zweite Frau Katherine (Katrin Schaake), die beiden Söhne aus erster Ehe, der homosexuelle Frank (Ulli Lommel) und der geisteskranke Davy (Harry Baer). Unterwürfiger Diener der Nicholsons ist der Neger Whity (Günther Kaufmann), ein illegitimer Sohn Bens. Selbstbewußtsein gewinnt er erst, als nacheinander mehrere Mitglieder der Familie ihn auffordern, andere Familienmitglieder zu töten. Whity vollstreckt das Urteil, das die Nicholsons längst über sich gesprochen haben: er erschießt alle, Ben, Katherine, Frank und Davy. Mit der Prostituierten und Barsängerin Hanna (Hanna Schygulla) zusammen verläßt er den kleinen Ort. In der Wüste fehlt es ihnen an Wasser; sie werden verdursten.

WHITY war wohl Fassbinders erfolglosester Film. Die Uraufführung während der Berlinale 1971 fand wenig Resonanz; WHITY blieb ohne Verleih, kam auch nicht ins Fernsehen. Die Gründe sind leicht zu nennen. Die vorangegangenen Filme waren alle mit dem Anspruch aufgetreten, oder zumindest so interpretiert worden, etwas über die Gesellschaft der Bundesrepublik auszusagen, und sei es auch in verfremdeter Form. Mit WHITY bekannte sich Fassbinder nun zum ersten Mal uneingeschränkt zu Hollywood, und auch noch zu Hollywoods verachtetstem Genre, dem Melodram. WHITY, schrieb damals der Kritiker Alf Brustellin, nehme sich schon deshalb im Wettbewerb der Berlinale komisch aus, »weil nahezu alle ›Urfilme‹ zu diesem Film niemals zu Festival-Ehren gelangten« (Süddeutsche Zeitung, 8. 7. 71). Man kann ergänzen: auch nur selten zu Feuilleton-Ehren.

WHITY ist auch aus heutiger Sicht kein großer Film. Dennoch war er in Fassbinders Karriere wichtig, denn er nimmt ein wenig von dem vorweg, was dann in der WARNUNG VOR EINER HEILIGEN NUTTE sichtbar zutage trat, ein neuer, professionellerer, freierer Umgang mit dem Medium Film. Das brachte auch Verluste: die unmittelbare Anschauung, aus der die Vorstadtfilme, trotz aller Zitate, gespeist waren, fehlt hier. WHITY ist Ausdruck »einer nunmehr vollkommenen Sekundärerfahrung« (a. a. O.). Darum wäre es unergiebig, den Inhalt von WHITY zu interpretieren. Diese Dynastie Nicholson steht für nichts als sich selbst. Betrug und Mord, Dekadenz und Auflösung sind wichtig nur als Farben und Formen, aus denen sich der Film zusammensetzt. WHITY ist quasi eine Etüde, ein Ver-

such, einen Film für ein großes Publikum zu drehen, indem man an die Filmkenntnisse und Seherfahrungen der Zuschauer anschließt. Daß dieser Versuch mißlang (eine Wiederaufführung des Films wäre allerdings reizvoll), hat wohl damit zu tun, daß WHITY noch zu viel antiteater-Monotonie mit sich schleppte.
Auch wenn man WHITY nur den Rang einer Übung zugesteht, ist es doch ganz aufschlußreich, zu beobachten, wie Fassbinder seine Vorbilder umgedeutet hat. Mich hat WHITY vor allem an Motive zweier Filme erinnert, aus *Band of Angels* von Raoul Walsh (1957) und aus Sternbergs *Morocco* (1930). Walsh erzählt von einem Plantagenbesitzer und ehemaligen Sklavenhändler (Clark Gable), der einem Negerjungen (Sidney Poitier) eine gute Erziehung gibt, worauf ihm dieser später, zusammen mit einem Mischlingsmädchen, im Bürgerkrieg das Leben rettet. In *Morocco* bevorzugt die Barsängerin Marlene Dietrich den einfachen Soldaten Gary Cooper, wie Hanna den Neger Whity. Marlene gibt Cooper einen Apfel (samt Zimmerschlüssel), Hanna schenkt Whity eine Rose. Beide Paare ziehen am Schluß in die Wüste, wobei auf Marlene und Cooper zwar Entbehrungen warten, aber nicht der Tod. Bezeichnend für den Fassbinder jener Zeit ist, daß er den Geschichten, die er übernimmt, die Happy Ends verweigert. WHITY ist ein Film des Pessimismus. Daß Whity und Hanna am Ende in der Wüste vor dem Verdursten miteinander tanzen, ist eine trotzige Geste, den Pessimismus hebt sie nicht auf.
WHITY ist der erste Film Fassbinders, den Michael Ballhaus fotografiert hat. Auch bei WARNUNG VOR EINER HEILIGEN NUTTE, DIE BITTEREN TRÄNEN DER PETRA VON KANT, WELT AM DRAHT und MARTHA hat Ballhaus die Kamera gemacht. In allen übrigen Filmen arbeitete Fassbinder mit Dietrich Lohmann, zuletzt auch mit Jürgen Jürges. Ich glaube, die Wahl der Kameraleute ist bei Fassbinder kein Zufall. Ballhaus hat die »reichen« Fassbinder-Filme gemacht (mit Ausnahme von PETRA VON KANT, die nur etwa 325 000.– DM kostete), Lohmann und Jürges die »armen«. Alle Filme von Ballhaus sind in Farbe. Er beleuchtet anders als Lohmann und Jürges. Bei ihm treten die Personen nicht aus dem Dunkel heraus, um wieder in ihm zu verschwinden. Sein Licht ist gleichmäßig, lenkt die Aufmerksamkeit nie auf sich, sondern immer auf die Geschichte. Fassbinder hat Ball-

haus deshalb ausschließlich für Filme genommen, die sich von der Beschreibung des Alltags lösen, die sich ihre eigene Erzähl-Wirklichkeit schaffen. Alle Filme Fassbinders, die sich Hollywood nähern, hat Ballhaus fotografiert. MARTHA ist ihr gemeinsames Meisterwerk.
Fassbinder hat als einziger junger Regisseur der Bundesrepublik in den letzten fünf Jahren kontinuierlich arbeiten können. Sein häufig belächelter Fleiß, die fast hektische Überproduktion hatten zur Folge, daß kein Film Fassbinders mit dem Anspruch auftrat, über den Augenblick hinaus von Bedeutung zu sein (mit FONTANE EFFI BRIEST scheint sich das zu ändern). Fassbinder, dem die Beschaffung des Geldes offensichtlich kaum Schwierigkeiten bereitet, konnte sich Versuche wie WHITY leisten, 680000.– DM für ein Experiment, das gescheitert ist (wenn man einen Film daran mißt, ob er sein Publikum erreicht). Er konnte es sich leisten Fehler zu machen, weil nicht jeder Film, wie etwa bei Haro Senft, um ein extremes Gegenbeispiel zu nennen, die Ideen, Träume und Frustrationen von fünf Jahren in sich aufnehmen, zum gültigen Werk formen muß. Wenn Fassbinder 1973/74 Filme wie MARTHA, ANGST ESSEN SEELE AUF und FONTANE EFFI BRIEST gelingen, dann sicher nicht zuletzt deswegen, weil er alles, was ihn interessierte, einmal ausprobieren konnte, und wenn er dabei gelegentlich noch so sehr scheiterte.

Die Niklashauser Fart. 1970

In einer zeitlosen Epoche, deren äußere Merkmale meist dem heutigen Europa, zum Teil aber auch der Dritten Welt sowie dem europäischen Mittelalter und Rokoko zugehören, tritt ein Hirte (Michael König) als Laienprediger auf. Er wird von einigen Anhängern begleitet, von denen »der schwarze Mönch«, ein junger Mann, der eine schwarze Lederjacke trägt (Rainer Werner Fassbinder), großen Einfluß auf ihn hat. »Die Jungfrau«, behauptet der Prediger, »hat mir ein Zeichen gegeben«, und schon bald erhebt er in seinen Ansprachen sozialrevolutionäre Forderungen. Er trifft auf Widerspruch bei der Kirche, findet jedoch Anhänger unter den armen Bauern und Interesse auch bei Margarethe, einer wohlhabenden Frau (Margit Carstensen). Seine Anhänger mißverstehen seine sozialrevolutio-

Niklashauser Fart

nären Aufrufe jedoch als religiöse Verkündigung, und bei Margarethe vermischt sich die religiöse mit sexueller Faszination. Nachdem ein Denunziant dem Bischof Bericht erstattet hat, wird der Prediger von zwei deutschen Polizisten und zwei amerikanischen Militärpolizisten auf einem Campingplatz verhaftet, wobei die Polizisten ein Massaker anrichten. Auf einem Autofriedhof wird der Prediger zusammen mit zwei Freunden gekreuzigt. Ein Aufstand bricht aus, als letztes hört man die

Worte des schwarzen Mönchs: »Aber er und seine Genossen hatten aus ihren Fehlern gelernt. Sie gingen in die Berge, zwei Jahre später siegte die Revolution.«

Die Handlung des Films basiert auf einem historischen Fall: dem Auftreten des Hirten Hans Böhm, der am 24.3.1476 im fränkischen Niklashausen behauptete, die Muttergottes sei ihm erschienen. Er erhob konkrete sozialrevolutionäre Forderungen, und zeitweise waren in Niklashausen 30000 Anhänger versammelt, die in ihm einen neuen Messias sahen und auf ein Wunder warteten. Böhm wurde von den Soldaten des Bischofs verhaftet und am 15.7.1476 in Würzburg verbrannt.
Fassbinder hatte ursprünglich nur diese Geschichte geradlinig erzählen wollen, kam dann jedoch zu dem Entschluß: »Man müßte eigentlich etwas erzählen, was mit uns zu tun hat – ist das nicht viel wichtiger als diese Geschichte von diesem Hans Böhm?« (Fassbinder und Fengler in der Broschüre »Fernsehspiele im Westdeutschen Rundfunk Juli–Dezember 1970«, S. 43). Fassbinder schaltet deshalb frei mit Kostümen und Epochen, läßt seine Personen Sätze sprechen, die ins 15. Jahrhundert gehören, aber beispielsweise auch solche, die von Camillo Torres stammen; ein Farbiger liest aus der Zeitung eine Meldung über die Ermordung eines Black Panther-Funktionärs vor, Schlagworte der Studentenbewegung (»Mach kaputt, was Euch kaputt macht!«) werden zitiert, denn: »Der Zuschauer darf nicht auf den Gedanken kommen: Ach ja, das geschah 1476. So ein Gedanke würde ihn beruhigen, aber er soll ja beunruhigt werden beim Zuschauen.« (Fassbinder / Fengler, a.a.O., S. 42).
Der Film soll »zeigen, wie und warum eine Revolution scheitert«, und die Antwort Fassbinders lautet, daß es zu einer besseren Zukunft auch deshalb nicht kommt, weil die Menschen verlernt haben, das richtige Bewußtsein zu haben: »Es ist Teil ihrer miesen Lage, daß sie sich eine andere gar nicht mehr vorstellen können« (a.a.O., S. 42). Damit hat er auch zum Problem der politischen Funktion von Kunst Stellung genommen, denn in dem Film geht es ja darum, inwieweit man zu radikaler Aufklärung auch »spielerische Mittel verwenden kann, also ob man Filme oder so was zu dem Zwecke machen kann. Wir sind zu dem Ergebnis gekommen, daß es nicht geht, daß man um Gottes willen bitte in die Berge gehen oder sich

andere Möglichkeiten ausdenken soll« (Fassbinder im Gespräch am 20.2.1974).
Fassbinders Film stilisiert, um das falsche Bewußtsein seiner Helden zu charakterisieren, die Handlung oft nach dem Vorbild der Passion Christi: der Prediger entspricht dabei Christus, die Margarethe des Films der Maria Magdalena. Neben die Zitate aus der politischen Realität (von einst und jetzt) und die der christlichen Legende treten Entlehnungen aus der Filmkunst. So hat Fassbinder sich hier in vielen Motiven an Godards *Week-end* orientiert. Lange Dialoge, das Auftreten der bizarr gekleideten revolutionären Gruppe am Waldesrand sowie das unvermittelte Erscheinen von Menschen, die einem anderen Jahrhundert angehören, sind beiden Filmen gemeinsam. Deutlicher als Godard hat Fassbinder seinem Film jedoch die Dramaturgie eines Stationendramas gegeben, und die Gestalt eines bewaffneten Anhängers von Hans Böhm ist der Titelfigur von Glauber Rochas *Antonio das Mortes* nachgebildet. Jedoch haben solche Anlehnungen in der NIKLASHAUSER FART, deutlicher als in allen anderen Filmen Fassbinders, eine Funktion, wie sie die Bestandteile einer Collage haben: ihre Herkunft aus einem anderen Zusammenhang soll erkennbar bleiben. Erinnerungen an fremde Filme sind sozusagen Kulturschutt wie alte Kirchenchoräle, sind Angebote an das erkennende Bewußtsein des Zuschauers, wie es die politischen Parolen sind, die von den Figuren des Films zitiert werden.
Anders als bei Godard haben die Diskussionen in der NIKLASHAUSER FART nichts Überraschendes, sondern wirken durch die häufige Wiederholung dramaturgisch gleichartiger Szenen eher monoton. (Daß sich dieser Eindruck im KATZELMACHER nicht einstellte, liegt daran, daß im KATZELMACHER in jeder Szene konkrete Veränderungen in einer konkreten Situation abzulesen sind, während die Diskussions-Szenen in der NIKLASHAUSER FART gleichbleibend abstrakt sind.) In Erinnerung bleiben von diesem Film drei gelungene Szenen: der Bischof beschnuppert einen Bauern, um den Geruch von Arbeit zu genießen; eine Totale zeigt aus der Vogelperspektive, wie der Prediger in einem Steinbruch redet, seine Worte hallen als Echo von den Wänden zurück – ein eindringliches Bild seiner Isolierung; schließlich die Szene, in der Fassbinder Hanna Schygulla vor dem Spiegel einen gesell-

schaftspolitischen Text proben läßt und dazu Regieanweisungen gibt – ein jäher Einbruch von Wirklichkeit in den sonst eher abstrakten Zusammenhang dieses Films.
Durch die Konsequenz, mit der Fassbinder das Medium Film in seine Reflexion über die politische Funktion von Kunst einbezieht, wird DIE NIKLASHAUSER FART zu einem Sonderfall nicht nur in seinem Werk, sondern auch im neuen deutschen Film. Ein Schlüsselerlebnis der Generation Fassbinders, nämlich das Scheitern der politischen Protestbewegung, wie es besonders im Pariser Mai des Jahres 1968 deutlich wurde, ist nirgendwo sonst im deutschen Film so radikal thematisiert worden.
PS: Von der NIKLASHAUSER FART ist nur eine Kopie bekannt, die sich im Archiv des Westdeutschen Rundfunks in Köln befindet. Diese Kopie ist so schadhaft, daß sie für eine öffentliche Vorführung ungeeignet ist. Durch freundliches Entgegenkommen des WDR konnte die Kopie am 16.3.1974 in Köln am Schneidetisch besichtigt werden.

Der amerikanische Soldat. 1970

Drei Münchner Polizisten (Jan George, Hark Bohm, Marius Aicher) haben den Berufskiller Ricky (Karl Scheydt) angeheuert, einen Amerikaner, der aus München stammt und zuletzt in Vietnam war. Er soll für sie einige Personen umlegen, die sie – als Vertreter des Gesetzes – nicht so ohne weiteres töten könnten. Vor der Erledigung des ersten Auftrages trifft Ricky seinen alten Freund Franz Walsch (Fassbinder). Rickys erstes Opfer ist ein Zigeuner (Ulli Lommel); dann muß er ein Mädchen umbringen, das mit Pornoheften und Informationen handelt, Magdalena Fuller (Katrin Schaake); da deren Freund gerade anwesend ist, erschießt er auch ihn. Als Ricky im Hotel ein Mädchen verlangt, schickt ihm der Portier Rosa von Praunheim (Elga Sorbas) die Geliebte eines der Polizisten. Sie verliebt sich in Ricky. Ricky besucht seine Mutter (Eva Ingeborg Scholz) und seinen Bruder (Kurt Raab). Als Rickys letzter Auftrag lautet, Rosa von Praunheim zu töten, erfüllt er ihn ohne Zögern. Am Hauptbahnhof kommt es zum finalen showdown: Ricky und Franz werden von den Polizisten erschossen, weil sie durch das überraschende Eintreffen von Rickys Mutter

Der amerikanische Soldat

Der amerikanische Soldat

und Bruder abgelenkt wurden. Während die Mutter im Hintergrund erstarrt, wirft sich der Bruder über den toten Ricky. Diese Schlußeinstellung ist eine lange Zeitlupenaufnahme.

DER AMERIKANISCHE SOLDAT ist unter den Gangsterfilmen der, der seine Vorbilder am deutlichsten zu erkennen gibt: Die weißen Anzüge aus den Gangsterfilmen der dreißiger Jahre; Ricky gleicht Paul Muni aus Hawks' *Scarface*; die von Hawks bekannten inzestuösen Beziehungen zwischen Brüdern. Fassbinder zitiert auch sich selbst, nicht nur die Namen, sondern einzelne Figuren und Situationen. Dabei gibt es schon das Zitat zweiten Grades: Magdalena Fuller, die Pornos und Informationen verkauft, ist eine Figur aus GÖTTER DER PEST, wenn sie auch dort Carla heißt, dargestellt von Carla Aulaulu. (Die Magdalena Fuller in GÖTTER DER PEST ist nur eine Episodenrolle für Ingrid Caven). Diese Händlerin aber stammt ursprünglich aus einem Film von Fuller, *Pick up on*

South Street (1952),[1] wo Thelma Ritter die Zeitschriftenhändlerin Moe Williams spielt, die im Nebenberuf als Spitzel arbeitet.
Im AMERIKANISCHEN SOLDATEN steht vieles unverbunden nebeneinander: Zitate, Episoden, Geschichten. Margarethe von Trotta zum Beispiel als Zimmermädchen, die einmal (sozusagen als Vorgriff) schon die Geschichte von ANGST ESSEN SEELE AUF erzählt, wenn auch mit anderem Schluß, die dann selbst eine verrückte Geschichte spielt: sie rennt sich einen Dolch in den Leib als ein Freund ihr am Telefon die Liebe aufkündigt. Doch niemand achtet auf sie, auch der Film hat sie, wie die anderen Episoden, gleich wieder vergessen. Wäre da nicht eine melancholisch-düstere Grundstimmung, die dem Film doch eine Einheit gibt (»eine Kunstaura«, Frieda Grafe, Süddeutsche Zeitung, v. 7.12.70), er bräche in viele Einzelheiten auseinander.

[1] Deutscher Titel: zuerst »Polizei greift ein«, später »Lange Finger – harte Fäuste«.

Warnung vor einer heiligen Nutte. 1970

In einem Hotel irgendwo am Meer in Spanien wartet ein Filmteam auf den Regisseur, den Star, das Förderungsgeld aus Bonn und das Filmmaterial. Unter den Wartenden eine Stimmung schwankend zwischen Hysterie und Apathie. Als der Regisseur Jeff (Lou Castel) zusammen mit dem Star (Eddie Constantine als Eddie Constantin) eintrifft, wird er sofort zum Mittelpunkt des Chaos. Wechselnde Paare und Gruppen. Eddie der in dem Team der meist zwanzig Jahre Jüngeren verloren wie ein Fossil wirkt, findet Kontakt zu Hanna (Hanna Schygulla). Währenddessen gehen die Vorbereitungen für den Film weiter. Jeff erklärt dem Kameramann eine besonders komplizierte Kamerafahrt, und Eddie die Grundidee des Films: »Patria o muerte« sei ein Film »gegen staatlich sanktionierte Brutalität.« Das ganze Team, das sich von Jeff zunehmend abhängig fühlt, rebelliert in kleinen, sinnlosen Aktionen: Jeff wird zusammengeschlagen. Trotzdem wird endlich mit den Dreharbeiten des Films begonnen.

WARNUNG VOR EINER HEILIGEN NUTTE ist ein Schlüsselwerk in Fassbinders Karriere, ein Ende und zugleich ein Anfang. Der letzte Film, in dem Fassbinder mehr oder weniger unverschlüsselt von seinen Obsessionen spricht. Der Film kennzeichnet das Ende eines Kollektivs, das sich einst zum action-theater und antiteater zusammengefunden und auch die Crew seiner ersten Filme gebildet hatte. Andererseits zeigt Fassbinder hier eine für ihn neue Souveränität des Inszenierens. Was ihm bis dahin nur in seinen besten Theaterproduktionen gelungen war (vor allem im »Katzelmacher« und im »Kaffeehaus«), darzustellen, wie Menschen innerhalb von Gruppen durch Ausbeutung und Unterwerfung, in Sadismus und Masochismus voneinander abhängig sind, das gelingt ihm nun auch im Film. Der genauen Sprachregie und den choreographischen Arrangements auf der Bühne entsprechen hier eine sehr komplexe Montage und ebenso komplizierte wie einleuchtende Kamerafahrten. Daß in der WARNUNG etwas zuendegeht und etwas Neues beginnt, wird auch durch einen Bruch in der Figur des Jeff deutlich: Während er in allen persönlichen Auseinandersetzungen den hysterischen Ton des Teams aufnimmt, erläutert er dem Kameramann seine Vorstellungen gelassen, souverän, ganz als Handwerker.
WARNUNG VOR EINER HEILIGEN NUTTE rekapituliert – verfremdet – die Dreharbeiten von WHITY. Nach Fassbinder ist es aber auch ein Film über die Dreharbeiten, die gerade stattfinden, die der HEILIGEN NUTTE. Kenner des Fassbinder-Clans könnten wohl für jede Person des Films das reale Vorbild nennen. In einigen Fällen hat sich Fassbinder gar nicht erst die Mühe der Verschlüsselung gemacht: Lou Castel trägt als Jeff Fassbinders schwarze Lederjacke aus früheren Filmen; Irm, das Mädchen, das Jeff wegjagt, wird zwar von Magdalena Montezuma gespielt, aber von Irm Hermann synchronisiert. Hanna Schygulla heißt auch im Film Hanna. Sie ist selbstbewußter, und in der Formulierung dieser Ich-Stärke sanfter, als die anderen Frauen in der WARNUNG. Sie entspricht damit auch dem von ihr dargestellten Frauenbild der früheren Filme. Diese Insider-Informationen sind aber für den Film nur bedingt wichtig. Man versteht ihn auch ohne deren Kenntnis. WARNUNG VOR EINER HEILIGEN NUTTE ist die schonungslose Selbstdarstellung eines Künstlers. Er sieht sich selbst als eine Art Vampir, der alle Mitglieder einer Gruppe, einer Crew,

Warnung vor einer heiligen Nutte

eines Kollektivs für seine Zwecke ausbeutet, aber auch als Sammler und Koordinator, der die Fähigkeiten der anderen, ohne die der Film nicht entstehen könnte, bündelt. Sein Metier, das Filmemachen, ist für ihn eine einzige Prostitution, in die alle, von der Maskenbildnerin bis zum Regisseur, einbezogen sind. Die wechselnden, nicht auf Zuneigung, sondern auf Besitzanspruch beruhenden erotischen Verhältnisse sind deren direkter Ausdruck. Filmen bedeutet: Ersatzhandlungen vollziehen, oder wie Thomas Mann es formuliert hat und wie Fass-

binder es als Motto im Nachspann zitiert: »Ich sage Ihnen, daß ich es oft sterbensmüde bin, das Menschliche darzustellen, ohne am Menschlichen teilzuhaben...« (Aus »Tonio Kröger«). WARNUNG VOR EINER HEILIGEN NUTTE wirkt wie ein Akt der Befreiung, allein dadurch, daß bestimmte Dinge erkannt und ausgesprochen werden. Auch künftig arbeitet Fassbinder zwar mit einem sich nur langsam durch neue Mitglieder verändernden Team: Aber das Kollektiv ist nur noch eine dem Film (und dem Theater) gemäße Arbeitsform, keine Ideologie mehr. Auch künftig erzählt Fassbinder »seine« Geschichten: Aber er tut es objektiver, weniger autobiographisch bestimmt. Er begreift sich fortan auch gelegentlich als Inszenator, der Geschichten anderer Leute verfilmt (Fleißer, Kroetz, Galouye, Ibsen, Fontane). Allerdings machen diese fremden Stoffe in Fassbinders Hand einen Umwandlungsprozeß durch, der sie seiner Welt integriert.
Drei Hinweise: Der Film spielt laut Dialog in Spanien. Tatsächlich wurde er aber in Italien (Sorrent) gedreht. Optische Hinweise auf den Drehort wurden nicht getilgt. – Der junge Mann mit den langen blonden Haaren, der in der ersten Einstellung eine Geschichte von Goofy erzählt, ist der Filmemacher Werner Schroeter (*Eika Katappa, Salome, Willow Springs,* u.a.). – Wenn Irm (Schroeter-Darstellerin Magdalena Montezuma) abreist, fährt sie mit einem Motorboot übers Meer: ein Zitat aus *Eika Katappa.* Schroeter hat diese Einstellung für Fassbinder neu inszeniert. Sie ist hier mit Donizetti-Musik unterlegt, in *Eika Katappa* mit Musik von Hugo Wolf.

Pioniere in Ingolstadt. 1970

Wenn in Ingolstadt Pioniere stationiert sind, leben die Mädchen auf. Je nach Temperament und Veranlagung suchen sie nur einen Liebhaber oder die große Liebe. Während Alma (Irm Hermann) mit verschiedenen Soldaten anbandelt, hat das Dienstmädchen Berta (Hanna Schygulla) sich in den zunächst schüchternen Karl (Harry Baer) verliebt. Für ihn ist aber auch sie nur ein Abenteuer. Er verläßt sie.

Neben NORA HELMER ist dieser Film für mich Fassbinders matteste Arbeit. Verwirrend schon, daß Schauplatz und Atmosphäre nicht stimmen: Fassbinder wollte die bei Marieluise Fleißer in der Fassung von 1927 in der Weimarer Republik, in der Fassung von 1929 in der Kaiserzeit angesiedelte Geschichte in die Gegenwart hereinholen. So tragen die Mädchen Miniröcke, an einer Wand findet man das Zeichen der Ostermarschbewegung, Fabian Unertl (Rudolf Waldemar Brem) soll von seinem Vater, Bertas Dienstherren, einen BMW bekommen, wenn er ein Mädchen herumkriegt, einer der Soldaten ist Neger (Max, gespielt von Günther Kaufmann). Andererseits sind einige Uniformen mit Naziemblemen versehen. Dieses Durcheinander kam zustande, weil das ZDF als Auftraggeber die Geschichte nicht in der Bundeswehr spielen lassen wollte.[1] Fassbinder hat, wie er im Gespräch am 20. 2. 74 sagte, während des Drehens die Lust verloren.

Ob es aber auch mit den schlechten Drehbedingungen zu tun hat, daß Fassbinder die Beziehung Berta – Karl verbogen hat, sei dahingestellt. »Das Theaterstück ist von schlichter sozialer Logik: Soldaten müssen brutale, oberflächliche Liebhaber sein, weil ihr Beruf sie dazu macht. An dieser trostlosen Wirklichkeit zerbrechen die Illusionen des Dienstmädchens Berta. Ihr Fehler: sie glaubt abstrakt und ahnungslos an das Gute in den Menschen. Sie ist unfähig, selbst simple soziale Zusammenhänge zu erkennen. Fassbinders Film ist von aufwendiger Unlogik – denn er zerstört durch abstruse Änderungen und Ergänzungen gerade diesen sozialen Kontext. Der Soldat Karl von Harry Bär ist nur noch ein schlaffer, matter Kinoheld, eine Figur von vager Tristesse – nicht aber jemand, der sich durch Brutalität vor (ohnehin aussichtslosen) Gefühlen schützt. Hanna Schygulla ist die einzige, die den Schritt aus Marieluise Fleißers Kleinstadt in Fassbinders bunte Kinowelt konsequent vollzieht: bei ihr haben die kleinen Gesten der Liebe so viel feierliches Gewicht, daß aus der Dienstbotengeschichte das große Melodram einer leidenden Liebenden wird. Am Schluß des Films muß sie sich weinend auf einer einsamen Waldwiese wälzen

[1] Herbert Jhering schrieb nach der Inszenierung des Stückes im Theater am Schiffbauerdamm 1929, bei der Dresdner Uraufführung 1928 habe die Geschichte in der Nachkriegszeit gespielt. »Für die Berliner Vorstellung war sie vor den Krieg gelegt. Fürchtete man Konflikte mit der Reichswehr?«. Zitiert nach: Von Reinhardt bis Brecht, Band 2, Seite 393, Berlin (DDR) 1961.

– da wird Fassbinders Film vollends zum derb-rührseligen Kinostück« (Benjamin Henrichs, Fernsehen und Film, 5 / 1971, S. 51).

Der Händler der vier Jahreszeiten.[1] 1971

Hans Epp (Hans Hirschmüller) war in die Fremdenlegion gegangen um der lieblosen Fürsorge seiner Mutter (Gusti Kreissl) zu entfliehen. Als er zurückkehrt, begrüßt sie ihn: »Die Besten bleiben draußen, so einer wie du kommt zurück.« Hans geht zur Polizei, wird aber bald entlassen, weil er sich auf der Wache von einer Prostituierten hat verführen lassen. Er wird Obsthändler, verkauft seine Waren in Hinterhöfen. Seine »große Liebe« (Ingrid Caven) hat ihn nicht geheiratet, weil er sozial unter ihr steht. Seine Frau (Irm Hermann) liebt ihn nicht, quält ihn nur; er entzieht sich ihr durch häufigen Kneipenbesuch; zuhause schlägt er sie in hilfloser Wut. Als sie sich von ihm scheiden lassen will, bekommt er einen Herzinfarkt. Er erholt sich wieder und das Ehepaar bleibt zusammen. Da Hans nicht mehr schwer arbeiten darf, engagiert er eine Hilfskraft, Anzell (Karl Scheydt), mit dem ihn seine Frau, während er im Krankenhaus war, einmal betrogen hatte. Um den lästigen Mitwisser loszuwerden, veranlaßt sie Anzell, die Ware teurer zu verkaufen als mit Hans vereinbart. Hans, wie sie weiß, kommt ihm auf die Schliche, entläßt ihn, merkt aber, daß seine Frau ihn und Anzell in eine Falle gelockt hat. In einer Kneipe trifft Hans Harry (Klaus Löwitsch), mit dem er in der Fremdenlegion war. Harry tritt ins Geschäft ein, gewinnt das Vertrauen der Frau, das der kleinen Tochter (Andrea Schober), der er bei den Hausaufgaben hilft. Hans wird immer stiller; er merkt, daß er nicht mehr benötigt wird. Er macht Abschiedsbesuche bei seiner Familie. Von der Kaffeetafel aus geht er in seine Stammkneipe und säuft sich in Gegenwart Harrys, seiner Frau und anderer systematisch zu Tode. Nach der Beerdigung tun sich die Witwe und Harry zusammen.

[1] Der Titel ist eine wörtliche Übersetzung aus dem Französischen. Ein umherziehender Obst- und Grünwarenhändler heißt in Frankreich marchand des quatre-saisons.

Der Händler der vier Jahreszeiten

Kein anderer Film Fassbinders ist von der Kritik mit so viel Zustimmung aufgenommen worden. Günther Pflaum schrieb: »Für mich ist es der beste deutsche Film seit dem Krieg« (Süddeutsche Zeitung, 10.3.72), Wilfried Wiegand: »einer der wichtigsten deutschen Filme seit Jahren« (Frankfurter Allgemeine Zeitung, 31.5.72). Was die Kritiker überwältigte und was auch heute überzeugt, ist die Einfachheit, mit der Fassbinder seine Geschichte erzählt, die Souveränität, mit der er den aus unzähligen Trivialfilmen, vor allem dem Melodram, gegebenen Rahmen mit Leben füllt. »Fassbinder siegt über diese Klischees, indem er die Emotionen wahrmacht, die sie tragen« (Urs Jenny Filmkritik 5/72). Er behandelt noch die schaudernerregendsten Figuren, die Mutter, die Ehefrau, mit Geduld, fast mit Zärtlichkeit; hinter ihrer Härte werden Verletzlichkeit, Hilflosigkeit spürbar. Die Mutter, Oberhaupt einer von Fassbinders vaterlosen Familien, will ihren einzigen Sohn zu einem Ersatz-Vater erziehen. Die Ehefrau gibt keine Liebe, aber sie empfängt auch keine von ihrem Mann, der schon gebrochen ist, als sie heiraten.

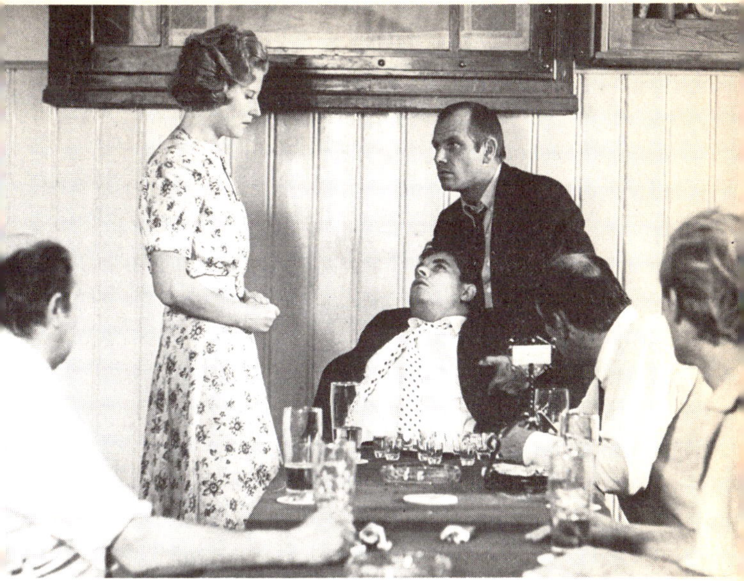

Der Händler der vier Jahreszeiten

Fassbinders ganze Sympathie gilt aber Hans; der Film ist aus seinem Blickwinkel gedreht. Selbst in den wenigen Szenen, in denen er nicht dabei ist (als die Frau hilfesuchend zu ihrer Schwiegermutter eilt; als sie mit Anzell im Bett liegt; als sie nach der Beerdigung das Abkommen mit Harry schließt), verhalten sich die Personen so, wie er es sich vorstellt, wie er es befürchtet, weiß oder voraussieht, wie sie sich verhalten müssen als Reaktion auf seine Reaktion, die wiederum eine Antwort auf ihre Reaktionen ist, usw. Gegen diesen unheilvollen Kreislauf, dem er zuerst entkommen will (er ist der erste Fassbinder-Held, dem nicht nur die Flucht gelingt – das geschieht auch in RIO DAS MORTES – sondern der auch zurückkehrt, desillusioniert), wehrt er sich dann gar nicht mehr. Sein allmähliches Verstummen, eine stärkere Anklage als jeder noch so laute Schrei, gibt dem Film die ungewöhnliche emotionale Kraft. Fassbinder begreift allerdings diese Familientragödie nicht allein als privates Drama, er sieht in ihr auch zeitbedingte Züge. DER HÄNDLER DER VIER JAHRESZEITEN ist das erste Werk des jungen deutschen Films über die fünfziger Jahre, die »Ära Adenauer«, das »Wirtschaftswunder«. Die Kleider und Frisuren, die Zimmereinrichtungen und Küchen – das hat schon optisch jene Enge, aus der es kein Entweichen gibt. Daneben Anachronismen. Manches weist weiter zurück, in die Nazizeit: Hanna Schygullas weißes Kleid und ihre hochgesteckte Frisur – und die Namen: Epp war in Bayern ein bekannter Nazi; und der Rechtsanwalt der Familie heißt von Schirach. Anderes stammt aus der Gegenwart: die Autonummern, die Telefonapparate. Während aber die Achtlosigkeit, mit der in PIONIERE IN INGOLSTADT die Zeitebenen durcheinander gebracht werden, verwirrt und verärgert, wirken die Brüche hier als bewußte (?) Irritation: Die Geschichte hat zwar in der Nachkriegszeit stattgefunden und dort ihre Wurzeln, aber das, was sie möglich machte, ist heute nicht überwunden.

Die bitteren Tränen der Petra von Kant. 1972

Petra von Kant (Margit Carstensen), erfolgreiche Modeschöpferin in Bremen, lebt zusammen mit ihrer Dienerin Marlene (Irm Hermann) in einem geräumigen Appartement. Ihr erster Mann ist verunglückt, von ihm hat sie eine Tochter Gabriele (Eva Mattes), von ihrem zweiten hat sie sich scheiden lassen. Sie verliebt sich in ein Mädchen, das gut zehn Jahre jünger ist als sie, Karin Thimm (Hanna Schygulla). Petra will die junge Karin ganz für sich haben, Karin die vermögende Petra ausnutzen, jedoch ihre Freiheit bewahren. Als ihr Mann, der in Australien war, sich überraschend meldet, kehrt sie zu ihm zurück. Petra verzweifelt. Allmählich aber beginnt sie zu verstehen: »Ich habe Karin gar nicht geliebt, ich habe sie nur besitzen wollen.« Sie bietet ihrer Sekretärin Marlene, die sie bisher wie einen Gegenstand behandelt hatte, Zusammenarbeit, Freiheit, Spaß an. Aber Marlene, die nie ein Wort sprach, packt wortlos ihren Koffer und geht.

Der Film geht auf ein Theaterstück Fassbinders zurück, das bei der Experimenta 1971 in Frankfurt uraufgeführt wurde und bei der Kritik durchfiel. Fassbinder löst die Handlung nicht, wie man so sagt, filmisch auf. Alles spielt sich in einer Wohnung ab, fast nur in einem Zimmer. Die Akteinteilung ist deutlich

Die bitteren Tränen der Petra von Kant

zu erkennen. So ist der Film eine Studie über einen Raum und eine Frau, die diesen Raum bewohnt und prägt, die in ihm eingeschlossen ist und mit ihr die Kamera. Das Zimmer: ganz verspielt, ein wenig kitschig, halb zwanziger Jahre, halb Gegenwart. Nicht denkbar, daß ein Mann darin leben könnte.
Als Karin auftaucht, entsteht für einen Augenblick eine Vision von Glück. Zwei Frauen, von den Männern enttäuscht, emanzipiert. Petra ehrgeizig, gebildet, sorgfältig in ihrer Sprache, sensibel. Karin faul, unwissend, leichtsinnig, in ihrer Sprechweise unverblümt, auch unpräzise. Gegensätze also, aber doch eine Möglichkeit des Glücks, solange Petra und Karin die Vergangenheit und die Außenwelt nicht zu sich hereinlassen. Da das unmöglich ist, muß die Liebe scheitern.
Die Männer, ausgeschlossen aus diesem Raum, sind ständig anwesend im Verhalten der beiden Frauen. Petra und Karin spielen das alte Spiel von Besitzgier und Eifersucht, Unterdrükkung und Abhängigkeit.

Ein Film zwischen Kunst und Kitsch, zwischen Erlesenheit und Talmi (Petra entwirft eine Kollektion für Karstadt!). Und trotzdem muß man dieses Melodram ernst nehmen, wie es sich selbst ernst nimmt (die schmale Grenze zur Selbstparodie wird nie überschritten). Wenn Petra, von Karin verlassen, zu toben beginnt, hat ihr Ausbruch eine Kraft (nicht zuletzt durch die Leistung von Margit Carstensen), die mögliche Einwände des Zuschauers hinwegfegt: »Ihre herrschaftliche Kunsthaltung, ihre beteuerte Emanzipation, die kostbar und klar Distanz haltende Sprache, das alles bricht zusammen. Mit silbernen Sandalen tritt sie lustvoll, wehleidig ein Teeservice in Scherben. Ihre Freundin, ihre Familie starren: Hier wird ja mehr zugrunde gerichtet als nur ein Einzelwesen, hier bricht ›Kultur‹ zusammen. Fassbinder, kein Zweifel, erzählt seine Version vom ›Tod in Venedig‹« (Reinhard Baumgart, Süddeutsche Zeitung, v. 8.12.72). Was wie eine Beleidigung des guten Geschmacks aussieht, setzt Maßstäbe des Geschmacks einfach außer Kraft. »So viel fühlen, so viel leiden, so abhängig sein wie diese Petra von Kant, das ist eben – geschmacklos. Folglich wird das Äußerste an echter Empfindung mit einem äußersten Aufwand von unnatürlicher Stilisierung gezeigt.« (a.a.O.)

Wildwechsel. 1972

Die vierzehnjährige Hanni (Eva Mattes), die von ihren kleinbürgerlichen Eltern (Jörg von Liebenfels, Ruth Drexel) wie ein unselbständiges Kind behandelt wird, lernt Franz (Harry Baer), einen neunzehnjährigen Arbeiter, kennen und schläft mit ihm. Aus Neid zeigt ihn ein Freund an. Franz wird wegen Verführung einer Minderjährigen zu neun Monaten Gefängnis verurteilt. Nach seiner vorzeitigen Haftentlassung wegen guter Führung treffen sich Franz und Hanni wieder regelmäßig, versuchen diesmal aber, unbeobachtet zu bleiben. Als Hanni ein Kind erwartet, überredet sie Franz, ihren Vater zu erschießen, weil er ihrer Liebe im Wege stehe. Das Verbrechen wird erst nach einiger Zeit entdeckt, Franz verhaftet. Hanni besucht ihn im Gefängnis und erzählt ihm, daß ihr Kind bei der Geburt gestorben ist.

Der Film war bei seiner Fernsehausstrahlung umstritten, beim Publikum vor allem wegen der Großaufnahme eines Penis, die

Wildwechsel

von der FSK später aus der Kinofassung herausgeschnitten wurde, bei der Kritik, weil sie der Meinung war, Fassbinder habe die Figuren des Films, vor allem die Eltern, denunziatorisch behandelt. Die Kritik fand Unterstützung durch den Protest, den Franz Xaver Kroetz gegen die Aufbereitung seines Stücks erhob. Kroetz wandte sich nicht nur gegen die von Fassbinder hinzuerfundenen Szenen (der Vater fällt einmal geil über seine Tochter her; Hanni versucht, als ihr Freund im Gefängnis ist, mit einem Gastarbeiter anzubandeln), er bezeichnet den Film insgesamt als pornographisch: »Obszön nenne ich die Denunzierung der Menschen, die der Film betreibt. Das Mädchen ist kein frühnymphomanes Flittchen, es versucht doch nur aus der katholischen Engstirnigkeit des Elternhauses herauszukommen und erlebt dabei eine wunderbare Liebesgeschichte. Auch der Junge ist kein Triebidiot, sondern ein liebebedürftiger Mensch.« (Kroetz, Münchner Abendzeitung v. 8.3.1973) Fassbinder verteidigt sich: »Alles, was drin ist im Film, das ist auch im Stück« (Fassbinder, Abendzeitung v. 12.3.1973). In einem Rechtsstreit gewann Kroetz gegen Fassbinder: die von Kroetz inkriminierten Stellen wurden aus den Kopien entfernt (Frankfurter Rundschau v. 24.12.74).

Tatsächlich ist Fassbinders WILDWECHSEL in der Gefahr, und unterliegt ihr bisweilen, seine Personen an Kameraeffekte und inszenatorische Deftigkeiten zu verraten. Wenn der Film dennoch in seinen besseren Passagen in der Balance bleibt, verdankt er das einigen Dialogen, in denen deutlich wird, daß die Eltern nichts getan haben als die Unterdrückung, die sie selbst als junge Menschen erfuhren, an ihre Tochter weiterzugeben, verdankt er das vor allem Ruth Drexel und Eva Mattes, die etwas von der Vieldeutigkeit der Kroetzfiguren in die (verglichen etwa mit dem HÄNDLER DER VIER JAHRESZEITEN oder ANGST ESSEN SEELE AUF) diesmal plakative Fassbinder-Welt einbringen.

Die eigentliche, von Kroetz nicht monierte Umdeutung der Vorlage durch Fassbinder (und sein Interesse an ihr) wird erst in der Schlußszene erkennbar. Hanni sagt zu Franz: »Es war keine richtige Liebe. Es war nur körperlich.« Franz stimmt ihr zu, legt aber gleichzeitig seine Hand auf ihre Schulter, mit dieser Geste, der zärtlichsten des ganzen Films, seine Worte gleichsam dementierend. Er hat Hanni wirklich geliebt. Gewiß sind beide, Hanni und Franz, Opfer ihrer kleinbürgerlichen Umwelt. Doch während Kroetzens Sympathie vor allem Hanni gilt, sympathisiert Fassbinder in erster Linie mit dem Jungen. Zwar wird schon früher spürbar, nach der Haftentlassung von Franz, daß Hanni ihren Freund in der Hand hat, da er, im Sinne des Gesetzes, wieder straffällig geworden ist (Sie, die aktive, ist es, die ihn zum Mord treibt). Aber man versteht erst am Ende, warum Franz den Mord tatsächlich begeht: weil er Hanni liebt. WILDWECHSEL steht den früheren Vorstadt-Gangsterfilmen wieder näher als die HEILIGE NUTTE, der HÄNDLER DER VIER JAHRESZEITEN und die PETRA VON KANT, nicht nur durch das klein(vor)städtische Milieu, sondern auch durch seine »Philosophie«: Der Mann wird von der Frau, die er liebt, verraten.

Acht Stunden sind kein Tag. 1972

Teil 1 »Jochen und Marion«: Oma Krüger (Luise Ullrich) lebt in Köln zusammen mit ihrer Tochter Käthe, ihrem Schwiegersohn und deren Sohn Jochen (Gottfried John). Zur Feier von Omas 60. Geburtstag kommen unter anderem noch die altjüngferliche Klara (Omas zweite Tochter) sowie Monika, die Schwester Jochens, die mit Harald (Kurt Raab) unglücklich verheiratet ist. Als Jochen Sekt aus einem Straßenautomaten holt, lernt er zufällig Marion (Hanna Schygulla) kennen und nimmt sie spontan auf die Geburtstagsfeier mit. Jochen ist Werkzeugmacher in einer großen Fabrik, seiner Arbeitsgruppe wird eine Leistungszulage versprochen. Marion arbeitet in der Anzeigenannahme des »Kölner Stadt-Anzeigers« zusammen mit Irmgard Erlkönig (Irm Hermann), die sehr konformistisch denkt und Vorurteile gegen Marions Freund hat, da er nur Arbeiter ist. Marion trennt sich wegen Jochen von ihrem bisherigen Freund. Oma spricht im Park den verwitweten Rentner Gregor Mack (Werner Finck) an, die beiden befreunden sich. Oma beschließt, sich eine Wohnung zu suchen. Jochens Arbeitsgruppe wird die Leistungszulage gestrichen, da ein Verbesserungsvorschlag Jochens nach Ansicht der Firmenleitung die Zulage überflüssig gemacht hat. Die Arbeiter bauen absichtlich »Schrott«. Da die Firma Liefertermine einhalten muß, gibt sie nach und zahlt die Zulage. Meister Kretzschmer, der durch die Sabotage der Arbeiter in einen Konflikt geraten war, stirbt überraschend.

Teil 2 »Oma und Gregor«: Oma und Gregor suchen eine Wohnung. Unter dem Eindruck der überhöhten Mieten will Oma eine Wohnungsvermittlung für alte Leute gründen, verwirklicht dann aber einen anderen Plan: in den leerstehenden Räumen einer ehemaligen städtischen Bücherei richtet sie einen Kindergarten ein, bei dessen Ausstattung Jochens Kollegen helfen. Die Polizei schließt den Kindergarten, jedoch erreichen die Mütter aus der Nachbarschaft mit Hilfe der Presse und vor allem durch eine Kinderdemonstration, daß der Kindergarten wiedereröffnet wird, jetzt sogar unter Leitung einer ausgebildeten Kindergärtnerin, was Oma nur recht ist. Franz Miltenberger, ein etwas älterer Arbeitskollege Jochens, findet den Mut, sich um die Stelle des Meisters zu bewerben. Der Werkshallenleiter erklärt jedoch, die Firma wolle den neuen Meister nicht aus der eigenen Belegschaft holen.

Teil 3 »Franz und Ernst«: Die Arbeiter teilen dem Werkshallenleiter mit, daß sie Franz gerne als Meister hätten. Franz stellt eine falsche Berechnung an und scheint sich damit endgültig um jede Chance gebracht zu haben. Der Arbeiter Rüdiger, der starke Vorurteile gegen jede Art von Solidarität hat, denunziert den unschuldigen Gastarbeiter Giuseppe. Ein neuer Meister kommt, er wird jedoch anfangs ignoriert, obwohl er das Vertrauen der Arbeiter sucht. Bald stellt sich heraus, daß er eigentlich lieber an einer anderen Stelle in der Firma tätig wäre, so daß er der Bewerbung von Franz nicht im Wege steht. Er hilft Franz bereitwillig bei dessen Vorbereitungen für die Meisterprüfung. Franz besteht die Prüfung, und der Werkshallenleiter verspricht, Franz bei der Firmenleitung wohlwollend für den Posten des Meisters zu empfehlen.

Teil 4 »Harald und Monika«: Marions Mutter findet Jochen im Bett ihrer Tochter und wirft ihn hinaus. Sie ist nicht erfreut, daß Jochen Arbeiter ist. Harald verhindert, daß seine Frau neben ihrer Hausfrauenarbeit einen Beruf ausübt. Er will seine Tochter autoritär erziehen, Monika will sich scheiden lassen. Jochen und Marion heiraten. Manfred, ein Kollege Jochens und sein bester Freund, beginnt sich in Monika zu verlieben. Auf der Hochzeitsfeier willigt Harald in die Scheidung ein. Fräulein Erlkönig küßt zu fortgeschrittener Stunde einen Arbeiter.

Teil 5 »Irmgard und Rolf«: Die Firma plant die Verlegung der Werkzeugmacherei in einen anderen Kölner Stadtteil, was für die betroffenen Arbeiter viele Probleme bringt. Jochen will wegen der Verlegung seine neue Wohnung mit der seiner Eltern tauschen, der Vater ist anfangs heftig dagegen. Die Arbeiter schlagen dem Werkshallenleiter vor, den Arbeitsrhythmus selber einzuteilen. Der Werkshallenleiter lehnt ab, aber der Direktor der Firma stimmt zu und erklärt den Arbeitern, er tue dies nur, weil es seinen eigenen Interessen dienlich sei. Fräulein Erlkönig ist die Freundin des Arbeiters geworden, den sie auf der Hochzeitsfeier kennengelernt hatte, Monika ist zu ihren Eltern gezogen; ihre Ersparnisse überläßt sie einem zweifelhaften Geschäftsmann, der in Anzeigen unglaubwürdige Gewinne versprochen hat; Oma schaltet sich klärend ein. Fräulein Erlkönig zieht mit ihrem neuen Freund zu Marion und Jochen. In der Wohnung, in der Oma inzwischen mit Gregor wohnt, gestehen sich Monika und Manfred ihre Liebe.

Die Fernseh-Serie ist an ein möglichst breites Publikum gerichtet, sie gleicht deshalb weitgehend den üblichen Familienserien und zeigt typisierte Identifikationsfiguren in Situationen, die nach dem Schema des Volkstheaters stilisiert sind: die verliebten Jungen im geheimen Bunde mit den listigen Alten, Familienereignisse (Geburtstag, Beerdigung, Hochzeit) als Sammelpunkte der Handlung, harmlose Überraschungs- und Verwechslungssituationen, humoristisch dargestellte Verständigungsschwierigkeiten. Jedoch weicht Fassbinders Serie auch dramaturgisch von diesem Schema ab, etwa fehlt bei ihm im Gegensatz zum Volkstheater (und zur klassischen Komödie) weitgehend die Schadenfreude über negative Figuren.
Zusätzliche Spannung bezieht die Serie aus einer wirkungsvoll gehandhabten elliptischen Erzählweise, die den Zuschauer immer wieder mit Fakten überrascht, die ihm in einer vorausgegangenen Folge zwar angekündigt wurden, deren Entstehung er aber doch nicht miterleben konnte (wie er es sich eigentlich erhofft hatte). Dieses häufige Moment der Überraschung und des Rückverweises belebt die Dramaturgie der Serie, die beim Fernsehpublikum zu einem großen Erfolg wurde.
Fassbinder hat in ACHT STUNDEN SIND KEIN TAG mehr sozialpolitische Aufklärung eingeschmuggelt, als wohl jemals

in einer Unterhaltungssendung versucht worden ist. Zahlreiche Probleme, die im Alltag auch der meisten Zuschauer wichtig sind, kommen zur Sprache und werden, unter Vermeidung jedes lehrhaften Tones, jeweils in ihrem psychologischen, sozialen und politischen Zusammenhang veranschaulicht. Solche Probleme sind beispielsweise der Nulltarif in öffentlichen Verkehrsmitteln, die hohen Mieten und die Macht der Wohnungsmakler, Mitbestimmung im Betrieb, antiautoritäre Erziehung, Vorurteile gegen Angehörige unterer Schichten (Arbeiter) und gegen Minderheiten (Gastarbeiter), mögliche Eigeninitiative von politisch meist inaktiven Bevölkerungsgruppen (Rentner, Hausfrauen). Die Handlung veranschaulicht auch einige Begriffe, ohne diese beim abstrakten Namen zu nennen. Man erfährt beispielsweise, was eine psychosomatische Krankheit ist (der Tod des Meisters), daß es Ersatzbefriedigungen gibt, die auf Frustrationen beruhen (Monika ißt mehrere Würste hintereinander und erläutert: »Unbefriedigte Frauen essen eben mehr«, Teil 2). Wenn Franz Miltenberger keine Chance mehr sieht, Meister zu werden, sich betrinkt und in der Kneipe lallt »Ich bin dumm, und dumm will ich bleiben« (Teil 3), dann sind wir Zeugen einer Verinnerlichung. In Alltagssprache werden die Grundzüge von Entfremdung und Mehrwert erläutert. Entfremdete Arbeit: »So eine Arbeit, die einfach nichts zu tun hat mit einem ...« (Marion in Teil 2), Mehrwert: »Ich hab begriffen, daß, wenn man arbeitet, man nur zum Teil für sich selbst arbeitet ...« (Marion in Teil 5). Fassbinder hat für die Serie gründliche Vorarbeiten geleistet: »Bei ACHT STUNDEN SIND KEIN TAG, da haben wir die Geschichten recherchiert, ob sie möglich sind, weil wir uns da zuerst immer die Geschichten ausgedacht haben, zum Teil auch ganz andere Geschichten, die dann nicht im Film drin sind, und ich hab mir Fabriken angesehen und hab mit Gewerkschaftlern geredet ..., ein Jahr lang haben wir gearbeitet, bis die Drehbücher fertig waren« (im Gespräch am 20.2.1974). Die Serie war in der Kritik ungewöhnlich umstritten, wobei die Ablehnung bei konservativen Autoren einhellig war, häufig war die Ablehnung aber auch bei liberalen und linken Kritikern ebenso heftig, fast alle Kritiker führten als Hauptargument gegen die Serie an, sie vermittle kein realistisches Bild des Arbeiters. »Eine so große Gesellschaftsschicht wie die der Arbeiter«, hieß es beispielsweise im »Fernseh- und Rundfunkspiegel des

Deutschen Industrieinstituts« (Nr. 17 vom 25.1.1973) »hat jedoch Anspruch auf eine realistische und repräsentative Darstellung ihrer vielfältigen Probleme«, und in der »Frankfurter Rundschau« (16.12.1972) nannte Heiko R. Blum die zweite Folge »eine Geschichte prall von Naivität, Realitätsferne und Klamotten-Geschichten«. Damit wurden die Absichten Fassbinders verkannt, der hier keinen Dokumentarfilm über tatsächliche Zustände, sondern modellhafte Möglichkeiten zeigen wollte, wie man durch Erkenntnis, Mut und Solidarität über die jetzigen Zustände hinausgelangen könnte. Nur selten wurde diese Absicht von der Kritik begriffen: »Alle notwendigen und auch nützliche Dokumentarfilmversuche von Erika Runge, Günter Wallraff bis zu Schübel / Gallehr, die Arbeitswelt ins Bild zu bringen, bewirken nicht so viel Bewußtseinsänderung wie die kurzen in scheinbar breit, naiv gemalter Familienidylle verpackten Lernprozesse der Fassbinder-Serie« (Klaus Rainer Röhl in »konkret« Nr. 26 vom 9. 11. 1972, S. 45).
Fassbinder hat sich mit dieser Serie bewußt auf die Klischees der Unterhaltungsindustrie eingelassen, was einem Grundgedanken der neomarxistischen Medientheorie Theodor W. Adornos widerspricht, die wie kaum eine andere die neue deutsche Filmkritik (und auch das Selbstverständnis der jüngeren deutschen Regisseure) geprägt hat. Dies könnte verständlich machen, warum die Serie auch bei liberalen und linken Kritikern so heftig angefeindet wurde.
ACHT STUNDEN SIND KEIN TAG wurde nach fünf Folgen, entgegen früheren Ankündigungen, überraschend nicht weiter produziert, was Dr. Günther Rohrbach, Chef der Programmgruppe Fernsehspiel beim Westdeutschen Rundfunk, mit dramaturgischen Gründen rechtfertigte: die geplanten Folgen hätten so lange Gewerkschaftsdiskussionen enthalten, daß der Unterhaltungswert gelitten hätte. »Man sollte sich mit diesen Erklärungen nicht zufriedengeben, denn die Begründungen« (der Absetzung) »enthalten im Kern genau das, was die Kritiker der Serie vermißt hatten, den Eingang der bislang abwesenden Gewerkschaften in den dargestellten Arbeitskampf ...« (Günther Pflaum in »Funk-Korrespondenz« Nr. 22 vom 30. Mai 1973, S. 13).
Fassbinder: »Ich sage doch dazu nichts. Was heißt ›dramaturgische Gründe‹? Man kann es auch an dramaturgischen Gründen aufhängen, wenn man Lust hat. Es gibt so Sachen: die Monika

hätte sich umgebracht, und das Verhältnis von dem Jochen und der Marion wäre halt auf eine Art problematisiert worden, die der Rohrbach nicht mehr wollte, der Rohrbach hatte die Vorstellung: ›dieses Traumpaar‹. Das wäre aber eine Ehe mit großen Schwierigkeiten geworden. Wir hätten auch da wieder versucht, eine utopische Möglichkeit zu finden, wie es doch funktionieren kann, na gut. Dann waren da noch so ganz konkrete Dinge: was die Haltung zu diesen Arbeiterorganisationen betrifft, die es gibt, zu Betriebsräten und Gewerkschaften, da sind wir etwas krasser noch als die DKP und etwas menschlicher als jedwede Systeme geworden. Wir wollten zum Beispiel sagen, daß auch die Gewerkschaft etwas ist, was eigentlich mit den Menschen gar nichts mehr zu tun hat und daß, wenn die Gewerkschaften wirklich etwas für die Menschen tun könnten, daß sie dann wieder an die Basis zurück müßten. Das ist zum Beispiel etwas, was man so einfach und schlicht nicht sagen darf, wahrscheinlich. Und diese Sachen alle zusammen, also diese dramaturgischen Komplikationen, diese Problematisierung von Dingen auf der einen Seite, und auf der anderen Seite dieses politisch doch weiter Vorgehen – aber immer sehr menschlich, immer sehr von einer menschlichen Warte aus, – hat sie mit Sicherheit bewogen, das abzusetzen ...« (im Gespräch vom 20.2.1974).

In Fassbinders Serie ist die in der Kunst sonst übliche Trennung von Privat- und Berufsleben aufgehoben: bei ihm setzen sich die Probleme der Arbeitswelt im Privatleben fort – und nicht umgekehrt, wie von der Kunst, sofern sie überhaupt Berufsprobleme zeigt, üblicherweise suggeriert wird. Auch in politischen Dokumentarfilmen wird oft mit umgekehrter Einseitigkeit nur noch der Arbeitsplatz gezeigt, wodurch das Privatleben fälschlich als ein weitgehend problemloser Anhang des Berufslebens erscheint. Eine konsequente Verknüpfung beider Bereiche ist in der Geschichte des politischen Films nur wenigen Werken gelungen.

Fassbinders Serie, in denen die Menschen, entgegen den meisten politischen Dokumentarfilmen, nicht als Opfer, sondern als mögliche Herren ihrer eigenen Geschichte erscheinen, ist für mich der einzige neue deutsche Film, der Aufklärung nicht als Demonstration eines aufgeklärten Autors vor Gleichgesinnten mißversteht, sondern sie als eine pädagogische Arbeit am Bewußtsein der Unaufgeklärten wirklich in Angriff nimmt.

Welt am Draht. 1973

Teil I: Im Institut für Kybernetik und Zukunftsforschung können mit dem Computer Simulacron politische, gesellschaftliche und ökonomische Vorgänge der Zukunft derart exakt simuliert werden, als fänden sie bereits heute statt. Der Leiter dieses Forschungsprojekts Vollmer (Adrian Hoven) begeht eines Tages unter merkwürdigen Umständen Selbstmord. Nachfolger wird sein bisher engster Mitarbeiter Dr. Fred Stiller (Klaus Löwitsch). Er glaubt nicht an den Selbstmord Vollmers. Er behauptet, der Sicherheitsbeauftragte des Instituts sei spurlos verschwunden. Stiller muß sich gegen Pressionen des Stahlkonzerns Hartmann zur Wehr setzen: Der Konzern will Informationen über die Stahlproduktion in den nächsten zwanzig Jahren. Bei seinen Nachforschungen über Vollmer wird Stiller gelegentlich von Eva Vollmer, der Tochter des Professors (Mascha Rabben), unterstützt.

Teil II: Stiller fängt an, allmählich zu begreifen. Auch die Welt, in der er scheinbar real lebt, ist nur das Simulationsmodell eines anderen Computers. Diese Erkenntnis macht Stiller gefährlich. Man will ihn verhaften, er flieht. Er trifft Eva, die ihn liebt. Sie erklärt: »Ich bin die Projektion einer wirklichen Eva aus der realen Welt.« Sie stellt den Kontakt zwischen beiden Welten her. Während Stiller vor dem Institut von Polizisten erschossen wird, befindet er sich mit Eva, die sein Bewußtsein ausgetauscht hat, in einer anderen Welt.

Diese komplizierte, in ihren Verästelungen gar nicht wiederzugebende Geschichte, wird im Film auf verblüffend einfache Weise erzählt, als dichter, ganz von Aktion erfüllter Abenteuerfilm. Die Welt unterscheidet sich kaum von unserer: sie ist aus Stahl und Glas, wie heute schon Verwaltungsgebäude und Institute. Es ist, wie in Godards *Alphaville*, an den das Dekor erinnert, keine Zukunftswelt, sondern unsere, verfremdet dadurch, daß uns glauben gemacht wird, sie sei nicht real, sondern nur die Simulation, die Projektion einer realen Welt. Sie ist nur ein Denkmodell, gleicht aber (nicht nur äußerlich) unserer Wirklichkeit, weil sie die Grenzen des menschlichen Denkens nicht sprengen kann. So schildert der Film, eigentlich ganz ana-

chronistisch, den einsamen Kampf eines einzelnen gegen Korruption und Terror und die Erlösung durch Liebe. Die äußere Einkleidung ist sekundär. Wie Mascha Rabben gesagt hat: »Klaus Löwitsch spielt da im Grunde Humphrey Bogart ... und ich Lauren Bacall.«[1] Mit dem hier angesprochenen Film *The big sleep* (Howard Hawks) teilt Fassbinders WELT AM DRAHT die Dichte der Atmosphäre und die Verschlungenheit der Erzählung.
Der Roman von Daniel F. Galouye ist pessimistischer; in ihm sind die Menschen stärker als im Film dem System, dem Schicksal ausgeliefert. Fassbinder hat dem Fatalismus eine Kraft des Widerstandes entgegengesetzt.

[1] Broschüre »Fernsehspiele Westdeutscher Rundfunk«, Juli–Dezember 1973, S. 69)

Angst essen Seele auf. 1973

In einer Ausländerkneipe, in die sie vor dem Regen geflohen ist, lernt die etwa sechzigjährige Witwe Emmi Kurowski (Brigitte Mira), die als Putzfrau arbeitet, einen mindestens zwanzig Jahre jüngeren Marokkaner kennen: Ali (El Hedi Ben Salem). Ali tanzt mit Emmi, sie reden miteinander, er begleitet sie nach Hause. Er zieht zu Emmi. Schließlich heiraten sie. Für die Umwelt ist diese Eheschließung unverständlich. Die drei verheirateten Kinder Emmis schämen sich ihrer Mutter, die Nachbarn tuscheln, der Kolonialwarenhändler (Walter Sedlmayr) weist Emmi aus dem Laden. Auch Emmis Arbeitskolleginnen verachten sie. Als Ali und Emmi von einem Urlaub zurückkehren, werden sie von einer plötzlichen Freundlichkeit der Kinder, Nachbarn und Kolleginnen überrascht. Die Wandlung entspringt indes vor allem geschäftlichem Kalkül. Alle nützen Emmi nun aus. Als der äußere Druck auf Emmi und Ali nachläßt, werden die inneren Probleme des Paares deutlicher. Ali besucht wieder – wenn auch schlechten Gewissens – die Kneipenwirtin Barbara (Barbara Valentin). Als Emmi, die gekommen ist, Ali zurückzuholen, in der Ausländerkneipe wieder mit ihm tanzt (wie zu Beginn des Films), bricht er zusammen. Im Krankenhaus wird ein Magengeschwür festgestellt wie es bei Gastarbeitern, so der Arzt, wegen des Streß, in dem sie stehen,

Angst essen Seele auf

üblich sei. Auch wenn er jetzt gesund wird, in einem halben Jahr läge er wieder da. Emmi will versuchen, dies zu verhindern.

Diese Geschichte hat Fassbinder schon längere Zeit mit sich herumgetragen. Im AMERIKANISCHEN SOLDATEN wird sie von dem Zimmermädchen Margarethe, die später aus Liebeskummer Selbstmord begeht, erzählt, aber mit einem anderen Ende: »Und eines Tages war die Emmi tot. Ermordet. Und an ihrem Hals, da waren so Abdrücke von einem Siegelring. Die Polizei hat ihren Mann verhaftet, der hieß Ali und auf dem Ring war ein A. Aber der hat gesagt, er hat noch so viele Freunde, die heißen Ali und alle haben einen Siegelring. Da haben sie alle Türken verhört in Hamburg, die Ali heißen,[1] aber viele waren wieder in der Türkei und die anderen haben nichts verstanden.« Was im AMERIKANISCHEN SOLDATEN, dem Pessimismus dieses früheren Films angemessen, noch als eine mehr private Liebestragödie erscheint, ist in

ANGST ESSEN SEELE AUF mit alltäglichen Erfahrungen angereichert. Schon häufiger hat Fassbinder von Randgruppen der Gesellschaft erzählt, vor allem in den kleinen Gangsterfilmen, noch nie aber hat er die Personen in ihrer Not und Hilflosigkeit, mit ihren Hoffnungen, mit ihren Wünschen nach einem kleinen Glück, so genau und ohne Sentimentalität mitfühlend beschrieben. Zwar sind die Kinder, Nachbarn und Kolleginnen, der strengen Dramaturgie des Films gehorchend, mehr oder weniger nur Stichwortgeber, die Protagonisten Emmi und Ali aber werden differenziert, mit allen ihren Widersprüchen gesehen. Den Mut zu den kleinen, aber entscheidenden Veränderungen müssen ja zunächst einmal Emmi und Ali fassen, für die diese Liebe und diese Heirat auch nicht selbstverständlich sind. Wenn Emmi nach der ersten Nacht mit Ali in ihrem Bett erwacht, erschrickt sie: Da wird aufs eindringlichste deutlich, »wie tief die Vorurteile selbst bei denen verwurzelt sind, die darunter leiden« (Peter Buchka, Süddeutsche Zeitung v. 4.3.74).

ANGST ESSEN SEELE AUF ist auch eine Variante zu Sirks *All That Heaven Allows* (1955). Zwar kannte Fassbinder dieses Melodram noch nicht, als er seine Geschichte im AMERIKANISCHEN SOLDATEN zum ersten Mal erzählte, er kannte es aber, als er dann den Film drehte. In *All That Heaven Allows* liebt eine reiche Witwe (Jane Wyman) einen weit jüngeren, sozial tief unter ihr stehenden Gärtner (Rock Hudson). Wie bei Fassbinder wird sie von ihrer Umwelt, auch den eigenen Kindern, verachtet. Und wie bei Fassbinder steht am Ende eine kleine Hoffnung, aber kein vollkommenes Happy End. In beiden Filmen also die gleiche »unmögliche« Liebesgeschichte, ideale Voraussetzung für ein Melodram. Während aber Sirk mehr allgemein die Spießigkeit einer amerikanischen Kleinstadt ausmalt (die Erstarrung des Lebens in der Ära Eisenhower zeigend, soweit das in einem Hollywood-Film möglich war), weist Fassbinder konkreter auf die sozialen Ursachen der Verachtung hin, die dem Paar begegnet. Vor allem die gegenüber Sirk neue zweite Hälfte des Films, wo sich die Verachtung in berechnende Herablassung wandelt, beweist Fassbinders geschärften Blick.

[1] Der Arbeitstitel des Films war »Alle Türken heißen Ali«.

Martha. 1973

Die etwa dreißigjährige Martha Hyer (Margit Carstensen) verbringt mit ihrem Vater (Adrian Hoven) einen Urlaub in Rom. Auf der Spanischen Treppe bricht ihr Vater plötzlich zusammen und stirbt. Im Hof der Deutschen Botschaft begegnet Martha einem ihr unbekannten, vielleicht fünfundvierzigjährigen Mann (Karlheinz Böhm), den sie dann einige Zeit später bei einer Hochzeit im Bekanntenkreis wiedertrifft: Helmut Salomon übt sofort wieder eine starke Faszination auf sie aus. Beide heiraten bald. Schon auf der Hochzeitsreise beginnen Helmuts »Erziehungsmaßnahmen« an Martha. Nach der Reise mietet Helmut ein hochherrschaftliches Haus, in dem er Martha zunehmend isoliert. Sie soll allen Kontakt mit der Außenwelt aufgeben, um ganz sein Geschöpf zu werden. Seine Zärtlichkeiten sind nicht frei von Sadismus: seine Küsse gleichen Vam-

Martha

pirküssen. Martha trifft sich in Helmuts Abwesenheit mehrmals heimlich mit Kaiser (Peter Chatel), einem jungen Kollegen aus der Bibliothek in der sie früher arbeitete. Helmut befiehlt ihr schließlich, das Haus nicht mehr zu verlassen. Sie fühlt sich von ihm bedroht, glaubt, Helmut wolle sie töten. Noch einmal verabredet sie sich mit Kaiser: bei einer Autofahrt meint Martha, sie würden verfolgt; sie hetzt Kaiser so sehr, daß er die Herrschaft über den Wagen verliert. Martha überlebt den Unfall, bleibt aber gelähmt; Kaiser stirbt. Helmut holt sie mit einem Rollstuhl aus dem Krankenhaus ab. Nun ist sie ganz sein.

MARTHA ist die »triviale« Horror-Variante von FONTANE EFFI BRIEST. Die Parallelen gehen sehr weit: dem Spukhaus in Kessin entspricht das Haus, das Helmut mietet: in ihm ist einmal jemand ermordet worden. Der Nebenbuhler stirbt, einmal in einem richtigen, einmal in einem vermeintlichen Duell. Martha sagt (wie Effi) von ihrem Mann: »Er hat so sture Prinzipien«. Was Effi im Gespräch mit ihrer Mutter nur andeutet (»... er hatte sowas Fremdes. Und fremd war er auch in seiner Zärtlichkeit. Ja, dann am meisten. Es hat Zeiten gegeben, wo ich mich davor fürchtete«), wird in MARTHA brutal gezeigt: Mehrmals fällt Helmut über seine Frau her. Die Motivationen allerdings sind zum Teil verschieden. Während Innstetten sich zu seinem Verhalten vor allem durch gesellschaftliche Normen gezwungen fühlt, spielt sich das Drama Martha – Helmut mehr auf der psychologischen Ebene ab. Auch Martha geht unerfahren und unberührt in die Ehe. Mehr als Effi aber ist sie fasziniert von ihrem Mann, ist ihm geradezu verfallen. Bei der ersten Begegnung in Rom kreist die Kamera einmal ganz um Martha und Helmut, beide in einen Wirbel hineinziehend, nicht mehr loslassend. So sehr Martha gegen die Unterdrückung durch ihren Mann rebelliert, insgeheim scheint sie die Unterwerfung zu ersehnen. Fassbinder: »Martha wird eigentlich nicht unterdrückt, sondern erzogen. Und diese Erziehung ist gleich Unterdrückung ... Wenn Martha zum Schluß des Films alleine nicht mehr lebensfähig ist, dann hat sie das erreicht, was sie eigentlich wollte ... Der Film erzählt nämlich eine Geschichte, die geht so: Wie wird diese Frau glücklich? ... Die meisten Männer können nur nicht so perfekt unterdrücken, wie die Frauen es gerne hätten« (»Fernsehspiele Westdeutscher Rundfunk«, Januar – Juli 1974, S. 77ff.).

Martha

Von allen Filmen Fassbinders scheint mir dieser der kompakteste, ein Film ohne Abschweifungen, zielstrebig auf einen Punkt zusteuernd. Am Anfang: Martha in einer Abhängigkeit von den Eltern, die sich ertragen ließ. Durch die Heirat mit dem angesehenen Helmut Salomon scheint sich eine Welt für sie zu öffnen – doch die Hoffnung trügt. Ihr Leben wird immer mehr eingeengt, am Ende ist es auf einen Punkt reduziert: den Rollstuhl. Sie ist völlig ausgeliefert. Oder absolut geborgen?

Wenn die Geschichte weiterginge, könnte sich herausstellen, daß jetzt sie die Herrschaft angetreten hat.
Seinem Ziel, Hollywood-Filme zu drehen, ist Fassbinder mit MARTHA ein Stück näher gekommen.

Fontane Effi Briest. 1972/74

Die siebzehnjährige Effi Briest (Hanna Schygulla) wird mit dem zwanzig Jahre älteren Baron Geert von Innstetten (Wolfgang Schenck) verheiratet. Effi fühlt sich in ihrer neuen Heimat, einem kleinen Ostsee-Badeort, einsam. Sie ist unglücklich, ohne es sich immer ganz einzugestehen, weil sie sich von ihrem prinzipientreuen und ehrgeizigen Mann, trotz erwiesener Zuneigung, nicht wirklich geliebt weiß. Zunächst nur Abwechslung, dann Verwirrung, bringt die Bekanntschaft mit dem neuen Bezirkskommandeur Major Crampas (Ulli Lommel), dem auch ihr Mann sich freundschaftlich verbunden fühlt. Zwischen Effi und Crampas entwickelt sich eine zwischen Tändelei und Leidenschaft pendelnde Beziehung, die mit dem Umzug der Familie Innstetten nach Berlin endet. Innstetten entdeckt nach sechs Jahren zufällig jene frühere Beziehung zwischen Crampas und seiner Frau. Er fordert Crampas zum Duell und tötet ihn. Er verstößt Effi, behält aber die Tochter Annie und erzieht sie in einer Art Abwehr gegen ihre Mutter. Effis Lebenswillen und Lebenskraft sind gebrochen, nach etwa einem Jahr stirbt sie.

Fassbinder hält sich eng an Fontanes Roman. Es gibt keine Veränderungen oder Erweiterungen, allerdings eine Konzentration: EFFI BRIEST ist fast ein Zwei-Personen-Film. Er ist um einige zentrale Sätze und Szenen des Romans herum gebaut. Schon vor der Hochzeit sagt Effi über ihren Bräutigam: »Er ist so lieb und gut gegen mich und so nachsichtig, aber ... ich fürchte mich vor ihm.« Innstettens Erziehungsbemühungen, wie Effi sie sieht, vor allem unter dem Einfluß von Crampas, kalkulieren diese Furcht ein. Innstetten scheut sich nicht, seine Frau mit Spukgeschichten über das Haus, das sie in Kessin bewohnen, zu erschrecken, den Spuk als Erziehungsmittel einzusetzen, mehr noch: als »eine Art Angstapparat aus Kalkül«. Auf ihrem Sterbebett sagt Effi, sie habe Innstetten verziehen,

Fontane Effi Briest

er habe in allem recht gehabt: »Denn er hatte viel Gutes in seiner Natur und war so edel, wie jemand sein kann, der ohne rechte Liebe ist.«

Fassbinder hat wohl in keinem anderen Film seine Protagonisten so gerecht behandelt wie in EFFI BRIEST, darin Fontane folgend. Innstetten, den man durchaus (wenn auch gegen den Roman) als Scheusal interpretieren könnte, wird von Fassbinder sehr differenziert gezeigt; er ist ein Mann voller Zweifel in dem Gespräch mit Geheimrat Wüllersdorf (Karlheinz Böhm), nach der Entdeckung der früheren Beziehung Effis zu Crampas. Kann es gerechtfertigt sein, noch nach sechs Jahren Crampas zu fordern? Er ist ein Mann voller Verzweiflung bei seinem späten Bekenntnis: »Mein Leben ist verpfuscht.« Fassbinders Entschluß, sich ganz auf diese Zweierbeziehung Innstetten – Effi zu konzentrieren, hat unvermeidbare Folgen: Einige Seitenthemen und -Motive des Romans müssen geopfert werden. Die Freundinnen in Hohen-Cremmen und die Nachbarn in Kessin tauchen nur noch am Rande auf; selbst Gieshübler und Crampas bleiben blaß. Die vielfältigen Beziehungen, in die das Paar hineingestellt ist, die sein Leben mitbestimmen, auch die Feste und Reisen, kann man aus Gesprächsandeutungen und Handlungsdetails erschließen, sichtbar werden sie nur selten. Trotzdem scheint mir Fassbinders Entscheidung, durch welche die Geschichte abstrakter wird, richtig. Diese Konzentration erlaubte es, wenigstens einen, den wichtigsten Strang des Romans, in der (trotz der Überlänge von 143 Minuten) beschränkten Zeit eines Films mit aller gebotenen Differenzierung darzustellen.

Trotzdem ist zu fragen: Wie legitimiert sich dieses Unternehmen? Ist der Film doch nur eine, wenn auch außerordentlich geschmackvolle Digest-Fassung eines großen Romans? Für mich liegt Fassbinders Leistung in erster Linie darin, daß er mit einer Sorgfalt wie kein anderer deutscher Film der letzten Jahre (mit Ausnahme von Straubs *Chronik der Anna Magdalena Bach*) eine Epoche rekonstruiert, ihr dabei alle Fremdheit läßt, die sie für uns heute hat. Die achtzig Jahre, die zwischen Fontanes Roman (1895) und unserer Gegenwart liegen, werden von Fassbinder bewußt gemacht. Fassbinder erreicht dies vor allem dadurch, daß er EFFI BRIEST in Schwarz / Weiß gedreht hat, mit einem wenig empfindlichen Filmmaterial, wie es in Stummfilmzeiten gebräuchlich war. Es zeichnet sich durch

Fontane Effi Briest

eine große Tiefenschärfe und einen außerordentlichen Reichtum an Nuancierungen zwischen Schwarz und Weiß aus, erfordert allerdings künstliche Lichtquellen nicht nur bei Innenaufnahmen, sondern teilweise auch in der Natur. Das Licht in EFFI BRIEST ist gleichmäßig und ruhig, es gibt den Räumen Plastizität und Eindringlichkeit. Fassbinder blendet, entgegen dem üblichen Verfahren, am Ende einer Sequenz nicht ab (ins Schwarze), sondern auf (ins Weiße). Jede neue Sequenz beginnt also mit Weißfilm, dann wird die Öffnung des Kameraobjektivs allmählich verkleinert, bis die richtige Belichtung erreicht ist. So taucht jede einzelne der manchmal kurzen Szenen wie ein Bruchstück aus der Erinnerung auf.
Der Film hat einen gelassenen Rhythmus. In vielen Szenen, vor allem am Anfang und am Ende, agieren die Darsteller stumm, während ein unsichtbarer Erzähler (Fassbinder selbst) Fontanes Text vorträgt. Auch dieses im Film eher ungebräuchliche Verfahren trägt dazu bei, einen Abstand zwischen den Zuschauer / Zuhörer und die Geschichte zu legen.
An keinem anderen Film hat Fassbinder so lange gearbeitet: 58 Drehtage, bei allerdings einjähriger Unterbrechung, weil der Hauptdarsteller Wolfgang Schenck erkrankt war. Diese Sorgfalt brachte den bisher künstlichsten und kühlsten seiner Filme zustande, wenn man einmal von den Stilisierungen der

kleinen Gangsterfilme, vor allem ihrer Kunstsprache, absieht. Dennoch ist EFFI BRIEST an keiner Stelle steril. Der Film bezieht seine Intensität aus der Spannung zwischen Distanz (in der Erzählweise) und Emotion (im Erzählinhalt).

Faustrecht der Freiheit. 1975

München 1974. – Franz Biberkopf (Fassbinder), arbeitsloser Schausteller, wegen seiner Nummer »Fox, der tönende Kopf« genannt, wird durch den Kunst- und Antiquitätenhändler Max (Karlheinz Böhm) in einen Zirkel vornehmer Homosexueller eingeführt. Hier lernt er den Unternehmersohn Eugen (Peter Chatel) kennen; sie verlieben sich ineinander, Eugen verstößt seinen Freund Philipp (Harry Baer); schließlich nehmen sie zusammen eine Wohnung, die der kultivierte Eugen einrichtet, Franz, der gerade im Lotto 500000 Mark gewonnen hat, aber bezahlt. Franz saniert durch einen Kredit von 100000 Mark außerdem die Druckerei von Eugens Eltern (Adrian Hoven, Ulla Jacobsen). Eugen kleidet Franz modisch ein, er versucht, ihm feinere Manieren, eine gehobene Sprache, Kultur beizubringen. Der Klassen- und Kulturunterschied bleibt aber un-

Faustrecht der Freiheit

Faustrecht der Freiheit

aufhebbar. Franz wird von Eugen finanziell ausgenommen, er verliert seinen Anteil an der Druckerei und auch sein Anrecht auf die Wohnung. Franz und Eugen trennen sich; Eugen fällt das nicht schwer, Philipp kehrt zu ihm zurück, Franz dagegen vergiftet sich.
In der Eingangshalle zur U-Bahn-Station Marienplatz, die völlig menschenleer ist, finden ihn zwei etwa zehn- bis zwölfjährige Buben. Sie nehmen dem Toten das letzte Geld aus der Tasche. Auch der Kunsthändler und ein früherer Freund von Franz kommen vorbei; sie verdrücken sich aber sofort wieder, um nicht in den Fall verwickelt zu werden.

Obwohl das gesamte männliche Personal des Fassbinder-Ensembles, in mittleren und kleinen Rollen, auftritt, ist auch FAUSTRECHT DER FREIHEIT – wie MARTHA und FONTANE EFFI BRIEST – wieder ein Zwei-Personen-Film. Zwei Menschen treffen sich zufällig; sie sind, gerade wegen ihrer unterschiedlichen Herkunft, voneinander fasziniert; aber diese Verzauberung hält nicht lange, die Klassen- und Bildungsunterschiede schlagen durch: Eugen wird zum Erzieher, Franz unterwirft sich. Das Modell Martha wird – variiert – noch einmal durchgespielt.

In seiner ersten Hälfte bringt FAUSTRECHT DER FREIHEIT einen neuen Ton in das Fassbinder-Oeuvre: Trotz gelegentlicher komödiantisch-komischer Ansätze in früheren Filmen, hat Fassbinder einen Komödienstil so lange wie hier nie durchgehalten. Lakonische, auf Pointen hin angelegte Dialoge, komisch zugespitzte Situationen (der Wettlauf mit der Zeit, um noch bis 18.30 Uhr den Lottoschein abgeben zu können), Ironie: soviel Freiheit und Distanz wie der erste Teil von FAUSTRECHT DER FREIHEIT besaß noch kein Fassbinder-Film. Auch das unverkrampfte Ausspielen der Homosexualität, die latent schon immer vorhanden war, vor allem in den frühen Münchner Gangster-Melodramen, scheint in Fassbinder und dem Ensemble eine Heiterkeit freigesetzt zu haben, die neu ist.
In der zweiten Hälfte allerdings kehrt Fassbinder zu seinen bekannten Melodramen-Mustern zurück. Je mehr die Beziehung Franz-Eugen belastet wird, desto stärker tritt Franz als eindeutig bevorzugte Identifikationsfigur hervor. Seine Ängste, seine Wut, seine Traurigkeit bestimmen immer mehr den Rhythmus des Films, der dadurch seine spontane Leichtigkeit verliert. Den komisch übertriebenen Charakteren der ersten Hälfte wächst damit eine plakative Überdeutlichkeit zu, die ihnen viel von ihrer Glaubwürdigkeit nimmt. Eugen wird zum arroganten Stutzer und giftigen Bösewicht, Franz zum tumben Tor, der nie kapiert, was um ihn vorgeht – Comic-Strip-Figuren beide. Analog dazu verlieren auch die Situationen mit der Komik zusammen die Prägnanz: die vielfach variierten Demütigungen von Franz durch Eugen gehorchen immer demselben Muster, ermüden schließlich. Auch das traurige Ende, Franz' Selbstmord und die Leichenfledderei durch die Kinder (die durch nichts im Film vorbereitet wird), besitzt wieder jene Schwere, wie man sie aus den frühesten Fassbinder-Filmen kennt; durch den Kontrast zur ersten Hälfte ist die Wirkung hier sogar noch intensiver und penetranter.
FAUSTRECHT DER FREIHEIT reizt zu einer interpretatorischen Spekulation. Zum ersten Mal seit fünf Jahren, seit WARNUNG VOR EINER HEILIGEN NUTTE, spielt Fassbinder wieder eine Hauptrolle, die umfangreichste in seinen Filmen. Mir scheint, Fassbinder wollte hier verfremdet seinen Weg durch das Kulturleben der Bundesrepublik beschreiben: seinen Aufstieg aus der Subkultur; die mit Herablassung gemischte Begeisterung, die dem proletarischen *enfant terrible*

von den Wissenden entgegengebracht wurde; die Ausbeutung des Talents durch die Kulturindustrie; die Anpassung an die in ihr üblichen Normen, was mit einem Verlust der Freiheit und Spontaneität verbunden ist. Das Ende allerdings bleibt – anders als im Film – offen.

Mutter Küsters' Fahrt zum Himmel. 1975

Der Film beginnt wie eine Fortsetzung von WARUM LÄUFT HERR R. AMOK?: Hermann Küsters, seit zwanzig Jahren Arbeiter in derselben Reifenfabrik in Frankfurt, erschießt einen Vorgesetzten, dann sich selbst. In dem Werk hatten Massenentlassungen gedroht. Seine Frau, Mutter Küsters (Brigitte Mira), steht der Katastrophe zunächst hilflos gegenüber: Ihr Sohn Ernst (Armin Meier), vor allem dessen Frau Helene (Irm Hermann), wenden sich von ihr ab, sie wollen in der Öffentlichkeit nicht mit dem Fall des „Fabrikmörders“ in Verbindung gebracht werden; ihre Tochter Corinna (Ingrid Caven), Nachtclub-Sängerin, nützt die unerwartete Publizität für ihre Karriere. Ein Illustrierten-Reporter (Gottfried John), der freundlicher erscheint als die Meute seiner Kollegen, schreibt einen besonders sensationell-aufgebauschten verleumderischen Artikel. Zuspruch dagegen findet sie bei Karl Tillmann (Karlheinz Böhm), einem Journalisten der DKP-Zeitung »UZ«, und dessen Frau Marianne (Margit Carstensen): beide erklären ihr, daß die Tat ihres Mannes falsch war durch die Mittel; aber verständlich seien seine Motive gewesen: Die Tat war Resultat jahrzehntelanger Unterdrückung am Arbeitsplatz und Protest gegen die geplanten Entlassungen. Mutter Küsters tritt der DKP bei; in einer Versammlung erklärt sie ihre Motive: Sie fühlt sich hier ernst genommen. Sie beklagt, daß ihr Mann nicht Menschen wie diese Kommunisten gehabt habe, mit denen er habe reden können. »Er ist ein Mensch, der zurückgeschlagen hat, weil er ein Leben lang geschlagen wurde. Wie er es gemacht hat, das war falsch . . . Aber ich will's wieder gutmachen.« Mutter Küsters erhofft sich von der DKP die Rehabilitierung ihres Mannes in der Öffentlichkeit; als aber nichts dergleichen geschieht, wendet sie sich hilfesuchend an einen »Anarchisten« (Matthias Fuchs), der ihr versprochen hat, ihre Sache durch Aktionen

Mutter Küsters' Fahrt zum Himmel

publik zu machen. Er besetzt mit Freunden die Redaktion jener Illustrierten, in der die verfälschende Reportage erschienen war. Erschrocken, wie in Trance, muß Mutter Küsters erleben, wie der Terrorist Geiseln nimmt und die Freilassung aller politischen Gefangenen in der Bundesrepublik fordert. Auf dem Weg zu dem von der Polizei bereitgestellten Fluchtauto kommt es zu einem Feuergefecht: der Terrorist und Mutter Küsters werden erschossen.

MUTTER KÜSTERS' FAHRT ZUM HIMMEL wirkt wie eine pessimistische Antwort auf Piel Jutzis bedeutenden sozialkritischen Film von 1929, *Mutter Krausens Fahrt ins Glück*. Dort stand der resignierenden Arbeiterfrau, die in ihrem Unglück keinen anderen Ausweg weiß als den Gastod, eine machtvolle Arbeiterbewegung gegenüber, dic für die Zukunft hoffen ließ. Bei Fassbinder sind die Kommunisten zu einer bürgerlichen Partei verkümmert; Tillmann lebt in einem vornehmen Haus, das seine Frau geerbt hat, er trifft sich mit Genossen zum Diskutieren und zu einem Glas Wein; die Ver-

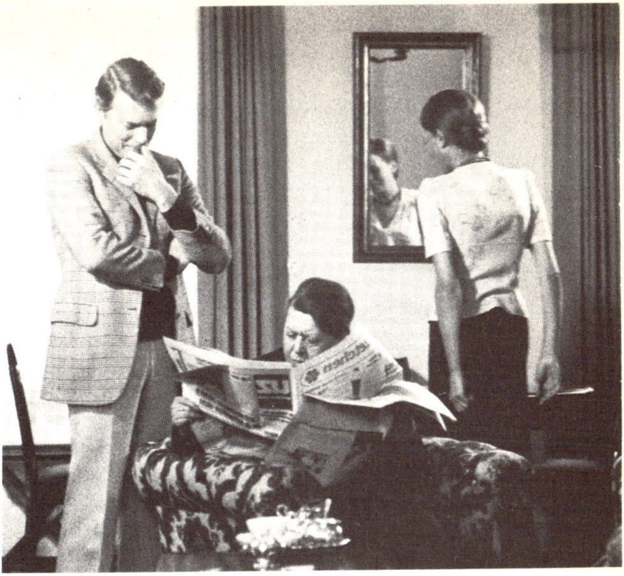

Mutter Küsters' Fahrt zum Himmel

sammlung findet in einer Gemäldegalerie vor alten Meistern statt; für diesen öffentlichen Auftritt hat Tillmann seinen Anzug gegen ein Lederjäckchen vertauscht. Ungeachtet ihrer tatsächlichen Zuneigung zu Mutter Küsters und ihrer Reden von Sozialismus und Solidarität nützen Tillmann und seine Frau die Witwe letzten Endes doch nur für ihre Zwecke aus. Andererseits sind die »Anarchisten«, die in der Coda des Films auftauchen, keine Alternative: ihre Aktion ist eine Mischung aus Idiotie und Dilettantismus. So bleibt Mutter Küsters die einzige positive Figur des Films: sie resigniert nicht, gewinnt Bewußtsein und Einsichten, die allerdings die Grenzen des individuellen Protests nicht sprengen. Mutter Küsters verharrt im Vorhof der Politik.

Fassbinders Perspektive ist der seiner Heldin sehr ähnlich. Auch er mißt die Qualität der dargestellten linken (oder »linken«) Gruppierungen am öffentlichen Erfolg in einer spektakulären Affaire. So interessant die Bewertung eines solchen Falles auch sein mag, aufschlußreicher und verbindlicher wäre

eine Analyse linker Politik, wenn sie sich auf die Alltagsarbeit in Betrieben, Mieterinitiativen, Kinderläden usw. einließe. MUTTER KÜSTERS' FAHRT ZUM HIMMEL ist damit, trotz formaler Fortschritte, sogar noch ein Schritt zurück hinter die Fernsehserie ACHT STUNDEN SIND KEIN TAG: der politisch gemeinte Film eines unpolitischen Regisseurs.
Neben MARTHA ist dies Fassbinders konsequentester Erzählfilm: die Bedeutung ist mit der Geschichte identisch (darum die ausführliche Inhaltsangabe). Wie souverän Fassbinder inzwischen als Erzähler verfährt, zeigen Anfang und Ende des Films: die Tat des Arbeiters Hermann Küsters und das Blutbad nach der Geiselnahme – Ereignisse, die nur schwer zu inszenieren wären und als äußerliche Sensation vom Thema ablenkten – werden nicht gezeigt, sondern nur mitgeteilt: Mord und Selbstmord durch eine Radiomeldung, die Schießerei schriftlich. Über ein Stehkader von Mutter Küsters' Gesicht laufen als Rolltitel die letzten Einstellungen des Drehbuchs.

Angst vor der Angst. 1975

Margot Staudte (Margit Carstensen), eine junge Frau, verheiratet, eine Tochter, ein zweites Kind wird zu Beginn der Filmhandlung geboren, leidet an Angstzuständen, die sowohl ihr wie ihrer Umgebung unverständlich sind. Bei ihrer Familie findet sie kaum Hilfe: der Ehemann Kurt (Ulrich Faulhaber), fürsorglich auf seine Weise, aber schwach, nur an eine Prüfung denkend, und die Schwiegermutter (Brigitte Mira) samt Schwägerin Lore (Irm Hermann) genieren sich eigentlich nur für das Fehlverhalten von Margot. Ein Apotheker (Adrian Hoven), der ihr auch ohne Rezept Valium verschafft, sieht in ihr kaum mehr als ein Abenteuer. Die Ärzte sind ratlos, einer diagnostiziert Schizophrenie, eine Ärztin dagegen eine tiefe Depression: sie empfiehlt Arbeit als Therapie. Nur zwei Menschen, die am Rande der Gesellschaft stehen, haben Kontakt zu der immer mehr isolierten Margot oder bieten ihn wenigstens an: die kleine Tochter Bibi (Constanze Haas) und ein »verrückter« Nachbar, Herr Bauer (Kurt Raab), dessen Angebot (»Können Sie denn sonst mit irgendjemand sprechen?«) Margot zurückweist. Am Schluß holt ein Leichenwagen Herrn

Angst vor der Angst

Bauer ab, der sich erhängt hat; Margot scheint ungerührt, doch am Ende des Nachspanns, nach allen Namen, verschwimmt das Bild noch einmal, einen neuen Anfall von Angst signalisierend.

Nach dem überambitionierten, und nicht zuletzt deswegen gescheiterten Film MUTTER KÜSTERS' FAHRT ZUM

Angst vor der Angst

HIMMEL nimmt ANGST VOR DER ANGST, nach einer Geschichte der Schweinfurter Hausfrau Asta Scheib für den WDR gedreht, durch seine Einfachheit und Bescheidenheit für sich ein. Es ist das Porträt einer depressiven Frau, ganz aus ihrer Perspektive dargestellt, eine Weiterentwicklung von MARTHA (und auch von WARUM LÄUFT HERR R. AMOK?), und zugleich eine Zurücknahme dieser beiden Filme. In diesen früheren Arbeiten sind die psychosomatischen Störungen, die Lebensunfähigkeit, die Angst noch schlüssig aus den Lebensumständen abgeleitet worden. In ANGST VOR DER ANGST verzichtet Fassbinder auf solche Krücken: die Angst von Margot wird nicht eindeutig erklärt. Zwar sind viele Elemente, aus der sich ihre Angst zusammensetzt, erkennbar, aber die Gleichung, weil dies so ist, muß das so sein, hat Fassbinder vermieden. Dem entspricht die Erzählweise: Es gibt keine Haupt- oder Nebenstränge der Geschichte, alles ist gleich wichtig oder unwichtig. Vor allem ist das Erzählen nicht auf ein Ziel gerichtet, es gibt keine Dramendramaturgie. Die einzelnen Beobachtungen stehen nebeneinander, könnten bisweilen auch in der Reihenfolge ausgetauscht werden. Es fällt in der Erinnerung schwer, zu rekonstruieren, was früher und was später passierte. Diese Gleichzeitigkeit deckt sich vollkommen mit dem Erzählinhalt. Nur so wird deutlich, daß diese Angst keine eindeutig erkennbare Ursache, irgend ein bestimmtes Ereignis hat, daß sie aber auch nicht durch ein anderes Ereignis sich aufheben ließe. Sie dauert an und wird gerade dadurch für den Zuschauer beunruhigend.

Der Zwang zur Wiederholung bestimmt auch den optischen Duktus des Films. Immer wieder wird Margot in gleichen oder

Ich will doch nur, daß ihr mich liebt

ähnlichen Einstellungen gezeigt; wenn sie sich allein in einem Zimmer aufhält, steht die Kamera oft im nächsten Raum, so daß der Türrahmen mit zu sehen ist, Zeichen (im Erzählzusammenhang) für Isolation und Gefangensein. Sie selbst und Herr Bauer werden häufig von oben durch ein Fenster aufgenommen, das ähnlich abschließend wirkt wie der Türrahmen. Auch die von Fassbinder schon immer bevorzugten Einstellungen auf Spiegel haben hier eine besondere Funktion: wenn Margot sich im Spiegel betrachtet, werden die »objektive« Kamera, die Margot von außen sieht, und die »subjektive«, das was Margot sieht, identisch. Nicht zuletzt der ständige Wechsel zwischen diesen beiden Sehweisen der Kamera gibt dem Film seine beunruhigende Intensität. Immer wieder verschwimmt das Bild (subjektive Kamera) vor Margots Augen, Zeichen ihrer Angst, dann wiederum wird sie beobachtet (objektive Kamera), und das Bild verschwimmt dennoch, nicht nur bei Spiegelbildern. Es ist so, als träte Margot ständig neben sich selbst, beobachte, seziere sich, erschrecke über sich, während der Zuschauer umgekehrt sich in Margot verwandelt, mit ihren Augen sieht, seine eigenen Erfahrungen durch die Margots intensiviert findet.

Die von Fassbinder hier sehr bewußt, aber nie mechanisch angewandten erzähltechnischen und optischen Mittel sind aus der Tradition des Hollywoodfilms geläufig (besonders von Hitchcock), Fassbinder hat sie aber hier auf eine sonst nur in MARTHA erreichte Weise seiner eigenen Welt- und Menschensicht integriert.

Ich will doch nur, daß ihr mich liebt. 1976

Die Geschichte eines jungen Mannes, Peter (Vitus Zeplichal), der versucht, sich die Liebe, die ihm immer verweigert wurde, zu erkaufen. Seiner Mutter (Erni Mangold) bringt er regelmäßig Blumen mit, seinen Eltern (den Vater spielt Alexander Allerson) baut er in seiner Freizeit ein Haus; für seine Frau Erika (Elke Aberle) – er hat geheiratet, um der heimatlichen Enge zu entfliehen – kauft er eine teuere Wohnungseinrichtung, er verwöhnt sie auch sonst durch Geschenke und Aufmerksamkeiten. Bald kann er die Raten für die Möbel nicht mehr bezahlen; als er dann auch noch seinen Arbeitsplatz auf einem Bau verliert, erschlägt er in einem Augenblick der Verwirrung einen Gastwirt, der ihn an seinen Vater erinnert. Er wird zu zehn Jahren Gefängnis verurteilt; dort versucht eine Psychologin (Erika Runge), etwas über sein Leben und über die Motive seiner Tat zu erfahren.

Ich will doch nur, daß ihr mich liebt

Ein programmatischer Titel, er könnte über fast allen Fassbinder-Filmen stehen. So eindeutig der Titel, so zielstrebig die Dramaturgie des Films. Das Ende ist vorhersehbar, schon nach wenigen Sequenzen. Peter, dem nie Zuneigung entgegengebracht wurde, mit dem nie jemand ein Gespräch geführt hat, das über Floskeln hinausging, der deshalb auch unfähig ist, über sich zu sprechen, auch nicht mit seiner Frau, dieser Peter – zur Zeit des Wirtschaftswunders groß geworden – hat allerdings beobachtet, daß die Beziehungen zwischen Menschen nach den Regeln des Tausches oder Kaufes ablaufen. Dem paßt er sich an. Am Anfang ausschließlich Opfer, wird er bald zum unschuldig/schuldigen Mittäter. Er hat die Gesetze des Tausches so verinnerlicht, daß er sich Liebesbeziehungen anders gar nicht mehr vorstellen kann. Er setzt damit die Menschen seiner Umgebung, vor allem seine Frau, unter Druck: sie kann keine freie Beziehung zu ihm mehr entwickeln. Das schreckliche Ende, der Mord an dem Ersatz-Vater, ist in sich konsequent. Peter hatte sein ganzes Leben vor dem Vater Angst gehabt, hatte ihm nie widersprochen. Eine verbale Befreiung von diesem Über-Ich war nicht möglich.
ICH WILL DOCH NUR, DASS IHR MICH LIEBT ist ein bescheidener Film, trotz seiner Larmoyanz erträglich, weil er die große hysterische Geste vermeidet. Er gehört eher in den Kreis der frühen Münchner Gangster-Melodramen, doch fehlt ihm deren Poesie. Ein einfacher Schritt-für-Schritt-Erzählfilm: Fernsehen. Fassbinder weiß zwischen seinen Kino- und Fernsehfilmen zu unterscheiden.

Satansbraten. 1976

»Hauptfigur des wilden Spektakels ist der von Kurt Raab herrlich fies und ichbesessen gespielte Walter Kranz, einst als Dichter der Revolution gefeiert. Doch da alles beim alten blieb, ist auch der feurige Barde verstummt. Vom großen Aufschwung sind nur die Schulden, eine deftig keifende Ehefrau (Helen Vita), ein debiler Bruder (Volker Spengler) und die Flucht ins verhaßte Kleinbürgertum übriggeblieben. Als nach einem Mord der reichen Geliebten Kranzens dichterische Ader wieder fließt, stellt sich der Erguß als ein Plagiat von Georges Albatross-Gedicht heraus, das seinerseits von Baudelaire nicht ganz unbeeinflußt war. Doch Kranz ist empört, daß ihn, den hehren Lyriker, die eigne Familie des geistigen Diebstahls bezichtigt; er steigert sich in den Wahn, selber George zu sein. Und zum Glück ermöglichen ihm die Ersparnisse der ältlichen Verehrerin Andrée (Margit Carstensen) die Konstituierung des Dichterkreises, indem er sich ein paar Strichjungen als Jünger mietet, welche ihm freilich schnell wieder davonlaufen, als das Geld alle ist. Kranz, inzwischen ganz Übermensch, beklaut seine Eltern und eine Prostituierte, mit der er ein Interviewbuch machen wollte, als sich die eigenen Worte noch stauten. Um so mehr wirbeln nun die Bilder dem Ende entgegen: Frau Luise dämmert dahin, Kranz wird zusammengeschlagen von den Beschützern des käuflichen Mädchens und verliert die Bewunderung von Andrée, der Mord steht vor der Aufklärung, der blöde Bruder, den er beschuldigen wollte, erschießt diese fiese Inkarnation der holden Kunst. Aus? Ach was; die blauen Bohnen verspritzten nur Theaterblut; das Ende mit Schrecken löst sich in einem loskichernden Ende ohne Schrecken – wir sind wieder am Anfang. Ist so das Leben?« (Peter Buchka, Süddeutsche Zeitung, 26. 11. 76)

Grundsätzliche (und persönliche) *Anmerkungen zu Fassbinder*, seiner Krise (oder ›Krise‹), der Krise seines Publikums, der Kritik, der Förderungsgremien, anläßlich von SATANSBRATEN.

Es wird immer deutlicher, daß EFFI BRIEST der Wendepunkt in Fassbinders Karriere war. »Ich hätte da weitermachen müssen, dann wäre alles wunderbar gewesen ...« (Fassbinder im »Spiegel«, Nr. 29/1977). Auch ich bewunderte damals (siehe S. 144) die humane Art der Menschendarstellung, hoffte, daß Fassbinder auf diesem Wege weiterginge. Stattdessen hat Fassbinder seitdem seine Fans, sein Publikum, einen großen Teil der Kritik von Film zu Film mehr verstört. EFFI BRIEST war also nicht ein Anfang, sondern ein Ende. Das hätte nicht so sein müssen. So sehr der Film im Rückblick eine Aura des ›Klassischen‹ hinzugewonnen hat, es war ja kein leichter Film, seine Provokationen waren nur versteckter als in den späteren Arbeiten; der Publikumserfolg war keinesfalls vorherzusehen. Es war – auf seine Weise – auch ein radikaler, ein persönlicher Film, die Verzweiflung über das Schicksal der Effi wurde nur nicht so laut herausgeschrien wie die Anklagen der folgenden Filme.
Wenn man am einen Ende einer Skala FONTANE EFFI BRIEST ansetzt, dann steht am anderen Ende SATANSBRATEN (und in der Mitte vielleicht KATZELMACHER). Wilfried Wiegand über SATANSBRATEN: »Was den Film faszinierend macht, ist der Grundton tiefer Verzweiflung, fast des Menschenhasses, der sich hier, alle Grenzen von Geschmack und Erzählkultur einreißend, gewaltsam Bahn bricht. Man spürt allenthalben, daß Fassbinder sich diese ekligen Einzelheiten und grotesken Überzeichnungen nicht ausgedacht hat, damit wir sie als Gags belächeln oder uns vielleicht schokkiert fühlen. Wir begreifen vielmehr, daß hier einer drauflos-erzählt, ohne Rücksichten zu nehmen, ohne noch an sein Gegenüber zu denken, wie wenn jemand vor Verzweiflung weint oder schreit oder herumtobt und es ihm egal ist, ob seine Worte wohlgesetzt sind oder auch nur akustisch klar verständlich«. Und er faßt zusammen: »Private Leiden, veröffentlicht in einem Massenmedium« (FAZ, 17. 12. 1976).
Wenn das stimmt – und ich meine, es stimmt –, so wird die Entfremdung zwischen Fassbinder und dem Publikum verständlich, sie war unvermeidbar. Fassbinder, so scheint mir, hat in FAUSTRECHT DER FREIHEIT, auch in MUTTER KÜSTER, besonders aber in SATANSBRATEN, seine inszenatorische Genauigkeit und Selbstdisziplin teilweise eingebüßt (auch wenn Pflaums Fassbinder-Buch »Das bißchen Realität,

das ich brauche«, das nicht bestätigt), und wo er sie wieder gewinnt – in CHINESISCHES ROULETTE – produziert sie, nach meinem Empfinden, Leerlauf. Fassbinders neuere Filme

entziehen sich dadurch zum Teil der filmkritischen Beurteilung: wie kann ich es wagen, etwas über Verzweiflung zu sagen, über das daraus resultierende Selbstmitleid (in der zweiten Hälfte von FAUSTRECHT, auch in ICH WILL JA NUR, DASS IHR MICH LIEBT und in BOLWIESER)?
Mir machen diese Filme deswegen so viele Schwierigkeiten, weil – für mich – die Wut, die produktiv sein könnte, meist in Larmoyanz umschlägt. Selbst SATANSBRATEN, der stärkste dieser Filme, hat mehr Kraftmeierei als wirkliche Kraft. Das hängt sicher auch mit Kurt Raab zusammen, der noch in den bösesten Augenblicken kasperlhafte Züge behält.
Wenn man sich überlegt, was denn diese Veränderung der Erzähl- und Inszenierungsweise Fassbinders bewirkt hat, so muß man sich mit Annäherungswerten begnügen, schon deswegen, weil öffentliche Biographie (die private steht hier nicht zur Debatte) und künstlerisches Schaffen nicht im Einklang sein müssen, weil überhaupt der Biographismus in der Kunst nur bedingten Aussagewert hat. Immerhin: Frankfurt, die Leitung des Theaters am Turm (für ein Jahr, 1974/75) und die Stadt, war so etwas wie ein Schock für Fassbinder. Die spektakuläre Ablehnung des Frankfurt-Stoffes »Die Erde ist unbewohnbar wie der Mond« durch die Projektkommission der Filmförderungsanstalt, der Antisemitismus-Vorwurf bei seinem, vom Suhrkamp-Verlag bald wieder zurückgezogenen

Theaterstück »Der Müll, die Stadt und der Tod«, entfacht von dem FAZ-Mitherausgeber Fest (während der von Daniel Schmid nach diesem Stück gedrehte Film *Schatten der Engel* – nach Protesten in Cannes – relativ unbeachtet und unangefochten in wenigen Kinos lief), die vehemente Ablehnung fast aller seiner Filme nach EFFI BRIEST durch die meisten Kritiker (nur Schütte, Pflaum und Blumenberg verteidigten, soweit ich es beobachten konnte, ihn immer) – das alles konnte einen sensiblen Filmemacher wie Fassbinder schon verstören. Seine Reaktion, ablesbar an seinen Filmen, vertiefte dann die Kluft noch mehr. Die Auseinanderbewegung war nicht mehr aufzuhalten, nicht mehr umkehrbar. Immerhin hat SATANSBRATEN, so kontrovers er diskutiert wurde, einige Kritiker wieder auf Fassbinders Seite gezogen, etwa Buchka, dessen Inhaltsangabe ich oben zitiert habe. Er sieht in dem Film »einen fast schon abgeklärten Rundumschlag, der mit zynischer Komik weniger auf abgegrenzte Mißstände als auf eine verschwommene Atmosphäre haut, daß einem die Trümmer von Wirklichkeit nur so in die Augen fliegen.« Mit dem Fernsehfilm BOLWIESER hatte Fassbinder dann zum ersten Mal wieder einen Kritiker-Erfolg.
Parallel zur Fassbinder-Krise in der Bundesrepublik wuchs das Ansehen Fassbinders im Ausland, kulminierend im beachtlichen Erfolg einer kommerziell aufgezogenen Retrospektive

mit zwölf Filmen im Frühjahr und Sommer 1977 in New York. Diese Werkschau war nicht chronologisch angeordnet, sondern stellte frühe und späte Filme nebeneinander; die übliche Kritikerfrage – wie ist der neueste Film gemessen am letzten? – wurde so unterlaufen; die Grundkonstanten des Fassbinderschen Œuvres schälten sich heraus. Die Retrospektive wurde mit MUTTER KÜSTERS' FAHRT ZUM HIMMEL eröffnet, dem bei uns erfolglosesten Fassbinder-Film. Die New Yorker Reaktion war dagegen fast enthusiastisch; die Kritik feierte den Film als Komödie, was ihr durch einen neuen Schluß erleichtert wurde. Mutter Küsters stirbt nun nicht mehr, sondern findet praktische Solidarität bei einem Hausmeister, während die Ideologen mit ihren Sprüchen vorher alle gescheitert waren.
In der Bundesrepublik zunehmende Schwierigkeiten, zu denen auch die Ablehnung des »Soll- und Haben«-Projekts durch den Intendanten des Westdeutschen Rundfunks gehörte, im Ausland zunehmende Anerkennung: dieser Kontrast hat wohl Fassbinders Ankündigung im Sommer 1977, er würde die Bundesrepublik verlassen und künftig womöglich in Hollywood arbeiten, bewirkt oder zumindest erleichtert. In der Zwischenzeit, hat er neue Regieaufträge in der Bundesrepublik bekommen und angenommen; von Auswanderung ist – mindest vorläufig – nicht mehr die Rede.

Chinesisches Roulette. 1976

Ein Ehepaar verabschiedet sich in München fürs Wochenende, sie (Margit Carstensen) will nach Mailand, er (Alexander Allerson) nach Oslo. Schon am selben Tag treffen sie sich indes auf einem Schloß, das ihnen gemeinsam gehört, wieder, sie in Begleitung ihres Liebhabers (Ulli Lommel), er in der seiner Geliebten (Anna Karina). Überraschend trifft am Abend auch noch ihre gehbehinderte Tochter Angela (Andrea Schober) mit ihrer stummen Erzieherin (Macha Méril) ein. Diese sechs Personen werden von einer Haushälterin (Brigitte Mira) und deren schriftstellernden Sohn Gabriel (Volker Spengler) versorgt. Nach Phasen der Unsicherheit und des Sich-Belauerns arrangiert Angela, die intelligenter ist als die

Chinesisches Roulette

von ihr gehaßten Eltern, das »Chinesische Roulette«, eine Art Wahrheitsspiel: Die acht Personen teilen sich in zwei Gruppen von je vier, die eine sucht sich aus der anderen Gruppe eine Person aus, die von dieser erraten werden muß, durch Fragen wie: »Wenn diese Person ein Tier wäre, was wäre sie?« – »Wenn diese Person für immer auf eine einsame Insel ginge, was würde sie mitnehmen: einen Menschen oder ein Buch oder Dinge?« – »Was hätte diese Person im ›Dritten Reich‹ gemacht?«. Die Antworten, die sehr unterschiedlich sind, charakterisieren mehr die antwortenden Personen als die Gesuchte: trotzdem wird allmählich deutlich, daß Angela bei dem Spiel ihre Mutter im Visier hat, die auf diese Herausforderung mit dem Revolver reagiert; sie schießt aber nicht auf die Tochter, sondern auf das Kindermädchen, das leicht verletzt wird. Nach einem Gespräch zwischen Angela und Gabriel, dem sie vorhält, sein Buch sei ein Plagiat, hören wir einen weiteren Schuß, wissen aber nicht, wer ihn abgegeben hat. Die Kamera zeigt das Schloß von außen, während gerade eine Prozession vorbeizieht. Das Bild erstarrt zum Stehkader.

Chinesisches Roulette

In kaum einem anderen Film hat Fassbinder so wenig über die Figuren mitgeteilt wie in diesem. Es gibt nur eine Grundkonstante: den Haß zwischen der verkrüppelten Angela und ihren Eltern. Aber auch der Ursprung dieses Affektes bleibt im Dunkeln. Zwar werden einige Bruchstücke aus dem Vorleben der Personen erzählt, diese Andeutungen werden aber sofort in Zweifel gezogen oder in ihr Gegenteil verkehrt. Gabriel horcht hinter einer Tür und erfährt eine auch den Zuschauer interessierende Einzelheit; Angela ertappt ihn. »Der Lauscher hinter der Tür erfährt oft falsche Wahrheiten«, sagt sie ihm und dem Publikum. Vielleicht aber lügt Angela in diesem Augenblick. Viele Andeutungen bleiben rätselhaft: in Paris sei in der vergangenen Woche irgendjemand ermordet worden, »nun sind nur noch wir beide übrig«, sagt die Haushälterin zu dem Ehemann. Die Fragen und Antworten des »Chinesischen Roulettes« lassen auf gewisse Ereignisse in der Vergangenheit schließen, sind aber so vieldeutig, daß sie jede Interpretation erlauben.

Die wichtigsten Szenen des Films, vor allem das »Chinesische Roulette«, spielen in einem Saal des Schlosses mit Spiegeln und Plexiglas-Vitrinen. Die Personen scheinen dadurch oftmals geteilt oder verdoppelt, eine ständig bewegte Kamera löst die Raumperspektiven auf, stellt immer wieder neue – immer unstabile – Beziehungen zwischen den Personen her.
Ein Drehbuch, das bis ins Detail durchkonstruiert ist, im Sinne der Mathematik, nicht des Lebens, eine Inszenierung, die den Menschen die Individualität austreibt, die künstliche Monstren schafft, kann man sehr unterschiedlich interpretieren (das ist ja der Trick des Films). H. G. Pflaum (Süddeutsche Zeitung vom 22. 4. 77) erkennt darin eine »Beherrschung der Geschichte und der Emotionen«, die »Kontrolle über die eigene Wut und über den eigenen Pessimismus«, Wolfram Schütte (Frankfurter Rundschau, 25. 11. 76) sieht »bewußt offen gelassene Türen, durch die der Zuschauer seine Phantasie spazieren lassen kann – und muß«. Auch wenn man die Kunstfertigkeit der Inszenierung akzeptiert, in der Tat erinnert das CHINESISCHE ROULETTE an die Virtuosität einiger Sequenzen der WARNUNG VOR EINER HEILIGEN NUTTE, bleibt doch die Frage nach Aufwand und Ergebnis.
Für mich ist das CHINESISCHE ROULETTE ein Dokument der Lieb- und Leblosigkeit, eine Stilübung, die zwar Fassbinders Qualitäten als Metteur-en-scene zeigt, aber auch nicht mehr. Im viel roheren SATANSBRATEN waren wenigstens noch Emotionen zu spüren, übertrugen sie sich auch, und sei es nur, indem man sich als Zuschauer wehrte, hier bleibt nichts als brillanter Leerlauf.
Eine weitere Beobachtung drängt sich auf: Dies scheint Fassbinders erster ausdrücklich für den Weltmarkt produzierter Film zu sein. Deutschland als Hintergrund der Geschichte ist nur noch Zufall und Staffage. Waren einige frühere Filme offene oder verschlüsselte Kommentare zur Lage in der Bundesrepublik Deutschland, so spielt dieser in einem Niemandsland.

Bolwieser. 1976/77

Die oberbayerische Kleinstadt Werburg in den zwanziger Jahren. Der Bahnhofsvorsteher Xaver Bolwieser (Kurt Raab), Mitte dreißig, hat die Brauereibesitzerstochter Hanni (Elisa-

Bolwieser

beth Trissenar) geheiratet. Er ist sexuell von ihr abhängig, unterwirft sich auch sonst ihren Befehlen und vermeintlichen oder tatsächlichen Wünschen. Die Scheinharmonie zerbricht, als Hanni zuerst mit dem früheren Schulkameraden und jetzigen Gastwirt Merkl (Bernhard Helfrich), dann mit dem Friseur Schafftaler (Udo Kier) anbandelt, die sie auch geschäftlich an sich zu binden weiß. Bolwieser will die Realität nicht akzeptieren; er leistet sogar einen Meineid, um seine Frau vor den üblen Nachreden der Nachbarn zu schützen. Als Hanni den Gastwirt Merkl verläßt und das ihm geliehene Geld zurückfordert, zeigt der den Bahnhofsvorsteher an. Bolwieser sitzt vier Jahre im Zuchthaus; nach der Entlassung hilflos, findet er Unterkunft bei einem Fährmann (Gerhard Zwerenz) und übernimmt schließlich dessen Arbeit, als der plötzlich stirbt.

Bolwieser

Oskar Maria Graf schrieb seinen Roman »Bolwieser« 1931. Fassbinder hat sich von dieser Vorlage zu einem dreistündigen, dem Roman fast penibel folgenden Fernsehfilm und zu einem zweistündigen, eigenständige Akzente setzenden Kinofilm anregen lassen. Das zentrale Thema ist in beiden Versionen das gleiche: die langsame Zerstörung und Selbstzerstörung eines Kleinbürgers, der an seiner Frau, der Heuchelei und dem Neid der Kleinstädter, und an seiner Untertanenmentalität zugrundegeht.
Die Fernsehfassung breitet die Geschichte umständlich vor dem Zuschauer aus. Das Paar Bolwieser und Hanni ist umgeben von einer George-Grosz-Typengalerie deutschen Spießer bayerischer Provenienz. Die Kinoversion konzentriert sich dagegen ganz auf das Zwei-Personen-Drama, selbst die beiden Liebhaber Hannis sind nicht viel mehr als Stichwortgeber für die Ehegeschichte. Hanni ist aktiver und zielstrebiger: Sie, und nicht mehr ihr Vater, holt den Merkl als Pächter einer Gastwirtschaft nach Werburg. Die Verquickung von Sexualität und Geschäft wird noch deutlicher. Das Ende ist knapper und härter als in der episch breiten Bildschirm-Version. Die Versöhnung mit sich selbst und der Natur werden Bolwieser verweigert. Der Film endet im Zuchthaus. Die Schlußmusik, das Altsolo aus dem 4. Satz von Mahlers 2. Symphonie (»Der Mensch liegt in größter Not«), ertönt nun nicht mehr zu mythischen Flußbildern, die an Dreyers »Vampir« oder Wysbars »Fährmann Maria« erinnern, sondern zu einer Einstellung auf Bolwieser, der in seine Zelle geführt wird, allmählich im Bildhintergrund verschwindet.
So genau sich Fassbinder, jedenfalls in der Fernsehfassung, an Grafs Erzählablauf hält, die Besetzung der Titelrolle und die Inszenierungsmethode machen aus BOLWIESER doch wieder einen unverwechselbaren Fassbinder-Film. Kurt Raab hat mit dem gutmütigen, aber auch starken Bolwieser des Romans nicht viel mehr gemein als die Spießbürgerlichkeit. Er ist schwach von Anfang an, ein geborener Verlierer, während Graf seinem Helden zu Beginn die Gelassenheit eines »überlegenen Siegers« zubilligt. Die Körperlichkeit der Beziehung zwischen Xaver und Hanni: im Roman wird sie spürbar, im Film nur behauptet. Was bei Graf ein Absturz von einer gewissen Höhe herab ist, ist bei Fassbinder die allmähliche Offenlegung eines Zustands, der von Anfang an besteht.

In der ersten Hälfte des Films sind Hanni und Xaver differenziert gezeichnet. Hannis Abwendung von ihrem Mann trägt Züge der Emanzipation. In der zweiten Hälfte dagegen nimmt der Film immer mehr die Position Bolwiesers ein. Er ist der Enttäuschte, Hintergangene, alles Mitleid gilt ihm. »Zerstükkeln! Zerschneiden! Die Därme einzeln herausreißen, zertreten werde ich sie!« – die schlimmsten Sätze (die so auch bei Graf stehen, als innerer Monolog), im Gefängnis herausgeschrien, sind Ausdruck tiefster Verzweiflung, absoluter Isolation. Bolwieser setzt die lange Reihe der verratenen Liebhaber fort, die in den frühen Filmen und in FAUSTRECHT DER FREIHEIT meist von Fassbinder selbst gespielt wurden.
Zu den Stärken von BOLWIESER gehören jene Augenblicke, in denen die Figur Bolwiesers und die Personen um ihn herum, vor allem seine Untergebenen im Bahnhof, transparent werden für die gesellschaftlichen Ursachen und Folgen ihrer Deformationen, wenn hinter dem unreifen Kleinbürger Bolwieser der Typ des Untertans sichtbar wird, auf den sich das nachfolgende Naziregime stützen konnte, und hinter den Eisenbahnangestellten, von denen einer schon SA-Uniform trägt, der Typ des Sadisten, wie ihn das »Dritte Reich«, jedenfalls für ›besondere‹ Aufgaben, auch brauchte.

Bolwieser

Frauen in New York. 1977

Ein Kreis von Freundinnen im New York der dreißiger Jahre, sie treffen sich bei Partys, in Modesalons, beim Friseur, im Gymnastiksaal. Ihr Leben widmen sie der Schönheit und der Gesundheit – die wohlhabenden Männer, die das alles bezahlen, treten nie auf, sind aber Hauptgesprächsthema. Alle Frauen sind auf ihre Gatten oder Liebhaber fixiert, leben aus ihnen und für sie. Darum ist es für Mary Haynes (Christa Berndl) eine Katastrophe, als sie – durch Intrigen ihrer Freundin Sylvia (Margit Carstensen) – erfährt, daß ihr Mann Steven eine Geliebte hat, Chrystal (Barbara Sukowa), die besonders vom Bankkonto Stevens fasziniert scheint. Die Ehe zwischen Mary und Steven wird geschieden, Chrystal wird die neue Mrs. Haynes. Aber auch Chrystal hat bald einen neuen Liebhaber. Auf einer Party, ein Jahr nach der Scheidung von Steven, erlebt Mary einen späten Triumpf: sie kann Chrystal vor allen Freundinnen bloßstellen.
Fassbinder hat dieses 1936 geschriebene Erfolgsstück von Claire Boothe Luce, der späteren Politikerin, im Herbst 1976 fürs Hamburger Schauspielhaus inszeniert und anschließend zusammen mit dem Kameramann Michael Ballhaus fürs Fern-

Frauen in New York

Frauen in New York

sehen bearbeitet und aufgezeichnet. Die Frauen bewegen sich in art-deco-Bühnenräumen, werden selbst zu Dekorationsstücken, zu Wertobjekten, die sich mehr durch äußere Merkmale (Jugend bzw. Alter oder Schönheit) als durch Charakter voneinander unterscheiden. Sie sind in völliger Abhängigkeit vom Wertsystem der Männer, rebellieren aber nicht dagegen. Sie spielen das Spiel mit, intrigieren, diffamieren, hetzen und schwätzen, immer auf Kosten ihrer Freundinnen, nie zu Lasten der Männer. Diese Abhängigkeit, nicht nur de facto, sondern auch im Bewußtsein, macht das Stück deprimierend. Fassbinder tut ein übriges dazu: er verweigert den Frauen jedes Mitleid, er steigert ihre Hysterie ins Unerträgliche. Aus der gesellschaftlich bedingten Unterdrückung der Frau wird dadurch eine naturnotwendige Unterwerfung.
Das Frauenensemble des Hamburger Schauspielhauses bewältigt brillant die ergiebigen Rollen in den zwölf Szenen des Stücks, die – wenn ich mich recht erinnere – jeweils ohne Schnitt aufgenommen sind. Fassbinder begnügt sich mit einem konventionellen Arrangement des Geschehens vor der Ka-

mera, nur manchmal gibt er ironische optische Kommentare, am deutlichsten in der 1. Szene, wenn den beim Kartenspiel ununterbrochen schwätzenden Damen im Vordergrund Fische in einem Aquarium gegenübergestellt werden.

Eine Reise ins Licht/Despair. 1977

Hermann (Dirk Bogarde), ein russischer Emigrant, besitzt im Berlin der frühen dreißiger Jahre eine kleine Schokoladenfabrik. Er ist mit Lydia (Andrea Ferreol) verheiratet, einer molligen, etwas dümmlichen Frau, die mit ihrem Vetter, Ardalion (Volker Spengler), einem Maler, der meist betrunken ist und nie Geld hat, ein Verhältnis unterhält. Hermann sieht sich in seiner Phantasie von einem Doppelgänger beobachtet und verfolgt, vor allem, wenn er mit seiner Frau ins Bett geht. Eines Tages trifft er den stellungslosen Artisten Felix Weber (Klaus Löwitsch), den er für sein Ebenbild hält. Er versucht, Felix für einen Plan zu gewinnen: beide sollen ihre Kleider, ihre Identität tauschen. Es wäre wichtig für ihn (Hermann), gleichzeitig an zwei verschiedenen Orten gesehen zu werden. Felix willigt ein (er soll 1000.– Mark erhalten). Kaum aber sind die Kleider gewechselt, erschießt Hermann sein (vermeintliches) Double. Er taucht in der Schweiz unter, will als Felix Weber ein neues Leben beginnen; – der Schwindel fliegt schnell auf: die beiden Männer haben sich gar nicht ähnlich gesehen. Nach einer kurzen Irrfahrt durch Hotels und Pensionen wird Hermann schließlich verhaftet.
Kein anderer Film Fassbinders basiert auf einem so ausgefeilten, literarisch eigengewichtigen Drehbuch wie DESPAIR. Tom Stoppards Script (nach einem Roman von Nabokov) ist ein ironisches Spiel mit dem Doppelgängermotiv, mit der Ambivalenz aller Gefühle und Werte in der ausgehenden Weimarer Republik. Fassbinder folgt dem Stoppard-Buch ziemlich genau; für Stoppards Sprache hat er ein optisches Äquivalent gefunden, in dem sich das Doppelgängermotiv sogar noch weiter auffächern läßt als im Drehbuch.
DESPAIR ist ein Film der fliehenden Bewegungen. Die Wohnung von Hermann und Lydia, modern im Stil der Zeit, voller Glaswände und Spiegel (ein Paradies für Voyeure), wird von einer ununterbrochen kreisenden Kamera in ein Labyrinth

Eine Reise ins Licht/Despair

verwandelt. Die erste Begegnung zwischen Hermann und Felix findet im Spiegelkabinett eines Rummelplatzes statt (im Drehbuch sieht Hermann, als er ins Wasser blickt, plötzlich neben sich ein zweites, sein Gesicht). Auch das Büro in der Schokoladenfabrik, selbst das Postamt, auf dem sich Hermann Briefe unter dem Namen Puschkin abholt, werden durch das Zusammenwirken von Dekor und Kamera zu Irrgärten.

In DESPAIR gibt es keinen festen Standpunkt, keine bestimmbaren Haltungen und Handlungen; alles ist in Bewegung, alles austauschbar. In Hermann, einem Mann ohne Eigenschaften, einem Heimatlosen, findet die Zeit ihren adäquaten Ausdruck. Das Doppelgängermotiv, schillernd zwischen

Psychologie und Politik, wird auf verschiedenen Ebenen abgehandelt, es durchzieht in wechselnden Brechungen den Film. Hermann ist das Double von Hermann. Das Double erfüllt sich sexuelle Wünsche, die sich Hermann nicht eingesteht. Da Fassbinder auf alle fotografischen Tricks verzichtet, verliert der Zuschauer den Überblick: wer ist Hermann, wer das Double? Felix ist das Double von Hermann, jedenfalls aus der Sicht Hermanns. Wir wissen es von Anfang an besser (und genauer als bei der Lektüre des Drehbuchs): außer einer vagen Ähnlichkeit gibt es nichts Gemeinsames zwischen Hermann und Felix.

Das Kino ist das Double der Realität; Täuschung gehört zu seinem Wesen. Hermann sieht im Kino einen Film (hinter ihm

Eine Reise ins Licht/Despair

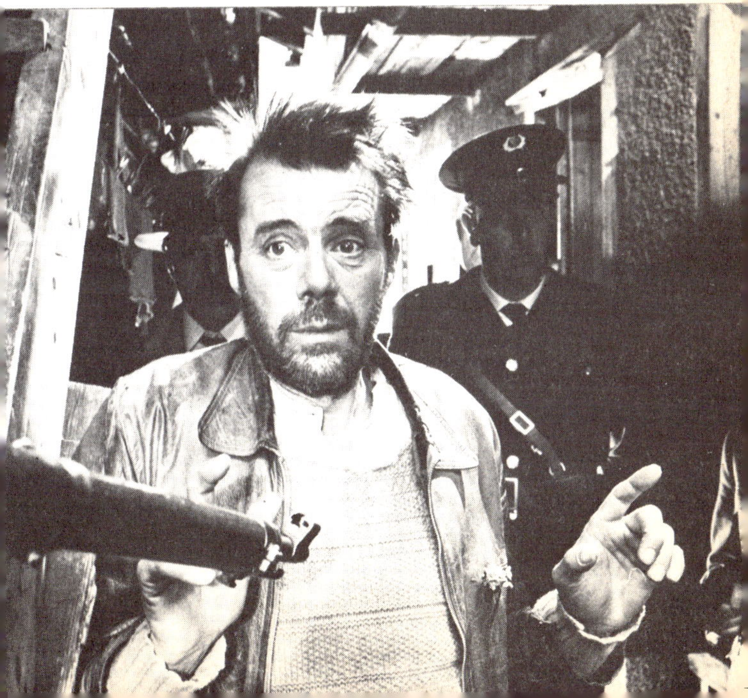

sitzt sein Double): auf der Leinwand Zwillingsbrüder, der eine Polizist, der andere Gangster. Beide sterben. Hermann, Lydia und Ardalion sprechen darüber, wie der Film seine Zuschauer hereinlegt, indem zwei unabhängig von einander aufgenommene Aufnahmen nebeneinander kopiert werden; sie suchen den Trennungsstrich auf der Leinwand.
Die Nazis sind die Doubles der Demokraten (oder deren Vampire). Als der Sozialdemokrat Müller im März 1930 als Reichskanzler gestürzt wird, kommt der Nationalsozialist Müller, Angestellter bei Hermann (Peter Kern), erstmals im Braunhemd ins Büro. Ein Hitlerbärtchen trug er schon früher. – SA-Leute schmeißen Schaufenster ein; später sitzen sie gesittet in einem Straßencafé. – Im selben Café spielen an einem Tischchen zwei Juden Schach; gegen Ende des Films spielen da zwei Deutsche mit nacktgeschorenem Nacken.
Fassbinders DESPAIR ist kein exaktes Geschichtsbild, will und kann es nicht sein. Aber das Schillernde, Unstabile der Vor-Nazi-Zeit hat Fassbinder in einprägsame Bilder und Konstellationen gefaßt. Er hat sich an einem – ursprünglich – fremden Stoff als Inszenator erwiesen. Auch die neuen Protagonisten, vor allem der souveräne Dirk Bogarde, bringen Ironie und Ambivalenz in den Film. Zum Ende hin aber schlagen Fassbinders Obsessionen wieder durch: Nachdem Hermann Felix erschossen hat (der sich dafür auch noch bedankt – das stand nicht im Buch), nachdem er sich also von seinem Double, seiner ihm überdrüssig gewordenen Existenz befreit hat, beginnt sein Leidensweg, bis zu seiner Festnahme. Plötzlich kommt der Film zur Ruhe; geduldig folgt er der Spur seines Helden, um den sich die Schlinge immer enger zieht. Die anderen Figuren, die anderen Fäden der Geschichte, gehen immer mehr verloren. In seiner proletarischen Kluft, die er Felix abgenommen hat, wird Hermann allmählich zum von der Polizei gejagten einsamen Gangster: Dirk Bogarde wird zum Double von Humphrey Bogart.

Deutschland im Herbst. 1978

In dem von mehreren deutschen Regisseuren hergestellten Film setzt die Fassbinder-Episode, die gleich an die einleitenden Dokumentaraufnahmen von der Beerdigung Schleyers

anschließt, einen starken persönlichen Akzent. Sie bestimmt das Klima des Films, die Verzweiflung, die individuell, aber auch in den politischen Verhältnissen begründet ist.
In einer höhlenartigen Wohnung, die nie durch einen Lichtstrahl erhellt wird, lebt Fassbinder, der als er selbst auftritt, mit seinem Freund Armin Meier, den er wie ein Stück Dreck behandelt. Fassbinder nimmt Rauschgift, hat Angst, hängt ständig am Telefon. Dazwischengeschnitten sind Passagen aus einem Gespräch mit seiner Mutter, die sich von ihrem Sohn zu einigen Aussagen des »gesunden Menschenverstandes« provozieren läßt: Für jede Geisel sollte ein Terrorist umgebracht werden, besser als eine Demokratie sei ein autoritärer Herrscher, der allerdings »gut« sein müsse. Fassbinder beharrt dagegen auf der Einhaltung der Gesetze.
Dieser sehr schnell, noch Ende Oktober 1977 unter dem unmittelbaren Eindruck der Ermordung Schleyers, von Mogadischu und den Selbstmorden in Stammheim gedrehte 30-Minuten-Film läßt ungeschützter als alle anderen Teile von *Deutschland im Herbst* das Gefühl der Ohnmacht eines linken Intellektuellen spürbar werden. Nicht die verbalisierbaren politischen Aussagen geben dieser halben Stunde ihr Gewicht,

sondern die Brutalität und Ehrlichkeit, mit der Fassbinder sich selbst als Mensch und als Regisseur in den Film einbringt: »Das finde ich zum Beispiel gut an *Deutschland im Herbst*: diese Sequenz vom Fassbinder. Da würde ich sagen, da ist jemand, der mal nicht ein Objekt braucht und ein Zeichen für seine eigenen Probleme, sondern er setzt sich selbst einer Situation aus. Nicht nur als Mann, sondern auch als Macher. Er gibt seine Ängste zu, zeigt seine kaputte Beziehung; daß sich das unter Männern abspielt, finde ich das politischste an diesem ganzen Film. Daß man in einer solchen Zeit einen solchen Film macht, es wagt, ihn so zu machen. Da würde ich sagen, hat Fassbinder etwas von den Frauen gelernt. Damit kann man sich dann auch ganz unideologisch auseinandersetzen«. (Helke Sander, zitiert nach Christa Maerker, Gespräch mit Helke Sander und Margarethe von Trotta, Jahrbuch Film 1978/79, München 1978).

Die Ehe der Maria Braun. 1978

In einem Standesamt, das gerade von einer Bombe getroffen wird, heiraten während des 2. Weltkrieges Hermann (Klaus Löwitsch) und Maria Braun (Hanna Schygulla). Nach Kriegsende 1945 wartet Maria, die bei den Amerikanern in einer Bar arbeitet, auf die Rückkehr ihres Mannes. Ein Freund bringt die Nachricht, er sei tot. Maria ist mit Bill, einem Neger befreundet, einem rührend lieben Menschen. Als Hermann dann doch völlig unerwartet aus der Gefangenschaft nach Hause kommt, erschlägt Maria Bill mit einer Flasche; Hermann nimmt vor Gericht die Schuld auf sich und muß ins Zuchthaus. Maria lernt den Fabrikanten Oswald (Ivan Desny) kennen und wird in dessen Textilfirma bald unentbehrlich, nicht nur wegen ihrer guten englischen Sprachkenntnisse, sondern vor allem wegen ihres Spürsinns für Chancen, die ein Neubeginn in einer noch chaotischen Zeit bietet. Oswald verliebt sich in Maria, die diese Zuneigung erwidert, aber jede Abhängigkeit vermeidet. Ihre ganze Vorsorge gilt dem Tag, an dem Hermann aus dem Gefängnis entlassen wird. Als es endlich so weit ist, verschwindet Hermann spurlos; erst nach Oswalds Tod taucht er auf. Bei der Testamentseröffnung erfährt Maria, daß Hermann mit Oswald einen Vertrag abgeschlossen hatte, in dem

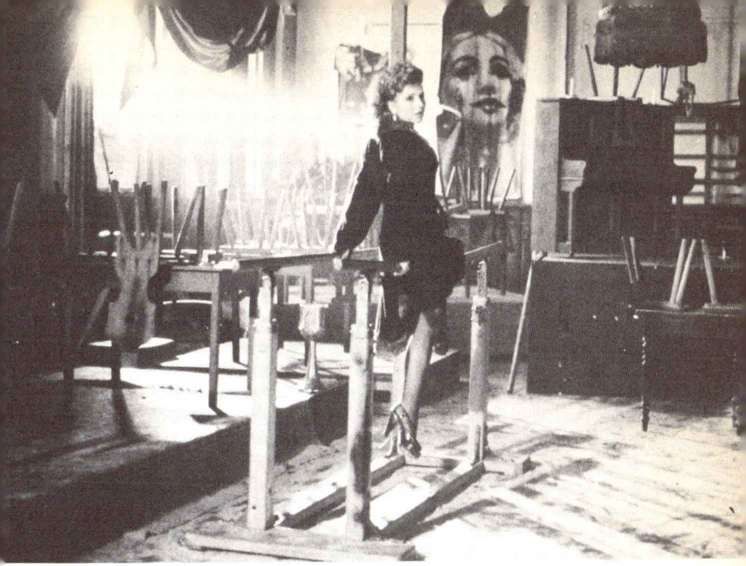

Die Ehe der Maria Braun

er auf Maria verzichtet, solange Oswald, der sich schon krank fühlte, noch lebt. Oswald hat je die Hälfte seines Vermögens an Maria und an Hermann vermacht. Beide schenken sich ihre

Die Ehe der Maria Braun

Die Ehe der Maria Braun

Anteile gegenseitig. Während im Rundfunk der Reporter Herbert Zimmermann die letzten Minuten des Fußball-Weltmeisterschafts-Endspiels zwischen der Bundesrepublik Deutschland und Ungarn in Bern am 4. Juli 1954 kommentiert, explodiert das Haus; Maria hatte, noch kurz vor der Testamentseröffnung, einen Gashahn nicht richtig geschlossen – absichtlich oder unabsichtlich?

Diese starke melodramatische Geschichte (Drehbuch Peter Märthesheimer und Pea Fröhlich nach einer Idee des Regisseurs) hat Fassbinder zielstrebiger, schnörkelloser erzählt als alle Filme seit MARTHA. Er verzichtet auf aufgesetzte Stilisierungen, Verkünstelungen. Trotzdem ist die EHE DER MARIA BRAUN ein perspektivenreicher Film. Die Geschichte der selbstbewußten, im Geschäft und in der Liebe konsequenten Maria Braun, die männliche Spiel- und Lebensregeln imitiert, ist ja nicht nur individuell ausgeprägt, sondern besitzt zeittypische Züge. In Umbruchszeiten haben Frauen oft mehr Phantasie und Tatkraft. Maria sieht in sich eine »Spezialistin für die Zukunft«. In ihren Beziehungen zu den Männern beharrt sie immer auf der Initiative. »Nicht Sie haben etwas mit mir, die Wahrheit ist, daß ich etwas mit Ihnen habe« – sagt sie zu Oswald. Auch dies ist ein Phänomen, das man aus Kriegs- und Nachkriegszeiten kennt, wenn den Frauen Entscheidungen aufgezwungen werden, die ihnen die Männer in »normalen« Zeiten abnehmen. Es zeugt von Fassbinders großem dramaturgischen Verständnis, wenn er die Geschichte der Maria Braun an dem Tag enden läßt, an dem Deutschland Fußballweltmeister wurde: er hat dies dem Drehbuch hinzuerfunden. Mit diesem Tag war die Nachkriegszeit beendet, die Deutschen fühlten sich zum ersten Mal wieder als Sieger. Mit der Nachkriegszeit ging auch die Herrschaft der Frauen zuende. Nach dem Chaos der Explosion, untermalt von Herbert

Die Ehe der Maria Braun

Die Ehe der Maria Braun

Zimmermanns Stimme »Deutschland ist Weltmeister!«, läßt Fassbinder noch Fotografien von vier Politikern folgen, Adenauer, Erhard und Kiesinger (im Negativ); das Porträt Schmidts wird aus dem Negativ ins Positiv entwickelt – also die Kanzler der Bundesrepublik, ohne Brandt. Die Männer haben wieder alle Trümpfe in der Hand.

Der Film enthält zwei wichtige Änderungen gegenüber dem Drehbuch: Fassbinder hat – nicht nur durch die Fußballreportage – den zeitgeschichtlichen Hintergrund verdeutlicht. So hören wir zweimal Adenauer im Rundfunk, einmal versichert er, es werde keine Wiederaufrüstung geben, das andere Mal propagiert er sie. Daß Politiker nicht zu ihrem Wort stehen, daß Deutschland ein Land ist, dem nicht zu trauen ist, das konstatiert Fassbinder bereits in dieser Geschichte aus den fünfziger Jahren. Zum anderen hat Fassbinder den Schluß geändert. Während im Buch Maria mit Hermann in einem Auto in einen Abgrund rast, also sich und ihren Mann bewußt tötet, weil sie von ihm, den sie wie keinen anderen liebte, getäuscht wurde, bleibt im Film die Beweiskette offen. Unfall oder Selbstmord: es ist nicht eindeutig zu entscheiden.

DIE EHE DER MARIA BRAUN ist in kurzer Zeit schon der dritte Film Fassbinders, der sich mit deutscher Geschichte beschäftigt. Dabei wird das »Dritte Reich« eingekreist: BOLWIESER und EINE REISE INS LICHT spielen, in je verschiedenem Milieu, am Ende der Weimarer Republik, MARIA BRAUN in der Nachkriegszeit. Diese Häufung, sicher nicht zufällig zustandegekommen nach Fassbinders Ankündigung, er werde Deutschland verlassen – auch sein nächstes großes Projekt, BERLIN ALEXANDERPLATZ, gehört in diesen Zusammenhang – lenkt den Blick auch zurück auf frühere Arbeiten Fassbinders, die ebenfalls von Deutschland handelten, z. B. auf den HÄNDLER DER VIER JAHRESZEITEN, den ersten großen Film über die Adenauerzeit, oder auf MUTTER KÜSTERS' FAHRT ZUM HIMMEL, die böse, ungerechte Abrechnung mit den deutschen Linken aller Schattierungen.
Fassbinder interessiert an der Geschichte, was von ihr weiterwirkt. Er sieht mehr Kontinuitäten, des Kleinbürgertums, der Untertanenmentalität, als Brüche. Die singuläre Position der MARIA BRAUN in Fassbinders Werk liegt deshalb vielleicht darin, daß er zum ersten Mal einen Aufstieg aus dem Kleinbürgertum zeigt, daß er die Geschichte einer Emanzipation erzählt, auch wenn sie schließlich nicht gelingt. Und es ist sehr bezeichnend für den Film, in dem Maria vor allem an einem männlichen Komplott zugrundegeht, daß in der Reihe der Kanzler-Porträts, die das Scheitern der *Frau* Maria ins Politische weitertreiben, Willy Brandt, der Emigrant, fehlt, der – in

Die Ehe der Maria Braun

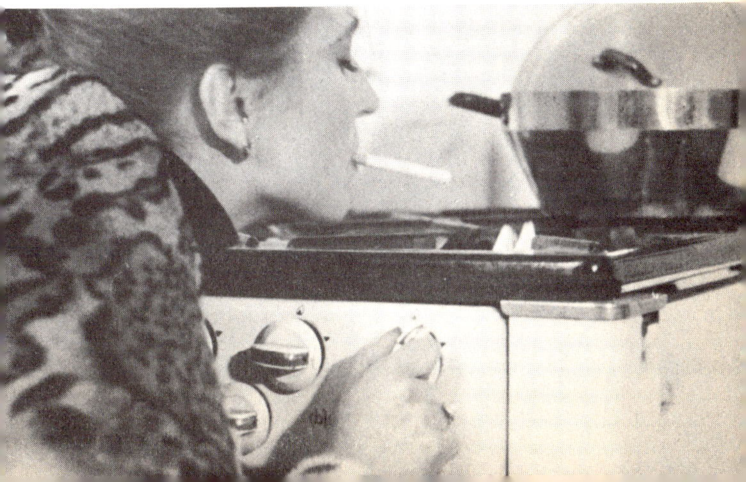

gewisser Hinsicht jedenfalls – nicht typisch ist für die deutsche Geschichte.

Auch wenn Fassbinder sich in die Historie verbeißt, handeln seine Filme im Grunde immer von heute. Seine Kritik am deutschen Bürger, seiner Schwäche, seinem Duckmäusertum, seiner mangelnden Liebesfähigkeit, seinem egoistischen Wohlstandsdenken, durchzieht fast alle Filme wie ein Leitmotiv. Die Kleinbürger von 1930, 1955 oder 1975 sind austauschbar. Deutschland ein Land, in dem sich nichts ändert, in dem die Chance von 1945 verspielt wurde.

In einem Jahr mit 13 Monden. 1978

Frankfurt am Main, Sommer 1978. Elvira Weishaupt (Volker Spengler), durch eine Geschlechtsumwandlung vor einigen Jahren zur Frau geworden, rekapituliert ihr Leben, die Kindheit des Knaben Erwin im Kloster, die Arbeit als Schlachter, die Ehe mit Irene (Elisabeth Trissenaar), der Tochter des Metzgermeisters und die Operation in Casablanca – Stationen eines Lebens auf der Suche nach Liebe. Die Gegenwart ist nicht weniger trostlos: meist begleitet von der »Roten Zora«

(Ingrid Caven), einer nicht unfreundlichen Nutte, streift Elvira, von ihrem Freund Christoph Hacker (Karl Scheydt) verlassen, durch ein alptraumhaftes Frankfurt, durch Spielsalons und Hochhäuser, wird von dem Spekulanten Anton Saitz (Gottfried John), dessentwegen Elvira sich einst hatte operieren lassen, abgewiesen. Als auch andere Menschen der näheren Umgebung, die Ehefrau, die Tochter (Eva Mattes), ein Journalist (Gerhard Zwerenz), Elviras Verzweiflung nicht erkennen, stirbt Elvira »an gebrochenem Herzen« (Fassbinder).

Unter den persönlichen Filmen Fassbinders (wie FAUSTRECHT DER FREIHEIT oder SATANSBRATEN) ist dieser wohl der radikalste. Er macht betroffen gerade durch die Konzentration seiner Mittel. Jedes Selbstmitleid liegt ihm fern: die mögliche Larmoyanz ist aufgehoben durch eine im deutschen Film vielleicht noch nie so erlebte Härte der Verzweiflung. Volker Spengler als Elvira gibt sich in einer Weise preis, wie es nur durch völlige Identifikation möglich ist; er treibt die Figur dadurch so sehr ins Extrem, daß sie schon

wieder künstlich wird, den scheinbaren Naturalismus der Darstellung transzendiert.
Fassbinder drehte vom 24. Juli bis 28. August 1978, wenige Monate nach dem Selbstmord seines Freundes Armin Meier, der in *Deutschland im Herbst* noch mitgespielt hatte. Fassbinder schrieb nicht nur das Drehbuch und führte Regie, war für Ausstattung und den Schnitt verantwortlich, sondern führte zum ersten Mal auch die Kamera. Keinen anderen Film zuvor hatte er so sehr in der Hand, kaum ein anderer ist so sehr in sein Leben eingebunden. Die letzten fünf Tage der Elvira Weishaupt werden zu einem Klagegesang, musikalisch getragen von Mahler (in der ersten Sequenz – Schwulenstrich von Frankfurt), Orgelmusik, Weihnachtsliedern, Rockmusik (von der Gruppe »Suicide«), zusammengehalten aber vor allem durch eine für Fassbinder neue, kühne, Assoziationen freisetzende Bild-Ton-Montage, kulminierend in der Schlachthof-Sequenz: Elvira, der »Roten Zora« seinen früheren Arbeitsplatz zeigend, zitiert seinen Freund Christoph Hacker, der ehemals Schauspieler war, mit dem verzweifelten, selbstquälerischen Schlußmonolog des Tasso.
In einem Jahr mit 13 Neumonden sind gefühlsbetonte Menschen, so Fassbinder, besonders gefährdet. »Es kommt oft zu

persönlichen Katastrophen«. 1978 war so ein Jahr. Das Schicksal der Elvira wird also nicht rational analysiert oder gar in soziologischen Kategorien diskutiert, es werden auch keine »Schuldigen« im üblichen Sinne gesucht. Trotzdem wird unsere Gesellschaft von Fassbinder nicht aus ihrer Verantwortung für den einzelnen entlassen. Daß die Welt – als ihr Sinnbild steht hier Frankfurt – zum Alptraum, zur Hölle geworden ist, zeigt Fassbinder in fast apokalyptischen Bildern. Der Uniformität heutiger Architektur entspricht die Anonymität einer Glückssuche, die nur noch auf Surrogate stöße, in Spielsalons und Kneipen. Persönliche Beziehungen sind zum Geschäft geworden oder ganz ausgetrocknet. Die Geschichte der Elvira, so spektakulär und monströs sie erscheint, ist in ihrem Kern also durchaus alltäglich, sie ist übertragbar auch auf »normalere« Lebensläufe. Liebesbeziehungen werden in unserer Gesellschaft abgetötet, manche Menschen merken es nur nicht und leben weiter.
Wenn alle Menschen, denen Elvira in den letzten fünf Tagen ihres Lebens begegnet, ihr nicht helfen können, dann nicht aus

persönlicher Bosheit, sondern weil sie mit sich selbst zu sehr beschäftigt, auf je eigene Weise selbst kaputt sind. Wie in einem Stationendrama ziehen sie an Elvira vorbei, erzählen oder hören zu, verweigern sich aber im entscheidenden Moment. Erst als es schon zu spät ist, treffen, wie von einem unsichtbaren Magneten angezogen, alle am Totenbett Elviras ein, während noch immer das Interview, das sie dem Journalisten gegeben hat, auf dem Tonbandgerät läuft.
Eigentlicher Gegenspieler von Elvira ist Anton Saitz, extremes Beispiel für einen Menschen, der kaputt gemacht wurde (in einem »Konzentrationslager«), und der nun selbst andere kaputt macht, mit Grundstücksspekulationen, mit einem Bordell, das als KZ eingerichtet ist. Infantil geworden, spielt er mit seinen Leibwächtern Szenen aus Jerry-Lewis-Filmen nach. Als Erwin seinetwegen sich in Elvira hatte verwandeln lassen, hatte Anton Saitz ihn ausgelacht; als sie ihn jetzt wiedertrifft, darf sie nur Kaffee für ihn kochen. Anton Saitz scheint unmittelbar aus Fassbinders Theaterstück *Der Müll, die Stadt und der Tod* zu stammen. Auch dort hatte sich ein Jude als besonders blutsaugerischer Unternehmer erwiesen, was Fassbinder

den Vorwurf des Antisemitismus eingebracht hatte. Der Vorwurf, scheint mir, greift zu kurz: Die Zerstörung eines Menschen, das ist Fassbinders Thema, kann so weit gehen, daß er vom Opfer zum Täter wird. Er braucht dafür allerdings die ›adäquate‹ Umgebung: Frankfurt – im umfassenderen Sinne: unsere Wirtschaftsordnung, die jeder Form von Spekulation und Ausbeutung entgegenkommt.

Von seinem Inhalt her ist IN EINEM JAHR MIT 13 MONDEN eine Bilanz, ein Abschluß, der Versuch, mit Problemen des eigenen Lebens fertig zu werden, und die (endgültige?) Absage an Frankfurt (Fassbinder zog im Winter 78/79 nach Berlin). Mit seinen ästhetischen Innovationen erarbeitet sich der Autor dagegen neue Möglichkeiten des freieren Umgangs mit Bild- und Tonmaterial, des polyphonen Sehens und Erzählens. Eine Sequenz, die an die Methode von Godard in *Numero deux* erinnert, kombiniert Aufnahmen von Pinochet, aus einem französischen Spielfilm, einem Pornofilm und aus einem Fassbinder-Fernsehinterview. Verschiedene optische und akustische Zeichen miteinander verbindend – nicht immer so überdeutlich wie in dieser Sequenz –, öffnet Fassbinder in diesem Film in vielen Szenen für den Zuschauer einen Kosmos, den dieser sich selbst erobern muß.

Die Dritte Generation. 1978/79

Winter 1978/79 in Westberlin. Eine Gruppe junger Leute, durch Geheimnistuerei (Code-Wort: »Die Welt als Wille und Vorstellung«) und blinden Aktionismus, nicht durch politische Überzeugungen miteinander verbunden, setzt sich in den Un-

Die Dritte Generation

tergrund ab, nachdem der aus Afrika eingeflogene Killer Paul (Raul Gimenez) von der Polizei erschossen worden ist. Am 27. Februar, dem Karnevalsdienstag, entführen diese Jung-Terroristen den Vertreter einer amerikanischen Computerfirma, Peter Lenz (Eddie Constantine).

Die Dritte Generation

Die Dritte Generation

Die Terroristen der »dritten Generation« haben – nach Fassbinder – keine politische Motivation mehr, sie handeln nur noch um des Handelns willen, sind aber mit ihrer Gewalt Ausdruck der Gesellschaft, aus der heraus sie entstehen. Die erste Generation wurde noch von Idealismus und übergroßer Sensi-

Die Dritte Generation

bilität gegenüber dem System motiviert, die zweite hat die Motive der ersten zumindest noch verstanden, wurde oft zu ihrem Verteidiger. Wie kann man von diesem Ausgangspunkt her, den Fassbinder in einem Exposé dargelegt hat[1], eine Komödie drehen, welche DIE DRITTE GENERATION erklärtermaßen ist?

Den Film zeichnet eine große Respektlosigkeit aus, die allerdings einen Ton der Trauer nur mühsam überdeckt. Die Kaltschnäuzigkeit, mit der Fassbinder, darin Motive seiner frühen Gangsterfilme wieder aufnehmend, zwischen den Terroristen und Polizisten keinen Unterschied macht, ist anfechtbar, hat aber zugleich etwas Befreiendes. Hier werden keine Vorhänge der Ideologie heruntergelassen, weder vor der einen noch vor der anderen Seite. In dieser Verweigerung einer prinzipiellen Diskussion, sei sie psychologischer oder politischer Art, liegt die Provokation des Films. Die Taten der einen und der anderen Seite werden nie um sogenannter übergeordneter Motive willen gerechtfertigt.

Die Komödienmaschinerie, die besonders schön funktioniert, wenn sich die einzelnen Mitglieder der Gruppe verkleiden und ihre neuen Lebensläufe auswendiglernen (»Ich heiße Oskar Matzerath, geboren ...«), diese fast frivole Sicht auf eine ernste Sache kann dennoch den Blick auf die Fassbindersche Trauer über Verrat, Vergeblichkeit und Tod nicht verstellen. Das naivste Mitglied der Gruppe, Bernhard von Stein (Vitus Zeplichal), beobachtet mit zunehmender Fassungslosigkeit, wie ein Verräter und agent provocateur unter ihnen, August Brem (Volker Spengler), andere ans Messer liefert. Im Tod bekommen die Personen wieder eine Würde, die sie bei ihrer Terroristenspielerei verloren hatten. Wenn Franz Walsch (Günter Kaufmann), der sicher nicht zufällig das bekannte Fassbinder-Pseudonym als Namen trägt, sich am Grab seiner Geliebten, obwohl gewarnt, von der Polizei niederschießen läßt, erinnert sein Tod an den in der ersten Sequenz zitierten bestellten Selbstmord auf dem Friedhof in Bressons Film *Der Teufel möglicherweise.* Aber während die meisten Fassbinder-Filme in der Verzweiflung enden, erlaubt sich dieser ein Satyrspiel nach dem Melodram, der Komödie zu ihrem Recht verhelfend.

Die Dritte Generation →

Die Terroristen, noch immer in Karnevalskostümen, proben in einem Versteck mit ihrem Opfer Peter Lenz (!) eine Videoaufnahme. Um die Öffentlichkeit zu täuschen, spielen sie von einem Kassettenrecorder S-Bahn-Geräusche zu. Peter Lenz grinst fast unverschämt in die Kamera, während er bekanntgibt, daß er ein »Gefangener des Volkes« sei. Man erinnert sich dabei, und damit rundet sich der dramaturgische Bogen, daß er in der ersten Szene seinen Auftraggebern in den USA bedauernd mitgeteilt hatte, in der Bundesrepublik lasse sich leider gar kein Computer mehr verkaufen, seitdem es keine terroristischen Anschläge mehr gebe. Das werde sich aber ändern. Susanne Gast, Mitglied der Gruppe (Hanna Schygulla), war Sekretärin bei Lenz, bevor sie mit den anderen untertauchte.

Leute, die keine politische Motivation mehr haben, lassen sich – so Fassbinder – ohne Schwierigkeiten von anderen benützen. »Das ist die Idee, wegen der ich den Film gemacht habe. Es spielt zum Beispiel keine Rolle, ob es jemals einen Unternehmer gegeben hat, der Terroristenzellen in Gang gesetzt hat, um seinen Computer besser zu verkaufen.«[2] Wie wenig eigenständig, wie außengeleitet, wie unkonzentriert diese dritte Generation tatsächlich ist, macht Fassbinder durch seine Tonregie deutlich. Fast ununterbrochen läuft in den Wohnungen der Gruppenmitglieder Radio: Wir hören vom Metallarbeiter-Streik, vom Umsturz im Iran, vom Krieg zwischen Vietnam und China (dadurch ist der Film auch genau datierbar). Keiner scheint aber auf diese Nachrichten zu achten. Die zweite Tonebene, Fernsehen oder Musik, auch Buchzitate, wird wenigstens gelegentlich wahrgenommen. Die Dialoge schließlich – hauptsächlicher Sinnträger für den Zuschauer – sind in dem Tongemisch manchmal schwer zu verstehen; jedenfalls gehen die Gespräche über Alltägliches nie hinaus, politische Themen werden nicht diskutiert.

Fassbinder setzt also seinen mit der EHE DER MARIA BRAUN und dem JAHR MIT 13 MONDEN begonnenen Weg fort: die Tonebene wird immer wichtiger. Zusammen mit dem Bild entsteht eine dichte Collage, die an die Rezeptionsfähigkeit des Zuschauers gewisse Anforderungen stellt. Um ihn für die Anstrengungen zu belohnen, wirft Fassbinder ihm ein paar Mal nicht allzufeine Scherze vor: Die sechs Teile der

Komödie werden verbunden durch Zwischentitel, Grafitti aus Westberliner Toiletten, genau lokalisiert und datiert, Witze und Zoten, die denselben Ausdruck von Ungehörigkeit haben wie der ganze Film. Kein Wunder, daß Fassbinder ihn allein produzieren mußte, daß der WDR nicht mitmachen wollte, daß der Berliner Senat keinen Kredit gab. So entstand, was in der Bundesrepublik selten ist, der unabhängige Film eines unabhängigen Menschen.

1 Abgedruckt in »Frankfurter Rundschau«, 2. Dezember 1978, Beilage »Zeit und Bild«, Seite 3.

2 Interview in »Frankfurter Rundschau«, 20. Februar 1979, S. 12

Nachbemerkung zur 3. Auflage

Die Kommentierte Filmografie ist keine Arbeit aus einem Guß. Die Texte zur 1. Auflage (bis einschließlich EFFI BRIEST) entstanden im Frühjahr 1974; die Texte der 2. Auflage (FAUSTRECHT DER FREIHEIT, MUTTER KÜSTERS' FAHRT ZUM HIMMEL und ANGST VOR DER ANGST) wurden im Frühjahr und Sommer 1975 geschrieben; die Kommentare der 3. Auflage (von ICH WILL DOCH NUR, DASS IHR MICH LIEBT bis DIE DRITTE GENERATION) entstanden während eines Zeitraums von fast drei Jahren. Jede dieser Filmbeschreibungen gilt im Prinzip nur für den Zeitpunkt ihrer Niederschrift. Das betrifft den Erkenntnis- und Wissensstand, der sich in den Texten spiegelt, aber auch meine persönliche Beziehung zu Fassbinders Filmen. Sie erreichte ihren Tiefpunkt bei SATANSBRATEN und CHINESISCHES ROULETTE; die Frustration ging so weit, daß ich damals die Arbeit an der 3. Auflage niederlegen wollte. Der Text zu SATANSBRATEN in diesem Buch gibt diese Stimmung wieder. Mit BOLWIESER begann dann meine erneute Annäherung an Fassbinder; die EHE DER MARIA BRAUN, IN EINEM JAHR MIT 13 MONDEN und DIE DRITTE GENERATION schließlich gehören für mich zu den ehrlichsten, radikalsten, freiesten Filmen der deutschen Produktion überhaupt.

Die Beschreibungen der Filme sind nicht nachträglich geändert oder geglättet worden. Nur bei dem SATANSBRATEN-

Text mußten später ein paar Fakten ausgetauscht werden; ursprünglich stand da zum Beispiel, Fassbinder würde nun nach Amerika emigrieren. Alle Interpretationen enthalten also nur Rückgriffe auf frühere Filme, aber keine Vorgriffe auf spätere. Die Kommentierte Filmografie ist work in progress: das hat sicher manchen Reiz, bedeutet aber auch eine Beschränkung. In einem künftigen Buch über Fassbinder müßte über LIEBE IST KÄLTER ALS DER TOD geschrieben werden in Kenntnis der DRITTEN GENERATION.

Wilhelm Roth, Berlin, 1. April 1979.

Zur vierten Auflage

Die Texte zu BERLIN ALEXANDERPLATZ, LILI MARLEEN und LOLA wurden im Sommer 1981 für die französische und englische Ausgabe dieses Buches geschrieben, sie wurden nach Fassbinders Tod nicht verändert, nur der Hinweis auf VERONIKA VOSS bei LOLA wurde eingefügt. Die letzten Texte entstanden im August 1982, sie beenden eine Arbeit, die sich über acht Jahre hinzog, die manchmal quälend war (wie einige der Filme), die aber doch zum Schönsten gehörte, was ich in diesem Zeitraum getan habe. Dank an RWF.

Wilhelm Roth, Berlin, 28. August 1982

Berlin Alexanderplatz. 1979/80

Rainer Werner Fassbinder erzählt die Handlung des Romans »Berlin Alexanderplatz« von Alfred Döblin so: »... der ehemalige Transportarbeiter Franz Biberkopf wird aus dem Gefängnis entlassen, wo er vier Jahre wegen Totschlags mit einem Sahneschläger an seiner ehemaligen Freundin Ida, die in den wirtschaftlich schweren zwanziger Jahren in Berlin für ihn auf den Strich gegangen war. Der entlassene Sträfling hat zuerst gewöhnliche Potenzschwierigkeiten, die er mit einer Fast-Vergewaltigung der Schwester seines Opfers verliert, so daß er darauf in der Lage ist, mit der polnischen Lina ein Verhältnis anzufangen, und das auf eine Art, daß sie's für Liebe halten

Berlin Alexanderplatz

können und Franz dazu bringt, den Schwur abzulegen, von nun an anständig zu bleiben, so wahr ... naja. Die wirtschaftlichen Verhältnisse sind katastrophal, alle Versuche, eine stabile Basis zu schaffen, scheitern, seien es Schlipshalter, erotische Literatur, der Völkische Beobachter, der bringt ihm Schwierigkeiten mit früheren Freunden, Kommunisten, mit denen er mal gemeinsame Sache gemacht hatte, weil er sie mochte. Es bleiben Schnürsenkel, die braucht der Mensch immer und die vertreibt er mit einem Onkel seiner Lina, bis der das Vertrauen, das Franz zu ihm hat, ausnutzt, und eine Witwe, die der Franz glücklich gemacht und etwas Geld dafür bekommen hatte, erpreßt und bedroht. Franz, der unerschütterlich an das Gute im Menschen glaubt, ist so verletzt, daß er sich zurückzieht von der Welt und den Menschen, wochenlang nichts tut als Saufen, dann aber doch zurückgeht ins Leben und zu den Menschen.

Da lernt er einen kennen, Reinhold heißt der und ist zwar ein kleiner Gangster, aber merkwürdig faszinierend irgendwo, so faszinierend, daß der Franz ein sonderliches Geschäft macht

Berlin Alexanderplatz

mit dem, er nimmt ihm die Frauen ab, diesem Reinhold, weil der die zu schnell über hat, die Weiber; das ist fast krankhaft bei dem, erst muß er eine haben auf Teufel komm raus und dann wieder loswerden, ganz plötzlich, sehr heftig, aber das fällt ihm schwer trotzdem, da hat er Schwierigkeiten mit, aber der Franz, von dem er merkt, daß der irgendwie fasziniert ist von ihm, den er für etwas dumm hält zudem, der nimmt ihm die ab die Weiber, erst eine, dann eine zweite, bei der dritten aber weigert er sich. Der Reinhold soll lernen, länger zusammenzubleiben mit einer, weil das gesund ist eben und das andere krank und weil der Franz dem Reinhold helfen will und das richtig. Und daß der das nicht verstehen kann erstmals und beleidigt ist, das versteht der Franz Biberkopf, das ist eben so. Kurz darauf ergibt sich durch Zufall, daß Franz mitmacht bei einer Sache, die er für einen regulären Obsttransport hält, und von der ihm plötzlich klar wird, daß sie ein Diebstahl ist. Er steht Schmiere, will weglaufen, was ihm nicht gelingt. Nachdem der Diebstahl geschehen ist, sitzt Franz mit Reinhold im Auto, als Reinhold plötzlich das Gefühl hat, sie würden ver-

Berlin Alexanderplatz

folgt. Jetzt mischen sich Angst vor der Verfolgung und die Wut auf Franz bei Reinhold. Und dann, es hat etwas Schlafwandlerisches, schmeißt Reinhold Franz plötzlich aus dem Auto. Franz wird von dem nachfolgenden Fahrzeug überfahren, es muß so aussehen, als wäre er tot. Aber Franz Biberkopf ist nicht tot, er verliert nur seinen rechten Arm. Seine ehemalige Freundin Eva und deren Zuhälter päppeln ihn wieder hoch, ohne rechten Arm geht er wieder in die Stadt, lernt einen kleinen Gangster kennen, für den er Hehlereien begeht, die ihm einen gewissen Wohlstand bringen.
Da bringt ihm diese Eva ein Mädchen, das er Mieze nennt und die, wie sich dann herausstellt, für Franz auf den Strich geht. Franz akzeptiert das, und eine Weile sind die beiden auch glücklich. Sie lieben sich. Aber Reinhold mischt sich auch in diese Beziehung, trifft Mieze mehrmals, bis er sie zuletzt tötet. Franz wird dieses Mordes wegen verhaftet, kommt in eine Irrenanstalt, wo er in einer längeren Phase eines in etwa ›umgekehrten Prozesses der Katharsis‹, der Gesellschaft ein gemeines brauchbares Mitglied wird. Es ist nichts Besonderes

Berlin Alexanderplatz

mehr mit ihm. Er wird wohl Nationalsozialist werden, so sehr zerstört hat ihn die Begegnung mit Reinhold.«
Dieser Nacherzählung folgt auch sein Fernsehfilm in dreizehn Teilen und einem Epilog: Franz Biberkopf kommt aus dem Gefängnis, will ehrlich werden, lernt Lina kennen (1), Meck verschafft ihm Arbeit als Straßenhändler, er verkauft den »Völkischen Beobachter« (2), er wird von Linas Onkel betrogen (3), er zieht sich zurück, will niemand sehen, säuft (4), er lernt die Bande von Pums kennen und Reinhold; er nimmt Reinhold die Frauen ab, die der nicht mehr will, zuerst die Fränze, dann die Cilly, bei Trude weigert er sich (5), er steht – ohne recht zu wissen, was er tut – Schmiere bei einem Einbruch der Pums-Bande, wird bei der Flucht von Reinhold aus dem Auto gestoßen, verliert einen Arm (6), seine frühere Freundin Eva und deren Zuhälter Herbert pflegen ihn wieder gesund (7), er beginnt mit illegalen Geschäften, Eva führt ihm Mieze zu, die beiden verlieben sich ineinander, sie geht für ihn auf den Strich, er bleibt eifersüchtig (8), er trifft Reinhold wieder, besucht eine politische Versammlung, in der der Par-

Berlin Alexanderplatz

lamentarismus angegriffen wird (9), er ist über Mieze verzweifelt, drei Tage will sie mit einem zahlungskräftigen Freier wegfahren (10), er schließt sich wieder der Pums-Bande an, erniedrigt sich vor Reinhold, hört von Mieze, daß sie einen anderen liebt, fast bringt er sie um (11), trotzdem bleibt sie bei ihm, sie geht aber Reinhold, der ihr nachstellt, in die Falle; der tötet sie (12). Franz Biberkopf lacht, als er erfährt, sie wurde ermordet: so hat sie ihn nicht verlassen (13), er ist im Irrenhaus, träumt; Reinhold wird wegen Totschlags zu zehn Jahren Zuchthaus verurteilt, Franz wird Hilfsportier in einer Fabrik (Epilog).

BERLIN ALEXANDERPLATZ ist ein Film, dessen Handlung, mit ihren vielen Haupt- und Nebenmotiven, sich nicht adäquat nacherzählen läßt, so wenig wie die des Romans. Der Inhalt ist Fassbinder auch gar nicht so wichtig, eine »Folge von wüsten kleinen Geschichten, von denen jede einzelne den obszönsten Boulevardblättern die allerobszönsten Aufmacher liefern könnte« (Fassbinder). Wichtig ist die Haltung des Autors zu den Personen; er sieht, daß sich in den allerschäbig-

Berlin Alexanderplatz

sten Handlungen der Menschen die Sehnsucht nach Zärtlichkeit äußert, daß die Gewalt nur eine andere Form der Liebe ist, daß Menschen, die sich überhaupt aufeinander einlassen, sich immer gegenseitig verletzen. Nahtlos fügt sich BERLIN ALEXANDERPLATZ in das Werk von Fassbinder, ist sein vorläufiger Abschluß, entstanden aus einer großen, vielleicht übergroßen Anstrengung.
Fassbinder war von Jugend an vom Roman fasziniert, schon als Vierzehn-, Fünfzehnjähriger las er ihn, und entdeckt bei dieser Lektüre »das eigentliche Thema« des Buches, »die Begegnung des ›Helden‹ Franz Biberkopf, mit dem anderen ›Helden‹ des Romans, mit Reinhold nämlich, eine Begegnung, die den weiteren Verlauf des Lebens dieser beiden Männer bestimmt«. In Fassbinders Sicht lieben sich diese beiden Männer, gestehen sich aber nicht ein, »daß etwas geheimnisvolles sie mehr verbindet, als das unter Männern gemeinhin als statthaft gilt«. Homosexuelle sind sie nicht, zwischen ihnen »ist nicht mehr und nicht weniger als eine reine, von nichts Gesellschaftlichem gefährdete Liebe«. Als gesellschaftliche Wesen, die sie

dennoch sind, können sie aber diese Liebe nicht akzeptieren. Die Döblin-Lektüre hat Fassbinder geholfen, mit seinem eigenen Leben, seinen Ängsten, seinen »homosexuellen Sehnsüchten« besser fertigzuwerden, »es hat mir geholfen, nicht kaputt zu gehen«.

Diese Lektüre läßt sich vom ersten Spielfilm an in Fassbinders Filmen nachweisen; immer wieder erzählt er von einem jungen Mann namens Franz (in FAUSTRECHT DER FREIHEIT heißt er sogar Franz Biberkopf), der verraten wird, an seiner Liebe verzweifelt, erschossen wird, sich vergiftet, ins Gefängnis kommt, und nur einmal knapp entfliehen kann (LIEBE IST KÄLTER ALS DER TOD) – Fassbinder selbst oder sein alter ego Harry Baer, wichtigster Mitarbeiter an BERLIN ALEXANDERPLATZ, spielen ihn, nur in der DRITTEN GENERATION hat Günther Kaufmann diese Rolle übernommen.

Alle diese Annäherungen an die Figur des Franz Biberkopf finden ihre Vollendung in BERLIN ALEXANDERPLATZ und in Günter Lamprecht (obwohl er für die Rolle eigentlich zu alt ist). Während Franz früher oft recht einschichtig angelegt war, nicht frei von pubertären Zügen und Selbstmitleid (vor allem im FAUSTRECHT), hat Franz Biberkopf jetzt an Reife gewonnen, er hat schon ein Stück Leben hinter sich, die Vorgänger fingen damit erst an (und so ist Lamprecht wohl doch richtig besetzt).

Franz Biberkopf besteht aus Gegensätzen und Widersprüchen, nie weiß man, wie er reagieren wird, nie kann man sich bei ihm einrichten, er ist bodenständig und unstet, vertrauenerweckend und aggressiv, selbstsicher und hilflos, ein Kleinbürger, der eine Passion durchleidet. Seine Gefühle kann er kaum verbal äußern, er muß sie in körperliche Aktion umsetzen; vielleicht scheitert daran seine Beziehung zu Reinhold. Gegenüber den Frauen bleibt, bei aller Zuneigung, viel Unsicherheit; fremde Wesen sind sie letztlich, selbst Mieze – das Zusammensein mit ihnen kann die Einsamkeit nur für Momente aufheben.

Fassbinder hat die facettenreiche, ausufernde Collage des Romans auf die Geschichte einiger Personen reduziert, sinnvoll verknappt. Der Hintergrund, der Moloch Großstadt Ende der zwanziger Jahre, wäre ohnehin nicht rekonstruierbar gewesen, er ist im Film nicht optisch, wohl aber akustisch anwesend, in

Reklameinserts, Musik, einer Symphonie von Tönen, einer Erzählerstimme (Fassbinder selbst). Auch dabei gibt es eine Verschiebung gegenüber dem Roman: Fassbinder hat die Gefühle intensiviert, hat auf Döblins Ironie weithin verzichtet. Die Personen sind Ausgestoßene, Geschlagene, die in dunklen Höhlen hausen, in finsteren, verwinkelten Wohnungen, in billigen Kaschemmen. Sie sind Gefangene in einer Welt, die sie nicht durchschauen, in ihren eigenen Gefühlen, die sie nicht analysieren können.

Der Film spielt fast nur in Innenräumen, vom Alexanderplatz sieht man allein die U-Bahn-Station; auch die Straßen sind enge Schläuche, lichtlos; die Künstlichkeit der Studiobauten stört nicht, sie verstärkt sogar das Gefühl der Klaustrophobie; richtiges Sonnenlicht in richtigen Straßen hätten den magischen Realismus des Films ins Dokumentarische überführt und damit zerstört. Auch die wenigen Außenaufnahmen vermeiden jeden Naturalismus: der Wald, in dem Reinhold die Mieze erschlägt, hat etwas Gespenstisches, Baumstämme und Lichtgitter lassen kein Entrinnen zu.

So sind es immer wieder die Menschen, zu denen der Film zurückkehrt, die Kamera rückt ihnen meist nicht zu nahe, sie läßt ihnen jede Möglichkeit der Entfaltung, die von fast allen Schauspielern, vor allem aber von Günter Lamprecht (Biberkopf), Gottfried John (Reinhold) und Barbara Sukowa (Mieze) auf unvergeßliche Weise genützt wird. Ihr körperintensives Spiel, durch die Sprachlosigkeit erzwungen, hat nichts Exhibitionistisches, ist nuancenreich, kann sich oft mit Andeutungen begnügen.

Nicht alle Passagen allerdings sind von dieser Genauigkeit und Sensibilität geprägt, in manchen Szenen hat das Dekor eine denunzierende Überdeutlichkeit (in Pums protzigem Büro), manchmal chargieren auch einige der Schauspieler, besonders im Ganovenmilieu. Man hat den Eindruck, daß Fassbinder die Erzählstränge, die er der Verständlichkeit der Handlung wegen mitschleppen mußte, nur routiniert in Szene gesetzt hat, vielleicht ging ihm auch bei 15 Stunden einmal der Atem aus. Immer aber wenn er zur eigentlichen Geschichte zurückkehrt, zu den Beziehungen zwischen Biberkopf, Reinhold und Mieze, verdichtet sich der Film zur persönlichen Konfession. So wird die 4. Folge, Biberkopfs Verzweiflung, sein einsamer Suff, zum ersten Höhepunkt der Serie, die 12. Folge, Reinhold

Berlin Alexanderplatz

und Mieze im Wald, zu einer tief beunruhigenden Analyse von Gefühlen der Abstoßung und Anziehung, der Epilog, »Mein Traum vom Traum des Franz Biberkopf«, zu einer finsteren, pasolininahen Phantasmagorie, die dennoch nicht frei von Peinlichkeiten ist, wenn Biberkopf ans Kreuz geschlagen wird, ein Atompilz aufsteigt und Janis Joplin singt »Freedom is just another word for nothing left to loose« – hier holt das Selbstmitleid aus FAUSTRECHT DER FREIHEIT den Regisseur-Träumer Fassbinder auf einer ambitionierteren ästhetischen Ebene wieder ein, und es hängt sehr von der Einstimmung des Zuschauers ab, ob er diese Symbol-Collage goutiert oder nicht.

Der Film ist in der Bundesrepublik sehr unterschiedlich aufgenommen worden. Die meisten Filmkritiker, die die Serie in Pressevorstellungen oder bei der Biennale in Venedig 1980 auf der Leinwand gesehen hatten, schrieben zum Fernsehstart ausführliche Lobeshymnen. Die meisten Fernsehkritiker, die die Serie allwöchentlich auf dem kleinen Bildschirm sahen, kamen zu einem negativen Ergebnis. Angeheizt wurde die

Berlin Alexanderplatz

Diskussion durch eine Kampagne der Springer-Presse gegen die Serie, der man »Schmuddelsex« unterstellte und die Verschleuderung von 13 Millionen Mark Fernsehgebühren vorwarf: hinter diesen Angriffen stand wohl auch, daß Fassbinder eine Boykotterklärung deutscher Autoren gegen den Springer-Verlag mitunterschrieben hatte; andererseits wußten sich »Bild« und »Hör Zu« in Übereinstimmung mit der Mehrheit der Fernsehzuschauer, die empört auf BERLIN ALEXANDERPLATZ reagierten.

Angesichts dieses Diffamierungsfeldzuges war es im Herbst 1980 kaum möglich, sachlich über BERLIN ALEXANDERPLATZ zu diskutieren. Die Serie war eine Herausforderung ans Fernsehen und seine Zuschauer. Aus dem Mittelmaß des Fernsehalltags ragt dieses persönliche Bekenntnis weit heraus. Die TV-Zuschauer mußten sich provoziert fühlen, hatten sie doch keine Möglichkeit des Vergleichs und der Einordnung; die letzten, radikalsten Fassbinder-Filme IN EINEM JAHR MIT 13 MONDEN und DIE DRITTE GENERATION kannten sie nicht, da sie nicht im Fernsehen (und selten im

Kino) gelaufen waren. Die Ablehnung von BERLIN ALEXANDERPLATZ schlägt aufs Fernsehen zurück, das wenig leistet, um die Zuschauer auf Serien wie diese vorzubereiten. Auf der anderen Seite bleibt die Frage, ob BERLIN ALEXANDERPLATZ im Fernsehen überhaupt zur vollen Wirkung kommen kann, die unterschiedliche Beurteilung der Serie durch Film- und TV-Kritiker ist kein Zufall. Wenn Ulrich Greiner in der ZEIT vom 10. 10. 80 lobend schreibt, »lange Passagen sind bis an die Grenze der Sichtbarkeit unterbelichtet«, so geht er von seinem Kinoerlebnis aus, auf dem Bildschirm ist tatsächlich nichts mehr zu sehen. All das, was von den Filmkritikern ausführlich diskutiert wird, das Licht, das der Kameramann Xaver Schwarzenberger gemacht hat (in Anlehnung an Sternberg-Filme), die verwinkelten Raumkonstruktionen, die ungewöhnlichen Perspektiven – alles ertrinkt in der dunklen Soße der Fernsehpräsentation. Wo Fassbinder dann doch auf die Fernsehnormen Rücksicht genommen hat, nehmen mußte, ist es dem Werk nicht immer gut bekommen: die notwendige Segmentierung in dreizehn Folgen und einen Epilog, zerstört manche Spannungsbögen; nicht jeder Teil kann so fesseln wie die Folgen 4 und 12. Die Filmkritiker haben das ganze Werk in wenigen Tagen gesehen, die TV-Kritiker und -Zuschauer brauchten dafür drei Monate.
So bleibt BERLIN ALEXANDERPLATZ ein Zwitter zwischen Kino und Fernsehen; das aufwendigste Unternehmen in Fassbinders Karriere ist durch die Konzentration auf Schauspieler und Innenräume – ein Kammerspiel; ein großer Entwurf, aber nicht unbedingt in allen Teilen ein großer Wurf. Dennoch: Für Fassbinder eine Befreiung, ein Zu-Ende-Formulieren seiner Obsessionen, ein Endpunkt eines Weges. Danach konnte er sich Großproduktionen zuwenden, die mehr Professionalität als Konfession erforderten, die ihm zudem Mittel an die Hand gaben, von denen er bis dahin nur träumen konnte: zwei Stunden LILI MARLEEN kosteten 11 Millionen Mark, die bis dahin höchste für einen deutschen Film je ausgegebene Summe – dagegen war BERLIN ALEXANDERPLATZ mit 13 Millionen für 15 Stunden eine lowbudget-Produktion.
(Alle Fassbinder-Zitate dieses Abschnitts stammen aus seinem Aufsatz über Döblins Roman »Berlin Alexanderplatz« in der ZEIT Nr. 12/1980.)

Lili Marleen. 1980

Frei nach dem Leben der Lale Andersen. 1938: Willie (Schygulla), eine junge, noch erfolglose deutsche Sängerin liebt Robert (Giannini), einen begabten Schweizer Musiker, der häufig nach Deutschland reist, um im Auftrag einer von seinem Vater geleiteten Organisation gefährdeten Juden zu helfen. Der Krieg bringt die Liebenden auseinander. Willie macht Karriere nach der zufälligen Entdeckung ihrer Schallplattenaufnahme von »Lili Marleen« beim deutschen Soldatensender Belgrad. Robert arbeitet weiter in der Hilfsorganisation; bei einem erneuten Auftrag wird er in Deutschland verhaftet und schließlich ausgetauscht. Auch Willie, deren Liebe zu Robert der Gestapo bekannt ist, gerät direkt ins Räderwerk der Politik, für Robert besorgt sie auf einer ihrer Tourneen Informationen über deutsche Vernichtungslager im Osten; die Gestapo verbietet ihr weitere Auftritte, weil ihr Lied als defätistisch gilt, zwingt sie aber bald wieder in die Öffentlichkeit, nachdem der britische Soldatensender Calais ihre Verhaftung und Ermordung gemeldet hatte. Willie und Robert überleben den Krieg; als Willie nach Zürich fährt, sieht sie Robert mit einer anderen Frau, er ist verheiratet.

Die fast noch private Uraufführung des Liedes von Lili Marleen im Münchner »Simpl« endet mit einer Schlägerei, in die Schallplattenaufnahme platzt die Nachricht von Hitlers Überfall auf Polen, bei der eigentlichen Weltpremiere im Soldatensender Belgrad donnern die Geschütze dazwischen, in die schmetternde, die Wehrkraft anfeuernde Inszenierung des Liedes im Berliner Sportpalast, dringen die Schrecknisse des Krieges herein, auch ein paar KZ-Bilder – es sind Zitate aus dem Sam Peckinpah-Film »Steiner«. Wann immer jedenfalls Willie das Lied von Hans Leip und Norbert Schultze anstimmt, stört die Geschichte, mehr die allgemeine als die individuelle, den erwarteten Genuß.
Nie läßt Fassbinder den Zuschauer auf dem Lied »ausruhen«, immer inszeniert er die Funktion der Schnulze mit: Trost zu sein für die im Krieg Getrennten, den Krieg – je nach politischem Standpunkt – erträglich oder unerträglich zu machen, Mittel der Kriegspropaganda zu sein, auf der einen wie auf der anderen Seite.

Lili Marleen

Lili Marleen

Diese Distanzierung schlägt aber ein paar Mal um in eine Mythisierung: Wenn Tod und Schrecken einmontiert werden, bekommt das schlichte Lied eine fast apokalyptische Dimension – nicht mehr die Sehnsucht des einzelnen nach dem Geliebten drückt sich darin aus, sondern, im Augenblick des allgemeinen Untergangs, die Sehnsucht nach dem Leben. Diese Untergangsvisionen brechen indes nur an wenigen Stellen durch. Meist bleibt Fassbinder im Rahmen einer perfekt konstruierten Kinounterhaltung, die Stacheln stechen nur so tief, wie es nötig ist, um durch Irritationen das Interesse des Zuschauers immer wieder neu zu wecken.
Fassbinder zeigt sich dem Elf-Millionen-Etat gewachsen, er zieht alle Register. Oft treibt er die Handlung durch Kurzszenen voran, wenn er die Liebesgeschichte einfädelt, oder er reißt die Spannung in einer Szene hoch, sie zugleich individuell und politisch motivierend – wenn etwa der in Deutschland verhaftete Robert und Willie einander unter den Augen der Gestapo gegenübergestellt werden und sich nicht erkennen dürfen. Er baut falschen Glanz auf – wenn Willie bei Hitler zur

Lili Marleen

Audienz geladen ist, öffnen sich hohe Türen, gleißendes Licht fällt heraus – und zerstört ihn sofort wieder: erbarmungslose Orchesterschläge sagen deutlich, wen Willie hier besucht. Virtuos argumentiert er mit Räumen, Farben und Licht, stellt das, trotz mancher eleganten Extravaganz, kalte, dunkle, bombenbedrohte Berlin gegen das lichtdurchflutete Schweizer Heim Roberts, wobei Hell und Dunkel nie endgültige, verbindliche Zuschreibungen sind: der Züricher Familienclan, der Juden aus Deutschland herausschmuggelt, hat auch etwas Unheimliches, er spielt mit Willie, ohne daß sie es weiß.
Überhaupt ist dies ein Film der verschwimmenden Positionen, die Personen bleiben fremd, moralisch ambivalent, überraschend in ihren Reaktionen. Willie macht mit Hilfe und zu Gunsten der Nazis Karriere – sie sagt immer: »Das ist doch nur ein Lied« – und liebt weiter ihren jüdischen Freund Robert, für den sie einen Film über Naziverbrechen aus Polen herausschmuggelt.
Fassbinder nimmt nicht den Standpunkt ein, er könne von heute aus ein Urteil sprechen über die Personen, die jene

unseligen, verbrecherischen zwölf Jahre miterlebten – das birgt bei einem politisch stumpfen Publikum die Gefahr der Entschuldigung in sich, aber der Gewinn ist doch größer, weil alle Schwarz-Weiß-Vereinfachungen vermieden sind. LILI MARLEEN ist kein antifaschistischer, aber auch kein faschistischer Film, er versucht, den Faschismus begreifbar zu machen in seiner Banalität und Faszination.
Die Distanz, die Fassbinder immer wieder schafft, verweigert dem Zuschauer die Identifikation mit den Figuren auf der Leinwand, sie hat aber offensichtlich auch den Schauspielern die Identifikation mit ihren Rollen erschwert. Wenn man sich an den Reichtum schauspielerischer Nuancen bei den Darstellern von BERLIN ALEXANDERPLATZ erinnert, dann bleiben die Schauspieler in LILI MARLEEN flach. Hanna Schygulla fesselt immer in ihren Showauftritten, aber wenn sie Schmerz mimen soll, fließen die Tränen allzu mechanisch.
LILI MARLEEN ist ein synthetisches Produkt durch und durch. Es führt die Tradition von Douglas Sirk und sogar dem alten Ufa-Film weiter, im Vorspann ist Fassbinder nicht für die Regie, sondern, wie man im »Dritten Reich« sagte, für die Spielleitung verantwortlich, zugleich aber verfremdet und ironisiert er die ästhetischen Schemata. Die möglichen Tränen

Lili Marleen

des Publikums gelten nie einer Person oder einem Schicksal, sondern nur dem Überdruck der einzelnen Szene.
Das Bündnis Fassbinders mit dem Altproduzenten Waldleitner und dem Großverleih Tobis hat sich für beide Seiten gelohnt. Fassbinder hat – ohne sich aufzugeben – einen Film gedreht, mit dem er seinem Traum »Hollywood« ein Stückchen nähergekommen ist; die Branche andererseits hat gut verdient. Die Radikalität seiner persönlichsten Filme, IN EINEM JAHR MIT 13 MONDEN und DIE DRITTE GENERATION, läßt Fassbinder natürlich vermissen, ein Kinohit wie LILI MARLEEN hat eigene Gesetze.
Der Film hat die deutsche Kritik wiederum geteilt, aber auf andere Weise als bei BERLIN ALEXANDERPLATZ. Diesmal ging der Riß mitten durchs Fassbinder-Lager selbst. Hat Fassbinder sich verkauft, seinen politischen Standpunkt verraten, hat er der Ästhetisierung des Faschismus Vorschub geleistet? Oder hat er die überkommenen Modelle subtil unterlaufen? Für mich ist LILI MARLEEN eine Collage aus Ufa-Motiven, mit kaltem Kunstverstand zusammengesetzt, völlig frei vom Biedersinn und der »Gemütlichkeit« des Nationalsozialismus. Die »echten« Nazifilme waren viel schlechter, mußten es sein, um Film und Publikum zu einer Einheit zu verschmelzen. Fassbinders Perfektion verweigert dagegen diese Symbiose.

Lola. 1981

Nach Coburg, in eine nordbayerische Kleinstadt, kommt 1957 ein neuer Baudezernent, von Bohm (Müller-Stahl). Zuerst ein Außenseiter, widersetzt er sich schließlich den Bauplänen des Unternehmers Schuckert (Adorf) nicht mehr. Er heiratet die Kleinstadtdirne Lola (Sukowa), die er zunächst als Marie-Louise kennengelernt hatte, ohne von ihrer Doppelexistenz etwas zu ahnen.

LOLA - BRD 3, steht lakonisch im Vorspann, Hinweis darauf, daß dies der dritte Teil einer »Gesamtgeschichte der Bundesrepublik Deutschland« ist, die Fassbinder drehen will. DIE EHE DER MARIA BRAUN war Folge 1, das Mittelstück, VERONIKA VOSS, entstand 1982, weitere Teile bis

Lola

zur Gegenwart waren geplant. Wie MARIA BRAUN ist auch LOLA kein nur historischer Film – Fassbinder interessiert an den fünfziger Jahren gerade das, was weiter wirkt. In der Adenauerzeit, so Fassbinder, ist das heutige Machtkartell aus Wirtschaft und Politik entstanden, wurde der Profit zum alleinigen Maßstab des Handelns, hat die liberale, kritische Intelligenz abgedankt, hat jene allgemeine Anpassung begonnen, die das offizielle politische Leben bis heute bestimmt, gegen die damals schon einige wenige Anti-Atombewaffnungs-Gegner vergeblich demonstrierten.
Was hier auf Formeln reduziert wird, ist im Film eine handfeste Kinogeschichte voller Ironie, vollgespickt auch mit Hinweisen auf andere Fassbinderfilme, vor allem die MARIA BRAUN. Nach der kalten LILI-MARLEEN-Collage ist LOLA wieder ein persönlicher Film.
DIE EHE DER MARIA BRAUN erzählte von der Stärke der Frau in Krisen- und Umbruchszeiten; als die Männer in der Bundesrepublik der fünfziger Jahre wieder die Macht übernehmen, kann Maria Braun nur noch untergehen. In

Lola

LOLA ist die Rolle der Frau ambivalenter angelegt: Lola unterwirft sich die Männer im Bett, aber an den eigentlichen Machtkämpfen ist sie nicht mehr beteiligt; sie ist nun der Preis für den Sieger, den Bauunternehmer Schuckert, der ihr zur Hochzeit das Bordell schenkt, und der Trostpreis für den Verlierer, den Baudezernenten von Bohm, der sie nach seiner Niederlage gegen die lokale Machtelite, mit Schuckert und dem Bürgermeister an der Spitze, heiratet.
Die Personenkonstellation von LOLA ist einfach. Als von Bohm in Coburg eintrifft, ist er ein Fremder, ein Flüchtling, ein Störfaktor im Spiel »Eine-Hand-wäscht-die-andere«. Er ist kein Kumpel, er ist korrekt in seiner Arbeit, formuliert seine Vorstellungen im Bauausschuß, weiß nichts von jenem Etablissement, »Villa Fink«, in dem die eigentlichen Entscheidungen getroffen, zumindest vorbereitet werden. Seine Liebe zu Marie-Louise ist rein. Sie verliebt sich in ihn, weil er anders ist als die übrigen Männer am Ort, ein Fremder, kein Kumpel, einer, der ihr die Hand küßt und mit ihr Wanderlieder singt.

Lola

Von Bohm durchschaut bald das Spiel, das im Städtchen gespielt wird. Dennoch wird er zunächst nicht zur Gefahr für die Spekulanten, obwohl ihm sein Assistent Esslin, der sich genau auskennt und Bakunin liest, die Naivität genommen, klargemacht hat, was man von ihm erwartet: daß er funktioniert, durch seine Arbeit den anderen den Profit garantiert. Zum Amokläufer wird von Bohm erst, als Marie-Louise ihn nicht wiedersehen will, als Esslin ihn mit in die »Villa Fink« nimmt: der Kampf gegen den Nebenbuhler Schuckert, der nun beginnt, soll zum Vernichtungskampf gegen diesen »Raubvogel« werden, ausgetragen auf einem Schlachtfeld, auf dem von Bohm nicht waffenlos ist.
Doch alles kommt anders. Von Bohm liebt Lola immer noch und unterwirft sich. Das Spekulationsobjekt, die Siedlung »Lindenhof« wird gebaut. Die Heirat zwischen ihm und Lola besiegelt: er ist nun kein Fremder mehr, und Lola, die immer schon dazugehörte, gehört nun auch offiziell dazu. Im Rundfunk wird wieder eine Fußballweltmeisterschaft übertragen,

1958 aus Schweden, nun nicht mehr ein strahlender Sieg wie in Bern 1954 (als zeitgeschichtliches Symbol in MARIA BRAUN zitiert), sondern eine Holzhackerei, Juskowiak wird vom Platz gestellt, die Normalität regiert, wie im Leben.

Diese einfache, fast zu schlüssige, modellhafte Geschichte wird mit Raffinement erzählt. Fassbinder und sein Kameramann Xaver Schwarzenberger haben sich eine exquisite Farbdramaturgie ausgedacht. Bei den Szenen zwischen von Bohm und Lola sind beider Gesichter meist in die Bonbonfarben des schlechten Geschmacks getaucht, seines in Blau, ihres in Rosa. Die Geschichte wird dadurch von uns entfernt und zugleich in die richtige Dimension gerückt, die des Kitsches. Lolas Schlafzimmer changiert in einem Farbbogen von Gelb bis Violett. Durchsetzt sind diese eher dekadenten Töne von den kräftigen Farbharmonien des Heimatfilms und des Melodrams. Ähnlich groß und ironisch grundiert die Palette der Musik von Peer Raben, sie reicht von den Schnulzen der fünfziger Jahre bis zum symphonisch-dramatischen Ausbruch.

Diese bewußte Artistik, die oft mehr Aufmerksamkeit beansprucht als die Story selbst, nimmt dem Film alle Schwere. So spielerisch und leichthändig ging Fassbinder selten mit einem Stoff um. Die Bitterkeit, trotzdem unübersehbar, kommt auf leisen Sohlen: Fassbinder schlägt diesmal verdeckt im Ansatz, unerwartet und blitzschnell, meist mit der linken Hand zu. Die eigentliche Niederlage von Bohm beispielsweise wird ausgespart, wir werden am Ende nur noch Zeugen der falschen Idylle.

Die Schauspieler spielen ihre Rollen komödiantisch und treffen damit genau den Stil des Films. Barbara Sukowa werden zwar auch Exzesse zugemutet, Armin Müller-Stahl darf auch tiefe Verzweiflung mimen, und tut es überzeugend, aber insgesamt scheinen die Darsteller neben ihren Rollen zu stehen. Mario Adorf spielt ohnehin immer mit einem Augenzwinkern. Eleganter als Fassbinder kann man die fünfziger Jahre, die Zeit des Wirtschaftswunders, der Wahlparole »Keine Experimente«, nicht abservieren. Lächerlichkeit tötet, das gilt allerdings nur für die Kunst. Im Leben tragen wir noch schwer am Erbe der fünfziger Jahre.

Theater in Trance

Theater in Trance. 1981

Dokumentarfilm in vierzehn Teilen über das Festival »Theater der Welt 1981« in Köln; im ersten Kapitel wird ein Empfang der Stadt für Festivalgäste gezeigt, in den anderen werden einige der wichtigsten Gruppen vorgestellt, zum Beispiel das Squat Theatre, New York, die Magazzini criminali aus Florenz, die Kipper Kids aus Kalifornien oder die Pina Bausch-Tanzgruppe aus Wuppertal. Im off liest Fassbinder Texte von Artaud aus dem Buch »Das Theater und sein Double«.
Dieser einzige Dokumentarfilm Fassbinders ist offensichtlich angeregt durch Werner Schroeters Film über das Theaterfestival in Nancy, *Die Generalprobe,* entstanden 1980. Schroeter hatte damals seine Eindrücke in Nancy zu einem sehr persönlichen Essay geformt, hatte sich selbst inszeniert, seine Obsessionen und Sehnsüchte. Fassbinder ging bescheidener vor, er reihte Aufführungsausschnitt an Aufführungsausschnitt, zitierte allerdings ausschließlich Inszenierungen eines nicht-literarischen Theaters, eines Theaters der Körpersprache, der Aktion – die von ihm vorgelesenen Artaud-Texte über ein Theater der Grausamkeit, der Raserei, sollten den theoretischen Hintergrund abgeben für die Szenen aus den verschiedenen Aufführungen, die man sieht.
Der Film ist ein Kompromiß. Er ist keine Dokumentation der zitierten Aufführungen, er verdichtet sich aber auch nicht zur Konfession Fassbinders von einer bestimmten Form des Theaters. Die Kamera bleibt zu sehr in der Distanz, zu unpersönlich, uninteressiert; die kurzen Ausschnitte aus den Aufführungen, etwa des Squat Theatre oder der Magazzini criminali, werden den Eigenarten dieser Gruppen, die viel größere Spannungsbögen bauen, nicht gerecht. Weil sie so unbeteiligt aufgenommen sind, können die Szenenfragmente auch nicht als Beweis dienen für die Thesen Artauds (einige der Aufführungen könnten es). So hängen die Texte in der Luft, die Utopie eines neuen (zugleich alten) Theaters wird nicht sichtbar. Beeindruckend ist der Film nur in einer einzigen Szene, die aus sich heraus wirkt, auch wenn man die übrige Aufführung nicht kennt, eine Szene aus einer Pina Bausch-Produktion, in der Männer und Frauen, dem üblichen Rollenverhalten folgend, einander attackieren.

Die Sehnsucht der Veronika Voss. 1982

An der Straßenbahnhaltestelle Geiselgasteig trifft der Sportreporter Robert Krohn (Thate) eine verängstigte Frau. Er bringt sie in die Stadt, sieht sie am nächsten Tag in einem noblen Café wieder, wo sie sich 300 Mark von ihm leiht. Sie war ein Ufa-Star, wird von älteren Verehrerinnen noch erkannt: Veronika Voss (Zech). Zwischen Krohn und der Schauspielerin beginnt eine merkwürdige Liaison, bei der der Reporter halb von menschlichem Mitgefühl, halb von journalistischem Interesse getrieben wird. Auf die Frage seiner Freundin Henriette (Froboess), ob er Veronika liebe, antwortet er wahrheitsgemäß: ich weiß es nicht. Allmählich findet Krohn heraus, daß Veronika Morphium nimmt, daß sie von einer Ärztin Dr. Katz (Düringer) abhängig ist, sogar in deren Praxis wohnt, daß die Ärztin nicht nur die Schauspielerin, sondern auch andere Patienten ausbeutet, sich deren Besitz überschreiben läßt gegen die Abgabe des teueren Rauschgifts, daß sie dabei von einem Beamten des Gesundheitsamtes gedeckt wird. Henriette, die sich an Krohns Recherchen schließlich aktiv beteiligt, wird umgebracht, Krohn kann, als er die Polizei in die Praxis holt, keine Beweise liefern. Veronikas Versuch, mit einer kleinen Nebenrolle wieder im Film Fuß zu fassen, scheitert kläglich (als Regisseur in einer Max Ophüls-Parodie: Peter Zadek). Der Ärztin aber wird Veronika, wegen ihrer Bekanntschaft mit Krohn, allmählich lästig, man arrangiert eine Abschiedsparty für sie, die angeblich nach Hollywood geht; dann läßt man sie ohne das nötige Morphium in der Praxis allein zurück, eingesperrt in ihr Zimmer – am Ostersonntag nimmt sie sich mit Schlaftabletten das Leben. Krohn ahnt die Zusammenhänge, aber wer würde ihm glauben? Er fährt ins Stadion von »1860 München«, seinen eigentlichen Beruf wieder aufnehmend.

VERONIKA VOSS ist das Mittelstück der Fünfziger-Jahre-Trilogie, zwischen MARIA BRAUN und LOLA, BRD 2, wieder ein Film über eine Frau. Hatte der erste den Wiederaufbau beschrieben, der dritte die Anpassung, so handelt dieser von der Erinnerung, vom Sich-Nicht-Zurechtfinden in der neuen Gegenwart. Veronika Voss lebt in der Vergangenheit des »Dritten Reiches«, die für sie eine große ist. Daß auch

Die Sehnsucht der Veronika Voss

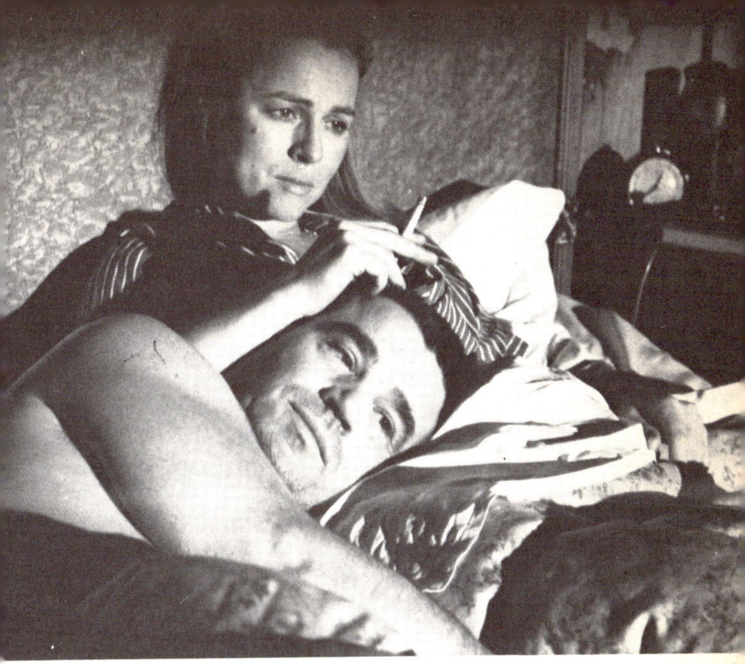

Die Sehnsucht der Veronika Voss

andere ihre Erinnerung nicht überwinden, zeigt Fassbinder an einem alten Antiquitätenhändler (Platte), der im KZ war, vom Morphium abhängig ist wie Veronika. Als ihm Frau Dr. Katz keines mehr gibt, tötet er sich zusammen mit seiner Frau (Hofer). Ufa und Treblinka sind Schlüsselbegriffe dieses Films, darauf hat Pflaum aufmerksam gemacht (Filmkorrespondenz 6/82). Den Begünstigten des einstigen Systems, die sich nicht anpassen können, was für sie spricht (wie Veronika), und den Opfern, die so zerstört sind, daß sie unfähig sind, weiterzuleben, setzt Fassbinder ein Denkmal. Sein Haß gilt dem neuen Machtkartell, das der Gesellschaft die Drogen liefert, die sie (tatsächlich oder vermeintlich) braucht; der Journalist (der Detektiv dieses Films), der das demokratische Prinzip verkörpert, hat gegen das Komplott keine Chance.
Der Film lebt aber nicht nur von dieser Konstellation, in der das Rauschgift eine eher symbolische Funktion hat, sondern auch von der minutiösen Beschreibung einer Krankheit – in Anlehnung an das Schicksal des Ufa-Stars Sybille Schmitz –, in der das Morphium ganz konkret seine fürchterliche Wirkung tut. Rosel Zech spielt virtuos, aber ohne Eitelkeit, die Euphorien und Zusammenbrüche der Veronika; wie ein Star steigt sie im Caféhaus die Treppe nach oben, ein großer Auftritt – nach der einzigen Nacht mit Robert ist sie ein heulendes Bündel Elend, erschreckend. Der Einsamkeit und dem abrupten Entzug am Ende kann sie nicht gewachsen sein; ihr Zimmer hat sie schon demoliert, da nimmt sie schließlich die Schlaftabletten, dämmert dem Tod entgegen – der Papst hat gerade im Radio den Segen »Urbi et orbi« erteilt, und von draußen tönen die Glocken herein (Faust hatten sie ins Leben zurückgerufen). Mit schneidender Ironie, durch Pathos verstärkt (das Fenster-Kreuz wirft seinen Schatten in den blendend weißen Raum), setzt Fassbinder einen Schlußpunkt unter das Leben des einstigen Stars.
Die Suggestivkraft der VERONIKA VOSS beruht nicht nur in der gradlinigen, wirkungssicher erzählten Geschichte, sondern vor allem im Stil, einer grandiosen Imitation (die mehr als Plagiat ist) jenes Ufa-Melodrams, dem Veronika Voss ihre Erfolge verdankte. Der Schwarz-Weiß-Film, LILI MARLEEN nicht von einem Regisseur, sondern einem Spielleiter verantwortet, bewegt sich elegant an der Kippe zwischen Kunst und Kitsch, ist sicher mit mehr Distanz gemacht als die

Schicksalsdramen jener Jahre. Wenn Peer Raben immer wieder ein dunkles Paukenmotiv ertönen läßt, dann hört man das Artifizielle des Zitats mit, und wenn Fassbinder und Schwarzenberger die unheimlichsten Szenen in der Praxis der Frau Dr. Katz in ein strahlendes Weiß tauchen, die eher anheimelnden Sequenzen in der Dunkelheit fast verschwinden lassen, dann erkennt man in dieser Umwertung die Bewußtheit der Inszenierung. Zwar scheint Fassbinder durchaus an einer Identifikation des Zuschauers interessiert, mehr mit Robert als mit Veronika, aber die Kühle, mit der er die Story nicht nur erzählt, sondern immer wieder seziert, schafft doch Raum für Reflexionen des Zuschauers. Fassbinder bricht die Illusion, schon in der ersten Szene, die der eigentlichen Handlung vorausgeht: Veronika Voss sieht sich im Kino anonym einen ihrer alten Filme an. Das Bild auf der Leinwand hat überdauert, aber die Zuschauerin ist schon eine andere als die Schauspielerin, die jenen starken Eindruck einst hervorbrachte. Vergänglichkeit. Im Publikum schräg hinter Veronika Voss Rainer Werner Fassbinder, sein letzter Auftritt in einem eigenen Film.

Querelle. Ein Pakt mit dem Teufel. 1982

Was in der Vorbemerkung zur kommentierten Filmografie notiert wurde, daß Inhaltsangaben nicht viel über den spezifischen Reiz von Fassbinderfilmen aussagen, gilt besonders für QUERELLE. Fassbinder: »Querelle de Brest von Jean Genet ist vielleicht der radikalste Roman der Weltliteratur, was die Diskrepanz von objektiver Handlung und subjektiver Phantasie betrifft. Das äußerliche Geschehen, abgelöst von der Bilderwelt des Jean Genet, ergibt eine wenig interessante, eher drittklassige Kriminalgeschichte, mit der zu beschäftigen sich kaum lohnte.« Genet erzählt von zwei Mördern, dem Matrosen Querelle (Davis), der einen anderen Matrosen umbringt, und dem Arbeiter Gil (Pöschl), der einen anderen Arbeiter tötet; er erzählt, wie die beiden sich treffen, Freundschaft schließen, bis schließlich Querelle Gil an die Polizei verrät. Aber was bedeutet diese Geschichte, der viele andere Geschichten beigeordnet sind, oder Fragmente von Geschichten, die immer von der Beziehung zwischen Menschen erzählen?

Genet läßt die Handlung von zwei Kommentaren begleiten, dem Tagebuch des Leutnants Seblon (Nero), der Querelles Vorgesetzter ist, und von den Reflexionen des Autors. Diese diskursiven Elemente übernimmt Fassbinder, Seblon spricht allerdings die Beobachtungen und Überlegungen, die alle um die Person des heimlich geliebten Querelle kreisen, in einen Kassettenrecorder; die Betrachtungen des Autors, von einer anonymen Erzählerstimme aus dem off vorgetragen, erweitert Fassbinder um einige Zitate, die als Inserts (Schwarz auf weißem Grund wie in EFFI BRIEST) in den Film eingefügt sind, Zitate fast ausschließlich aus dem Roman. Erst dieses Geflecht von Erzählung und Reflexion erschließt allmählich den Roman und den Film, ohne beiden zu einer simplen Eindeutigkeit zu verhelfen. Genet läßt sich und seine Figuren nicht festlegen; gerade darin liegt seine Freiheit, darin manifestiert sich sein Ausbruch aus den traditionellen Werte- und Moralvorstellungen.
Wenn Querelle, Dieb und Opiumhändler, seinen Komplizen Vic (Schidor) durch einen Schnitt in die Halsschlagader tötet, befreit er sich zwar auch von einem Mitwisser, vor allem aber gehorcht er einem inneren Zwang, einem erotischen Trieb; er beobachtet sich bei dieser Tat von außen, wie einen Fremden. Er leidet und ist stolz, er hat Angst und fühlt sich mächtig; er ist ein Mörder mit Bewußtsein. Dennoch muß er seine Tat sühnen: er gibt sich Nono (Kaufmann), dem Wirt des Bordells Féria hin, empfindet dessen Gewalt wie eine Hinrichtung. Wenn der Maurer Gil einen Arbeitskollegen, der ihn vor allen anderen verspottet hatte, umbringt, tut er das im Affekt; er ist ein Mörder ohne Bewußtsein. Er versteckt sich, er hat ja in aller Öffentlichkeit getötet, während Querelle selbstbewußt in aller Öffentlichkeit auftritt, er hat im Verborgenen getötet. Wenn nun Querelle Gil in seinem Versteck besucht, sich mit ihm anfreundet, dann will er endlich einen Menschen finden, der ihm ebenbürtig ist, der wie er gemordet hat. Gil erfüllt zunächst diese Hoffnungen nicht, er wächst aber an den Forderungen, die Querelle an ihn stellt, er will ein richtiger Verbrecher werden. Daß Querelle Gil am Ende dennoch verrät, ein Verrat, der ihm Schmerz bereitet, hat für ihn die Funktion eines Opfers, seine anderen Taten sollen dadurch geheiligt werden. Fassbinder, der an vielen Stellen die Beziehungen zwischen den Figuren vereinfachen muß, hat das Verhältnis

Querelle

Querelle-Gil zusätzlich kompliziert, indem er Gil und Querelles Bruder Robert vom selben Schauspieler, Hanno Pöschl, spielen läßt – so ist der Verrat an Gil zugleich gegen den Bruder gerichtet, den Liebhaber der Féria-Chefin Lysiane (Moreau), mit dem Querelle eine Haßliebe verbindet.
Roman und Film spielen in der Hafenstadt Brest am Atlantischen Ozean; bei Genet ist der Ort oft in undurchdringlichen Nebel gehüllt, der die Personen verbirgt, sie aber auch der Einsamkeit ausliefert. Fassbinders Brest scheint eher ein Ort in den Tropen zu sein, in dem die glühenden Farben Orange

Querelle

und Gelb dominieren, unter die sich manchmal ein erschrekkend-kaltes Blau mischt. Schiff und Straße, Féria und Bagno (wo sich Gil verbirgt) sind auf engstem Raum im Studio aufgebaut, so daß die Schauspieler – wie auf einer Bühne – mit wenigen Schritten den nächsten Schauplatz erreichen. Sie bewegen sich wie Träumer in einem Labyrinth, aus dem es keinen Ausweg gibt, auch den Blicken der anderen sind sie immer preisgegeben. (Daß hier Querelle unbemerkt gemordet haben soll, wie der Querelle des Romans, ist unvorstellbar – und tatsächlich scheinen auch alle etwas zu ahnen.) Die Außenwelt des Films ist zugleich Innenwelt, Gegenstände und Personen sind Projektionen des eigenen Unterbewußtseins, die Lockung durch Sexualität und Gewalt (männlich geprägt) wird in vielen Zeichen sichtbar, aber auch die Enge, die den Akteuren jeden Spielraum nimmt, sie zu zwanghaften Handlungen treibt, ist in jedem Augenblick bedrückend spürbar.
Wie kein andcrer Film aus Fassbinders späten Jahren erinnert dieser an seine frühen Gangstermelodramen. Auch die erzählten von Liebe und Verrat, von Mord und Einsamkeit, auch deren Personen bewegten sich oft wie in Trance zeitlupenhaft

uerelle
AKT MIT DEM TEUFEL
Ein SCOTIA-Film

Brad Davis · Franco Nero · Jeanne
R. W. FASSBINDER'S
Querel

in einer künstlichen Welt voller Schatten und Höhlen. Was damals naiv (oder als Zitat des *film noir*) formuliert war, scheint durch Genets Phantasie auf den Begriff gebracht; wo die Menschen damals instinktiv handelten, sind jetzt ihre Motive erklärt, so widersprüchlich diese auch sein mögen. Es ist eine negative Theologie, die hinter QUERELLE steht; sie verheißt dem Verbrecher Macht und Freiheit, stößt ihn aber zugleich in die tiefste Einsamkeit. Die Beziehungen zwischen den Menschen basieren auf Gewalt und Abhängigkeit, auch Sexualität ist ohne Gewalt nicht möglich (obwohl alle von Zärtlichkeit träumen). Es ist eine Männerwelt, wie schon in GÖTTER DER PEST oder DER AMERIKANISCHE SOLDAT, Frauen, selbst die machtvolle Lysiane, haben letztlich nur die Funktion des Opfers, sind Objekt, nicht Subjekt der Geschichte.

QUERELLE, erst drei Monate nach seinem Tode uraufgeführt, ist neben BERLIN ALEXANDERPLATZ für mich der persönlichste von Fassbinders letzten Filmen. Viele Motive aus den übrigen Filmen, dort oft verdeckt durch zeitgeschichtliche Bezüge, treten hier offen und von allem Beiwerk gereinigt zutage: es geht um die verzweifelte Suche der Menschen nach einem anderen Menschen und um die Erkenntnis, daß nur Gewalt, und auch die nur für Momente, Kommunikation stiftet. Querelles Mord an Vic ist der intensivste Kontakt zwischen zwei Personen in diesem Film, der durchweg monologischen Charakter hat, am bezeichnendsten im Tagebuch des Leutnants Seblon. Fassbinder konstatiert dies mit Trauer, aber ohne jede Wehleidigkeit, QUERELLE ist ein kühler Film, nicht zur Identifikation einladend (wie noch VERONIKA VOSS), und trotz der Mitwirkung von Weltstars, ein unspektakulärer Film, nur durch Fassbinders Tod zur Mediensensation hochgeputscht.

Wie die damals noch namenlosen Darsteller der frühen Filme wirken Jeanne Moreau, Brad Davis oder Franco Nero ausschließlich durch ihre physische Präsenz; es gibt überhaupt keinen Qualitätsunterschied zu Günther Kaufmann, der als einziger aus der Fassbinder-Stamm-Mannschaft eine größere Rolle hat, oder dem Schriftsteller-Schauspieler Burkhard Driest, der den Polizisten Mario spielt. Sie alle bewegen sich träge, fast wie in Trance: das wird in der englischen Sprachfassung deutlicher als in der deutschen, die ein paar Wörter mehr

Querelle

benötigt, dadurch schneller wirkt. Die Künstlichkeit des Dekors, eine sehr ruhige Kameraführung (mit langen, langsamen Schwenks und Fahrten), lang ausgehaltene Musikakkorde (abgelöst ein paar Mal durch ein lebhaftes Chanson von Jeanne Moreau im »Jules und Jim«-Stil) und das zeitlupenhafte Spiel

der Darsteller geben zusammen dem Film den Charakter und die Intensität eines Traums, aus dem es kein Entrinnen gibt, der aber die Fürchterlichkeit dessen, was er heraufbeschwört, doch auch wieder abmildert.
QUERELLE ist ein auf den ersten Blick übersichtlicher, scheinbar einfacher Film, für mich aber wird er in der Erinnerung immer geheimnisvoller, rätselhafter. Vielleicht also Fassbinders hermetischster Film. Im Vorwort zum Drehbuch schrieb er: »... jedwede Handlung, die in dieser Welt (Genets) geschieht, jede Geste, jeder Blick, bedeutet immer etwas anderes, immer wesentlich mehr und immer Größeres, meist Heiliges.« Das gilt auch für den Film.

Magnetaufzeichnungen

Das Kaffeehaus. 1970

Diese erste Studio-Produktion Fassbinders konnte nicht besichtigt werden. Sie basiert auf Fassbinders und Rabens Bremer Bühnen-Inszenierung, enthält aber auch Elemente der späteren Aufführung des Münchner antiteaters. Auch die Besetzung ist eine Kombination beider Inszenierungen. Über die Bremer Uraufführung schrieb Botho Strauß u.a.: in »Theater heute«, Oktober 1969, S. 16ff.:
»Fassbinder hat Goldonis »Kaffeehaus«, einen konkreten sozialen Ort, an dem eine nutzlose Clique aus dem frühen italienischen Bürgertum zwischen Geld- und Liebesspiel verkehrt und sich zu erkennen gibt als vollkommen identisch mit der Mechanik der Komödie, den Intrigen, Gaunereien, Leihgeschäften, komplett verwandelt in einen Aufführungs*stil*, d.h. er hat nicht interpretiert und bezeichnet, hat nicht nachgespielt, in ›modernisiertem‹ Wortlaut, was im Original geschrieben steht. Dieser Stil ist auch, zu den Erwartungen, die man für eine Goldoni-Komödie hegt, ein Gegenstil; anstelle von flinken Rededuellen, allerhand Apartwitzen und Wortkaskaden breitet sich hier ein verhaltener, und gemessen hingesprochener Dialog aus, und wenn es ganz perfide zugeht, klingt er besonders elegisch. Das bleibt auch keine Komödie mehr, das ist ein ganz schön trauriges Stück geworden.
Fassbinder hat das ursprüngliche Stück einmal gründlich gele-

sen, die wichtigsten Handlungsverknüpfungen und Charaktere im Gedächtnis behalten, sodann aber in eigener Sprache und freier Paraphrase niedergeschrieben, wozu ihn die Lektüre anregte. Und so ist ein ganz neues Stück entstanden, es nützt gar nichts, es mit dem alten zu vergleichen.«

Bremer Freiheit. 1972

Bremen im frühen 19. Jahrhundert. Geesche (Margit Carstensen), eine junge Frau, vergiftet Miltenberger, ihren Mann, weil er sie tyrannisierte. Auch ihrer Mutter (Lilo Pempeit) verabreicht sie Gift; sie erträgt deren Vorhaltungen wegen ihres unmoralischen Lebenswandels nicht mehr. Geesche tötet ihre beiden Kinder, weil sie mit ihrem durchdringenden Geschrei jeden Mann vertrieben. Sie zwingt ihren Geliebten, von dem sie angeblich ein Kind erwartet, zur Ehe. Die groteske Zeremonie findet statt, als ihr Gift bei ihm schon zu wirken begonnen hat. Nun folgt ein Mord auf den anderen, bis am Ende, nach dem neunten Opfer Geesches, ein Bekannter ihres ersten Mannes die Polizei alarmiert.

BREMER FREIHEIT geht auf einen authentischen Fall der Bremer Stadtgeschichte zurück. Die Bürgersfrau Geesche Gottfried, verwitwete Miltenberger, hat im Laufe vieler Jahre 15 Personen umgebracht, genoß aber dennoch das Ansehen einer ehrbaren gottesfürchtigen Frau, denn die Giftmorde wurden nicht als solche erkannt. 1831 schließlich doch entlarvt, wurde sie bei der letzten öffentlichen Hinrichtung in Bremen geköpft.
Fassbinder geht es nicht um den Kriminalfall. Er zeigt zwar immer, wie das Gift gereicht wird (in einer nahezu rituellen, von Klaviermusik untermalten Szene), aber nur zweimal die unmittelbare Folge: das Sterben. Auch die Hinrichtung der Geesche spart er aus. Fassbinder interessiert sich allein für das Motiv der Mörderin. Schon die erste Szene schlägt den Ton an: Miltenberger, immer in Großaufnahme, ruft nach der Zeitung, verlangt Kaffee, empört sich über das Geschrei der Kinder, will Schnaps. Dazwischen, ebenfalls in Großaufnahme, immer wieder die Füße der Geesche, hin und her laufend. Dieses Muster wird im Laufe des Stücks wiederholt, variiert und ge-

steigert. Die Männer treten Geesche gegenüber immer als Befehlende auf, auch dann, wenn es um die Lust geht. Sie betrachten die Geesche als eine Ware. Geesche kann in dieser Männergesellschaft ihren Anspruch auf einen eigenen Willen, auf eigenes Denken, auf ein Glück, über das auch sie bestimmt, nicht mit Vernunft und Liebe durchsetzen, sondern nur mit Mord, der letzten Endes kein Sieg, sondern eine Kapitulation ist, eine Verzweiflungstat. Denn am Ende dieses Weges stünde nicht die Unabhängigkeit, sondern die Einsamkeit.
Fassbinder hat Elemente seiner Bremer Theaterinszenierung, die Wilfried Minks ausgestattet hatte, übernommen und weiter entwickelt. In Bremen war Geesches Behausung »ein Kreuz, schwimmend in einem Meer von dickem Blut, in dem das bürgerliche Mobiliar halb zu versinken drohte. Die Bühne, auf die man herabsah wie auf einen Seziertisch in der Anatomie, war an den Seiten von Freiheitsklischees der offenen Meere flankiert: Möwen in einem blauen Himmel« (Hellmuth Karasek, Theater heute, 1 / 1972). Die weiße, fast leere Spielfläche im Fernsehstudio, nur einige wenige Möbelstücke stehen herum, gleicht einer Insel. Auf die Rückwand werden Aufnahmen projiziert: das Meer in Bewegung oder ganz ruhig, Schiffe, aber auch Brackwasser oder riesengroß drohendes Schilf. Die Darsteller spielen unpsychologisch, wie Marionetten. Fassbinder hat also die Moritat nicht in die Realität zurückverlegt, aus der er sie abstrahiert hatte, sondern die theaterhafte Stilisierung erhalten.

Nora Helmer. 1973

Nora Helmer (Margit Carstensen) hatte einen die Gesundheit ihres Mannes Torvald (Joachim Hansen) rettenden Italienaufenthalt nur dadurch ermöglichen können, daß sie von Krogstad (Ulli Lommel), einem Mann, der früher einmal einen Wechsel gefälscht hatte und danach in undurchsichtige Geschäfte verwickelt war, Geld geliehen hat, wobei sie die Unterschrift ihres Vaters auf der Bürgschaft fälschte. Als Torvald Direktor jener Bank wird, an der Krogstad jetzt angestellt ist, und Krogstad wegen seiner Vergangenheit sogleich entlassen will, erpreßt Krogstad Nora, indem er ihr droht, ihre Verfehlung Torvald preiszugeben. Noras Versuche, ihren Mann umzustimmen, schlagen fehl. Als Torvald durch einen Brief Krogstads die Wahrheit erfährt, will er seine Frau verstoßen, weil er seine Karriere gefährdet sieht. Ein zweiter Brief Krogstads, in dem er mitteilt, daß er auf die Enthüllung verzichtet, veranlaßt Torvald, seiner Frau zu verzeihen. Nora aber akzeptiert nun seine Milde nicht: Sie verläßt ihren Mann, weil er sie nicht liebt, weil er die Motive ihres Handelns nicht verstanden hat, weil er nicht bereit war, die Schuld für jenes Vergehen auf sich zu nehmen.

Wie in MARTHA und EFFI BRIEST, Filmen, die etwa zur gleichen Zeit entstanden, geht es auch in Fassbinders Ibsen-Adaption um eine Ehe, in der der Mann seiner Frau kaum Liebe entgegenbringt, sondern sie erziehen will. Während in den beiden anderen Filmen die Frau in dem Kampf mit ihrem Mann unterliegt, erringt sie hier einen (allerdings teuer erkauften Sieg). Obwohl also NORA HELMER durchaus in einem Zusammenhang mit anderen Fassbinder-Werken steht, scheinen mir das Interesse, das Fassbinder an dem Stoff gehabt hat, und die Arbeitsintensität, die er in das Werk investierte, weit geringer als bei MARTHA und EFFI BRIEST. In erster Linie haben Fassbinder offensichtlich die Möglichkeiten fasziniert, die eine Studio-Produktion mit fünf elektronischen Kameras bot, so sehr, daß darüber das Interesse an der Geschichte fast verloren ging. In einem leicht braungetönten Spiegelkabinett bewegen sich die Personen wie Marionetten. Zahlreiche weiche Überblendungen verstärken noch den Eindruck, daß hier Spiegelbilder und Schatten von Menschen in gleichmäßigem Tonfall Texte rezitieren, die bei Ibsen einmal große Sprengkraft hatten.
Um dieser optisch-akustischen Monotonie wenigstens für Augenblicke zu entkommen, hat Fassbinder sich auf der anderen Seite einige interpretatorische Kraftakte geleistet, die Ibsens Stück vollends umbringen: Krogstad, der Erpresser, muß Nora umarmen, als hätten sie früher was miteinander gehabt; Nora muß von Anfang an ganz cool und emanzipiert sein, wodurch die dramaturgische Kurve des Stücks zusammenbricht.

Die Artikel zu ACHT STUNDEN SIND KEIN TAG und NIKLASHAUSER FART sind von Wilfried Wiegand.

Kamikaze 1989 (Regie: Wolf Gremm)

Daten

Von Hans Helmut Prinzler

Biografie

Rainer Werner Fassbinder
geboren am 31. Mai 1945 in Bad Wörishofen
Vater: Dr. Helmuth Fassbinder, Arzt
Mutter: Liselotte, geb. Pempeit, Übersetzerin
Aufgewachsen in München. Als sich die Eltern scheiden ließen (1951), kam er zu seiner Mutter (als Lilo Pempeit bzw. Liselotte Eder hat sie später in vielen Fassbinder-Filmen mitgespielt). 1951 bis 1955 Besuch der Rudolf-Steiner-Schule. Von 1955 bis 1961 Humanistisches Gymnasium bzw. Realgymnasium in München, Augsburg und wieder in München. Viele Kinobesuche, verschiedene Gelegenheitsjobs (u. a. im Archiv der Süddeutschen Zeitung). Von 1961 bis 1963 vorwiegend bei seinem Vater in Köln.
Ab Herbst 1963 Schauspielunterricht, zuerst bei Intendant Kraus, dann bei Fridl Leonhard (Fassbinder: »Übrigens bin ich selbst Schauspieler. Das ist das einzige, was ich wirklich gelernt habe – in allem anderen bin ich Autodidakt.«). Er beteiligte sich 1966 erfolglos an der Aufnahmeprüfung zur Deutschen Film- und Fernsehakademie Berlin. Ab Sommer 1966 erster Umgang mit Film (ein 8-mm-Kurzspielfilm, THIS NIGHT, ist leider verlorengegangen). Im November 1966 und Januar 1967 entstanden die Kurzfilme DER STADTSTREICHER und DAS KLEINE CHAOS.
Mitte 1967 stieß Fassbinder zur Gruppe des »action-theaters« in der Münchner Müllerstraße. Zuerst spielte er, dann inszenierte er, dann bearbeitete er Stücke, dann schrieb er sein erstes selbst: »Katzelmacher«, uraufgeführt im April 68 im »action-theater«. Im Mai 68 ging das »action-theater« in die Brüche. Zehn von der alten Gruppe – darunter Fassbinder, Peer Raben, Hanna Schygulla, Rudolf Waldemar Brem, Kurt Raab – machten ein neues Theater auf: das »antiteater«. Gespielt wurde zuerst im »Büchner-Theater«, dann in der Akademie der Künste, schließlich im Hinterraum der »Witwe Bolte«, einer Schwabinger Kneipe. Dort konnte das »antiteater« vom Ende 1968 bis Ende 1969 unterkommen, dann kündigte der Wirt, und die Gruppe ging auf Exilreisen. Im Vordergrund stand damals bereits die Filmarbeit.
Im April 1969 drehte das Team den ersten Spielfilm: LIEBE IST KÄL-

TER ALS DER TOD, der im Juni bei den Berliner Filmfestspielen uraufgeführt und ziemlich reserviert aufgenommen wurde. Mit dem zweiten Film kam der Durchbruch: KATZELMACHER, im August 1969 gedreht, im Oktober in Mannheim uraufgeführt, wurde mit dem »Preis der Filmkritik«, dem »Preis der Deutschen Akademie für darstellende Künste« und schließlich mit fünf Bundesfilmpreisen ausgezeichnet. In einem wahren Schaffensrausch hat Fassbinder in den folgenden Jahren als Autor und Regisseur für das Kino, das Fernsehen und das Theater gearbeitet. Das ist die Bilanz seiner Produktivität:

1969: 3 Theaterstücke, 2 Bearbeitungen, 4 Inszenierungen, 4 Filme
1970: 1 Theaterbearbeitung, 6 Filme, 2 Hörspiele, 1 Fernsehaufzeichnung
1971: 3 Theaterstücke, 3 Inszenierungen, 1 Film, 1 Hörspiel
1972: 1 Theaterinszenierung, 2 Filme, 1 Fernsehserie (5 Teile), 1 Hörspiel, 1 Fernsehaufzeichnung
1973: 2 Theaterinszenierungen, 4 Filme (einer zweiteilig), 1 Fernsehinszenierung
1974: 3 Theaterinszenierungen, 1 Film, 1 Fernsehshow
1975: 1 Theaterstück (+ Drehbuch), 3 Filme
1976: 3 Filme (einer zweiteilig), 1 Theaterinszenierung
1977: 1 Fernsehaufzeichnung, 1 Film, 1 Filmepisode
1978: 2 Filme
1979/80: 2 Filme, 1 14teilige Fernsehserie
1981: 3 Filme
1982: 1 Film

(Nicht gerechnet die Nebentätigkeiten als Darsteller, Produzent, Theaterleiter, Komponist, Ausstatter und Cutter.)

Bundesfilmpreise erhielt Fassbinder (außer für KATZELMACHER) 1971 für WARUM LÄUFT HERR R. AMOK? (zus. mit Michael Fengler), 1972 für HÄNDLER DER VIER JAHRESZEITEN, 1978 für DESPAIR, 1979 für DIE EHE DER MARIA BRAUN, 1982 für LOLA.

1971 beteiligte sich Fassbinder an der Gründung des Filmverlags der Autoren, wurde Ende 1976 im Zusammenhang mit einer Rettungsaktion des Verleihs durch Rudolf Augstein dort Gesellschafter (6,5% Beteiligung), trennte sich aber Mitte 1977 von seinen Anteilen.

1971 gründete Fassbinder die Produktionsgesellschaft »Tango Film«, die neun Filme hergestellt hat, bei denen Fassbinder Regie führte, sowie die Filme *Zärtlichkeit der Wölfe* (Regie: Ulli Lommel) und *Spiel der Verlierer* (Regie: Christian Hohoff). Mit Beginn der Saison 1974/75 übernahm Fassbinder die Leitung des »Theaters am Turm« in Frankfurt am Main; im Juni 1975 schied er dort aus. Schlagzeilen machte Fassbinder im Frühjahr 1976 mit seinem Theaterstück »Der Müll, die Stadt und der Tod«, das wegen angeblicher antisemitischer Tendenzen von konservativen Kritikern als »links-

faschistisch« verurteilt und dessen Veröffentlichung dann vom Suhrkamp-Verlag zurückgezogen wurde. In die Auseinandersetzung wurde auch die Verfilmung des Stücks einbezogen, die 1976 in die Kinos kam (*Schatten der Engel,* Regie: Daniel Schmid). Fassbinders Pläne, die Romane »Die Erde ist unbewohnbar wie der Mond« von Gerhard Zwerenz und »Soll und Haben« von Gustav Freytag zu verfilmen, scheiterten, als auch hier die Gefahr vermutet wurde, daß antisemitische Vorurteile bestätigt oder hervorgerufen werden könnten. Die Projektkommission der Filmförderungsanstalt bzw. der Intendant des Westdeutschen Rundfunks verweigerten den beiden Vorhaben die Zustimmung.
Unrealisiert geblieben ist ein 1976 projektierter Roman. Fassbinder beteiligte sich Ende 1977 an dem Gruppenfilm DEUTSCHLAND IM HERBST und drehte Anfang 1978 seinen erfolgreichsten Film, DIE EHE DER MARIA BRAUN, in dem Hanna Schygulla nach langer Pause wieder seine Hauptdarstellerin war. Zusammen mit LOLA (1981) und DIE SEHNSUCHT DER VERONIKA VOSS (1982, ›Goldener Bär‹ der Berlinale) entstand damit eine Trilogie zur Geschichte der Bundesrepublik in den fünfziger Jahren.
Als Fassbinders größtes und spektakulärstes Werk gilt die 14teilige Fernsehserie BERLIN ALEXANDERPLATZ, ein 13-Millionen-Objekt, das von Juni 1979 bis April 1980 gedreht und im Herbst 1980 gesendet wurde. QUERELLE - gedreht im März 1982 - wurde sein letzter Film. 1981, vor den Dreharbeiten zu QUERELLE, spielte er die Hauptrolle in Wolf Gremms *Kamikaze 1989.* Sein nächstes Filmprojekt, ICH BIN DAS GLÜCK DIESER ERDE, das er im Juli 1982 realisieren wollte, kam nicht mehr zustande.
Rainer Werner Fassbinder starb am 10. Juni 1982 in München.

Hörspiele
1970 PREPARADISE SORRY NOW (SDR) Sendetermin: 10.4. 1970; GANZ IN WEISS (BR) Sendetermin: 16. 10. 1970;
1971 IPHIGENIE AUF TAURIS VON JOHANN WOLFGANG GOETHE (WDR) Sendetermin: 15. 5. 1971;
1972 KEINER IST BÖSE UND KEINER IST GUT (BR) Sendetermin: 5. 5. 1972.

Rollen in Film und Fernsehen
1965 DER STADTSTREICHER (Rolle: Mann im Pissoir),
1966 DAS KLEINE CHAOS (Rolle: Einer der drei Gangster),
1967 *Tonys Freunde* (Rolle: Mallard/Regie: Paul Vasil),
1968 *Der Bräutigam, die Komödiantin und der Zuhälter* (Rolle: Freder, der Zuhälter/Regie: Jean-Marie Straub),
1969 *Alarm* (Rolle: Uniformierter/Regie: Dieter Lemmel), *Al Capone im deutschen Wald* (Rolle: Heini/Regie: Franz Peter Wirth),

Baal (Rolle: Baal/Regie: Volker Schlöndorff), *Frei bis zum nächsten Mal* (Rolle: Mechaniker/Regie: Korbinian Köberle), GÖTTER DER PEST (Rolle: Pornokäufer), KATZELMACHER (Rolle: Jorgos), LIEBE IST KÄLTER ALS DER TOD (Rolle: Franz),
1970 DER AMERIKANISCHE SOLDAT (Rolle: Franz), *Matthias Kneissl* (Rolle: Flecklbauer/Regie: Reinhard Hauff), DIE NIKLASHAUSER FART (Rolle: Schwarzer Mönch), *Der plötzliche Reichtum der armen Leute von Kombach* (Rolle: Bauer/Regie: Volker Schlöndorff), RIO DAS MORTES (Rolle: tanzt mit Hanna Schygulla), *Supergirl* (Rolle: guckt durchs Schaufenster/Regie: Rudolf Thome), WARNUNG VOR

Stücke/Bearbeitungen/Inszenierungen

Titel:	Autor:
LEONCE UND LENA	Büchner
DIE VERBRECHER	Bruckner
ZUM BEISPIEL INGOLSTADT	Fleißer/RWF
KATZELMACHER	RWF
AXEL CAESAR HAARMANN	Kollektiv
MOCKINPOTT	Weiss
ORGIE UBUH	Jarry/RWF/Raben u. a.
IPHIGENIE AUF TAURIS	Goethe/RWF
AJAX	Sophokles/RWF
DER AMERIKANISCHE SOLDAT	RWF
DIE BETTLEROPER	Gay/RWF
PRE-PARADISE SORRY NOW	RWF
ANARCHIE IN BAYERN	RWF
DAS KAFFEEHAUS	Goldoni/RWF
WERWOLF	Baer/RWF
DAS BRENNENDE DORF	Lope/RWF
PIONIERE IN INGOLSTADT	Fleißer/RWF
BLUT AM HALS DER KATZE	RWF
PETRA VON KANT	RWF
BREMER FREIHEIT	RWF
LILIOM	Molnár
BIBI	H. Mann
HEDDA GABLER	Ibsen
DIE UNVERNÜNFTIGEN STERBEN AUS	Handke
GERMINAL	Zola/Karsunke
ONKEL WANJA	Tschechow
FRAUEN IN NEW YORK	Boothe
TROPFEN AUF HEISSE STEINE	RWF (Nachlaß)
DER MÜLL, DIE STADT UND DER TOD	RWF

EINER HEILIGEN NUTTE (Rolle: Sascha, Herstellungsleiter), WHITY (Rolle: Gast im Saloon),
1971 HÄNDLER DER VIER JAHRESZEITEN (Rolle: Zucker),
1972 BREMER FREIHEIT (Rolle: Rumpf),
1973 ANGST ESSEN SEELE AUF (Rolle: Edgar), *Zärtlichkeit der Wölfe* (Rolle: Wittkowski/Regie: Ulli Lommel),
1974 *1 Berlin Harlem* (Rolle: spielt sich selbst/Regie: Lothar Lambert), FAUSTRECHT DER FREIHEIT (Rolle: Franz Biberkopf),
1975 *Schatten der Engel* (Rolle: Raoul/Regie: Daniel Schmid),
1976 *Adolf und Marlene* (Rolle: Hermann/Regie: Ulli Lommel),

---

Regie:	Theater:	Premiere:
Raben/RWF u. a.	action-theater	Okt. 67
RWF	action-theater	Dez. 67
Raben/RWF	Büchner-Theater	Feb. 68
Raben/RWF	action-theater	Apr. 68
Kollektiv	action-theater	Apr. 68
Schmitt/RWF	antiteater	Juli 68
RWF	antiteater	Aug. 68
RWF	antiteater	Okt. 68
RWF	antiteater	Dez. 68
Raben/RWF	antiteater	Dez. 68
RWF	antiteater	Feb. 69
Raben	antiteater	März 69
Raben/RWF	antiteater (im Werkr.)	Juni 69
Raben/RWF	Bremen	Sep. 69
RWF	antiteater in Berlin	Dez. 69
Raben	Bremen	Nov. 70
RWF	Bremen	Jan. 71
Raben/RWF	antiteater in Nürnberg	März 71
Raben	Frankfurt, Experimenta	Juni 71
RWF	Bremen	Dez. 71
RWF	Bochum	Dez. 72
RWF	Bochum	Jan. 73
RWF	Berlin, Volksbühne	Dez. 73
RWF	Frankfurt, Schauspielhaus	Mai 74
RWF	TAT	Sep. 74
RWF	TAT	Dez. 74
RWF	Hamburg, Schauspielhaus	Sep. 76
Klaus Weise	München, Theaterfestival	Mai 85
Dietrich Hilsdorf	Frankfurt, Schauspielhaus	Nov. 85

1977 DEUTSCHLAND IM HERBST (Rolle: er selbst), *Der kleine Godard* (Rolle: er selbst/Regie: Hellmuth Costard),
1978 DIE EHE DER MARIA BRAUN (Rolle: Schwarzmarkthändler), *Bourbon Street Blues* (Rolle: Schriftsteller/Gruppenproduktion der Hochschule für Fernsehen und Film, München, unter Leitung von Douglas Sirk, Hans Schönherr und Tilman Taube),
1979/80 BERLIN ALEXANDERPLATZ (Rolle: er selbst, im Epilog),
1980 LILI MARLEEN (Rolle: Günther Weisenborn),
1981 *Polnischer Sommer* (Rolle: Babiuch/Regie: Jürgen Flimm), DIE SEHNSUCHT DER VERONIKA VOSS (Rolle: Kinozuschauer), *Kamikaze 1989* (Rolle: Polizeileutnant Jansen/Regie: Wolf Gremm),
1982 *Die Erbtöchter* (Rolle: er selbst in der Episode: »Flüchtige Umarmung«/Regie: Marie-Christine Questerbert).

Filme/Fernsehsendungen über Rainer Werner Fassbinder
Neben verschiedenen Beiträgen in den Kulturmagazinen von ARD und ZDF, die hier nicht notiert werden können, beschäftigten sich 15 längere Filme bzw. Fernsehsendungen mit Fassbinder:
1969/70 *Ende einer Kommune.* Von Joachim von Mengershausen. Gesendet am 2. 2. 1970/SDR/50 min./16 mm schwarzweiß. Thema: Die Produktionsformen des Münchner »antiteaters«. - 1970/71 *Fassbinder produziert: Film Nr. 8.* Von Michael Ballhaus und Dietmar Buchmann. Gesendet am 27. 1. 1971/WDR III/30 min./16 mm schwarzweiß. Thema: Fassbinder bei den Dreharbeiten zu »Der amerikanische Soldat«. - 1972 *Rainer Werner Fassbinder.* Von Christian Braad Thomsen. Danmarks Radio/TV - 30 min./16 mm schwarzweiß. Interview mit Fassbinder, gedreht während der Biennale Venedig 1972. - 1973 *Glashaus - TV intern.* Sendung vom 1. April 1973/WDR/45 min./MAZ Farbe. Redaktion: Martin Wiebel/Ludwig Metzger. Thema: »Acht Stunden sind kein Tag«. - 1976 *Je später der Abend.* Talk-Show mit Reinhard Münchenhagen. Sendung vom 20. März 1976/WDR/60 min./MAZ Farbe. - 1976 *Zeitgenossen: Rainer Werner Fassbinder.* Von Gert Ellinghaus. Gesendet am 21. 6. 1976/HR III/45 min./16 mm Farbe. Versuch eines Psychogramms. - 1978 *Lebensläufe: Rainer Werner Fassbinder im Gespräch.* Von Peter W. Jansen. Gesendet am 18. 3. 1978/S 3/50 min./16 mm Farbe. Interview. - 1981 *Cinemania: Rainer Werner Fassbinder.* Von Pierre Bertrand Jeaume und Madeleine Dupalet. Gesendet am 27. 4. 1981/Antenne 2 (Frankreich)/60 min./16 mm Farbe. Interview mit Filmausschnitten. - 1982 *Gespräche über Rainer Werner Fassbinder.* Moderation: Hans-Christoph Blumenberg. Gesendet am 15. 6. 1982/WDR III/90 min./Live-Sendung. Gedenksendung mit Freunden und Mitarbeitern. - 1982 *Porträt Rainer Werner Fassbinder.* Von Michael Strauven. Gesendet am 27. 6. 1982/SFB/45 min./16 mm Farbe. Filmausschnitte, Interviews. - 1982 *Rainer Werner Fassbinder.*

Letzte Arbeiten. Von Wolf Gremm. Gesendet am 26.7. 1982/ZDF/56 min./16 mm Farbe. Beobachtungen bei den Dreharbeiten zu »Kamikaze 1989« und »Querelle«. - 1982 *Der Bauer von Babylon.* Von Dieter Schidor/P: Planet-Film/85 min./16 mm Farbe. Untertitel: Rainer Werner Fassbinder dreht »Querelle«. Kommentar: Wolf Wondratschek. Sprecher: Klaus Löwitsch. Gesendet am 23.8. 1984 von den III. Programmen des HR, NDR und WDR. - 1983 *Ein Mann wie Eva.* Regie: Radu Gabrea. Buch: Radu Gabrea, Laurens Straub, nach einer Idee von Horst Schier und Laurens Straub. Kamera: Horst Schier. Ausstattung: Jörg Neumann. Maske: Ruth Philipp, Georgette Künsemüller. Darsteller: Eva Mattes (Eva, Regisseur), Lisa Kreuzer (Gudrun), Werner Stocker (Walter), Charles Regnier (Yvonne). Produktion: Horst Schier, Laurens Straub, in Zusammenarbeit mit Trio-Film, Impuls Film, Maran-Film. Uraufführung: 17.2. 1984. Länge: 90 Minuten. - 1984 *Der Mensch ist ein häßliches Tier.* Von Rosemarie Stenzel-Quast. Gesendet am 13.1. 1985/ARD/44 min./16 mm Farbe. Ein Filmessay. Originallänge: 60 min. - 1992 *Ich will nicht nur, daß Ihr mich liebt.* Von Hans Günther Pflaum. Gesendet im Juni 1992/ZDF/ca. 90 min./35 mm Farbe.

Filmografie

Die Filmografie enthält die einschlägigen Angaben zu Filmen und Fernsehaufzeichnungen, bei denen Rainer Werner Fassbinder Regie geführt hat. Es waren dies zwei Kurzfilme, 34 lange Filme (zwei zweiteilig), eine fünfteilige und eine vierzehnteilige Fernsehserie und vier Magnetaufzeichnungen. Außerdem werden ein Kurzfilm und ein langer Film aufgeführt, für die Fassbinder das Drehbuch schrieb, sowie der Gruppenfilm DEUTSCHLAND IM HERBST, an dem Fassbinder beteiligt war.
Abkürzungen: R = Regie (wird nur notiert, wenn ein Co-Regisseur vorhanden), B = Buch, K = Kamera, Sch = Schnitt, T = Ton, M = Musik, Ba = Bauten, A = Ausstattung, Ko = Kostüme, Ma = Maske, R-Ass = Regieassistenz, D = Darsteller, P = Produktion, Pd = Produzent, Pl = Produktionsleitung, Hl = Herstellungsleitung, Al = Aufnahmeleitung, U = Uraufführung, TV = Erste Fernsehausstrahlung, F = Format, L = Länge (bei den Kinofilmen wurde die Meterlänge in Minuten umgerechnet, wobei eine Projektorenlaufgeschwindigkeit von 24 Bildern pro Sekunde zugrunde gelegt wurde. Die Sendelängen wurden bei den Fernsehanstalten erfragt, wobei dort eine Projektorenlaufgeschwindigkeit von 25 Bildern pro Sekunde die Norm ist), V = Verleih in der Bundesrepublik. - Die Fernsehsender sind in üblicher Weise abgekürzt. Die Jahreszahlen geben das Produktionsdatum an.

1966 THIS NIGHT. - B: Rainer Werner Fassbinder. - K: Rainer Werner Fassbinder. - Gedreht im Juli 1966. - F: 8 mm, Farbe. - Leider ist keine Kopie dieses Kurzspielfilms erhalten.

1966 DER STADTSTREICHER. - B: Rainer Werner Fassbinder. - K: Josef Jung. - D: Christoph Roser (Stadtstreicher), Susanne Schimkus (Bedienung), Michael Fengler/Thomas Fengler (die beiden Männer), Irm Hermann (Frau), Rainer Werner Fassbinder (Jugendlicher mit Lederjacke). - P: Roser-Film. - Drehzeit: November 1966. - Drehort: München. - F: 16 mm, schwarzweiß. - L: 10 min. - V: Filmverlag der Autoren.

1967 DAS KLEINE CHAOS. - B: Rainer Werner Fassbinder. - K: Michael Fengler. - T: Amin Athanassious. - D: Rainer Werner Fassbinder (Franz), Marite Greiselis (Marite), Christoph Roser (Theo), Lilo Pempeit, Greta Rehfeld, Susanne Schimkus. - P: Roser-Film. - Drehzeit: Januar 1967. - Drehort: München. - F: 35 mm, schwarzweiß. - L: 9 min. - V: Filmverlag der Autoren.

1969 LIEBE IST KÄLTER ALS DER TOD. - B: Rainer Werner Fassbinder. - K: Dietrich Lohmann. - K-Ass: Herbert Paetzold. - Licht: Peter Wagner. - Sch: Franz Walsch (d.i. Rainer Werner Fassbinder). - T: Gottfried Hüngsberg. - M: Peer Raben, Holger Münzer. - A: Ulli Lommel, Rainer Werner Fassbinder. - R-Ass: Martin Müller. - Script: Katrin Lommel. - D: Ulli Lommel (Bruno), Hanna Schygulla (Joanna), Rainer Werner Fassbinder (Franz), Hans Hirschmüller (Peter), Katrin Schaake (Dame im Zug), Peter Berling (Schuster), Hannes Gromball (Kunde bei Joanna), Gisela Otto (erste Prostituierte), Ingrid Caven (zweite Prostituierte), Ursula Strätz (dritte Prostituierte), Irm Hermann (Sonnenbrillenverkäuferin), Les Olvides (Georges), Wil Rabenbauer (Jürgen), Peter Moland (Leiter des Syndikatverhörs), Anastassios Karalas (der Türke), Rudolf Waldemar Brem (Motorradpolizist), Yaak Karsunke (Kommissar), Monika Stadler (Mädchen), Kurt Raab (Kaufhaus-Detektiv), Thomas Hill, Liz Söllner, Howard Gaines, Franz Maron, Gottfried Hüngsberg. - P: antiteater-X-Film. - Pl: Christian Hohoff, Wil Rabenbauer (d.i. Peer Raben). - Kosten: ca. 95000 DM. - Drehzeit: 24 Tage / April 1969. - Drehort: München und Umgebung. - U: 26.6. 1969, Berlin (Filmfestspiele). - Kinostart: 16.1. 1970. - TV: 18.1. 1971 (ARD). - F: 35 mm, schwarzweiß. - L: 2411 m = 88 min. - V: Filmverlag der Autoren (35 mm)/AV-Film (16 mm). - Der Film hatte bei der Uraufführung in Berlin den Titel »Kälter als der Tod«. Die Originallänge betrug 2533 m. Dem Film ist die Widmung »Für Claude Chabrol, Eric Rohmer, Jean-Marie Straub, Linio und Cuncho« vorangestellt. Linio und Cuncho sollen die Hauptfiguren in dem Film *Töte Amigo* (Quien sabe, 1966, Regie: Damiano Damiani) sein; nach Joe Hembus (Western-Lexikon) heißen die Figuren allerdings Gringo und Chuncho. Die Fahrt durch die Landsberger Straße wurde von Jean-Marie Straub zur Verfügung gestellt.

1969 KATZELMACHER. - B: Rainer Werner Fassbinder (nach seinem Bühnenstück). - K: Dietrich Lohmann. - K-Ass: Herbert Paetzold. - Sch: Franz Walsch (d. i. Rainer Werner Fassbinder). - T: Gottfried Hüngsberg. - M: Peer Raben (nach Franz Schubert). - A: Rainer Werner Fassbinder. - R-Ass: Michael Fengler. - Beratung: Joachim von Mengershausen. - D: Hanna Schygulla (Marie), Lilith Ungerer (Helga), Elga Sorbas (Rosy), Doris Mattes (Gunda), Rainer Werner Fassbinder (Jorgos), Rudolf Waldemar Brem (Paul), Hans Hirschmüller (Erich), Harry Baer (Franz), Peter Moland (Peter), Hannes Gromball (Klaus), Irm Hermann (Elisabeth), als Gast: Katrin Schaake (Frau im Restaurant). - P: antiteater-X-Film. - Kosten: ca. 80000 DM. - Pl: Wil Rabenbauer (d. i. Peer Raben). - Al: Christian Hohoff. - Drehzeit: 9 Tage / August 1969. - Drehort: München. - U: 8. 10. 1969, Mannheim (Filmwoche). - Kinostart: 22. 11. 1969. - TV: 17. 9. 1973 (ARD). - F: 35 mm, schwarzweiß. - L: 2416 m = 88 min. - V: Filmverlag der Autoren (35 mm). - Der Film hat die Widmung »Für Marie Luise Fleißer« und das Motto »Es ist besser neue Fehler zu machen als die alten bis zur allgemeinen Bewußtlosigkeit zu konstituieren (Yaak Karsunke)«.

1969 *Fernes Jamaica*. - R: Peter Moland. - B: Rainer Werner Fassbinder. - K: Herbert Paetzold. - D: Katrin Schaake, Ulli Lommel, Hannes Gromball, Ingrid Caven, William Powell. - P: antiteater. - F: 35 mm, Breitwand 1,85, schwarzweiß. - L: 14 min. - V: ohne.

1969 GÖTTER DER PEST. - B: Rainer Werner Fassbinder. - K: Dietrich Lohmann. - K-Ass: Herbert Paetzold. - Licht: Ekkehard Heinrich. - Sch: Franz Walsch (d. i. Rainer Werner Fassbinder), Thea Eymèsz. - T: Gottfried Hüngsberg. - M: Peer Raben. - A, R-Ass: Kurt Raab. - Script: Peter Gauhe. - Mitarbeit: Michael Fengler. - D: Harry Baer (Franz), Hanna Schygulla (Joanna), Margarethe von Trotta (Margarethe), Günther Kaufmann (Günther), Carla Aulaulu (Carla), Ingrid Caven (Magdalena Fuller), Jan George (Inspektor), Marian Seidowski (Marian), Yaak Karsunke (Kommissar), Micha Cochina (Joe), Hannes Gromball (Chef des Supermarkts), Lilith Ungerer (Mädchen im ersten Café), Kartin Schaake (Besitzerin des zweiten Cafés), Lilo Pempeit (Mutter), Rainer Werner Fassbinder (Pornokäufer), David Morgan (Catcher), Thomas Schieder (Tommy); Gäste: Irm Hermann, Peter Moland, Doris Mattes. - P: antiteater. - Pd: Rainer Werner Fassbinder, Michael Fengler. - Pl:

Peer Raben. - Al: Christian Hohoff. - Kosten: 180000 DM. - Drehzeit: 5 Wochen / Oktober und November 1969. - Drehorte: München, Dingolfing. - U: 4. 4. 1970, Wien (Viennale). - Erstaufführung in der Bundesrepublik: 24. 7. 1970. - TV: 8. 8. 1972 (ZDF). - F: 35 mm, schwarzweiß. - L: 2496 m = 91 min. - V: Filmverlag der Autoren (35 mm).

1969 *Sonja und Kirilow haben sich entschlossen Schauspieler zu werden und die Welt zu verändern.* - R und B: Ursula Strätz. - K: Herbert Paetzold. - D: Lilith Ungerer (Sonja), Les Olvides (Kirilow). - P: Rainer Werner Fassbinder (Material- und Kopierkosten). - Kurzfilm.

1969 WARUM LÄUFT HERR R. AMOK? - R: Michael Fengler, Rainer Werner Fassbinder. - B: Improvisationsvorlage von Michael Fengler, Rainer Werner Fassbinder. - K: Dietrich Lohmann. - K-Ass: Herbert Paetzold. - Licht: Ekkehard Heinrich. - Sch: Franz Walsch (d. i. Rainer Werner Fassbinder), Michael Fengler. - T: Klaus Eckelt. - T-Ass: Franz Pusl. - M: Peer Raben; Lied »Geh' nicht vorbei« von Christian Anders. - A: Kurt Raab. - R-Ass: Harry Baer. - D: Kurt Raab (Herr R.), Lilith Ungerer (seine Frau), Amadeus Fengler (ihr Sohn), Franz Maron (Chef), Harry Baer / Peter Moland / Lilo Pempeit (Kollegen im Büro), Hanna Schygulla (Schulfreundin), Herr und Frau Sterr (Vater und Mutter), Peer Raben (Schulfreund), Carla Aulaulu / Eva Pampuch (Schallplattenverkäuferinnen), Ingrid Caven / Doris Mattes / Irm Hermann / Hannes Gromball (Nachbarn der Familie R.), Peter Hamm (Kommissar), Jochen Pinkert (Kriminalbeamter), Eva Madelung (Schwester des Chefs), Johannes Fengler, Niels-Peter Rudolph, Paul Haller, Ulli Lommel, Katrin Schaake, Volker Schlöndorff, Margarethe von Trotta, Reinhard Hauff, Hanna Axmann-Rezzori, Günther Kaufmann. - P: antiteater, hergestellt von Maran-Film (im Auftrag des SDR). - Pl: Wilhelm Rabenbauer. - Al: Christian Hohoff. - Kosten: ca. 135000 DM. - Drehzeit: 13 Tage / Dezember 1969. - Drehort: München. - U: 28. 6. 1970, Berlin (Filmfestspiele). - Kinostart: 5. 2. 1971. - TV: 28. 12. 1971 (ARD). - F: 16 mm, aufgeblasen auf 35 mm, Farbe. - L: 2403 m = 88 min. - V: Filmverlag der Autoren (35 mm).

1970 RIO DAS MORTES. - B: Rainer Werner Fassbinder (nach einer Idee von Volker Schlöndorff). - K: Dietrich Lohmann. - K-Ass: Herbert Paetzold. - Licht: Ekkehard Heinrich. - Sch: Thea Eymèsz. - M: Peer Raben. - A: Kurt Raab. - R-Ass: Harry Baer, Kurt Raab. - D: Hanna Schygulla (Hanna), Michael König (Michel), Günther Kaufmann (Günther), Katrin Schaake (Katrin, Hannas Freundin), Joachim von Mengershausen (Joachim, Katrins

Freund), Lilo Pempeit (Günthers Mutter), Franz Maron (Hannas Onkel), Harry Baer (Kollege von Michel), Marius Aicher (Meister), Carla Aulaulu (Maggie), Walter Sedlmayr (Sekretär), Ulli Lommel (Autohändler), Monika Stadler (Angestellte im Reisebüro), Hanna Axmann-Rezzori (Mäzenin), Ingrid Caven / Kerstin Dobbertin / Magdalena Montezuma / Elga Sorbas (Studentinnen), Kurt Raab (Tankwart), Rudolf Waldemar Brem (Kneipenbesucher), Carl Amery (Bibliothekar), Rainer Werner Fassbinder (tanzt mit Hanna in der Discothek), Eva Pampuch (seine Freundin). - P: Janus Film und Fernsehen / antiteater-X-Film. - Pl: Michael Fengler. - Kosten: ca. 125000 DM. - Drehzeit: 20 Tage / Januar 1970. - Drehort: München: - TV: 15.2. 1971 (ARD). - F: 16 mm, Farbe. - Sendelänge: 84 min. - V: Filmverlag der Autoren.

1970 DAS KAFFEEHAUS. Inszenierung von Rainer Werner Fassbinder und dem antiteater München unter Verwendung der von Peer Raben und Rainer Werner Fassbinder mit dem Bremer Ensemble entwickelten Spielelemente. - B: Rainer Werner Fassbinder (nach Carlo Goldoni). - K: Dietbert Schmidt, Manfred Förster. - M: Peer Raben. - A: Wilfried Minks. - D: Margit Carstensen (Vittoria), Ingrid Caven (Placida), Hanna Schygulla (Lisaura), Kurt Raab (Don Marzio), Harry Baer (Eugenio), Hans Hirschmüller (Trappolo), Günther Kaufmann (Leander), Peter Moland (Pandolfo), Wil Rabenbauer (Ridolfo). - P: WDR. - Drehzeit: 10 Tage / Februar 1970. - Drehort: Köln (Studio). - TV: 18.5. 1970 (WDR III) / 26.9. 1970 (HR III) / 20.1. 1971 (BR III). - F: MAZ 2 Zoll, schwarzweiß. - L: 105 min.

1970 WHITY. - B: Rainer Werner Fassbinder. - K: Michael Ballhaus. - K-Ass: Lothar Dreher. - Licht: Honorat Stangl. - Sch: Franz Walsch, Thea Eymèsz. - M: Peer Raben. - A: Kurt Raab. - R-Ass: Harry Baer. - D: Günther Kaufmann (Whity), Hanna Schygulla (Hanna), Ulli Lommel (Frank), Harry Baer (Davy), Katrin Schaake (Katherine), Ron Randell (Mr. Nicholson), Thomas Blanco (falscher mexikanischer Arzt), Stefano Capriati (Richter), Elaine Baker (Whitys Mutter), Mark Salvage (Sheriff), Helga Ballhaus (Frau des Richters), Kurt Raab (Pianist), Rainer Werner Fassbinder (Gast im Saloon). - P: Atlantis Film / antiteater-X-Film. - Pd und Pl: Peter Berling. - Al: Stefan Abendroth, Martin Köberle. - Kosten: ca. 680000 DM. - Drehzeit: 20 Tage / April 1970. - Drehort: Almeria (Spanien). - U: 2.7. 1971, Berlin (Filmfestspiele). - F: 35 mm, Cinemascope, Farbe. - L: 2603 m = 95 min. - V: Filmverlag der Autoren (35 mm). - Der Film trägt die Widmung »Für Peter Berling«. Er hatte den Arbeitstitel »Whity ging nach Osten«.

1970 DIE NIKLASHAUSER FART. - R: Rainer Werner Fassbinder, Michael Fengler. - B: Rainer Werner Fassbinder, Michael Fengler. - K: Dietrich Lohmann. - Licht: Honorat Stangl. - Spezialeffekte: Charly Baumgartner. - Sch: Thea Eymèsz, Franz Walsch (d. i. Rainer Werner Fassbinder). - M: Peer Raben, Amon Düül II. - A: Kurt Raab. - R-Ass: Harry Baer. - D: Michael König (Hans Böhm), Michael Gordon (Antonio), Rainer Werner Fassbinder (Schwarzer Mönch), Hanna Schygulla (Johanna), Walter Sedlmayr (Pfarrer), Margit Carstensen (Margarethe), Franz Maron (ihr Mann), Kurt Raab (Bischof), Günther Rupp (sein Berater), Karl Scheydt (Niklashauser Bürger), Günther Kaufmann (Bauernführer), Siggi Graue (1. Bauer), Michael Fengler (2. Bauer), Ingrid Caven (schreiendes Mädchen), Elga Sorbas (ohnmächtiges Mädchen), Carla Aulaulu (epileptisches Mädchen), Peer Raben (Monsignore), Peter Berling (Henker), Magdalena Montezuma (Magdalena/Penthesilea). - P: Janus Film und Fernsehen (im Auftrag des WDR). - Kosten: 550000 DM. - Drehzeit: 20 Tage / Mai 1970. - Drehorte: München, Starnberg, Feldkirchen. - TV: 26. 10. 1970 (ARD). - F: 16 mm, Farbe. - Sendelänge: 86 min., 22 sec. - V: Filmverlag der Autoren.

1970 DER AMERIKANISCHE SOLDAT. - B: Rainer Werner Fassbinder. - K: Dietrich Lohmann. - K-Ass: Herbert Paetzold. - Licht: Ekkehard Heinrich. - Sch: Thea Eymèsz. - M: Peer Raben; Song »So much tenderness« by Fassbinder / Raben, gesungen von Günther Kaufmann. - A: Kurt Raab, Rainer Werner Fassbinder. - Ma: Sybille Danzer. - R-Ass: Kurt Raab. - D: Karl Scheydt (Ricky), Elga Sorbas (Rosa), Jan George (Jan), Margarethe von Trotta (Zimmermädchen), Hark Bohm (Doc), Ingrid Caven (Sängerin), Eva Ingeborg Scholz (Rickys Mutter), Kurt Raab (Rickys Bruder), Marius Aicher (Polizist), Gustl Datz (Polizeipräsident), Marquard Bohm (Privatdetektiv), Rainer Werner Fassbinder (Franz), Katrin Schaake (Magdalena Fuller), Ulli Lommel (Zigeuner), Irm Hermann (Hure). - P: antiteater. - Pl: Peer Raben. - Al: Christian Hohoff. - Kosten: ca. 280000 DM. - Drehzeit: 15 Tage / August 1970. - Drehort: München. - U: 9. 10. 1970, Mannheim (Filmwoche). - Kinostart: 27. 11. 1970. - TV: 19. 9. 1972 (ZDF). - F: 35 mm, schwarzweiß. - L: 2177 m = 80 min. - V: Filmverlag der Autoren (35 mm).

1970 WARNUNG VOR EINER HEILIGEN NUTTE. - B: Rainer Werner Fassbinder. - K: Michael Ballhaus. - Sch: Franz Walsch (d. i. Rainer Werner Fassbinder), Thea Eymèsz. - M: Peer Raben, Gaetano Donizetti, Elvis Presley, Ray Charles, Leonhard Cohen, Spooky Tooth. - A: Kurt Raab. - Ma: Sybille Danzer. - R-Ass: Harry Bear. - D: Lou Castel (Jeff, Regisseur), Eddie Constantine (er selbst), Hanna Schygulla (Hanna, Schauspielerin), Marquard Bohm

(Ricky, Schauspieler), Rainer Werner Fassbinder (Sascha, Herstellungsleiter), Ulli Lommel (Korbinian, Aufnahmeleiter), Katrin Schaake (Scriptgirl), Benjamin Lev (Candy, spanischer Aufnahmeleiter), Monika Teuber (Billi, Maskenbildnerin), Margarethe von Trotta (Produktionssekretärin), Gianni di Luigi (Kameramann), Rudolf Waldemar Brem (Oberbeleuchter), Herb Andress (Coach), Thomas Schieder (Jesus, Beleuchter), Kurt Raab (Fred), Hannes Fuchs (David), Marcella Michelangeli (Margret), Ingrid Caven (Statistin), Harry Baer (ihr Mann), Magdalena Montezuma (Irm), Werner Schroeter (Deiters, Fotograf), Karl Scheydt, Tanja Constantine, Maria Novelli, Enzo Monteduro, Achmed Em Bark, Michael Fengler, Burghard Schlicht, Dick Randall, Peter Berling, Tony Bianchi, Renato dei Laudadio, Gianni Javarone, Peter Gauhe. - P: antiteater-X-Film / Nova International, Rom. - Pd und Hl: Peter Berling. - Pl: Michael Fengler. - Al: Christian Hohoff. - Kosten: ca. 1100000 DM. - Drehzeit: 22 Tage / September 1970. - Drehort: Sorrent (Italien). - U: 28.8. 1971, Venedig (Biennale). - TV: 22.1. 1972 (NDR III / S 3) / 19.5. 1972 (HR III) / 3.1. 1974 (WDR III). - F: 35 mm, Breitwand 1,85 m, Farbe. - L: 2826 m = 103 min. - V: Filmverlag der Autoren (35 mm). - Dem Film ist das Motto »Hochmut kommt vor dem Fall« vorangestellt und ein Zitat aus Thomas Manns Erzählung »Tonio Kröger«: »Ich sage Ihnen, daß ich es oft sterbensmüde bin, das Menschliche darzustellen, ohne am Menschlichen teilzuhaben ...«

1970 PIONIERE IN INGOLSTADT. - B: Rainer Werner Fassbinder (nach dem Stück von Marie Luise Fleißer). - K: Dietrich Lohmann. - Sch: Thea Eymèsz. - M: Peer Raben. - A: Kurt Raab. - R-Ass: Gunther Krää. - D: Hanna Schygulla (Berta), Harry Baer (Karl), Irm Hermann (Alma), Rudolf Waldemar Brem (Fabian), Walter Sedlmayr (Fritz), Klaus Löwitsch (Feldwebel), Günther Kaufmann (Max), Carla Aulaulu (Frieda), Elga Sorbas (Marie), Burghard Schlicht (Klaus), Gunther Krää (Gottfried). - P: Janus Film und Fernsehen / antiteater (im Auftrag des ZDF). - Pl: Kurt Raab. - Kosten: ca. 550000 DM. - Drehzeit: 25 Tage / November 1970. - Drehorte: Landsberg-Lech, München. - TV: 19.5. 1971 (ZDF). - F: 35 mm, Farbe. - Sendelänge: 83 min, 34 sec. - V: Filmverlag der Autoren.

1971 HÄNDLER DER VIER JAHRESZEITEN. - B: Rainer Werner Fassbinder. - K: Dietrich Lohmann. - K-Ass: Herbert Paetzold, Peter Gauhe. - Licht: Ekkehard Heinrich. - Sch: Thea Eymèsz. - M: »Buona Notte« von Rocco Granata; Archiv; Melodie »Kleine Liebe« von Rainer Werner Fassbinder. - A: Kurt Raab. - R-Ass: Harry Baer. - D: Hans Hirschmüller (Hans Epp, Obsthändler), Irm

Hermann (Irmgard Epp, seine Frau), Hanna Schygulla (erste Schwester), Andrea Schober (Kind), Gusti Kreissl (Mutter), Kurt Raab (Schwager), Heide Simon (zweite Schwester), Klaus Löwitsch (Harry), Karl Scheydt (Anzell), Ingrid Caven (große Liebe), Peter Chatel (Arzt), Lilo Pempeit (Kundin), Walter Sedlmayr (Verkäufer des Obstkarrens), El Hedi ben Salem (Araber), Hark Bohm (Polizist), Daniel Schmid / Harry Baer / Marian Seidowski (drei Bewerber), Michael Fengler (Playboy), Rainer Werner Fassbinder (Zucker), Elga Sorbas (Marile Kosemund). - P: Tango-Film, München. - Pl: Ingrid Fassbinder (d. i. Ingrid Caven). - Al: Christian Hohoff, Karl Scheydt. - Kosten: 178 000 DM. - Drehzeit: 11 Tage / August 1971. - Drehort: München. - U: 10. 2. 1972, Paris (Cinémathèque). - Erstaufführung in der Bundesrepublik: 10. 3. 1972. - TV: 10. 3. 1972 (ZDF). - F: 35 mm, Farbe. - L: 2429 m = 89 min. - V: Filmverlag der Autoren (35 mm).

1972 DIE BITTEREN TRÄNEN DER PETRA VON KANT. - B: Rainer Werner Fassbinder (nach seinem Theaterstück). - K: Michael Ballhaus. - Sch: Thea Eymèsz. - T: Gunther Kortwich. - M: »Smoke Gets in Your Eyes« von Jerome Kern und Otto Harbach, »The Great Pretender« von Buck Ram, gesungen von The Platters, »In My Room« von Joacquin Pirieto, Lee Pockriss und Paul Vince, gesungen von The Walker Brothers; Giuseppe Verdi. - A: Kurt Raab. - Ma: Sybille Danzer. - R-Ass: Harry Baer, Kurt Raab. - D: Margit Carstensen (Petra von Kant), Hanna Schygulla (Karin Thimm), Irm Hermann (Marlene), Eva Mattes (Gabriele von Kant), Katrin Schaake (Sidonie von Grasenabb), Gisela Fackeldey (Valerie von Kant). - P: Tango-Film, München, - Kosten: ca. 325 000 DM. - Drehzeit: 10 Tage / Januar 1972. - Drehort: Worpswede. - U: 25. 6. 1972, Berlin (Filmfestspiele). - Kinostart: 5. 10. 1972. - TV: 19. 11. 1973 (ARD). - F: 35 mm, Farbe. - L: 3389 m = 124 min. - V: Filmverlag der Autoren (35 mm). - Der Film ist »Gewidmet dem, der hier Marlene wurde«.

1972 WILDWECHSEL. - B: Rainer Werner Fassbinder (nach dem Bühnenstück von Franz Xaver Kroetz). - K: Dietrich Lohmann. - Sch: Thea Eymèsz. - M: Ludwig van Beethoven; Song »You are my destiny« von Paul Anka. - A: Kurt Raab. - R-Ass: Irm Hermann. - Redaktion: Rolf Defrank. - D: Jörg von Liebenfels (Erwin), Ruth Drexel (Hilda, seine Frau), Eva Mattes (Hanni, deren Tochter), Harry Baer (Franz), Rudolf Waldemar Brem (Dieter), Hanna Schygulla (Ärztin), Kurt Raab (Chef), Karl Scheydt / Klaus Löwitsch (Polizisten), Irm Hermann / Marquard Bohm (Polizeibeamte), El Hedi ben Salem (Freund). - P: Intertel (im Auftrag des SFB). - Pd: Gerhard Freund. - Kosten: ca. 550 000 DM. - Drehzeit:

14 Tage / März 1972. - Drehort: Straubing und Umgebung. - U: 30.12. 1972, München. - TV 9.1. 1973 (SFB). - F: 35 mm, Farbe. - Länge der Fernsehfassung: 2872 m / Länge der von der FSK freigegebenen Fassung: 2787 m = 102 min. - V: ohne.

1972 ACHT STUNDEN SIND KEIN TAG. Eine Familienserie. 1. Teil: JOCHEN UND MARION. 2. Teil: OMA UND GREGOR. 3. Teil: FRANZ UND ERNST. 4. Teil: HARALD UND MONIKA. 5. Teil: IRMGARD UND ROLF. - B: Rainer Werner Fassbinder. - K: Dietrich Lohmann. - Sch: Marie Anne Gerhardt. - M: Jean Gepoint (d.i. Jens Wilhelm Petersen). - A: Kurt Raab. - R-Ass: Renate Leiffer, Eberhard Schubert. - Redaktion: Peter Märthesheimer. - D: Gottfried John (Jochen), Hanna Schygulla (Marion), Luise Ullrich (Oma), Werner Finck (Gregor), Anita Bucher (Käthe), Wolfried Lier (Wolf), Christine Oesterlein (Klara), Renate Roland (Monika), Kurt Raab (Harald), Andrea Schober (Sylvia), Thorsten Massinger (Manni), Irm Hermann (Irmgard Erlkönig), Wolfgang Zerlett (Manfred), Wolfgang Schenck (Franz), Herb Andress (Rüdiger), Rudolf Waldemar Brem (Rolf), Hans Hirschmüller (Jürgen), Peter Gauhe (Ernst), Grigorios Karipidis (Giuseppe), Karl Scheydt (Peter), Victor Curland (Meister Kretzschmer), Rainer Hauer (Werkshallenleiter Gross), Margit Carstensen / Christiane Jannessen / Doris Mattes / Gusti Kreissl / Lilo Pempeit (Hausfrauen in Teil II), Katrin Schaake / Rudolf Lenz / Jörg von Liebenfels (Vermieter in Teil II), Gäste: Ulli Lommel, Ruth Drexel, Walter Sedlmayr, Helga Feddersen, Heinz Meier, Karl-Heinz Vosgerau, Peter Chatel, Valeska Gert, Eva Mattes, Marquard Bohm, Klaus Löwitsch, Hannes Gromball, Peter Märthesheimer. - P: WDR. - Kosten: ca. 1375000 DM. - Drehzeit: 105 Tage / April bis August 1972. - Drehorte: Fabrik bei Mönchen-Gladbach, Köln. - TV: 29.10. 1972 (I) / 17.12. 1972 (II) / 21.1. 1973 (III) / 18.2. 1973 (IV) / 18.3. 1973 (V), ARD. - F: 16 mm, Farbe. - Sendelängen: Teil I: 101 min, 11 sec. / Teil II: 99 min, 31 sec. / Teil III: 91 min, 56 sec. / Teil IV: 88 min, 53 sec. / Teil V: 88 min, 53 sec.

1972 BREMER FREIHEIT. - Fernsehbearbeitung von Rainer Werner Fassbinder und Dietrich Lohmann. Unter Verwendung von Spielelementen, die von Rainer Werner Fassbinder mit dem Ensemble des Bremer Schauspielhauses entwickelt wurden. - B: Rainer Werner Fassbinder. - K: Dietrich Lohmann, Hans Schugg, Peter Weyrich. - Sch: Friedrich Niquet, Monika Solzbacher. - M: Archiv. - A: Kurt Raab. - R-Ass: Fritz Müller-Scherz. - Redaktion: Karlhans Reuss. - D: Margit Carstensen (Geesche), Ulli Lommel (Miltenberger), Wolfgang Schenck (Gottfried), Walter Sedlmayr (Pfarrer), Wolfgang Kieling (Timm), Rudolf Waldemar Brem (Vetter Bohm), Kurt Raab (Zimmermann), Fritz Schediwy (Johann), Hanna Schygulla (Luise Maurer), Rainer Werner Fassbinder (Rumpf), Lilo Pempeit (Mutter). - P: Telefilm Saar (im Auftrag des SR). - Kosten: 240000 DM. - Drehzeit: 9 Tage / September 1972. - Drehort: Saarbrücken (Studio) - TV: 27.12. 1972 (S 3) / 17.2. 1973 (RB III für Nordkette) / 8.9. 1973 (HR III) / 24.9. 1973 (WDR III) / 6.11. 1973 (SR). - F: MAZ 2 Zoll Farbe. - L: 87 min.

1973 WELT AM DRAHT. - B: Fritz Müller-Scherz; Rainer Werner Fassbinder (nach dem Roman von Daniel F. Galouye). - K: Michael Ballhaus. - Sch: Marie Anne Gerhardt. - M: Gottfried Hüngsberg; Archiv. - A: Kurt Raab. - R-Ass: Renate Leiffer, Fritz Müller-Scherz. - Redaktion: Peter Märthesheimer, Alexander Wesemann. - D: Klaus Löwitsch (Fred Stiller), Mascha Rabben (Eva), Adrian Hoven (Vollmer), Ivan Desny (Lause), Barbara Valentin (Gloria), Karl-Heinz Vosgerau (Siskins), Günter Lamprecht (Wolfgang), Margit Carstensen (Schmidt-Gentner), Wolfgang Schenck (Hahn), Joachim Hansen (Edelkern), Rudolf Lenz (Hartmann), Kurt Raab (Holm), Karl Scheydt (Lehner), Rainer Hauer (Stuhlfaut), Ulli Lommel (Rupp), Heinz Meier (Weinlaub), Peter Chatel (Hirse), Gäste: Ingrid Caven, Eddie Constantine, Gottfried John, Elma Karlowa, Christine Kaufmann, Rainer Langhans, Bruce Low, Karsten Peters, Katrin Schaake, Walter Sedlmayr, El Hedi ben Salem, Christiane Maybach, Rudolf Waldemar Brem, Peter Kern, Ernst Küsters, Peter Moland, Doris Mattes, Liselotte Eder, Solange Pradel, Maryse Dellannoy, Werner Schroeter, Magdalena Montezuma, Corinna Brocher, Peter Gauhe, Dora Karras-Frank. - P: WDR. - Kosten: ca. 950000 DM. - Drehzeit: 44 Tage /Januar bis März 1973. - Drehorte: Köln, München, Paris. - TV: 14.10. 1973 (I) / 16.10. 1974 (II), ARD. - F: 16 mm, Farbe. - Sendelängen: Teil I: 99 min, 25 sec, für die Wiederholung gekürzt auf 91 min, 22 sec. / Teil II: 105 min, 44 sec.

1973 NORA HELMER. - B: Schauspiel von Henrik Ibsen / Übersetzung: Bernhard Schulze. - K: Willi Raber, Wilfried Mier, Peter Weyrich, Gisela Loew, Hans Schugg. - Sch: Anne-Marie Bornheimer, Friedrich Niquet. - M: Archiv. - A: Friedhelm Boehm. - Ko: Barbara Baum. - R-Ass: Fritz Müller-Scherz, Rainer Langhans. - D: Margit Carstensen (Nora), Joachim Hansen (Torvald), Barbara Valentin (Frau Linde), Ulli Lommel (Krogstedt), Klaus Löwitsch (Dr. Rank), Lilo Pempeit (Marie), Irm Hermann (Helene). - P: Telefilm Saar (im Auftrag des SR). - Kosten: ca. 550000 DM. - Drehzeit: 21 Tage / Mai 1973. - Drehort: Saarbrücken (Studio). - TV: 3.2. 1974 (SR), 22.6. 1978 (S 3). - F: MAZ 2 Zoll Farbe. - L: 101 min.

1973 ANGST ESSEN SEELE AUF. - B: Rainer Werner Fassbinder. - K: Jürgen Jürges. - K-Ass: Thomas Schwan. - Licht: Ekkehard Heinrich. - Sch: Thea Eymèsz. - T: Fritz Müller-Scherz. - M: Archiv. - A: Rainer Werner Fassbinder. - Ma: Helga Kempke. - R-Ass: Rainer Langhans. - D: Brigitta Mira (Emmi), El Hedi ben Salem (Ali), Barbara Valentin (Barbara, Wirtin), Irm Hermann (Krista), Rainer Werner Fassbinder (Eugen, ihr Mann), Karl Scheydt (Albert), Elma Karlowa (Frau Kargus), Anita Bucher (Frau Ellis), Gusti Kreissl (Paula), Walter Sedlmayr (Angermayer, Lebensmittelhändler), Doris Mattes (seine Frau), Liselotte Eder (Frau Münchmeyer), Marquard Bohm (Gruber, Sohn des Hausbesitzers), Hannes Gromball (Ober in der Osteria), Katharina Herberg (Mädchen in der Kneipe), Rudolf Waldemar Brem (Gast in der Kneipe), Peter Moland (Chef in der Autowerkstatt), Margit Symo (Hedwig), Peter Gauhe (Bruno), Helga Ballhaus (Yolanda), Elisabeth Bertram (Frieda), Hark Bohm (Arzt). - P: Tango-Film, München. - Kosten: ca. 260000 DM. - Drehzeit: 15 Tage / September 1973. - Drehort: München. - U: 5.3. 1974, München. - TV: 25.7. 1977 (ZDF). - F: 35 mm, Farbe, Breitwand 1,85 m. - L: 2539 m = 93 min. - V: Filmverlag der Autoren (35 mm). - Dem Film ist das Motto »Das Glück ist nicht immer lustig« vorangestellt. Er hatte den Arbeitstitel »Alle Türken heißen Ali«.

1973 MARTHA. - B: Rainer Werner Fassbinder. - K: Michael Ballhaus. - Sch: Liesgret Schmitt-Klink. - M: Archiv. - A: Kurt Raab. - R-Ass: Fritz Müller-Scherz, Renate Leiffer. - D: Margit Carstensen (Martha Hyer/später: Martha Salomon), Karlheinz Böhm (Helmut Salomon), Gisela Fackeldey (Mutter), Adrian Hoven (Vater), Barbara Valentin (Marianne), Ingrid Caven (Ilse), Ortrud Beginnen (Erna), Wolfgang Schenck (Chef), Günter Lamprecht (Dr. Salomon), Peter Chatel (Kaiser), El Hedi ben Salem (Hotelgast), Kurt Raab (Sekretär in der Botschaft), Rudolf Lenz (Portier). - P: WDR. - Kosten: ca. 500000 DM. - Drehzeit: 25 Tage / Juli bis September 1973. - Drehorte: Konstanz, Ottobeuren, Kreuzlingen, Rom, S. Felice Zirceo. - TV: 28.5. 1974 (ARD). - F: 16 mm, Farbe. - Sendelänge: 111 min, 33 sec. - V: Filmverlag der Autoren.

1972-74 FONTANE EFFI BRIEST oder Viele, die eine Ahnung haben von ihren Möglichkeiten und Bedürfnissen und dennoch das herrschende System in ihrem Kopf akzeptieren durch ihre Taten und es somit festigen und durchaus bestätigen. - B: Rainer Werner Fassbinder (nach Fontane). - K: Dietrich Lohmann, Jürgen Jürges. - K-Ass: Thomas Schwan, Herbert Paetzold. - Licht: Ernst Küsters, Ekkehard Heinrich. - Sch: Thea Eymèsz. - T: Fritz Müller-Scherz. - M: Motiv von Camille Saint-Saens u. a. - A: Kurt Raab. - Ko: Barbara Baum. - Ma: Sybille Danzer. - R-Ass: Rainer Langhans, Fritz

Müller-Scherz. - D: Hanna Schygulla (Effi), Wolfgang Schenck (Baron Geert von Innstetten), Karlheinz Böhm (Geheimrat Wüllersdorf), Ulli Lommel (Major Crampas), Ursula Strätz (Roswitha), Irm Hermann (Johanna), Lilo Pempeit (Luise von Briest, Effis Mutter), Herbert Steinmetz (Herr von Briest, Effis Vater), Hark Bohm (Apotheker Gieshübler), Rudolf Lenz (Geheimrat Rummschüttel), Barbara Valentin (Marietta Tripelli, Sängerin), Karl Scheydt (Kruse), Theo Tecklenburg (Pastor Niemeyer), Barbara Lass (polnische Köchin), Eva Mattes (Hulda), Andrea Schober (Annie), Anndorthe Braker (Frau Pasche), Peter Gauhe (Vetter Dagobert). Erzählerstimme: Rainer Werner Fassbinder. Synchronstimmen: Wolfgang Hess für Ulli Lommel, Kurt Raab für Hark Bohm, Renate Küster für Ursula Strätz, Fred Maire für Herbert Steinmetz, Rosemarie Fendel für Lilo Pempeit, Margit Carstensen für Irm Hermann, Eva Mattes für Andrea Schober u. a.; Hanna Schygulla, Wolfgang Schenck und Karlheinz Böhm sprechen selbst. - P: Tango-Film, München. - Pl: Christian Hohoff. - Kosten: ca. 750000 DM. - Drehzeit: 58 Tage / September-Oktober 1972, Oktober-November 1973. - Drehorte: München, Wien, Aeroskobing (Dänemark), Schleswig-Holstein (Schloß Bredeneek, Neustadt und Brodau) und im Schwarzwald (die Eisenbahnfahrten). - U: 28. 6. 1974, Berlin (Filmfestspiele). - Kinostart: 5. 7. 1974. - TV: 31. 10. 1979 (ZDF). - F: 35 mm, schwarzweiß. - L: 3881 m = 141 min. - V: Filmverlag der Autoren (35 mm). - Als Titel des Films wird fälschlicherweise oft - auch vom Verleih - nur EFFI BRIEST genannt.

1974 FAUSTRECHT DER FREIHEIT. - B: Rainer Werner Fassbinder; Mitarbeit: Christian Hohoff. - K: Michael Ballhaus. - Sch: Thea Eymèsz. - M: Peer Raben; »One Night« von Pearl King / Dave Bartholomew, gesungen von Elvis Presley, »Bird of the Whire« von Leonhard Cohen. - A: Kurt Raab. - R-Ass: Irm Hermann. - D: Rainer Werner Fassbinder (Franz Biberkopf), Peter Chatel (Eugen), Karlheinz Böhm (Max), Rudolf Lenz (Rechtsanwalt), Karl Scheydt (Klaus), Hans Zander (Springer), Kurt Raab (Wodka-Peter), Adrian Hoven (Vater), Ulla Jacobsen (Mutter), Irm Hermann (Madame Cherie), Kitty Buchhamer (Madame Isabell), Ursula Strätz (Madame Antoinette), Christiane Maybach (Schwester), Elma Karlowa, Harry Baer, Peter Kern, Barbara Valentin, Bruce Low, Walter Sedlmayr, El Hedi ben Salem, Evelyn Künneke, Ingrid Caven, Marquard Bohm, Lilo Pempeit, Hannes Gromball. - P: Tango-Film, München / City Film GmbH, Berlin. - Pl: Christian Hohoff. - Kosten: ca. 450000 DM. - Drehzeit: 21 Tage / April und Juli 1974. - Drehorte: Marrakesch, München. - U: 30. 5. 1975. - F: 35 mm, Farbe. - L. 3373 m = 123 min. - V: Filmverlag der Autoren (35 mm). - Der Film trägt die Widmung »Für Armin und alle anderen«.

1974 WIE EIN VOGEL AUF DEM DRAHT. - B: Rainer Werner Fassbinder, Christian Hohoff; Liedertexte: Anja Hauptmann. - K: Erhard Spandel. - A: Kurt Raab. - Musikalische Bearbeitung: Ingfried Hoffmann. - Es spielt das Orchester Kurt Edelhagen. - Redaktion: Rolf Spinrads. - D: Brigitte Mira, Evelyn Künneke. - P: WDR. - Kosten: ca. 150000 DM. - Drehzeit: 6 Tage / Juli 1974. - Drehort: Köln (Studio). - TV: 5. 5. 1975 (ARD). - F: MAZ 2 Zoll Farbe. - L: 44 min.

1975 MUTTER KÜSTERS' FAHRT ZUM HIMMEL. - B: Rainer Werner Fassbinder unter Mitarbeit von Kurt Raab. - K: Michael Ballhaus. - K-Ass: Thomas Schwan. - Sch: Thea Eymèsz. - T: Wolfgang Hoffmann. - M: Peer Raben. - A: Kurt Raab. - R-Ass: Renate Leiffer. - D: Brigitte Mira (Emma Küsters), Ingrid Caven (Corinna), Karlheinz Böhm (Tillmann), Margit Carstensen (Frau Tillmann), Irm Hermann (Helene), Gottfried John (Niemeyer), Armin Meier (Ernst) und Kurt Raab, Peter Kern, Gustav Holzapfel, Volker Spengler, Peter Chatel, Vitus Zeplichal, Y Sa Lo, Lilo Pempeit und Matthias Fuchs (Knab). - P: Tango-Film, München. - Pl: Christian Hohoff. - Kosten: ca. 750000 DM. - Drehzeit: 20 Tage / Februar-März 1975. - Drehort: Frankfurt am Main. - U: 2. 1. 1976 (Voraufführung: 7. 7. 1975, Berlin). - TV: 14. 6. 1982 (ARD). - F: 35 mm, Farbe. - L: 3275 m = 120 min. - V: Filmverlag der Autoren (35 mm).

1975 ANGST VOR DER ANGST. - B: Rainer Werner Fassbinder (nach einer Idee von Asta Scheib). - K: Jürgen Jürges, Ulrich Prinz. - Sch: Liesgret Schmitt-Klink, Beate Fischer-Weiskirch. - M: Peer Raben. - A: Kurt Raab. - R-Ass: Renate Leiffer. - Produktion: Peter Märthesheimer. - D: Margit Carstensen (Margot), Ulrich Faulhaber (Kurt), Brigitte Mira (Mutter), Irm Hermann (Lore), Armin Meier (Karli), Adrian Hoven (Dr. Merck), Kurt Raab (Herr Bauer), Ingrid Caven (Edda), Lilo Pempeit (Frau Schall), Helga Märthesheimer (Frau Dr. von Unruh), Herbert Steinmetz (Dr. Auer), Hark Bohm (Dr. Rozenbaum) sowie Constanze Haas als Bibi. - P: WDR. - Kosten: 375000 DM. - Drehzeit: 25 Tage / April-Mai 1975. - Drehorte: Köln, Bonn. - TV: 8. 7. 1975 (ARD). - F: 16 mm, Farbe. - Sendelänge: 88 min, 8 sec.

1975 *Schatten der Engel.* - R: Daniel Schmid. - B: Daniel Schmid, Rainer Werner Fassbinder (nach dem Theaterstück »Der Müll, die Stadt und der Tod«). - K: Renato Berta. - Sch: Ila von Hasperg. - T: Gunther Kortwich. - M: Peer Raben, Gottfried Hüngsberg. - A: Raul Gimenez. - D: Ingrid Caven (Lily Brest), Rainer Werner Fassbinder (Raoul), Klaus Löwitsch (Jude), Annemarie Düringer (Frau

Müller), Adrian Hoven (Müller), Boy Gobert (Müller II), Ulli Lommel (Kleine Prinz), Jean-Claude Dreyfuss (Zwerg), Irm Hermann (Emma), Debria Kalpataru (Marie-Antoinette), Hans Gratzer (Oscar), Peter Chatel (Mann, Thomas). Ila von Hasperg (Violet), Gail Curtis (Tau), Christine Jirku (Olga), Raul Gimenez (Jim), Alexander Allerson (Hans von Gluck), Harry Baer (Hellfritz). - P: Albatros Produktion. - Pd: Michael Fengler. - Pl: Christian Hohoff. - Kosten: ca. 600000 DM. - Drehzeit: 28 Tage / Oktober-November 1975. - Drehort: Wien. - U: 31.1. 1976, Solothurn (Festival); Erstaufführung in der Bundesrepublik: 3.9. 1976. - F: 35 mm, Farbe. - L: 2768 m = 101 min. - V: Filmverlag der Autoren (35 mm).

1975/76 ICH WILL DOCH NUR, DASS IHR MICH LIEBT. - B: Rainer Werner Fassbinder (nach einer Geschichte aus dem Buch »Lebenslänglich« von Klaus Antes und Christiane Ehrhardt). - K: Michael Ballhaus. - Sch: Liesgret Schmitt-Klink. - T: Karsten Ullrich. - M: Peer Raben. - A: Kurt Raab. - Ma: Peter Knöpfle, Elke Müller. - R-Ass: Renate Leiffer, Christian Hohoff. - D: Vitus Zeplichal (Peter), Elke Aberle (Erika), Alexander Allerson (Vater), Ernie Mangold (Mutter), Johanna Hofer (Großmutter), Katharina Buchhammer (Ulla), Wolfgang Hess (Bauleiter), Armin Meier (Polier), Erika Runge (Interviewerin), Ulrich Radke (Erikas Vater), Annemarie Wendl (Erikas Mutter), Janos Gönczöl (Wirt), Edith Volkmann (Wirtin), Robert Naegele (Gerichtsvollzieher), Axel Ganz (Hausmeister), Inge Schulz (Frau Emmerich), Heinz H. Bernstein (Möbelverkäufer), Helga Bender (Verkäuferin in der Boutique), Adi Gruber (Postbeamter), Sonja Neudorfer (Schmuckverkäuferin), Heide Ackermann (Nähmaschinenverkäuferin), Reinhard Brex (Bauunternehmer). - P: Bavaria Atelier GmbH (im Auftrag des WDR). - Pd: Peter Märthesheimer. - Kosten: ca. 800000 DM. - Drehzeit: 25 Tage / November-Dezember 1975. - Drehorte: München und Umgebung. - TV: 23.3. 1976 (ARD). - F: 16 mm, Farbe. - Sendelänge: 103 min, 54 sec.

1975/76 SATANSBRATEN. - B: Rainer Werner Fassbinder. - K: Jürgen Jürges (1. Phase), Michael Ballhaus. - Sch: Thea Eymèsz, Gabi Eichel. - T: Paul Schöler, Rolf-Peter Notz, Roland Henschke. - M: Peer Raben. - A: Kurt Raab, Ulrike Bode. - Ma: Evelyn Döhring, Jo Braun. - R-Ass: Ila von Hasperg, Christa Reeh, Renate Leiffer. - D: Kurt Raab (Walter Kranz), Margit Carstensen (Andrée), Helen Vita (Luise Kranz), Volker Spengler (Ernst), Ingrid Caven (Lilly), Marquard Bohm (Rolf, ihr Mann), Ulli Lommel (Lauf), Y Sa Lo (Lana), Katharina Buchhammer (Irmgart von Witzleben), Armin Meier (Stricher), Vitus Zeplichal (Urs), Dieter Schidor (Willy), Peter Chatel (Eugen), Michael Octave (Jünger), Katren Gebelein (Lillys

Mutter), Helmut Petigk (Schneider), Hannes Gromball (Taxifahrer), Adrian Hoven (Arzt), Monika Teuber (Dame im Fahrstuhl). - P: Albatros Produktion, München, hergestellt von Trio-Film, Duisburg. - Pd und Pl: Michael Fengler. - Kosten: ca. 600000 DM. - Drehzeit: 29 Tage / Oktober 1975 (14 Tage), Januar-Februar 1976 (15 Tage). - Drehort: München. - U: 7. 10. 1976, Mannheim (Filmwoche). - Kinostart: Nov. 1976. - F: 35 mm, Farbe. - L: 3184 m = 112 min. - V: Filmverlag der Autoren (35 mm). - Dem Film ist ein Zitat von Antonin Artaud vorangestellt: »Ce qui différence / les païens de nous / c'est qu'à l'origine / de toutes leurs croyances / il y a un terrible effort / pour ne pas penser en hommes, / pour garder le contact / avec la création entière / c'est-à-dire avec la divinité.«

1976 CHINESISCHES ROULETTE. - B: Rainer Werner Fassbinder. - K: Michael Ballhaus. - Sch: Ila von Hasperg, Juliane Lorenz (Ass.). - T: Roland Henschke. - M: Peer Raben. - A: Curd Melber. - Ma: Jo Braun. - R-Ass: Ila von Hasperg. - Organisation: Christian Hohoff, Harry Baer, Kerstin Dobertin. - D: Margit Carstensen (Ariane), Anna Karina (Irene), Alexander Allerson (Gerhard), Ulli Lommel (Kolbe), Andrea Schober (Angela), Macha Mèril (Traunitz), Brigitte Mira (Kast), Volker Spengler (Gabriel), Armin Meier (Tankwart), Roland Henschke (Bettler). - P: Albatros Produktion, München / Les Films du Losange, Paris. - Pd: Michael Fengler. - Kosten: ca. 1,1 Mill. DM - Drehzeit: 36 Tage / April-Juni 1976. - Drehorte: Stöckach (Schloß) und Umgebung, München (Flughafen). - U: 16. 11. 1976, Paris (Festival). - Erstaufführung in der Bundesrepublik: 22. 4. 1977. - TV: 24. 8. 1982 (ZDF). - F: 35 mm, Farbe. - L: 2341 m = 86 min. - V: Filmverlag der Autoren (35 mm).

1976/77 BOLWIESER. - B: Rainer Werner Fassbinder (nach dem Roman von Oskar Maria Graf). - K: Michael Ballhaus. - K-Ass: Horst Knechtel. - Sch: Ila von Hasperg, Juliane Lorenz; für die Kinofassung auch: Franz Walsch (d. i. Rainer Werner Fassbinder). - T: Reinhard Gloge; Mischung: Milan Bor (Kinofassung). - M: Peer Raben. - A: Kurt Raab, Nico Kehrhan. - Ba: Peter Müller. - Ko: Monika Altmann-Kriger. - R-Ass: Christian Hohoff, Ila von Hasperg, Udo Kier. - Redaktion: Willi Segler. - D: Kurt Raab (Xaver Ferdinand Maria Bolwieser, Bahnhofsvorstand), Elisabeth Trissenaar (Hanni), Bernhard Helfrich (Frank Merkl, Metzger und Gastwirt), Udo Kier (Schafftaler, Friseur), Volker Spengler (Mangst, Sekretär), Armin Meier (Scherber, Aspirant), Karl-Heinz von Hassel (Windegger), Gustl Bayrhammer (Neidhart, Hannis Vater), Maria Singer (Frau Neidhart), Willi Harlander (Stempflinger), Hannes Kaetner (Lederer), Gusti Kreissl (Frau Lederer), Helmut Alimonta

(Hartmannseder), Peter Kern (Treuberger), Gottfried John (Finkelberger, Scheidungsanwalt), Gerhard Zwerenz (Fährmann), Helmut Petigk (Wirt), Sonja Neudorfer (Wirtin), Monika Teuber (Mariele), Nino Korda (Rechtsanwalt), Hannes Gromball (Richter im Amtsgericht), Alexander Allerson (Vorsitzender), Manfred Gunther (Verteidiger), Roland Henschke (Richter in Werburg), Adolph Gruber (angeklagter Bauer), Doris Mattes (Zeugin), Ulrich Radke (Justizrat Schneider), Liselotte Pempeit (Frau Käser), Reinhard Weiser (Sailerbub), Elma Karlowa (Krankenschwester), Isolde Barth (1. Animierdame), Margot Mahler (2. Animierdame), Renate Muhri (Hure), Monica Gruber (Kellnerin), Katharina Buchhammer (Barwirtin), Karl Scheydt (Wärter). - P: Bavaria Atelier GmbH im Auftrag des ZDF. - Pd: Herbert Knopp. - Pl: Henry Sokal. - Kosten: ca. 1,8 Mill. DM. - Drehzeit: 40 Tage / Oktober-Dezember 1976. - Drehorte: Bahnhof Marxgrün (zwischen Neila und Bad Steben), Förmitzsee (bei Schwarzenbach/Saale), Schloß Thurnau, Landgericht Bayreuth, Hof/Saale, München-Solln. - TV: 31. 7. 1977 (ZDF), 20.15 (I), 22.00 (II). - F: 16 mm, Farbe. - Sendelängen: 104 min, 20 sec. (I), 96 min, 23 sec (II). - Eine von Fassbinder autorisierte Kinofassung ist aus Rechtsgründen erst seit 1983 verfügbar. - Kinostart: 10. 6. 1983. - F: 35 mm, Farbe, Breitwand 1,66. - L: 3138 m = 112 min. - V: Filmverlag der Autoren (35 mm).

1977 FRAUEN IN NEW YORK. Fernsehaufzeichnung der Inszenierung von Rainer Werner Fassbinder am Deutschen Schauspielhaus in Hamburg. - B: Clare Booth: »The Women« / Übersetzung: Nora Gray. - K: Michael Ballhaus. - Sch: Wolfgang Kerhutt. - T: Horst Faahs. - A: Rolf Glittenberg. - Ko: Frieda Parmeggiani. - Redaktion: Dieter Meichsner. - D: Christa Berndl (Mary, Mrs. Stephen Haines), Margit Carstensen (Sylvia, Mrs. Howard Fowler), Anne-Marie Kuster (Peggy, Mrs. John Day), Eva Mattes (Edith, Mrs. Phelps Potter), Angela Schmid (Nancy Blake / Prinzessin Tamara / Miss Trimmerback), Heide Grübl (Jane / Gymnastiklehrerin / verzweifeltes Mädchen), Ehmi Bessel (Mrs. Wagstaff / Ingrid, Köchin / Erste Directrice / Miss Watts, Sekretärin / Zweite Dame), Susanne Werth (Erste Friseuse / Erste Verkäuferin / Erstes Mädchen), Carola Schwarz (Zweite Friseuse / Zweite Verkäuferin / Hélène, Zofe), Irm Hermann (Olga, Maniküre / Miriam), Adelheid Müther (Euphie / Mannequin / Zigarettenmädchen), Ilse Bally (Schlamm-Maske / Zweite Directrice / Erste Dame), Andrea Grosske (Miss Fordyce, Hauslehrerin / Luca, Putzfrau / Maggie, Köchin / Witwe), Christina Prior (Klein-Mary), Gisela Uhlen (Mrs. Morehead / Comtesse de Lage), Barbara Sukowa (Crystal Allen), Henny Zschoppe (Krankenschwester / Sadie, Garderobenfrau), Sabine Wegener (Debütantin). - P: NDR. - Kosten: ca. 320000 DM. - Drehzeit: 7 Tage /

März 1977. - Drehort: Hamburg (Deutsches Schauspielhaus). - TV: 21.6. 1977 (ARD). - F: 16 mm, Farbe. - Sendelänge: 111 min, 10 sec.

1977 DESPAIR/EINE REISE INS LICHT - DESPAIR. - B: Tom Stoppard (nach dem Roman von Vladimir Nabokov). - K: Michael Ballhaus. - K-Ass: Horst Knechtel. - Sch: Juliane Lorenz, Franz Walsch (d.i. Rainer Werner Fassbinder). - T: James Willis; Mischung: Milan Bor. - M: Peer Raben. - A: Rolf Zehetbauer. - Ko: Dagmar Schauberger. - Ma: Peter Knöpfle, Anni Nöbauer. - R-Ass: Harry Baer. - D: Dirk Bogarde (Hermann Hermann), Andrea Ferréol (Lydia), Volker Spengler (Ardalion), Klaus Löwitsch (Felix), Alexander Allerson (Mayer), Bernhard Wicki (Orlovius), Peter Kern (Müller), Gottfried John (Perebrodov), Adrian Hoven (Inspektor Schelling), Roger Fritz (Inspektor Braun), Hark Bohm (Doktor), Y Sa Lo (Elsie), Liselotte Eder (Sekretärin), Armin Meier (Vorarbeiter), Gitty Djamal (Frau in Pension), Ingrid Caven (Hotelangestellte). - P: NF Geria II Film GmbH, München, in Zusammenarbeit mit SFP, Paris, hergestellt von der Bavaria Atelier GmbH. - Pd: Peter Märthesheimer. - Kosten: ca. 6 Mill. DM. - Drehzeit: 41 Tage / April-Juni 1977. - Drehorte: München, Interlaken, Berlin, Lübeck, Braunschweig, Hamburg, Mölln; Atelier: Bavaria. - U: 19.5. 1978, Cannes (Festival); gleichzeitig Erstaufführung in der Bundesrepublik. - TV: 30.8. 1981 (ARD). - L: 3265 m = 119 min. - F: 35 mm, Farbe. - V: Filmverlag der Autoren (35 mm, auch engl. O.m.U.). - Der Film trägt die Widmung »Dedicated to / Für Antonin Artaud, Vincent van Gogh, Unica Zürn«. Er wurde in englischer Sprache gedreht.

1977/78 DEUTSCHLAND IM HERBST. - R: Alf Brustellin, Rainer Werner Fassbinder, Alexander Kluge, Maximiliane Mainka, Edgar Reitz, Katja Rupé / Hans Peter Cloos, Volker Schlöndorff, Bernhard Sinkel. - B: Heinrich Böll, Peter Steinbach, die Regisseure. - K: Michael Ballhaus (Fassbinder-Episode), Jürgen Jürges, Bodo Kessler, Dietrich Lohmann, Colin Mounier, Jörg Schmidt-Reitwein. - Sch: Heidi Genée, Mulle Goetz-Dickopp, Juliane Lorenz (Fassbinder-Episode), Beate Mainka-Jellinghaus, Tanja Schmidbauer, Christina Warnck. - T: Roland Henschke (Fassbinder-Episode), Martin Müller, Günter Stadelmann. - A: Henning von Gierke, Winfried Hennig, Toni Lüdi. - Mitwirkende: Wolfgang Baechler, Heinz Bennent, Wolf Biermann, Joachim Bissmeyer, Caroline Chaniolleau, Hans Peter Cloos, Otto Friebel, Hildegard Friese, Michael Gahr, Vadim Glowna, Helmut Griem, Horatius Haeberle, Hannelore Hoger, Petra Kiener, Dieter Laser, Horst Mahler, Lisi Mangold, Eva Meier, Enno Patalas, Werner Possardt, Franz Priegel, Leon Rainer,

Katja Rupé, Walter Schmiedinger, Gerhard Schneider, Corinna Spies, Eric Vilgertshofer, Franziska Walser, Angela Winkler, Manfred Zapatka, das Kollektiv »Rote Rübe«; in der Fassbinder-Episode: Rainer Werner Fassbinder, Liselotte Eder, Armin Meier. - P: Pro-ject Filmproduktion im Filmverlag der Autoren / Hallelujah-Film / Kairos-Film. - Pl: Heinz Badewitz, Karl Helmer, Herbert Herz. - Kosten: ca. 450000 DM. - Drehzeit: Oktober 1977-Februar 1978; Fassbinder-Episode: 6 Tage / Oktober 1977. - Drehorte: an vielen Orten der Bundesrepublik; Fassbinder-Episode: München (Wohnung von RWF). - U der ersten (Roh-)Fassung: 3. 3. 1978, Berlin (Filmfestspiele). - Erstaufführung der endgültigen Fassung: 17. 3. 1978. - F: 35 mm, Farbe mit Schwarzweiß-Teilen, Breitwand 1,66. - L: 3378 m = 124 min; Länge der Fassbinder-Episode: 26 min, 20 sec. (Bei der Berliner Uraufführung: Gesamtlänge 3671 m = 134 min, die Fassbinder-Episode ist nicht verändert worden). - V: Filmverlag der Autoren (35 mm) / Studio 16 (16 mm).

1978 DIE EHE DER MARIA BRAUN. - B: Peter Märthesheimer, Pea Fröhlich, nach einer Idee von Rainer Werner Fassbinder. - K: Michael Ballhaus. - K-Ass: Horst Knechtel. - Sch: Franz Walsch (d. i. Rainer Werner Fassbinder), Juliane Lorenz. - T: Jim Willis; Mischung: Milan Bor. - M: Peer Raben. - A: Helga Ballhaus. - Ba: Norbert Scherer. - Ko: Barbara Baum. - Ma: Anni Nöbauer. - R-Ass: Rolf Bührmann. - Redaktion: Volker Canaris, Wolf-Dietrich Brücker. - D: Hanna Schygulla (Maria), Klaus Löwitsch (Hermann), Ivan Desny (Oswald), Gottfried John (Willi), Gisela Uhlen (Mutter), Günter Lamprecht (Wetzel), George Byrd (Bill), Elisabeth Trissenaar (Betti), Isolde Barth (Vevi), Peter Berling (Bronski), Sonja Neudorfer (Rotkreuzschwester), Liselotte Eder (Frau Ehmke), Volker Spengler (Schaffner), Karl-Heinz von Hassel (Staatsanwalt), Michael Ballhaus (Anwalt), Christine Hopf-de Loup (Notarin), Hark Bohm (Senkenberg), Dr. Horst-Dieter Klock (Mann mit Auto), Günther Kaufmann (Ami im Zug), Bruce Low (Ami auf der Konferenz), Rainer Werner Fassbinder (Händler), Claus Holm (Arzt), Anton Schirsner (Opa Berger), Hannes Kaetner (Standesbeamter), Martin Häussler (Reporter), Norbert Scherer (Wärter I), Rolf Bührmann (Wärter II), Arthur Glogau (Wärter III). - P: Albatros Produktion, München / Trio-Film, Duisburg / WDR, Köln. - Pd und Hl: Michael Fengler. - Pl: Martin Häussler. - Kosten: 1975000 DM. - Drehzeit: 35 Tage / Januar-März 1978. - Drehorte: Coburg, Berlin; Atelier: Bavaria. - U: 20. 2. 1979, Berlin (Filmfestspiele); interne Voraufführung: 22. 5. 1978 in Cannes. - Kinostart: 23. 3. 1979. - TV: 13. 1. 1985 (ARD). - F: 35 mm, Farbe, Breitwand 1,85. - L: 3296 m = 120 min. - V: Filmverlag der Autoren (35 mm) / atlas film + av (16 mm). - Der Film hat die Widmung »Für Peter Zadek«.

1978 IN EINEM JAHR MIT 13 MONDEN. - B, K, Sch, A: Rainer Werner Fassbinder. - K-Ass: Werner Lüring. - Ton und Beleuchtung: Karl Scheydt, Wolfgang Mund. - M: Peer Raben; Songs: »Frankie Teardrop« von Suicide, »A Song for Europe« von Roxy Music. - Bühne: Franz Vacek. - Weitere Mitarbeiter: Milan Bor, Walter Bockmayer, Jo Braun, Juliane Lorenz, Volker Spengler, Alexander Witt. - D: Volker Spengler (Elvira Weishaupt), Ingrid Caven (die rote Zora), Gottfried John (Anton Seitz), Elisabeth Trissenaar (Irene), Eva Mattes (Marie-Ann), Günther Kaufmann (Chauffeur), Liselotte Pempeit (Schwester Gudrun), Isolde Barth (Sybille), Karl Scheydt (Hacker), Walter Bockmayer (Seelenfrieda), Peter Kollek (Säufer), Bob Dorsay (Stadtstreicher), Günther Holzappfel (Angestellter), Ursula Lillig (Putzfrau) sowie Gerhard Zwerenz (Burghard Hauer, Schriftsteller). - P: Tango-Film, München / Project Filmproduktion im Filmverlag der Autoren. - Pl: Isolde Barth. - Kosten: ca. 700000 DM. - Drehzeit: 25 Tage / Juli-August 1978. - Drehort: Frankfurt am Main. - U: 17. 11. 1978, Frankfurt. - TV: 21. 1. 1985 (ARD). - F: 35 mm, Farbe, Breitwand 1,66. - L: 3398 m = 124 min. - V: Filmverlag der Autoren (35 mm).

1978/79 DIE DRITTE GENERATION. - B und K: Rainer Werner Fassbinder. - K-Ass: Hans-Günther Bücking, Alexander Witt. - Sch: Juliane Lorenz. - T: Hartmut Eichgrün, Jean Luc Marié; Mischung: Milan Bor. - M: Peer Raben. - A: Raul Gimenez, Volker Spengler. - Ma: Anni Nöbauer. - R-Ass: Juliane Lorenz. - D: Volker Spengler (August Brem), Bulle Ogier (Hilde Krieger), Hanna Schygulla (Susanne Gast), Harry Baer (Rudolf Mann), Vitus Zeplichal (Bernhard von Stein), Udo Kier (Edgar Gast), Margit Carstensen (Petra Vielhaber), Günther Kaufmann (Franz Walsch), Eddie Constantine (P. J. Lenz), Raul Gimenez (Paul), Y Sa Lo (Ilse Hoffmann), Hark Bohm (Gerhard Gast), Claus Holm (Opa Gast), Lilo Pempeit (Mutter Gast), Jürgen Draeger (Hans Vielhaber). - P: Tango-Film, Berlin / Pro-ject Filmproduktion im Filmverlag der Autoren, München. - Pl: Harry Baer. - Kosten: ca. 800000 DM. - Drehzeit: 30 Tage / Dezember 1978-Januar 1979. - Drehort: Berlin. - U: 13. 5. 1979, Cannes (Festival, Sektion »Un certain regard«). - Erstaufführung in der Bundesrepublik: 14. 9. 1979. - L: 2997 m = 110 min. - F: 35 mm, Farbe, Breitwand 1,66. - V: Filmverlag der Autoren (35 mm). - Der Film hat den Untertitel »Eine Komödie in 6 Teilen / um Gesellschaftsspiele / voll Spannung, Erregung und Logik / Grausamkeit und Wahnsinn / ähnlich den Märchen / die man Kindern erzählt / ihr Leben zum Tod ertragen zu helfen«. Der Film enthält ein Zitat aus »Le diable probablement« von Robert Bresson und Ausschnitte aus Fernsehinterviews mit Rudi Dutschke und Karsten Voigt.

1979/80 BERLIN ALEXANDERPLATZ. Ein Film in 13 Teilen und einem Epilog. 1. Teil: DIE STRAFE BEGINNT. 2. Teil: WIE SOLL MAN LEBEN, WENN MAN NICHT STERBEN WILL. 3. Teil: EIN HAMMER AUF DEM KOPF KANN DIE SEELE VERLETZEN. 4. Teil: EINE HANDVOLL MENSCHEN IN DER TIEFE DER STILLE. 5. Teil: EIN SCHNITTER MIT DER GEWALT VOM LIEBEN GOTT. 6. Teil: EINE LIEBE, DAS KOSTET IMMER VIEL. 7. Teil: MERKE - EINEN SCHWUR KANN MAN AMPUTIEREN. 8. Teil: DIE SONNE WÄRMT DIE HAUT, DIE SICH MANCHMAL VERBRENNT. 9. Teil: VON DEN EWIGKEITEN ZWISCHEN DEN VIELEN UND DEN WENIGEN. 10. Teil: EINSAMKEIT REISST AUCH IN MAUERN RISSE DES IRRSINNS. 11. Teil: WISSEN IST MACHT UND MORGENSTUND HAT GOLD IM MUND. 12. Teil: DIE SCHLANGE IN DER SEELE DER SCHLANGE. 13. Teil: DAS ÄUSSERE UND DAS INNERE UND DAS GEHEIMNIS DER ANGST VOR DER ANGST. Epilog: RAINER WERNER FASSBINDER: MEIN TRAUM VOM TRAUM DES FRANZ BIBERKOPF. - B: Rainer Werner Fassbinder (nach dem Roman von Alfred Döblin). - Künstlerische Mitarbeit: Harry Baer. - K: Xaver Schwarzenberger. - K-Ass: Josef Vavra. - Sch: Juliane Lorenz, Franz Walsch (d. i. Rainer Werner Fassbinder). - T: Karsten Ulrich; Mischung: Milan Bor. - M: Peer Raben. - A: Helmut Gassner, Werner Achmann, Jürgen Henze. - Ko: Barbara Baum. - Ma: Peter Knöpfle, Anni Nöbauer. - Spezialeffekte: Theo Nischwitz. - R-Ass: Renate Leiffer. - D: Günter Lamprecht (Franz Biberkopf), Hanna Schygulla (Eva), Barbara Sukowa (Mieze), Gottfried John (Reinhold), Franz Buchrieser (Meck), Claus Holm (Wirt), Brigitte Mira (Frau Bast), Roger Fritz (Herbert), Herb Andress (2. Polizist), Werner Asam (Fritz), Karin Baal (Minna), Harry Baer (Richard), Wolfgang Bathke (Redner), Axel Bauer (Dreske), Hark Bohm (Lüders), Marquard Bohm (Otto), Karl-Heinz Braun (Rechtsanwalt Löwenhund), Margit Carstensen (Sekretärin), Ivan Desny (Pums), Jürgen Draeger (Würstchenverkäufer), Annemarie Düringer (Cilly), Liselotte Eder (Frau Pums), Almut Eggert (Wahrsagerin), Matthias Fuchs (Arzt), Dirk Galuba (Taxifahrer), Jan George (Greiner), Raul Gimenez (Konrad), Mechthild Grossmann (Paula), Jan Grot (Tischler), Elke Haltaufderheide (Kellnerin), Karl-Heinz von Hassel (2. Kriminaler), Siegfried Hechler (Kohlenschlepper), Irm Hermann (Trude), Traute Hoess (Emmy), Klaus Höhne (Zeitungshändler), Adrian Hoven (Freier von Mieze), Elma Karlowa (Frau Greiner), Günther Kaufmann (Theo), Udo Kier (junger Mann an der Bar), Peter Kollek (Nachum), Peter Kuiper (Glatzkopf), Horst Laube (Oberarzt), Hermann Lause (Versicherungsmann), Georg Lehn (Irrer), Christine de Loup (Mädchen in der Allee), Marie-Luise Marjan (Wirtin), Christiane Maybach (Frau in der Absteige), Magdalena Montezuma (Terah), Sonja Neudorfer (Blumenverkäuferin), Eberhard von Nordhausen (Münzer), Helmut Petigk (alter Mann in der Bar), Dieter Prochnow (1. Polizist), Peer Raben (Ansager), Hans

Michael Rehberg (Kommissar), Katrin Schaake (Frau des Kellners), Roland Schäfer (Dr. Proll), Fritz Schediwy (Willy), Karl Scheydt (Mann in der Allee), Wolfgang Schenck (Kriminaler), Angela Schmid (Witwe), Werner Schroeter (Sarug), Volker Spengler (Bruno), Herbert Steinmetz (Zeitungshändler in der U-Bahn), Elisabeth Trissenaar (Lina), Barbara Valentin (Ida), Helen Vita (Fränze), Y Sa Lo (Ilse), Rolf Zacher (Krause), Hans Zander (Eliser), Vitus Zeplichal (Rudi), Gerhard Zwerenz (Baumann). - P: Bavaria Atelier GmbH / RAI im Auftrag des WDR. - Pd: Peter Märthesheimer. - Pl: Dieter Minx. - Kosten: ca. 13 Mill. DM. - Drehzeit: 154 Tage / Juni 1979-April 1980. - Drehorte: Berlin und München. - Voraufführung: 28. 8.-8. 9. 1980, Venedig (Festival). - TV und Sendelängen: Teil 1: 12. 10. 1980; 81 min, 17 sec. / Teil 2: 13. 10. 1980; 58 min, 55 sec. / Teil 3: 20. 10. 1980; 58 min, 36 sec. / Teil 4: 27. 10. 1980; 58 min, 45 sec. / Teil 5: 3. 11. 1980; 58 min, 45 sec. / Teil 6: 10. 11. 1980; 58 min, 01 sec. / Teil 7: 17. 11. 1980; 57 min, 42 sec. / Teil 8: 24. 11. 1980; 58 min, 14 sec. / Teil 9: 1. 12. 1980; 58 min, 10 sec. / Teil 10: 8. 12. 1980; 58 min, 55 sec. / Teil 11: 15. 12. 1980; 58 min, 35 sec. / Teil 12: 22. 12. 1980; 58 min, 50 sec. / Teil 13: 29. 12. 1980; 58 min, 34 sec. / Epilog: 29. 12. 1980; 111 min, 22 sec. / Teil 1 wurde um 21.05 Uhr gesendet, der Epilog um 23.00 Uhr, alle anderen Teile um 21.30 Uhr. - Format: 16 mm, Farbe.

1980 LILI MARLEEN. - B: Manfred Purzer, Rainer Werner Fassbinder (nach der Autobiografie »Der Himmel hat viele Farben« von Lale Andersen); Mitarbeit: Joshua Sinclair. - K: Xaver Schwarzenberger. - K-Ass: Josef Vavra. - Sch: Juliane Lorenz, Franz Walsch (d. i. Rainer Werner Fassbinder). - T: Karsten Ulrich, Milan Bor. - M: Peer Raben; Lied »Lili Marleen« von Norbert Schultze, Text: Hans Leip. - Ba: Herbert Strabel. - A: Rolf Zehetbauer. - Ko: Barbara Baum. - Ma: Anni Nöbauer. - Spezialeffekte: Joachim Schulz. - Choreografie: Dieter Gackstetter. - Künstlerische Mitarbeit: Harry Baer. - R-Ass: Renate Leiffer. - D: Hanna Schygulla (Willie Bunterberg), Giancarlo Giannini (Robert Mendelsohn), Mel Ferrer (David Mendelsohn), Karl-Heinz von Hassel (Hans Henkel), Christine Kaufmann (Miriam Glaubrecht), Hark Bohm (Taschner), Karin Baal (Anna Lederer), Udo Kier (Drewitz), Erik Schumann (von Strehlow), Gottfried John (Aaron), Elisabeth Volkmann (Marika), Barbara Valentin (Eva), Helen Vita (Grethe), Adrian Hoven (Ginsberg), Willy Harlander (Prosel), Toni Netzle (Frau Prosel), Roger Fritz (Kauffmann), Franz Buchrieser (Thorne), Rainer Will (Bernd), Lilo Pempeit (Tamara), Raoul Gimenez (Blonsky), Alexander Allerson (Goedecke), Rudolf Lenz (Dr. Glaubrecht), Rainer Werner Fassbinder (Günther Weisenborn), Jürgen Draeger (Journalist), Michael McLernon (Schweizer Grenzbeamter), Brigitte Mira (Nachbarin), Traute

Höss (Polin), Herb Andress (Karl-Heinz Reintgen), Daniel Schmid (Pförtner Victor), Irm Hermann (Krankenschwester), Harry Baer (Norbert Schultze), Arthur Albrecht, Werner Asam, Milan Bor, Peter Chatel, Volker Eckstein, Paul Felix, Dirk Galuba, Arno E. Hausch, Peter Kollek, Jörg von Liebenfels, Christine de Loup, Sonja Neudorfer, Helmut Petigk, Joachim Schulz, Volker Spengler, Herbert Steinmetz. - P: Roxy-Film, München / Rialto-Film, Berlin / CIP, Rom / Bayerischer Rundfunk, München. - Pd: Luggi Waldleitner. - Pl: Konstantin Thoeren. - Kosten: 10,5 Mill. DM. - Drehzeit: 47 Tage / Juli-September 1980. - Drehorte: Berlin, München und Umgebung; Atelier: Bavaria. - U: 15. 1. 1981, Berlin. - TV: 26. 1. 1985 (ARD). - F: 35 mm, Farbe, Breitwand 1,66. - L: 3295 m = 120 min. - V: Filmverlag der Autoren (35 mm).

1981 LOLA. - B: Peter Märthesheimer, Pea Fröhlich. - K: Xaver Schwarzenberger. - K-Ass: Josef Vavra. - Licht: Ekkehard Heinrich. - Sch: Juliane Lorenz. - T: Vladimir Vizner. - M: Peer Raben; Lieder: »Fährt ein weißes Schiff nach Hongkong«, gesungen von Freddy Quinn, »Caprifischer«, gesungen von Rudi Schuricke. - Ba: Helmut Gassner. - A: Raul Gimenez, Udo Kier. - Ko: Barbara Baum, Egon Strasser. - Ma: Anni Nöbauer, Gerd Nemetz. - Künstlerische Mitarbeit: Harry Baer. - R-Ass: Karin Viesel. - Redaktion: Wolf-Dietrich Brücker. - D: Barbara Sukowa (Lola), Armin Mueller-Stahl (von Bohm), Mario Adorf (Schuckert), Matthias Fuchs (Esslin), Helga Feddersen (Hettich), Karin Baal (Mutter Lola), Ivan Desny (Wittich), Karl-Heinz von Hassel (Timmerding), Sonja Neudorfer (Frau Fink), Elisabeth Volkmann (Gigi), Hark Bohm (Völker), Rosel Zech (Frau Schuckert), Isolde Barth (Frau Völker), Christine Kaufmann (Susi), Y Sa Lo (Rosa), Karsten Peters (Redakteur), Nino Korda (TV-Mann), Raul Gimenez (1. Kellner), Udo Kier (2. Kellner), Harry Baer (1. Demonstrant), Rainer Will (2. Demonstrant), Andrea Heuer (Bibliothekarin), Ulrike Vigo (Mariechen), Herbert Steinmetz (Pförtner), Günther Kaufmann (GI), Helmut Petigk (Rausschmeißer), Juliane Lorenz (Verkäuferin), Marita Pleyer (Rahel). - P: Rialto-Film, Berlin/Trio-Film, Duisburg/WDR. - Pd: Horst Wendlandt. - Hl: Rainer Werner Fassbinder. - Pl: Thomas Schühly. - Kosten: 3,5 Mill. DM. - Drehzeit: 30 Tage / April-Mai 1981. - Drehort: München (Bavaria-Studio). - U: 20. 8. 1981. - TV: 20. 1. 1985 (ARD). - F: 35 mm, Farbe, Breitwand 1,66. - L: 3084 m = 113 min. - V: Filmverlag der Autoren (35 mm). - Der Film enthält im Vorspann die Bezeichnung »BRD 3« und die Widmung »Für Alexander Kluge«.

1981 THEATER IN TRANCE. - B: Rainer Werner Fassbinder (mit Texten aus Antonin Artauds »Das Theater und sein Double«). -

K: Werner Lüring. - Sch: Juliane Lorenz, Franz Walsch (d.i. Rainer Werner Fassbinder). - T: Vladimir Vizner. - R-Ass: Raul Gimenez. - Mitwirkende: Het Werkteater, Amsterdam; Squat Theatre, New York; Sombrad Blancas, Mexico; Kipper Kids, Kalifornien; Magazzini Criminali, Florenz; Pina Bausch und das Wuppertaler Tanztheater; Jérôme Savary; Yoshi Oida. - P: Laura-Film, München, im Auftrag des ZDF. - Pd: Thomas Schühly. - Kosten: 220000 DM. - Drehzeit: 14 Tage / Juni 1981. - Drehort: Köln. - U: 8.10. 1981, Mannheim (Filmwoche). - TV: 11.11. 1981 (ZDF). - F: 16 mm, Farbe. - L: 1047 m = 91 min. - »Dieser Film ist dem Initiator von Theater der Welt 1981 Ivan Nagel gewidmet«.

1981 DIE SEHNSUCHT DER VERONIKA VOSS. - P: Peter Märthesheimer, Pea Fröhlich, Rainer Werner Fassbinder. - K: Xaver Schwarzenberger. - K-Ass: Josef Vavra. - Beleuchtung: Ekkehard Heinrich. - Sch: Juliane Lorenz. - T: Vladimir Vizner. - M: Peer Raben. - A: Rolf Zehetbauer. - Ko: Barbara Baum. - Ma: Anni Nöbauer, Gerd Nemetz. - R-Ass: Karin Viesel, Harry Baer, Tamara Kafka. - D: Rosel Zech (Veronika Voss), Hilmar Thate (Robert Krohn), Cornelia Froboess (Henriette), Annemarie Düringer (Dr. Katz), Doris Schade (Josefa), Armin Mueller-Stahl (Max Rehbein), Johanna Hofer/Rudolf Platte (altes Ehepaar), Eric Schumann (Dr. Edel), Peter Berling (Filmproduzent + dicker Mann), Günther Kaufmann (GI + Dealer), Sonja Neudorfer (Verkäuferin), Lilo Pempeit (Chefin), Volker Spengler (1. Regisseur), Herbert Steinmetz (Gärtner), Elisabeth Volkmann (Grete), Hans Wyprächtiger (Chefredakteur), Peter Zadek (2. Regisseur), Tamara Kafka (Ärztin), Juliane Lorenz (Sekretärin), Dieter Schidor (Kripobeamter), Rainer Werner Fassbinder (Kinobesucher). - P: Laura-Film, München / Tango-Film, München / Rialto-Film, Berlin / Trio-Film, Duisburg / Maran-Film, München. - Pd: Thomas Schühly. - Kosten: ca. 2,6 Mill. DM. - Drehzeit: 24 Tage / November-Dezember 1981. - Drehort: München; Atelier: Bavaria. - F: 35 mm, sw, Breitwand 1,66. - L: 2849 m = 104 min. - U: 18.2. 1982, Berlin (Filmfestspiele). - Kinostart: 19.2. 1982. - TV: 16.1. 1985 (ARD). - V: Filmverlag der Autoren (35 mm). - Der Film trägt die Widmung: »Für Gerhard Zwerenz« und die Bezeichnung »BRD 2 / 1955«.

1982 QUERELLE. - B: Rainer Werner Fassbinder (nach dem Roman »Querelle de Brest« von Jean Genet). - K: Xaver Schwarzenberger. - Sch: Juliane Lorenz, Franz Walsch (d.i. Rainer Werner Fassbinder). - T: Vladimir Vizner. - M: Peer Raben. - A: Rolf Zehetbauer. - Ko: Barbara Baum. - Künstlerische Mitarbeit: Harry Baer. - R-Ass: Karin Viesel, Michael McLernon. - Fotos: Roger Fritz. - D: Brad Davis (Querelle), Franco Nero (Leutnant Seblon),

Jeanne Moreau (Lysiane), Laurent Malet (Roger), Hanno Pöschl (Robert / Gil), Günther Kaufmann (Nōno), Burkhard Driest (Mario), Dieter Schidor (Vic), Roger Fritz (Marcellin), Karl Scheydt/Gilles Gavois/Michael McLernon (Matrosen), Robert Van Ackeren/Wolf Gremm/Frank Ripploh (drei Soldaten), Werner Asam/Axel Bauer/Vitus Zeplichal/Karl-Heinz von Hassel (Arbeiter), Neil Bell (Theo), Volker Spengler (Transvestit), Harry Baer (Armenier), Y Sa Lo (Mädchen), Isolde Barth sowie Natja Brunckhorst (Paulette, auf Fotos); Erzählerstimme: Hilmar Thate. - P: Planet-Film, München/Albatros Produktion, München/Gaumont, Paris, in Zusammenarbeit mit Sam Waynberg. - Pd: Dieter Schidor. - Pl: Rüdiger Lange. - Kosten: ca. 4,4 Mill. DM. - Drehzeit: 22 Tage / März 1982. - Drehort: Berlin (CCC-Filmstudios). - U: 31. 8. 1982, Venedig (Festival). - Erstaufführung in der Bundesrepublik: 17. 9. 1982. - F: 35 mm, Farbe, Cinemascope, Dolby-Stereo. - L: 2929 m = 106 min. - V: Scotia (35 mm). - Der Film wurde in englischer Sprache gedreht. Dem Titel QUERELLE hat der Verleih nach Fassbinders Tod aus kommerziellen Gründen die Zeile »Ein Pakt mit dem Teufel« hinzugefügt. Widmung: »This film is dedicated to my friendship with El Hedi ben Salem m'Barek Mohammed Mustafa. Rainer Werner Fassbinder.«

Bibliografie

Die Bibliografie enthält zunächst Angaben zu Veröffentlichungen *von* Rainer Werner Fassbinder und dann Hinweise zu Veröffentlichungen *über* Rainer Werner Fassbinder und seine Filme. Nach einer Zusammenstellung der wichtigsten Aufsätze und allgemeinen Beiträgen über Fassbinder sind zu jedem Film ausgewählte Interviews, Kritiken und sonstige Materialien aus Zeitungen und Zeitschriften notiert. Der Übersichtlichkeit und Kürze wegen wurden jeweils nur Autor, Titel des Beitrags, Publikationsorgan und Erscheinungsdatum bzw. Nummer angegeben. Die Aufsätze und Kritiken sind chronologisch nach Erscheinungstermin geordnet. Die Schreibweise des Namens Fassbinder (korrekt mit ss) wird so wiedergegeben, wie sie im Original vorgefunden wurde. - Hilfeleistungen: Bibliothek der Deutschen Film- und Fernsehakademie Berlin, Manfred Delling, Karsten Witte, Rolf Rietzler, Eric Rentschler, Anton Kaes, Michael Töteberg und Antje Goldau.

Veröffentlichungen von Rainer Werner Fassbinder

Drehbücher/Filmtexte

Liebe ist kälter als der Tod. Filmtext. Film (Velber), August 1969, Nr. 8. - Katzelmacher. Protokolliert von Burkhard Kamenz und Michael Drummer. Zelluloid-Filmtexte (Neuenhersee), Nr. 2, undatiert. - Schatten der Engel. Drehbuch von Daniel Schmid und Rainer Werner Fassbinder, nach dem Theaterstück »Der Müll, die Stadt und der Tod« von Fassbinder. Frankfurt am Main: Zweitausendeins 1976 (mit Abb. und Materialien). - Bent Lantow, Per Praestekjaer (Hrsg.): Angst essen Seele auf. Kopenhagen: G. E. C. Gad 1978 (in deutscher Sprache). - Der Film BERLIN ALEXANDERPLATZ. Ein Arbeitsjournal von Rainer Werner Fassbinder und Harry Baer. Frankfurt am Main: Zweitausendeins 1980 (enthält u. a. auch das Drehbuch). - Dieter Schidor und Michael McLernon (Hrsg.): Querelle Filmbuch. München: Schirmer/Mosel 1982 (enthält u. a. auch das Drehbuch); engl.: Querelle The Film Book. New York: Schirmer/Mosel and Grove Press 1983. - Lars Bardram (Hrsg.): Lili Marleen. Kopenhagen: Gad 1983, 5. Aufl. 1987 (Filmtext in deutscher Sprache, Materialien in dänisch). - Joyce Rheuban (Hrsg.): The Marriage of Maria Braun. New Brunswick: Rutgers University Press 1986 (Filmprotokoll in engl. Sprache, mit Materialien). - Die Erde ist unbewohnbar wie der Mond. Drehbuch nach dem Roman von Gerhard Zwerenz. Frankfurt am Main: April! April! Verlag 1986. - Lars Bardram (Hrsg.): Die Ehe der Maria Braun. Kopenhagen: Gjellerup & Gad 1987 (Filmtext in deutscher Sprache, Materialien in dänisch). - Michael Töteberg (Hrsg.): Rainer Werner Fassbinder. Die Kinofilme 1. München: Schirmer/Mosel 1987 (enthält: DER STADTSTREICHER, DAS KLEINE CHAOS, LIEBE IST KÄLTER ALS DER TOD, KATZELMACHER, GÖTTER DER PEST). - Michael Töteberg (Hrsg.): Fassbinders Filme 2. Frankfurt am Main: Verlag der Autoren 1990 (enthält: WARUM LÄUFT HERR R. AMOK, RIO DAS MORTES, WHITY, DIE NIKLASHAUSER FART, DER AMERIKANISCHE SOLDAT, WARNUNG VOR EINER HEILIGEN NUTTE). - Michael Töteberg (Hrsg.): Fassbinders Filme 3. Frankfurt am Main: Verlag der Autoren 1990 (enthält: HÄNDLER DER VIER JAHRESZEITEN, ANGST ESSEN SEELE AUF, FONTANE EFFI BRIEST). - Fassbinders Filme 4/5. Frankfurt am Main: Verlag der Autoren 1991 (enthält die Drehbücher der Serie ACHT STUNDEN SIND KEIN TAG, auch zu den nicht realisierten Folgen 6-8).

Theaterstücke

Das Kaffeehaus. Stück nach Goldoni. Theater heute, Oktober 1969, Nr. 10. - Antiteater 1. Katzelmacher / Preparadise sorry now / Die Bettleroper (nach John Gay). Frankfurt am Main 1970. edition suhrkamp 443. - Antiteater 2. Das Kaffeehaus (nach Goldoni) / Bremer

Freiheit / Blut am Hals der Katze. Frankfurt am Main 1972. edition suhrkamp 560. - Stücke 3. Das brennende Dorf / Die bitteren Tränen der Petra von Kant / Der Müll, die Stadt und der Tod. Frankfurt am Main 1976. edition suhrkamp 803. Vom Verlag zurückgezogen. - Der Müll, die Stadt und der Tod. In: Horst Laube (Hrsg.): Theaterbuch 1. München: Carl Hanser 1978 (mit verschiedenen Kommentaren und Dokumenten). - Der Müll, die Stadt und der Tod. Frankfurt am Main: Verlag der Autoren 1981. - Die bitteren Tränen der Petra von Kant. Frankfurt am Main: Verlag der Autoren 1982. - Katzelmacher / Preparadise sorry now. Frankfurt: Verlag der Autoren 1982. - Der Müll, die Stadt und der Tod / Die bitteren Tränen der Petra von Kant. Frankfurt am Main: Verlag der Autoren 1984. - Bremer Freiheit / Blut am Hals der Katze. Frankfurt am Main: Verlag der Autoren 1984. - Tropfen auf heiße Steine / Anarchie in Bayern / Der amerikanische Soldat (Theaterfassung) / Der Werwolf (von RWF und Harry Baer). Frankfurt am Main: Verlag der Autoren 1985.
Alle Theaterstücke sind ediert in dem Band: Rainer Werner Fassbinder: Sämtliche Stücke. Frankfurt am Main: Verlag der Autoren 1991 (der Band enthält auch die beiden Hör-Stücke GANZ IN WEISS und KEINER IST BÖSE UND KEINER IST GUT). - Aus den biographischen Unterlagen des Nachlasses geht hervor, daß es drei frühe Stücke gab - »Eine Scheibe Brot - Dialog über einen Auschwitzfilm«, »Tischtennis« und »Warnung vor einer heiligen Nutte« (vom Filmdrehbuch erheblich abweichend) -, die offenbar nicht erhalten sind.

Texte über Film, Fernsehen, Theater, Literatur u. a.
Imitation of Life. Über die Filme von Douglas Sirk. Fernsehen und Film, Februar 1971, Nr. 2; engl. in: Film Comment, Vol. 11, Nr. 6, November-Dezember 1975, und in: Laura Mulvey, Jon Halliday (Hrsg.): Douglas Sirk. Edinburgh 1972; franz. in: Positif, Nr. 183-184, Juli-August 1976. - (Einer der eine Liebe im Bauch hat). Beitrag für das Programmheft der Städtischen Bühnen Nürnberg, März 1971 (zur Uraufführung von »Blut am Hals der Katze«). - Ein paar unordentliche Gedanken zu Jochen und Marion und ... Fernsehspielbroschüre des WDR, Juli-Dezember 1972 (zur Serie ACHT STUNDEN SIND KEIN TAG). - (Volkstheater im weitesten Sinne). Grundlagen einer Konzeption für das Theater am Turm in Frankfurt. Frankfurter Rundschau v. 28. 11. 1973. - ... Schatten freilich und kein Mitleid. Ein paar ungeordnete Gedanken zu den Filmen von Claude Chabrol. In: Peter W. Jansen, Wolfram Schütte (Hrsg.): Claude Chabrol. München 1975. Reihe Film 5. (Vorabdruck in: Frankfurter Rundschau v. 13. 9. 1975); engl. in: Sight and Sound, Vol. 45, Nr. 4, Herbst 1976. - Gehabtes Sollen - gesolltes Haben. Der Streit um die geplante Gustav-Freytag-Verfilmung. Die Zeit v. 11. 3.

1977. - Der deutsche Film wird reicher. Ein paar Gedanken über einen schönen Film: »Jane bleibt Jane« von Walter Bockmayer. Die Zeit v. 29.4. 1977. - »Die dritte Generation«. I. Der deutsche Spielfilm und die Wirklichkeit. II. Ein Film - ein Titel. Frankfurter Rundschau v. 2.12. 1978 (enthält den ersten Teil des Exposés). - Klimmzug, Handstand, Salto mortale - sicher gestanden. Über den Filmregisseur Werner Schroeter, dem gelang, was kaum je gelingt - anläßlich seiner »Neapolitanischen Geschwister«. Frankfurter Rundschau v. 24.2. 1979. - Die Städte des Menschen und seine Seele. Einige ungeordnete Gedanken zu Alfred Döblins Roman »Berlin Alexanderplatz«. Die Zeit v. 14.3. 1980; nachgedr. in: Fritz J. Raddatz (Hrsg.): Die ZEIT-Bibliothek der 100 Bücher. Frankfurt am Main 1980. suhrkamp taschenbuch 645; franz. in: Cahiers du Cinéma, Nr. 321, März 1981. - Hanna Schygulla. Kein Star, nur ein schwacher Mensch wie wir alle (unordentliche Gedanken über eine Frau, die interessiert). In: Hanna Schygulla. Bilder aus Filmen von Rainer Werner Fassbinder. München: Schirmer/Mosel 1981. - (Antwort auf eine Umfrage nach den besten, wichtigsten, schönsten, unwichtigsten etc. deutschen Filmen seit 1962). In: Joe Hembus: Der deutsche Film kann gar nicht besser sein. Ein Pamphlet von gestern, eine Abrechnung von heute. München: Rogner & Bernhard 1981, S. 393. - Alexander Kluge soll Geburtstag gehabt haben. Berlinale-Tip (Berlin) v. 17.2. 1982. - Literatur und Leben. Die Zeit v. 25.5. 1982 (Vorbemerkung zu QUERELLE); nachgedr. in: Filmfaust, Nr. 28-29, Juni-September 1982; vollständig in: Querelle Filmbuch. München: Schirmer/Mosel 1982, S. 11. - (Hat das Kino noch eine Zukunft?). Süddeutsche Zeitung v. 15.-16.1. 1983 (Statement für Wim Wenders' filmisches Tagebuch »Chambre 666«).
(Die hier nachgewiesenen Texte sind - zusammen mit einigen zuvor unveröffentlichten - enthalten in dem Sammelband von Michael Töteberg: Rainer Werner Fassbinder. Filme befreien den Kopf. Essays und Arbeitsnotizen. Frankfurt am Main 1984. Fischer Taschenbuch 3672).

Über Rainer Werner Fassbinder

Bücher/Broschüren
Wolfgang Limmer: Fassbinder. München: Goethe-Institut/Filmverlag der Autoren 1973. - Hans Günther Pflaum und Rainer Werner Fassbinder: Das bißchen Realität, das ich brauche. Wie Filme entstehen. München: Carl Hanser 1976. Als Taschenbuch: München: dtv 1979, Bd. 1491 (über die Produktion von ICH WILL DOCH NUR, DASS IHR MICH LIEBT, SATANSBRATEN und CHINESISCHES ROULETTE; Rezensionen des Buches: Hans C. Blumenberg in Die Zeit v. 15.10. 1976, Kraft Wetzel in Kirche und Film, November 1976, und in

Zoom-Filmberater v. 20.4. 1977, Nr. 8, Klaus Eder in Deutsches Allgemeines Sonntagsblatt v. 21.11. 1976, Rainer G. Szukala in Kölner Stadt-Anzeiger v. 24.11. 1976, Thomas Petz in Süddeutsche Zeitung v. 9.12. 1976, Wilfried Wiegand in Frankfurter Allgemeine v. 17.12. 1976, Wilhelm Roth in Frankfurter Rundschau v. 25.12. 1976). - Wolfgang Limmer: Rainer Werner Fassbinder, Filmemacher. Dokumentation: Rolf Rietzler. Reinbek bei Hamburg: Rowohlt Taschenbuch Verlag 1981. SPIEGEL-Buch 8 (2. Aufl. September 1982). - Hanna Schygulla. Bilder aus Filmen von Rainer Werner Fassbinder. Mit einem autobiographischen Text von Hanna Schygulla und einem Beitrag von Rainer Werner Fassbinder. München: Schirmer/Mosel 1981. (Rezensionen des Buches: Volker Baer in Der Tagesspiegel v. 25.10. 1981, Claudia Lenssen in Kirche und Film, September 1982). - R.W.F. Rainer Werner Fassbinder 1946-1982. Die Information (Wiesbaden), 1982, Nr. 1. (Reprint ausgewählter Aufsätze, Interviews, Nachrufe). - Gerhard Zwerenz: Der langsame Tod des Rainer Werner Fassbinder. Ein Bericht. München: Schneekluth 1982 (August); als Taschenbuch: Knaur 2313. - Bernd Eckhardt: Rainer Werner Fassbinder. In 17 Jahren 42 Filme - Stationen eines Lebens für den deutschen Film. München: Wilhelm Heyne 1982 (September). - Kurt Raab und Karsten Peters: Die Sehnsucht des Rainer Werner Fassbinder. München: C. Bertelsmann 1982 (September); als Taschenbuch: Goldmann 6642. - Harry Baer: Schlafen kann ich, wenn ich tot bin. Das atemlose Leben des Rainer Werner Fassbinder. Köln: Kiepenheuer & Witsch 1982 (Oktober). - (Rezensionen der verschiedenen Fassbinder-Bücher: Volker Baer in Der Tagesspiegel v. 19.9. 1982 und 16.1. 1983, Rosa von Praunheim in Der Spiegel v. 11.10. 1982, Nr. 41, Peter Buchka in Süddeutsche Zeitung v. 10.11. 1982, Thomas Honickel in Kirche und Film, Dezember 1982, Nr. 12, Hans-Christoph Blumenberg in Die Zeit v. 21.2. 1983, Karsten Witte in Frankfurter Rundschau v. 19.4. 1983). - Heinz Ludwig Arnold (Hrsg.): Rainer Werner Fassbinder. Text + Kritik, Nr. 103, Juli 1989 (mit Beiträgen v. Christian Braad Thomsen, Rainer Werner Fassbinder, Michael Töteberg, Achim Haag, Heinz Brüggemann, Heinz Ludwig Arnold, Hannes Friedrich, Norbert Altenhofer, Beate Uhrmeister und einer Bibliografie v. Michael Töteberg). - Herbert Spaich: Rainer Werner Fassbinder. Leben und Werk. Weinheim: Beltz/Quadriga 1992. - Hans Günther Pflaum: Rainer Werner Fassbinder. Bilder und Dokumente. München: Edition Spangenberg 1992.

(engl.:) Tony Rayns (Hrsg.): Fassbinder. London: BFI 1976 (mit Beiträgen von Tony Rayns, Thomas Elsaesser, Manuel Alvarado, Christian Braad Thomsen und dem Text über Fassbinders Theaterarbeit aus dieser Monografie; auch die Daten wurden übernommen; 2. Auflage 1980, erweitert um Texte von Thomas Thieringer und

Richard Dyer). - Fassbinder. Translated from the German by Ruth McCormick. New York: Tanam Press 1981 (Übersetzung der Hanser-Monografie, erweitert um Aufsätze von Wolfram Schütte und Ruth McCormick). - Rainer Werner Fassbinder. A Special Issue. October (Cambridge, MA), Nr. 21, Sommer 1982 (mit Texten von Fassbinder, Robert Burgoyne, Douglas Crimps, Tony Pipolo und Thomas Elsaesser). - Paul Foss (Hrsg.): Fassbinder in Review. Sydney, Melbourne: The Australian Filminstitute 1983. - Ronald Hayman: Fassbinder film maker. London: Weidenfeld and Nicolson 1984. - Robert Katz: Love is Colder than Death. The Life & Times of Rainer Werner Fassbinder. New York: Random House 1987, London: Cape 1987.
(franz.:) Rainer Werner Fassbinder. Textes traduits de l'allemand par Esther Tanon. Nantes: L'Atalante 1982 (Übersetzung der Hanser-Monografie). - Fassbinder. Traduit de l'allemand par Christophe Jouanlanne. Paris: Rivages 1986 (neue Übersetzung der Hanser-Monografie). - Robert Katz: L'Amour est plus frois que le mort. Une vie de Rainer Werner Fassbinder. Paris: Presses la renaissance 1988 (aus dem Amer.). - Yann Lardeau: Rainer Werner Fassbinder. Paris: Centre National des Lettres/Goethe-Institut de Paris 1990. Cahiers du Cinéma, Collection »Auteurs«.
(it.:) Davide Ferrario: Fassbinder. Firenze: La Nuova Italia 1983. Il castoro cinema. - Enrico Magrelli und Giovanni Spagnoletti (Hrsg.): Tutti i film di Fassbinder. Milano: Ubulibri 1983 (u. a. mit den Interviews von Wilfried Wiegand und Peter W. Jansen sowie der Kommentierten Filmografie von Wilhelm Roth aus der Hanser-Monografie). - Giovanni Spagnoletti: R. W. Fassbinder TV. Montepulciano: Editori del Grifo 1983.
(span.:) Augusto M. Torres (Hrsg.): Rainer Werner Fassbinder. Madrid: Ediciones JC (1983).
(dän.:) Christian Braad Thomsen: I Fassbinders spejl. En analyse af Rainer Werner Fassbinders arbejde for film, teater, radio og TV. Kopenhagen: Fremad 1975. - Christian Braad Thomsen: Rainer Werner Fassbinder. En rejse mod lyset. Kopenhagen: Fremad 1983.

Interviews mit Rainer Werner Fassbinder

Revolution im Privaten. Filmkritik, August 1969, Nr. 8 (Gesprächsteilnehmer: Fassbinder, Ursula Strätz, Peer Raben, Ingrid Caven/Helmut Färber, Urs Jenny, Wilhelm Roth/Joachim von Mengershausen als Gast). - Corinna Brocher: Rainer Werner Fassbinder. In: Brocher, Bronnen: Die Filmemacher. München, Gütersloh, Wien: C. Bertelsmann 1973, S. 171-186. - Kraft Wetzel: Kino-Gespräch mit R. W. Fassbinder. Kino (Berlin), Nr. 18-19, 15. 10. 1974. - Hansheinz König: »Ich lege Fußangeln«. Deutsches Allgemeines Sonntagsblatt v. 16. 11. 1975. - Wolfram Schütte: »Wenn ich nicht arbeite - ich weiß gar nicht, wie das so richtig ist«. Frankfurter Rundschau v. 31.1. 1976. - Andreas Müller: Die Angst des Erfolgreichen. Kölner Stadt-Anzeiger v. 6.2. 1976; nachgedr. (zusammen mit zwei unveröffentlichten Interviews v. 1971 und 1973) in: A. M.: Entblößungen. München: Wilhelm Goldmann 1979. Goldmann TB 3887, S. 178-189. - Hans Fröhlich: Um nicht so schnell verrückt zu werden ... Stuttgarter Nachrichten v. 23.6. 1977. - (Hellmuth Karasek, Wolfgang Limmer:) »Lieber Straßenkehrer in Mexiko sein ...« Der Spiegel v. 11.7. 1977, Nr. 29 (nicht veröffentlichte Passagen enthält: Filmreport v. 5.9. 1977, Nr. 15). - Kurt Joachim Fischer: Fassbinder oder: Der Mut, die Schiffe hinter sich zu verbrennen. Kirche und Film, August 1977, Nr. 8. - Uli Karp: »... der Film wäre ein Molotow-Cocktail geworden ...«/Prozesse des Scheiterns. In: Stadt-Revue (Köln), April 1978, Nr. 3 und 4. - Helle Schlumberger: Playboy Interview: Rainer Werner Fassbinder. Ein offenes Gespräch mit dem Mann, der seinen Kritikern noch immer Potenzängste macht. Playboy (dt. Ausgabe), April 1978, Nr. 4. - Peter W. Jansen: Exil würde ich noch nicht sagen. Cinema (Zürich), Mai 1978, Nr. 2. - Wolfram Schütte: »Nur so entstehen bei uns Filme: indem man sie ohne Rücksicht auf Verluste macht«. Frankfurter Rundschau v. 20.2. 1979. - Hans-Jürgen Jagau: Die BRD macht eine rückläufige Entwicklung durch. Zitty (Berlin) v. 23.2.-8.3. 1979, Nr. 5. - Ernst Burkel: Reagieren auf das, was man erlebt. Ein Gespräch mit den Filmregisseuren Douglas Sirk und Rainer Werner Fassbinder. Süddeutsche Zeitung v. 8.3. 1979. - Hans Günther Pflaum: Ein Schwerarbeiter mit leichter Hand. Kino (Hamburg), Nr. 3, 15.5. 1980. - Bodo Fründt, Michael Jürgs: »Egal was ich mache, die Leute regen sich auf ...«. Stern v. 30.10. 1980, Nr. 45. - Frank Ripploh: Ich bin ein romantischer Anarchist. Tip (Berlin) v. 12.3.-25.3. 1982, Nr. 6. - Bion Steinborn, Rüdiger v. Naso: »Ich bin das Glück dieser Erde. Ach wär' das schön, wenn's so wäre«. Filmfaust, Nr. 27, April-Mai 1982; franz. in: Cinéma, Nr. 304, April 1984.

Tony Rayns: Forms of Address. Sight and Sound, Vol. 44, Nr. 1, Winter 1974-75 (Interviews mit Fassbinder, Wenders und Syberberg). - John Hughes und Brooks Riley: A New Realism. Film Comment, Vol. 11, Nr. 6, November-Dezember 1975. - o. V.: Tired of German ›Provincialism‹, Fassbinder May Move to U.S. Variety, Vol. 287, Nr. 9, 6.7. 1977. - Norbert Sparrow: »I Let the Audience Feel And Think«. Cineaste, Vol. 8, Nr. 2, Herbst 1977; nachgedr. in: The Cineaste Interviews. Chicago: Lake View Press 1983, S. 181-187. - Paul Pawlikowski: Fassbinder. Stills (London), Vol. 1, Nr. 5, November-Dezember 1982. - Boze Hadleigh: Rainer Werner Fassbinder. In: B. H.: Conversations with My Elders. New York: St. Martin's Press 1986, S. 100-131.

Christian Braad Thomsen: Quatre Entretiens avec Rainer Werner

Fassbinder. Positif, Nr. 183-184, Juli-August 1976. - Colette Godard: L'Allemagne, œuvre complète. Le Monde v. 14.4. 1981. - Georges Bensoussan (in Zusammenarbeit mit Florian Hopf): Entretien avec R. W. Fassbinder. Cahiers du Cinéma, Nr. 322, April 1981 (Grundlage: ein Fernsehinterview v. 1981).
(Interviews zu einzelnen Filmen sind dort vermerkt.)
Gespräche und Interviews mit Rainer Werner Fassbinder, darunter auch zahlreiche hier nachgewiesene, sind dokumentiert in: Rainer Werner Fassbinder: Die Anarchie der Phantasie. Gespräche und Interviews. Herausgegeben von Michael Töteberg. Frankfurt am Main 1986. Fischer Taschenbuch 4462.

Aufsätze/Artikel/Buchkapitel
o. V.: Nahezu ausgerottet. Der Spiegel v. 23.6. 1969, Nr. 26. - Kurt Joachim Fischer: Zum Beispiel: Rainer Werner Fassbinder. Kirche und Film, August 1969, Nr. 8. - g. r. (Günther Rühle): Gruppe Fassbinder. Frankfurter Allgemeine v. 5.11. 1969. - Peter Iden: Rituale und Spiele aus anderen Spielen. Frankfurter Rundschau v. 6.11. 1969. - Horst Königstein: Fassbinders Showdown. Film, Dezember 1969, Nr. 12. - o. V.: Als Außenseiter ›besonders wertvoll‹. Stern v. 21.12. 1969, Nr. 52. - Fritz Rumler: »Spaß fördert das Bewußtsein«. Der Spiegel v. 29.12. 1969, Nr. 53. - o. V.: Große Person. Der Spiegel v. 2.2. 1970, Nr. 6. - Wolf Donner: Der Boß und sein Team. Die Zeit v. 31.7. 1970. - Norbert Thomas: Säufer und Genie. Stern v. 16.8. 1970, Nr. 34. - Ekkehard Pluta: Rapider Aufstieg jenseits der Routine. Der Tagesspiegel v. 27.9. 1970. - Ekkehard Pluta: Die Sachen sind so, wie sie sind. Fernsehen und Film, Dezember 1970, Nr. 12. - Rolf Vollmann: Wo Fassbinder geht, ist er gut. Stuttgarter Zeitung v. 27.2. 1971. - Jürgen Harder: Filme des Rainer Werner Fassbinder. In: Prisma, Kino- und Fernseh-Almanach 3. Berlin DDR: Henschel 1972, S. 252-264. - Marieluise Fleißer: Alle meine Söhne. Über Martin Sperr, Rainer Werner Fassbinder und Franz Xaver Kroetz. Theater heute, Jahressonderheft 1972 (September). - Peter W. Engelmeier: Der Anfasser. Playboy (deutsche Ausgabe), Oktober 1972. - Hans-Dieter Seidel: Genie aus Zufall. Stuttgarter Zeitung v. 27.10. 1972. - Walter Vian: Fassbinder und seine Filme. Zoom-Filmberater v. 11.1. 1973, Nr. 1. - Benjamin Henrichs: Müder Wunderknabe. Zeit-Magazin v. 8.6. 1973, Nr. 24. - Horst Vetten: Mal aus Liebe, mal aus Zorn. Stern v. 4.10. 1973, Nr. 41. - Konrad Karkosch: Rainer Werner Fassbinder. Film & Ton-Magazin, Juli 1974. - Wilhelm Roth: Versuchsanordnung: ein Mann, eine Frau ... Süddeutsche Zeitung v. 19.-20.4. 1975. - (Über den Weggang vom TAT:) Jens Wendland: Die geplatzte Wundertüte. Die Zeit v. 18.4. 1975/Rainer Hartmann: Verhindert durch Ruhm und Reisen. Kölner Stadt-Anzeiger v. 8.5. 1975/Horst Köpke, Wolfram Schütte: Demnächst in

Paris an meinem Roman schreiben. Frankfurter Rundschau v. 6.6. 1975/Rudolf Krämer-Badoni: Es war nichts mehr zu retten. Die Welt v. 6.6. 1975/gr (Günther Rühle): Fassbinders Abgang. Frankfurter Allgemeine v. 6.6. 1975/Hans-Georg Behr: Kein unheimlich starker Abgang. Der Spiegel v. 9.6. 1975/Peter Behrendt, Hanno Pittner: Typ Fassbinder auf der Flucht. Welt am Sonntag v. 15.6. 1975. - Ingrid Zwerenz: Zwei Tage im Leben des RWF. Das da 1975, Nr.7. - Wolfram Schütte: Was ist los mit Fassbinder? Frankfurter Rundschau v. 11.7. 1975. - Wolfram Knorr: Kraftwerk RWF. Weltwoche (Zürich) v. 23.7. 1975. - Karl-Heinz Assenmacher: Das engagierte Theater Rainer Werner Fassbinders. In: Gerhard Charles Rump (Hrsg.): Sprachnetze. Hildesheim, New York: Olms 1976, S.1-85. - Wolfgang Limmer: »Wem schrei ich um Hilfe?«. Der Spiegel v. 4.10. 1976, Nr.41. - Hans C. Blumenberg: Schreie und Flüstern. Die Zeit v. 15.10. 1976; nachgedr. in: H.C.B.: Kinozeit. Frankfurt am Main: Fischer Taschenbuch Verlag 1980, S.27-34. - Burkhard Mauer: Fassbinder, der Oberhäuptling. Konkret, Januar 1977, Nr.1. - (Über das Projekt »Soll und Haben«:) WoS (Wolfram Schütte): Da stimmt doch was nicht. Frankfurter Rundschau v. 12.3. 1977/Rupert Neudeck: von Sells »Soll und Haben«. Funk-Korrespondenz v. 16.3. 1977, Nr.11/Hans C. Blumenberg: Die Angst des Intendanten. Die Zeit v. 18.3. 1977. - Amalia Wüstensand: Verzweiflung? Fast ein Monolog von Rainer Werner Fassbinder. Kirche und Film, Mai 1977. - Norbert Mühlen: Mutter Küsters Wandlung über dem Atlantik (Fassbinder-Festival am Broadway). Die Welt v. 1.7. 1977. - Wilfried Wiegand: Als Jungfilmer nach Hollywood. Frankfurter Allgemeine v. 10.8. 1977. - Ulrich Gregor: Rainer Werner Fassbinder. In: U.G.: Geschichte des Films ab 1960. München: C. Bertelsmann 1978, S.147-151. - Peter W. Jansen: Bedürfnis nach Zärtlichkeit. In: Tip (Berlin) 7.7.-20.7. 1978, Nr.14. - Heike Stobbe: Massenprodukt an Unverbindlichkeit. Die Neue v. 20.6. 1979. - Kurt Raab: Der sanfte Kaputtmacher. Lui (dt. Ausgabe), November 1979, Nr.11. - Christian Braad Thomsen: Fassbinder und der Terrorismus. In: Text und Kontext. München: Wilhelm Fink 1980, S.145-164. - Günter Zehm: Gnadenlos in Lackstiefeln. Die Welt v. 4.10. 1980. - o.V.: Fassbinder: »Der Biberkopf, das bin ich«. Der Spiegel v. 13.10. 1980, Nr.42 (Titelgeschichte). - Peter W. Jansen: Porträt der Woche: Rainer Werner Fassbinder. Stuttgarter Zeitung v. 3.1. 1981. - Michael Töteberg: Rainer Werner Fassbinder. In: Heinz Ludwig Arnold (Hrsg.): Kritisches Lexikon zur deutschsprachigen Gegenwartsliteratur (KLG). München: Edition Text + Kritik, 3. Nachlieferung 1981 (mit Bibliog.). - Robert Fischer, Joe Hembus: Der Neue Deutsche Film 1960-1980. München: Goldmann 1981 (darin über verschiedene Fassbinder-Filme). - Gerhard Zwerenz: Der schnelle Brüter. Penthouse (dt. Ausgabe), April 1982. - Birgit

Lahann: Phönix aus dem Müll. Stern v. 16. 9. 1982, Nr. 38; nachgedr. in: B. L.: Hausbesuche. Stuttgart: Engelhorn 1985; Reinbek: Rowohlt TB Verlag 1989, S. 210-222. - Fritz Müller-Scherz: Fassbinders Erben. Eine Testamentseröffnung. TransAtlantik, Februar 1983, Nr. 2. - Bernward Hoffmann: Leben als Film - Film als Leben. Annäherung an R. W. Fassbinder - ein Praxismodell. Medien praktisch, März 1983, Nr. 1. - Klaus Bohnen: ›Raum-Höllen‹ der bürgerlichen Welt. ›Gefühlsrealismus‹ in der Theater- und Filmproduktion Rainer Werner Fassbinders. In: Gerhard Kluge (Hrsg.): Studien zur Dramatik in der Bundesrepublik Deutschland. Amsterdam 1983, S. 141-162. - Kurt Raab: Brief an einen toten Freund. Stern v. 1. 6. 1983, Nr. 23. - Heide Simon: Er hat das Theater verraten, seine erste Liebe - und das Theater hat ihn verraten. Theater heute, Juni 1983, Nr. 6. - Felix Tretter: Filmgenie Fassbinder: Kreativität durch Drogen? Deutsches Ärzteblatt - Ärztliche Mitteilungen, 3. 6. 1983/10. 6. 1983, Nr. 22 und 23. - Helmut Schmitz: Die Kultfigur. Frankfurter Rundschau v. 13. 6. 1983 (zu einem Fassbinder-Memorial). - Jens Wendland: Fassbinder und Frankfurt. Süddeutsche Zeitung v. 14. 6. 1983. - Michael Kötz: Warum der Erinnerung Leben nehmen? Deutsches Allgemeines Sonntagsblatt v. 19. 6. 1983. - Eilert & Metes: Filme sind stärker als der Tod. Titanic, September 1983, Nr. 9 (Comic). - Gertrud Koch: Die Frau vor der Kamera. Zur Rolle der Schauspielerin im Autorenfilm. Frauen und Film, Nr. 35, Oktober 1983 (Diskussion mit Ingrid Caven, Margit Carstensen, Irm Hermann, Helma Sanders-Brahms, Hanna Schygulla und Volker Spengler). - Sei (Hans-Dieter Seidel): Fassbinder. Frankfurter Allgemeine v. 25. 8. 1984. - Fassbinder: Frauen, Schicksal und Geschichte. ARD Fernsehspiel Jan Feb März 1985 (Materialien & Texte zu einem Fassbinder-Zyklus; u. a. Interview mit dem Drehbuchautor Peter Märthesheimer). - Hans-Dieter Seidel: Sein Leben kaputt macht keiner selbst. Frankfurter Allgemeine v. 15. 1. 1985. - Ronald Hayman: »Ich habe mehr Energie als jede Bombe«. Die Zeit v. 18. 1. 1985 (gekürzter Text des Schlußkapitels aus Haymans Fassbinder-Buch; dazu: Siegfried Schober: Fassbinder - Schillernde Scherben). - Peter Berling: Faustrecht der Enterbten. Penthouse, dt. Ausgabe, Juni 1985, Nr. 6. - Elisabeth Läufer: Sirk und Fassbinder. In: E. L.: Skeptiker des Lichts. Douglas Sirk und seine Filme. Frankfurt am Main 1987. Fischer Taschenbuch 4468, S. 186-221. - Michael Töteberg: Fassbinder. Eine Recherche im Nachlaß. epd Film, Mai 1987, Nr. 5; gekürzt auch in: Neue Zürcher Zeitung v. 13. 10. 1988. - Yann Lardeau: Paris, Place Pigalle. In: Heike Hurst, Heiner Gassen (Hrsg.): Kameradschaft - Querelle. Kino zwischen Deutschland und Frankreich. München: Institut Française/CICIM 1991, S. 253-272. - Serie in: die tageszeitung: Michael Töteberg: Ohne Kunstfolgenabschätzung. Ten Years After: Fassbinders Tod und das Ende des Neuen

Deutschen Films. taz v. 17. 2. 1992/Yaak Karsunke: Der Herr Karsunke ist da. Anmerkungen eines angeblichen Mentors - Erinnerungen an Fassbinder. taz v. 18. 2. 1992/Schachspielen. »Wir waren alle Anfänger«: Gerhard Midding im Gespräch mit Hanna Schygulla. taz v. 19. 2. 1992 (2. Teil taz v. 20. 2. 1992/Wolfgang Jacobsen: Spätes Happy End. Fassbinder auf der Berlinale taz v. 21. 2. 1992.
(engl.:) David Wilson: Anti-Cinema Rainer Werner Fassbinder. Sight and Sound, Vol. 41, Nr. 2, Frühjahr 1972. - Christian Braad Thomsen: Fassbinder's Holy Whores. Take One, Vol. 4, Nr. 6, Juli-August 1973/November 1974. - Jan Dawson & Joe Medjuck: Fassbinder: A Year (or so) in the Life. Take One, Vol. 4, Nr. 12, Juli-August 1974/Dezember 1975. - David Wilson: Rainer Werner Fassbinder. In: Peter Cowie (Hrsg.): International Film Guide 1976. London: Tantivy Press; New York: A. S. Barnes & Co. 1975, S. 61-73. - Manny Farber, Patricia Patterson: Fassbinder. Film Comment, Vol. 11, Nr. 6, November-Dezember 1975. - David Denby: The Brilliant, Brooding Films of Rainer Fassbinder. The New York Times v. 1. 2. 1976. - Gordon Gow: Obsession. Films and Filming, Vol. 22, Nr. 6, März 1976. - Vincent Kling: The Dynamics of Defeat: Aspects of Rainer Werner Fassbinder's Art. In: 1976 Film Studies Annual. West Lafayette: Purdue Research Foundation 1976, S. 157-166. - Paul Thomas: Fassbinder: The Poetry of the Inarticulate. Film Quarterly, Vol. 30, Nr. 2, Winter 1976-77. - Andrew Sarris: Can Fassbinder Break the Book-Office Barrier? The Village Voice v. 22. 11. 1976. - Craig R. Whitney: Fassbinder: A New Director Movie Buffs Dote on. The New York Times v. 16. 2. 1977. - Vincent Canby: Rainer Fassbinder - The Most Original Talent Since Godard. The New York Times v. 6. 3. 1977. - Ralph Tyler: The Savage World Of Rainer Werner Fassbinder. The New York Times v. 27. 3. 1977. - Andrew Sarris: Further Thoughts on Fassbinder. The Village Voice v. 11. 7. 1977. - Ruth McCormick: Fassbinder and the Politics of Everyday Life. A Survey of His Films. Cineaste, Vol. 8, Nr. 2, Herbst 1977. - Judith Mayne: Fassbinder and Spectatorship. New German Critique (Milwaukee, Wisconsin), Nr. 12, Herbst 1977. - Carrie Rickey: Fassbinder and Altman: Approaches To Filmmaking. Performing Arts Journal, Vol. 2, Nr. 2, Herbst 1977. - Richard C. Figge: The Modus Operandi of Rainer Werner Fassbinder. Die Unterrichtspraxis, Vol. 12, Nr. 2, Herbst 1979. - Daniel Selznick: Fassbinder: The Brain Won't Stop. International Herald Tribune v. 19. 10. 1979. - Derek Malcolm: The Director Vanishes. The Guardian v. 8. 12. 1979. - James C. Franclin: The Films of Fassbinder: Form and Formula. Quarterly Review of Film Studies, Vol. 5, Nr. 2, Frühjahr 1980. - John Sandford: The New German Cinema. London: Oswald Wolff 1980, S. 63-103: Rainer Werner Fassbinder. - David Wilson: Rainer Werner Fassbinder. In: Richard Roud (Hrsg.): Cinema. A critical

dictionary. Vol. 1. London: Secker & Warburg 1980, S. 335-339. - Andrew Sarris: Fassbinder and Sirk: The Ties That Unbind. The Village Voice v. 3. 9. 1980. - Thomas Elsaesser: Primary identification and the historical subject: Fassbinder and Germany. Cine-Tracts (Quebec), Vol. 3, Nr. 3, Herbst 1980; nachgedr. in: Philip Rosen (Hrsg.): Narrative, Apparatus, Ideology. A Film Theory Reader. New York: Columbia University Press 1986, S. 535-549. - John Russel Taylor: Wunderkind Rainer Werner Fassbinder. The Movie (London), Chapter 80, 1981. - George Morris: Fassbinder × 5. Film Comment, Vol. 17, Nr. 5, September-Oktober 1981. - Sheila Johnston: A Star is Born: Fassbinder and the New German Cinema. New German Critique, Nr. 24-25, Herbst-Winter 1981-82. - Harlan Kennedy: Fassbinder's Four Daughters. Film Comment, Vol. 18, Nr. 5, September-Oktober 1982. - James Roy MacBean: The Success and Failure of Rainer Werner Fassbinder. Sight and Sound, Vol. 52, Nr. 1, Winter 1982-83. - Sheila Johnston: All That Television Allows. Monthly Film Bulletin, Nr. 588, Januar 1983. - Gilbert Adair: Fassbinder's Wristwatch. Films and Filming, Nr. 347, August 1983. - Howard Feinstein: BRD 1-2-3: Fassbinder's Postwar Trilogy and the Spectacle. Cinema Journal, Vol. 23, Nr. 1, Herbst 1983. - Jamcs Roy MacBean: The Cinema as Self Portrait: The Final Films of R. W. Fassbinder. Cineaste, Vol. 12, Nr. 4, 1983. - James Franklin: Rainer Werner Fassbinder. In: J. F.: New German Cinema: From Oberhausen to Hamburg. Boston: Twayne 1983, S. 127-143. - Katherine S. Woodward: European Anti-Melodrama: Godard, Truffaut, Fassbinder. Post Script, Vol. 3, Nr. 2, Winter 1984. - Anna K. Kuhn: Rainer Werner Fassbinder: The Alienated Vision. In: Klaus Phillips (Hrsg.): New German Filmmakers. New York: Ungar 1984, S. 76-123. - Jay Scott: The Sadomasochism Factory: Rainer Werner Fassbinder's Germany. In: Midnight Matinees: Movies & Their Makers 1975-1985. New York: Ungar 1985, S. 45-59. - Gertrud Koch: Torments of the Flesh, Coldness of the Spirit: Jewish Figures in the Films of Rainer Werner Fassbinder. New German Critique, Nr. 38, Frühjahr-Sommer 1986. - Kaja Silverman: Fassbinder and Lacan: A Reconsideration of Gaze, Look, and Image. Camera Obscura, Nr. 19, Januar 1989. - Peter Ruppert: Fassbinder, Spectatorship, and Utopian Desire. Cinema Journal, Vol. 28, Nr. 2, Winter 1989. - Jane Shattuc: R. W. Fassbinder's Confessional Melodrama: Towards Historicizing Melodrama within the Art Cinema. Wide Angle, Vol. 12, Nr. 1, Januar 1990.

(franz.:) Jean Delmas: Rainer Werner Fassbinder. Jeune Cinéma, Nr. 67, Dezember 1972-Januar 1973. - Jacques Grant: Dégager le sens de la réalité: »Je rejette la tautologie«; Gérard Talon: Les respects et les craintes d'hommes-en-societé. Cinéma (Paris), Nr. 193, Dezember 1974. - Noël Simsolo: Paranoia, mythologie et politique.

Ecran, Nr. 31, Dezember 1974 (das Heft enthält außerdem, etwas gekürzt, die französische Übersetzung des Interviews von Wilfried Wiegand aus dieser Monografie). - Jacques Grant: Rainer Werner Fassbinder. »Situer pour libérer«. Cinéma, Nr. 203, November 1975. - Jacques Segond: Le baiser du vampire (sur Rainer Werner Fassbinder). Positif, Nr. 183-184, Juli-August 1976. - Serge Daney: Notes sur R.-W. Fassbinder. Cahiers du Cinéma, Nr. 275, April 1977. - Patrick Leray: Rainer Werner Fassbinder. Lumière du Cinéma, Nr. 4, Mai 1977. - Daniel Sauvaget: Fassbinder (Introduction à Fassbinder/Rapports de domination, mélodrame et distanciation dans quelques films de Fassbinder/Entretien avec Rainer-Werner Fassbinder/Repères Bio-Filmographiques/Film réalisés par Rainer-Werner Fassbinder distribués en France). La Revue du Cinéma/Image et Son, Nr. 333, November 1978. - Jacques Grant: Fassbinder n'a qu'ne parole; Kurt Raab: Le décor de Kurt Raab (vor allem über die Zusammenarbeit mit Fassbinder). Cinéma, Nr. 251, November 1979. - Dossier Rainer Werner Fassbinder. Masques. Revue des homosexualités (Paris), Nr. 15, Herbst 1982 (Beiträge v. Jean-Pierre Joekker, Dieter Schidor, Wolfgang Limmer, Colette Godard, Nicolas Mortier, Jean-Claude Guiguet, Katy Barasc u. a.). - Michel Serceau: Rainer Werner Fassbinder. La Revue du Cinéma, Nr. 379, Januar 1983.

Nachrufe

Volker Baer: Von seiner Arbeitswut verzehrt. Der Tagesspiegel v. 11. 6. 1982. - Peter Buchka: Ein Lebenswerk mit 36 Jahren. Süddeutsche Zeitung v. 11. 6. 1982. - Mechthild Küpper: Faßbinder Superstar ist tot. Die Tageszeitung (Berlin) v. 11. 6. 1982 (dieser skandalöse Nachruf provozierte in der taz eine lebhafte Leserbrief-Debatte). - W. Roth: Ein Besessener - mehr bewundert als beliebt. Volksblatt Berlin v. 11. 6. 1982. - Wolfram Schütte: Unser Balzac ist tot. Frankfurter Rundschau v. 11. 6. 1982. - M. v. Schwarzkopf: Die Wirklichkeit hinter Glas. Die Welt v. 11. 6. 1982. - Ruprecht Skasa-Weiß: Ende eines Unaufhaltsamen. Stuttgarter Zeitung v. 11. 6. 1982. - Wilfried Wiegand: Ein rücksichtsloses Leben. Frankfurter Allgemeine v. 11. 6. 1982. - Auskunft über Deutschland. Ausländische Reaktionen auf den Tod von Rainer Werner Fassbinder. Frankfurter Allgemeine v. 12. 6. 1982 (Beiträge von Karl Heinz Bohrer, Ivan Nagel, Dietmar Polaczek, Wilfried Wiegand). - che. (Christoph Egger): Tod von Rainer Werner Fassbinder. Neue Zürcher Zeitung v. 12. 6. 1982. - o. V.: »Liebe ist kälter als der Tod«. Der Spiegel v. 14. 6. 1982, Nr. 24 (Autor: Wolfgang Limmer). - Uwe-Eckart Böttger: Gedenkblatt für Rainer Werner Fassbinder. Neue Zeit (Berlin DDR) v. 15. 6. 1982. - Wolfram Knorr: Das Leben ein Film. Weltwoche v. 16. 6. 1982. - Günter Rohrbach: Kunst als Überlebenstraining. Funk-Korrespondenz v. 16.6. 1982 (Nachruf aus der ARD v. 12.6. 1982; nachgedr. auch in: Film-Echo/Filmwoche v. 19.6. 1982, Nr. 33). - Wilhelm Roth: Produktive Zumutung. Rainer Werner Fassbinder und das Fernsehen. Kirche und Rundfunk v. 16.6. 1982, Nr. 46-47. - Hanna Schygulla: »Ich wollt, ich könnt Dich noch einmal umarmen«. Stern v. 16.6. 1982, Nr. 25. - Peter Buchka: Filmmusik an Stelle von Gedenkreden. Süddeutsche Zeitung v. 18.6. 1982 (zur Trauerfeier am 16.6. 1982). - Hans-Christoph Blumenberg: Die Angst, die Sehnsucht und der Tod. Kein Nachruf: Über Rainer Werner Fassbinder, notiert nach einer Reise nach München, in einem Jahr mit dreizehn Monaten. Die Zeit v. 18.6. 1982 (dazu Leserbriefe in Die Zeit v. 23.7. 82); nachgedr. in: H.-C.B.: Gegenschuß. Frankfurt am Main. Fischer Taschenbuch 3692, S. 63-71. - Benjamin Henrichs: Eine Reise in den Tod. Fassbinders Theater: antiteater. Die Zeit v. 18.6. 1982. - Wolfram Schütte: Das Herz. Die künstlerische Physiognomie Rainer Werner Fassbinders im Augenblick seines Verlustes. Frankfurter Rundschau v. 19.6. 1982. - Kurt Raab: Fassbinders Faszination. Süddeutsche Zeitung v. 19.-20.6. 1982. - Fred Gehler: Rainer Werner Fassbinder. Sonntag (DDR) v. 20.6. 1982. - Ulrich Gregor: Das Mitleiden als Melodram. Deutsches Allgemeines Sonntagsblatt v. 20.6. 1982 (auch in: Film-Korrespondenz v. 22.6. 82, Nr. 13-14). - Hans Gerhold: »Ich will doch nur, daß ihr mich liebt«; Wilhelm Schätzler: Rainer Werner Fassbinder und sein Werk. Film-Dienst v. 29.6. 1982, Nr. 13. - BS. (Bion Steinborn): Rainer Werner Fassbinder. Filmfaust, Nr. 28-29, Juni-September 1982. - Hartmut Schulze: »Ich werfe keine Bomben, ich mache Filme«. Konkret, Juli 1982, Nr. 7. - Wilhelm Roth: Abschied von RWF. Kirche und Film, Juli 1982, Nr. 7 (mit einem Text von H. G. Pflaum und Stimmen zum Tode Fassbinders). - Bernhard Giger: Unterdrückung und Ausbeutung im ganz Privaten. Zoom-Filmberater v. 7.7. 1982, Nr. 13. - Michael Hanisch: Rainer Werner Fassbinder 31.5. 1946-10.6. 1982. Filmspiegel (DDR) (Juli) 1982, Nr. 13. - Rolf Richter: Nachtrag zu Fassbinder. Filmspiegel (DDR), (Juli) 1982, Nr. 14. - Kraft Wetzel: Fassbinder darf nicht sterben. Medium, Juli 1982, Nr. 7. - Gerhard Zwerenz: Sadismus als linke Haltung. Nachruf auf Fassbinder-Nachrufe. Stuttgarter Zeitung v. 15.7. 1982. - Hans Jürgen Syberberg: »Sie haben ihn zum lächerlichen Gartenzwerg ihres Selbstmitleids heroisiert«. Medium, August 1982, Nr. 8; nachgedr. (mit ergänzenden Anmerkungen zu Fassbinder) in: HJS: Der Wald steht schwarz und schweiget. Zürich: Diogenes 1984. - Michael Skasa: »Fassbinders Anfänge«. Theater heute, August 1982, Nr. 8. - Frank Ripploh: Fassbinder ohne Tränen. Hauptstadt! (Berlin), Nr. 1, August 1982. - Peter Märthesheimer: Das forschende Kind. Einige Steine des Hauses, das Rainer Werner Fassbinder zu bauen begonnen hatte. In: Hans Günther Pflaum (Hrsg.): Jahrbuch Film 82/83.

München: Carl Hanser 1982. - Fritz Müller-Scherz: Die letzte Klappe hielt der Tod. Playboy (dt. Ausgabe), Oktober 1982. - Bernhard Giger: Die Ahnung von etwas anderem. Cinema (Schweiz), 1982, Nr. 3 (Oktober). - Herbert Achternbusch: Eine Rose für Rainer Werner Fassbinder. Vorspann zum Film *Der Depp*. Süddeutsche Zeitung v. 10.12. 1982 (nicht im Filmbuch bei Suhrkamp abgedruckt).

(engl.:) Derek Malcolm: Radical without chic. The Guardian v. 11.6. 1982. - Vincent Canby: A Disturbing Talent. The New York Times v. 11.6. 1982. - Janet Maslin: Rainer Werner Fassbinder, 36, Film Maker Dead. The New York Times v. 11.6. 1982. - Todd McCarthy: R. W. Fassbinder, Prolific All-Media Director, Dies In Munich Aged 36. Variety, Vol. 307, Nr. 7, 16.6. 1982. - Vincent Canby: Fassbinder Hailed as First Great Film Satirist. International Herald Tribune v. 23.6. 1982. - Sheila Johnston: Rainer Werner Fassbinder. Films and Filming. Nr. 335, August 1982. - J. Hoberman: The Legacy of Rainer Werner Fassbinder. American Film, Vol. 7, Nr. 10, September 1982. - Richard Roud: Biter Bit. Sight and Sound, Vol. 51, Nr. 4, Herbst 1982. - Brooks Riley: Rainer Werner Fassbinder 1946-1982. Film Comment, Vol. 18, Nr. 5, September-Oktober 1982.

(franz.:) Colette Godard: La fureur du vivre. Le Monde v. 11.6. 1982. - Jacques Siclier: Fassbinder, le présent. Le Monde v. 17.6. 1982. - Frédéric Vitoux: Fassbinder le déséspéré. Le Nouvel Observateur v. 19.6. 1982. - Patrick Thevenon: Fassbinder: procès de l'Allemagne. L'Express v. 25.6. 1982. - François Cuel: Rainer Werner Fassbinder. Cinématographe, Nr. 79, Juni 1982. - Douglas Sirk in: Les Nouvelles littéraires v. 1.7. 1982. - Rainer Werner Fassbinder. Dossier. Cinéma, Nr. 283-284, Juli-August 1982 (Beiträge v. Joël Magny, Alain Carbonnier, Daniel Uhmann). - L. S. (Louis Skorecki): Rainer Werner Fassbinder. Cahiers du Cinéma, Nr. 338, Juli-August 1982. - Daniel Sauvaget: Rainer Werner Fassbinder (1946-1982). La Revue du Cinéma/Image et Son, Nr. 375, September 1982.

Christian Braad Thomsen: Barnet, der naegtede at blive voksen (Das Kind, das sich weigerte, erwachsen zu werden). Levende Billeder, Kopenhagen, Juli 1972.

Nachrufe von Wolfram Schütte, Vincent Canby, Tullio Kezich, Derek Malcolm, Christian Braad Thomsen und Douglas Sirk sind nachgedruckt in: Querelle Filmbuch. München: Schirmer/Mosel 1982, S. 179-192.

Die Kontroverse um Fassbinders Stück
»Der Müll, die Stadt und der Tod«

Helmut Schmitz: Müllkutscher Fassbinder. Frankfurter Rundschau v. 12.3. 1976. - Joachim Fest: Reicher Jude von links. Frankfurter

Allgemeine v. 19.3. 1976. - Wolfram Schütte: Hinweis; und ein Einspruch gegen: Kurpfuscherei. Frankfurter Rundschau v. 26.3. 1976. - Benjamin Henrichs: Fassbinder, ein linker Faschist? Die Zeit v. 26.3. 1976. - Lothar Schmidt-Mühlisch: Ungeschichtlich ins Ungeschick. Die Welt v. 27.3. 1976. - Uwe Schultz: Der Jude - das neue Feindbild? Stuttgarter Zeitung v. 27.3. 1976. - Joachim Kaiser: Gerechtigkeit für Fassbinders Ungerechtigkeit. Süddeutsche Zeitung v. 31.3. 1976. - Rainer Werner Fassbinder: »Meine Sorge: ein neuer Faschismus«. Frankfurter Rundschau v. 31.3. 1976 (auch in: Frankfurter Allgemeine v. 2.4. 1976). - Wilfried Wiegand: Gefährliche Klischees. Frankfurter Allgemeine v. 2.4. 1976. - Wolfram Schütte: Linksfaschismus oder Diffamierung der Linken? Neue Zürcher Zeitung v. 3.4. 1976. - Hans Habe: Fassbinder und das häßliche Gesicht des Antisemitismus. Welt am Sonntag v. 4.4. 1976. - Hellmuth Karasek: Shylock in Frankfurt. Der Spiegel v. 5.4. 1976, Nr. 15. - Fassbinder, die kaputte Stadt und der Jude (Beiträge v. Dieter E. Zimmer, Benjamin Henrichs/Rainer Werner Fassbinder (Gespräch), Siegfried Unseld, Gerhard Zwerenz, Jean Améry, Karlheinz Braun). Die Zeit v. 9.4. 1976. - Joachim Fest: Linke Schwierigkeiten mit »links«. Frankfurter Allgemeine v. 10.4. 1976. - Walter Boehlich: Juden sind berührbar. Konkret, Mai 1976. - Peter Iden: Ist Fassbinder ein linker Faschist? Theater heute, Mai 1976. - Peter Iden: Die notwendige Zumutung. Frankfurter Rundschau v. 3.7. 1984. - Peter Iden: Verschiebungen. Frankfurter Rundschau v. 6.7. 1984. - g.r. (Günther Rühle): Kleinkrieg. Frankfurter Allgemeine v. 6.7. 1984. - Roe (Albrecht Roeseler): Eklat in Frankfurt. Süddeutsche Zeitung v. 12.7. 1984. - Rolf Michaelis: Deutscher Müll. Die Zeit v. 13.7. 1984. - J.F. (Joachim Fest): Zensur für Fassbinder. Frankfurter Allgemeine v. 30.7. 1984. - Thomas Delekat: Fassbinders späte Rache; Harry Buckwitz: Das Skandalon Fassbinder. Die Deutsche Bühne, September 1984, Nr. 9 (mit zusätzlichen Materialien). - Helmut Schmitz: Schatten der Häuser. Frankfurter Rundschau v. 8.9. 1984. - Elisabeth Kiderlen: Deutsch-jüdische Normalität ... Fassbinders Sprengsätze. Frankfurt am Main: Pflasterstrand 1985. - Rolf Seubert: Fassbinder und der »Reiche Jude«. Zu Geschichte und Virulenz eines Vorurteils. Medium, Januar-März 1986, Nr. 1.
Die Auseinandersetzung über Fassbinders Stück erreichte 1985 ihren Höhepunkt, als die im Frankfurter Kammerspiel geplante Uraufführung durch Protestaktionen verhindert wurde. Verschiedene der oben nachgewiesenen Diskussionsbeiträge und weitere Texte sind in drei Publikationen dokumentiert: Fassbinder ohne Ende. Frankfurt am Main: Schauspielhaus 1985. - Heiner Lichtenstein (Hrsg.): Die Fassbinder-Kontroverse oder Das Ende der Schonzeit. Frankfurt am Main: Athenäum 1986. - Der Fall Fassbinder. Frankfurt am Main: Schauspielhaus 1987.

Janusz Bodek: Die Fassbinder-Kontroversen: Entstehung und Wirkung eines literarischen Textes. Frankfurt u. a.: Peter Lang 1992.
Über den Film *Schatten der Engel* v. Daniel Schmid nach dem Theaterstück »Der Müll, die Stadt und der Tod«: Drehbuch (identisch mit dem Text des Theaterstücks) und Dokumentation (mit vielen der oben angegebenen Texte): Frankfurt am Main: Zweitausendeins 1976, 160 S., Abb. - Bernhard Giger: Unter der Brücke. Erste Bemerkungen zu »Schatten der Engel« von Daniel Schmid. Cinema (Zürich), März 1976. - Wolfram Schütte: Großaufnahmen (Cannes-Bericht). Frankfurter Rundschau v. 29. 5. 1976. - Hans C. Blumenberg: Müllhaufen mit Zuckerguß. Die Zeit v. 13. 8. 1976. - Helmut Schmitz: So denkt es in mir. Frankfurter Rundschau v. 4. 9. 1976. - T. P. (Thomas Petz): Kitsch, Kritik und schlechtes Gewissen. Süddeutsche Zeitung v. 7. 9. 1976. - Leo Schönecker: Schatten der Engel. Film-Dienst v. 28. 9. 1976, Nr. 20 (FD-Nr. 19950). - ms. (Martin Schlappner): Wirklichkeit, von Poesie unterhöhlt. Neue Zürcher Zeitung v. 14. 10. 1976. - Friedrich Luft: Eine Kröte und der Dampf der Pubertät. Die Welt v. 25. 10. 1976. - Norbert Jochum: Ach wie schön kaputt. Der Tagesspiegel v. 29. 10. 1976/Paul Vecchiali: L'ombre des anges. La Revue du Cinéma/Image et Son, Nr. 308, September 1976. - Louis Marcorelles: »L'ombre des anges«. Le Monde v. 5. 2. 1977 (Leserbriefe v. Gilbert Deleuze, Jean-Pierre Bloch und Claude Lanzmann in Le Monde v. 18., 22. und 23. 2. 1977). - Elisabeth de Fontenay: Le Fantôme de Juis süss. Le Nouvel Observateur v. 28. 2. 1977. - Jacques Grant: L'ombre des anges. Cinéma (Paris), Nr. 218, Februar 1977. - Max Tessier: L'ombre des anges. Ecran, Nr. 55, Februar 1977 (dazu: Interview v. Guy Braucourt mit Daniel Schmid). - Jacques Grant: A propos de l'antisémitisme de L'ombre des anges. Cinéma, Nr. 219, März 1977. - Richard Marienstras: Modestes propositions pour défendre et illustrer »L'ombre des anges« dans une rigoureuse perspective de gauche. Positif, Nr. 192, April 1977/Bild- und Textmaterial in: Daniel Schmid. Bern: Zytglogge 1982; Lausanne: L'Age d'homme 1982.

Fassbinder als Schauspieler in »Kamikaze 1989«
Bodo Fründt: Die letzte Vorstellung. Stern v. 15. 7. 1982, Nr. 29. - Hans-Christoph Blumenberg: Liebesgrüße aus Luxemburg. Die Zeit v. 16. 7. 1982. - Wolf Donner: Die Deutschen und ihr Fassbinder. Tip (Berlin) v. 16. 7.-29. 7. 1982, Nr. 15 (dort auch Text von Florian Hopf über Zusammenarbeit Gremm/RWF und Text von Gremm über seine Arbeit mit RWF). - Volker Hage: Ein fast intimer Blick auf Rainer Werner Fassbinder. Frankfurter Allgemeine v. 17. 7. 1982. - Günther Kriewitz: Fassbinders Abschied. Stuttgarter Zeitung v. 17. 7. 1982. - Karena Niehoff: Leben kälter als der Tod. Der Tagesspiegel v. 17. 7. 1982. - Wolfram Schütte: Späte Selbstbetrachtung im

Spiegel. Frankfurter Rundschau v. 17.7. 1982. - H.G. Pflaum: Ein schillernder Held. Süddeutsche Zeitung v. 19.7. 1982. - Peter Stolle: Bulle und Panther. Der Spiegel v. 19.7. 1982, Nr. 29. - J.M. Thie: Kamikaze 1989. Filmbeobachter, Juli 1982, Nr. 14. - Hubert Haslberger: Kamikaze 1989. Film-Dienst v. 27.7. 1982 (FD-Nr. 23541). - Wolfram Knorr: Im Zeichen des Bösen. Weltwoche v. 29.7. 1982.

Fassbinder als Figur in »Ein Mann wie EVA«
Birgit Lahann: Wie die Eva Rainer wird. Stern v. 7.7. 1983, Nr. 28 (Produktionsbericht). - Bodo Fründt: Das andere Gesicht. Tip (Berlin) v. 10.2.-23.2. 1984, Nr. 3 (Interview mit den Beteiligten). - Hartmut Schulze: Fassbinder als Hosenrolle. Der Spiegel v. 13.2. 1984, Nr. 7. - Helmut Schmitz: Lebhafte Totenehrung. Frankfurter Rundschau v. 17.2. 1984. - Helmut Schödel: Eine Frau wie Rainer. Die Zeit v. 17.2. 1984. - Angelika Kaps: In der Maske Fassbinders. Der Tagesspiegel v. 18.2. 1984. - Peter Buchka: Kein Kerl wie Rainer. Süddeutsche Zeitung v. 18.-19.2. 1984. - Armin Eichholz: Gruppentick mit Mattes. Die Welt v. 20.2. 1984. - Günther Rühle: Fassbinder kann nicht sterben. Frankfurter Allgemeine v. 20.2. 1984. - H.G. Pflaum: Ein Mann wie Eva. epd Film, Februar 1984, Nr. 2. - Günther Bastian: Ein Mann wie Eva. Film-Dienst v. 6.3. 1984 (FD-Nr. 24.439).

Zu einzelnen Filmen

LIEBE IST KÄLTER ALS DER TOD
Filmtext in: Film (Velber), August 1969, Nr. 8, und in: Michael Töteberg (Hrsg.): Rainer Werner Fassbinder. Die Kinofilme 1. München: Schirmer/Mosel 1987, S. 63-129 (mit Fotos).
Material: Robert Fischer, Joe Hembus: Der Neue Deutsche Film. München: Goldmann 1981, S. 53-60 (zus. mit KATZELMACHER).
Interviews: Ingeborg Weber: Die Liebe ist kälter als der Tod. Stuttgarter Zeitung v. 25.6. 1969. - J.v.M. (Joachim von Mengershausen): Alles ist kriminell. Süddeutsche Zeitung v. 26.6. 1969. - Joachim von Mengershausen: »... eine Wut, wie ich sie habe«. Film, August 1969, Nr. 8 (Gespräch mit Fassbinder und Peer Raben).
Kritiken: Joachim von Mengershausen: Filme zum Essen. Christ und Welt v. 20.6. 1969. - Volker Baer: »Kälter als der Tod«. Der Tagesspiegel v. 28.6. 1969. - Klaus Hellwig: Leben, Liebe, Kino. Frankfurter Rundschau v. 28.6. 1969 (Berlinalebericht). - -ft (Friedrich Luft): Aus Deutschland. Die Welt v. 28.6. 1969. - Christa Maerker: »Kälter als der Tod«. Spandauer Volksblatt v. 28.6. 1969. - Peter Handke: Ah, Gibraltar! Die Zeit v. 11.7. 1969 (Berlinalebericht), auch in: P.H. Ich bin ein Bewohner des Elfenbeinturms. Frankfurt am Main: Suhrkamp 1972, st 56, S. 121-123. - Werner Kließ: »Hast du dich selber lieb ...«. Film, August 1969, Nr. 8. - Jörg Peter Feu-

rich: Kritischer Kalender. Filmkritik, März 1970, Nr. 3. - Joachim von Mengershausen: Karge Ballade von den armen Leuten. Süddeutsche Zeitung v. 7. 4. 1970. - Günther Pflaum: Liebe ist kälter als der Tod. Film-Dienst v. 14. 4. 1970 (FD-Nr. 16.695). - Wolfgang R. Köhler: Liebe ist kälter als der Tod. Frankfurter Rundschau v. 5. 12. 1970. - Wolfgang Ruf: Gangster in kleinen Verhältnissen. Süddeutsche Zeitung v. 18. 1. 1971. - Else Goelz: Filmische Fingerübung. Stuttgarter Zeitung v. 20. 1. 1971.
Jan Dawson: Liebe ist kälter als der Tod (Love Is Colder Than Death). Monthly Film Bulletin, Nr. 534, Juli 1978.

KATZELMACHER
Theaterstück: Rainer Werner Fassbinder: Katzelmacher. Frankfurt am Main: Verlag der Autoren 1982. Theaterbibliothek Bd. 65.
Filmtext in: Zelluloid-Filmtexte (Neuenheerse), Nr. 2, protokolliert von Burkhard Kamenz und Michael Drummer, und in: Michael Töteberg (Hrsg.): Rainer Werner Fassbinder. Die Kinofilme 1. München: Schirmer/Mosel 1987, S. 131-223 (mit Fotos; protokolliert v. Herausgeber).
Material: Robert Fischer, Joe Hembus: Der Neue Deutsche Film. München: Goldmann 1981, S. 53-60 (zus. mit LIEBE IST KÄLTER ALS DER TOD).
Kritiken: Peter W. Jansen: Der Griech aus Griechenland. Frankfurter Rundschau v. 4. 10. 1969. - Wolfgang Längsfeld: Über die Vorstädte, für die Vorstädte. Süddeutsche Zeitung v. 14. 11. 1969. - Wolfram Schütte: Momentaufnahmen aus den Vorstädten. Frankfurter Rundschau v. 3. 12. 1969. - Else Goelz: Ein Grieche in Bayern. Stuttgarter Zeitung v. 5. 12. 1969. - Franziska Härlin: Man geht zu Rosi. Christ und Welt v. 5. 12. 1969. - Karl Korn: Die Unbehausten. Frankfurter Allgemeine v. 5. 12. 1969. - Armin Halstenberg: Über die Liebe und so. Kölner Stadt-Anzeiger v. 6.-7. 12. 1969; nachgedr. in: Blumenberg/Fründt (Hrsg.): Warten bis es dunkel wird. Ebersberg: Edition 8½ 1983, S. 227. - Jochem Schumann: Karge Figuren in kargem Rahmen. Publik v. 19. 12. 1969. - Leo Schönecker; Erika Reimer-Haala: Katzelmacher. Film-Dienst v. 23. 12. 1969 (FD-Nr. 16.511). - Wolfgang Zieher: Katzelmacher. Jugend Film Fernsehen, (März) 1970, Nr. 1. - Volker Baer: Jagdszenen aus Oberbayern. Der Tagesspiegel v. 3. 7. 1970.
Vincent Canby: ›Katzelmacher‹ Hypnotizes and Amuses. The New York Times v. 4. 6. 1977.
Aufsatz: John O'Kane: Framing the Sixties. Enclitic, Vol. 7, Nr. 2, Herbst 1983.
Über das Theaterstück: Volker Canaris: Faßbinder ›Katzelmacher‹ in Wuppertal. Theater heute, Oktober 1970, Nr. 10. - Hans-Jürgen Greif: Zum modernen Drama. Bonn: Bouvier 1973, S. 56-64.

GÖTTER DER PEST

Filmtext: Michael Töteberg (Hrsg.): Rainer Werner Fassbinder. Die Kinofilme 1. München: Schirmer/Mosel 1987, S. 225-289 (protokolliert v. Herausgeber).

Kritiken: Hilde Spiel: Wortkarge Aussichtslosigkeit. Frankfurter Allgemeine v. 7. 4. 1970. - Klaus Eder: Das Gangster-Spiel. Fernsehen und Film, Juli 1970, Nr. 7. - Armin Halstenberg: Der Tod im Supermarkt. Kölner Stadt-Anzeiger v. 24.-25. 10. 1970; nachgedr. in: Blumenberg/Fründt (Hrsg.): Warten bis es dunkel wird. Ebersberg: Edition 8½ 1983, S. 228. - Alf Brustellin: Black Movie of Munich. Süddeutsche Zeitung v. 6. 11. 1970. - Rainer Fabian: Biberkopf, gibt's den? Die Welt v. 17. 11. 1970. - Leo Schönecker: Götter der Pest. Film-Dienst v. 12. 1. 1971 (FD-Nr. 17.132). - Urs Jenny: Kritischer Kalender. Filmkritik, Februar 1971, Nr. 2. - H. K. J. (Hans-Klaus Jungheinrich): Götter der Pest. Frankfurter Rundschau v. 15. 3. 1971. - Brigitte Jeremias: Gangster aus München. Frankfurter Allgemeine v. 16. 3. 1971.

Vincent Canby: ›Gods of the Plague‹, 1970 Fassbinder Film, is quintessential American gangster movie. The New York Times v. 11. 6. 1977. - Jan Dawson: Götter der Pest (Gods of the Plague). Monthly Film Bulletin, Nr. 533, Juni 1978.

WARUM LÄUFT HERR R. AMOK?

Filmtext in: Michael Töteberg (Hrsg.): Fassbinders Filme 2. Frankfurt am Main: Verlag der Autoren 1990, S. 7-50 (protokolliert v. Herausgeber).

Kritiken: Karena Niehoff: »Warum läuft Herr R. Amok«. Der Tagesspiegel v. 30. 6. 1970 (auch Süddeutsche Zeitung v. 1. 7. 1970). - Christa Maerker: Statt Kritik ein pathologischer Fall. Spandauer Volksblatt v. 30. 6. 1970. - Else Goelz: Von der tödlichen Langeweile des Lebens. Stuttgarter Zeitung v. 1. 7. 1970. - Friedrich Luft: Entschädigung kam aus Bayern. Die Welt v. 2. 7. 1970 (Berlinalebericht). - Klaus Eder: Die Berlinale platzte. Fernsehen und Film, August 1970, Nr. 8. - ab (Alf Brustellin): Stimmt. Süddeutsche Zeitung v. 9. 2. 1971. - o. V.: Stimme des Blutes. Der Spiegel v. 22. 2. 1971, Nr. 9. - Ines Knoblich, Jens Meyer, Rudolf Rogler: Warum läuft Herr R. Amok? Jugend Film Fernsehen, (Sommer) 1971, Nr. 2-3. - Leo Schönecker: Warum läuft Herr R. Amok? Film-Dienst v. 7. 9. 1971 (FD-Nr. 17.463). - Karl Korn: Sprachlosigkeit. Frankfurter Allgemeine v. 30. 12. 1971. - Josef Rölz: Alltäglicher Totschlag. Kirche und Fernsehen v. 8. 1. 1972, Nr. 1.

John Hughes: Why Herr R. Ran Amok. Fassbinder and Modernism. Film Comment, Vol. 11, Nr. 6, November-Dezember 1975. - Vincent Canby: Fassbinder sneers at German affluence. The New York Times v. 18. 11. 1977. - Tom Allen: A Fassbinder from the trunk. The

Village Voice v. 21. 11. 1977. - Gilbert Adaire: Warum läuft Herr R. Amok (Why Does Herr R. Run Amok?). Monthly Film Bulletin, Nr. 553, Februar 1980.

RIO DAS MORTES

Filmtext in: Michael Töteberg (Hrsg.): Fassbinders Filme 2. Frankfurt am Main: Verlag der Autoren 1990, S. 51-94.

Interview: Klaus Eder: Rio das Mortes. Fernsehen und Film, Februar 1971, Nr. 2.

Kritiken: M. W. (d. i. Peter F. Gallasch): Rio das Mortes. Film-Dienst v. 9. 2. 1971 (FD-Nr. 17.193). - Rainer Fabian: Heimatfilm aus Schwabing. Die Welt v. 17. 2. 1971. - Else Goelz: Zur Sache, Inkaschätzchen. Stuttgarter Zeitung v. 17. 2. 1971. - Ulrich Greiner: Die Träume und die Wirklichkeit. Frankfurter Allgemeine v. 17. 2. 1971. - Wolfgang Ruf: Traumfabrik neu definiert. Süddeutsche Zeitung v. 17. 2. 1971.

DAS KAFFEEHAUS

Kritiken: Thomas Thieringer: Zelebrier-Theater. Süddeutsche Zeitung v. 22. 1. 1971. (Vgl. auch die Kritiken der Bremer Theateraufführung von Klaus Wagner, Frankfurter Allgemeine v. 12. 9. 1969. Botho Strauß, Theater heute, Oktober 1969, Nr. 10.)

WHITY

Filmtext in: Michael Töteberg (Hrsg.): Fassbinders Filme 2. Frankfurt am Main: Verlag der Autoren 1990, S. 95-123.

Kritiken: Volker Baer: »Whity«. Der Tagesspiegel v. 4. 7. 1971. - Außerdem wird der Film besprochen in den Berlinale-Berichten von Wilfried Wiegand, FAZ v. 7. 7. 1971, Friedrich Luft, Die Welt v. 8. 7. 1971, Alf Brustellin, Süddeutsche Zeitung v. 8. 7. 1971, Else Goelz, Stuttgarter Zeitung v. 9. 7. 1971, und Peter W. Jansen, Frankfurter Rundschau v. 9. 7. 1971.

DIE NIKLASHAUSER FART

Filmtext in: Michael Töteberg (Hrsg.): Fassbinders Filme 2. Frankfurt am Main: Verlag der Autoren 1990, S. 125-155.

Material: Texte in der Broschüre: Fernsehspiele Westdeutscher Rundfunk Zweites Halbjahr 1970, S. 38-45.

Kritiken: Wolfgang Ruf: Topographie der Revolution. Fernsehen und Film, Oktober 1970, Nr. 10. - Wolf Donner: Killer, Rebellen und ein Heiliger. Die Zeit v. 23. 10. 1970. - Brigitte Jeremias: Revolution im Kostüm. Frankfurter Allgemeine v. 28. 10. 1970. - Valentin Polcuch: Karl Marx auf Stelzen. Die Welt v. 28. 10. 1970. - Hans-Dieter Seidel: Revolutionäres Mäntelchen. Stuttgarter Zeitung v. 28. 10. 1970. - Egon Netenjakob: Revolution, manieristisch. Funk-

Korrespondenz v. 5.11. 1970, Nr. 45. - Peter Rühmkorf: Kulissenschieber im Klassenkampf. Konkret v. 5.11. 1970, Nr. 23.

DER AMERIKANISCHE SOLDAT
Filmtext in: Michael Töteberg (Hrsg.): Fassbinders Filme 2. Frankfurt am Main: Verlag der Autoren 1990, S. 157-187.
Kritiken: Wolf Donner: Killer, Rebellen und ein Heiliger. Die Zeit v. 23.10. 1970. - Frieda Grafe: Was heißt hier real? Süddeutsche Zeitung v. 7.12. 1970. - Frauke Hanck: Kino aus zweiter Hand. Die Welt v. 19.12. 1970 (auch Stuttgarter Zeitung v. 30.12. 1970). - Klaus Eder: Rainer Werner Fassbinder »Der amerikanische Soldat«. Fernsehen und Film, Januar 1971, Nr. 1. - Ulrich Greiner: Ein Gangster mit Gefühlen. Frankfurter Allgemeine v. 16.1. 1971. - Urs Jenny: Kritischer Kalender. Filmkritik, Februar 1971, Nr. 2. - Wolfgang Ruf: Gangster aus dem Hinterhof. Süddeutsche Zeitung v. 19.9. 1972.
John Rignall: An American Soldier. Monogram, Nr. 2, Sommer 1971. - Roger Greenspun: White Heat. Soho Weekly News v. 29.1. 1976. - Vincent Canby: The American Soldier. The New York Times v. 30.1. 1976. - Jan Dawson: Amerikanische Soldat, Der (The American Soldier). Monthly Film Bulletin, Nr. 533, Juni 1978.

WARNUNG VOR EINER HEILIGEN NUTTE
Filmtext in: Michael Töteberg (Hrsg.): Fassbinders Filme 2. Frankfurt am Main: Verlag der Autoren 1990, S. 189-237.
Interview: Kurt Habernoll: Hier kennt sich keiner mehr aus. Abendzeitung (München) v. 31.8. 1971.
Kritiken: Volker Baer: Selbstbespiegelung. Der Tagesspiegel v. 1.1. 1972. - Else Goelz: Fassbinders Filmwehen. Stuttgarter Zeitung v. 24.1. 1972. - Dietrich Kuhlbrodt: Warnung vor einer heiligen Nutte. Filmkritik, Februar 1972, Nr. 2. - Günther Pflaum: Warnung vor einer heiligen Nutte. Film-Dienst v. 21.3. 1972 (FD-Nr. 17.745). - Wolfgang Limmer: Der Schein, die Wirklichkeit, die Scheinwirklichkeit. Süddeutsche Zeitung v. 2.6. 1972.
Christian Braad Thomsen: Fassbinder's Holy Whores. Take One, Vol. 4, Nr. 6, Juli-August 1973 (publ. November 1974). - Vincent Canby: Bewore of a Holy Whore. The New York Times v. 12.11. 1976.
Aufsatz: Michael Töteberg: Wie man einen Film verstümmelt. R. W. Fassbinders »Warnung vor einer heiligen Nutte« (1970) und was Peer Raben daraus gemacht hat. Eine Kriminalgeschichte. taz v. 21.6. 1990.

PIONIERE IN INGOLSTADT
Kritiken: Benjamin Henrichs: Mißglückte Huldigung. Fernsehen

und Film, Mai 1971, Nr. 5. - Thomas Thieringer: Bebildertes Melodrama. Frankfurter Rundschau v. 19. 5. 1971. - Renate Schostack: »Pioniere in Ingolstadt«. Frankfurter Allgemeine v. 21. 5. 1971. - Josef Rölz: Fassbinders Fließband. Kirche und Fernsehen v. 29. 5. 1971, Nr. 19.
Michael Kerbel: A German Carnal Knowledge. The Village Voice v. 18. 11. 1971.

HÄNDLER DER VIER JAHRESZEITEN

Filmtext in: Michael Töteberg (Hrsg.): Fassbinders Filme 3. Frankfurt am Main: Verlag der Autoren 1990, S. 7-49.
Material: Robert Fischer, Joe Hembus: Der Neue Deutsche Film. München: Goldmann 1981, S. 67-69.
Kritiken: Günther Pflaum: Der Händler der vier Jahreszeiten. Film-Dienst v. 7. 3. 1972 (FD-Nr. 17.732). - Günther Pflaum: Der Händler der vier Jahreszeiten. Süddeutsche Zeitung v. 10. 3. 1972. - Burkhard Bütow: Tod im Muff. Die Zeit v. 24. 3. 1972. - Klaus Eder: Das Beste für Hans. Christ und Welt v. 24. 3. 1972. - Josef Rölz: Händler der vier Jahreszeiten. Medium, April 1972, Nr. 4. - Rainer Fabian: Fassbinders dressierter Mann. Die Welt v. 17. 4. 1972. - Lothar Lambert: Kleinbürger-Katastrophe. Der Abend (Berlin) v. 28. 4. 1972. - Arnd F. Schirmer: Hans im Unglück. Der Tagesspiegel v. 28. 4. 1972. - Urs Jenny: Der Händler der vier Jahreszeiten. Filmkritik, Mai 1972, Nr. 5. - Wolfram Schütte: Ein Mann, Opfer der Frauen. Frankfurter Rundschau v. 27. 5. 1972. - Wilfried Wiegand: Hans ohne Glück. Frankfurter Allgemeine v. 31. 5. 1972. - Bodo Fründt: Hans im Unglück. Kölner Stadt-Anzeiger, Pfingsten 1972; nachgedr. in: Blumenberg/Fründt (Hrsg.): Warten bis es dunkel wird. Ebersberg: Edition 8½ 1983, S. 229. - Wolfram Knorr: Der Händler der vier Jahreszeiten. Jugend Film Fernsehen, (September) 1973, Nr. 3. - Kurt Joachim Fischer: Wohin steuert Fassbinder? Kirche und Film, Dezember 1972, Nr. 12. - Urs Jaeggi: Händler der vier Jahreszeiten. Zoom-Filmberater v. 22. 3. 1973, Nr. 6. - Wolfram Knorr: Utopien haben keine Chancen. Weltwoche v. 31. 10. 1973. - mw. (Martin Walder): »Der Händler der vier Jahreszeiten«. Neue Zürcher Zeitung v. 23. 11. 1973.
Roger Greenspun: The Merchant of Four Seasons. The New York Times v. 9. 10. 1972. - Nora Sayre: The Merchant of Four Seasons. The New York Times v. 17. 11. 1973. - Andrew Sarris: Lost Love, Found Despair. The Village Voice v. 22. 11. 1973. - Bruce Berman: The Merchant of the Four Seasons. Take One, Vol. 4, Nr. 2, November-Dezember 1972 (publ. März 1974). - Tony Rayns: Händler der vier Jahreszeiten, Der (The Merchant of Four Seasons). Monthly Film Bulletin, Nr. 499, August 1975. - Derek Elley: The Merchant of Four Seasons. Films and Filming, Vol. 21, Nr. 12, September 1975. -

George Lellis: Two Films from the Seventies. Film Quarterly, Vol. 28, Nr. 4, Sommer 1975. - Barbara Leaming: Structures of Alienation. Jump Cut, Nr. 10-11, Sommer 1976.
Jean de Baroncelli: »Le marchand des quatre saisons«. Le Monde v. 15. 10. 1974. - Jacques Grant: Le marchand des quatre saisons. Cinéma, Nr. 190-191, Oktober 1974. - Bruno Duval: Le marchand des quatre saisons. Téléciné, Nr. 193, November 1974. - Marcel Martin: Le marchand des quatre saisons. Ecran, Nr. 31, Dezember 1974.

DIE BITTEREN TRÄNEN DER PETRA VON KANT
Theaterstück: Rainer Werner Fassbinder: Die bitteren Tränen der Petra von Kant. Frankfurt am Main: Verlag der Autoren 1982. Theaterbibliothek Bd. 59.
Material: Robert Fischer, Joe Hembus: Der Neue Deutsche Film. München: Goldmann 1981, S. 75-77.
Kritiken: Friedrich Luft: Die bitteren Tränen der Petra von Kant. Die Welt v. 26. 6. 1972 (und Berlinale-Bericht v. 29. 6. 1972). - Karena Niehoff: »Die bitteren Tränen der Petra von Kant«. Der Tagesspiegel v. 27. 6. 1972 (auch Süddeutsche Zeitung v. 29. 6. 1972). - Ulrich Greiner: Der Schein der schönen Worte. Frankfurter Allgemeine v. 28. 6. 1972. - Hans C. Blumenberg: Kalte Pracht und menschliche Insekten. Kölner Stadt-Anzeiger v. 30. 9. 1972. - Reinhard Baumgart: Gefühle, Gefühle - ganz unnatürlich echt. Süddeutsche Zeitung v. 8. 12. 1972. - Günther Pflaum: Die bitteren Tränen der Petra von Kant. Film-Dienst v. 20. 2. 1973 (FD-Nr. 18.187). - Ulrike Czybulka: Die bitteren Tränen der Petra von Kant. Jugend Film Fernsehen, (März) 1973, Nr. 1.
Nora Sayre: The Bitter Tears of Petra von Kant. The New York Times v. 13. 10. 1973. - Molly Haskell: Sisterhoodwinked: Painting For Power. The Village Voice v. 25. 10. 1973. - Richard Combs: Die bitteren Tränen der Petra von Kant. Monthly Film Bulletin, Nr. 496, Mai 1975. - Penelope Gilliatt: Fassbinder. The New Yorker v. 14. 6. 1976; nachgedr. in: P. G.: Three-quarter Face. London: Secker & Warburg 1980, S. 264-269. - Irving Wardle: The Bitter Tears of Petra von Kant. The Times v. 2. 7. 1976. - Stanley Kauffmann: Sex and Murder. The New Republic v. 17. 7. 1976; nachgedr. in: S. K.: Before My Eyes. New York: Harper & Row 1980, S. 216-218.
Jacques Grant: Les larmes amères de Petra von Kant. Cinéma, Nr. 188, Juni 1974. - Marcel Martin: Les larmes amères de Petra von Kant. Ecran, Nr. 26, Juni 1974. - André Cornand: Les larmes amères de Petra von Kant. La Revue du Cinéma/Image et Son, Nr. 285, Juni-Juli 1974. - Katy Barasc: L'image et le pathos. Masques, revue des homosexualités, Nr. 15, Herbst 1982.
Aufsätze: Catherine Johnson: The Imaginary & The Bitter Tears of Petra von Kant. Wide Angle, Vol. 3, Nr. 4, 1980 (Themenheft: New

German Cinema). - Timothy Corrigan: Transformations in Fassbinder's Bitter Tears of Petra von Kant. In: T. C.: New German Film. The Displaced Image. Austin: University of Texas Press 1983, S. 43-69. - Lynne Kirby: Fassbinder's Debt to Poussin. Camera Obscura, Nr. 13-14, Frühjahr-Sommer 1985. - Ruth Perlmutter: Real Feelings, Hollywood Melodram, and »The Bitter Tears of Petra von Kant«. Minnesota Review, Nr. 33, Herbst 1989. - Jan Mouton: Women's Silent Voices. In: Sandra Frieden u. a. (Hrsg.): Gender and German Cinema. Vol. 1. Providence, R. I.: Berg 1991.

WILDWECHSEL

Material zur Kontroverse Kroetz/Fassbinder: Thomas Thieringer: Vordergründig obszön. Abendzeitung v. 8. 3. 1973 (Interview mit Kroetz). - Sag halt ehrlich, was Dich geniert. Abendzeitung v. 12. 3. 1973 (Brief von Fassbinder an Kroetz). - Thomas Thieringer: Streit zwischen Autor und Regisseur. Frankfurter Rundschau v. 14. 3. 1973 (Zusammenfassung des Materials aus der Münchner Abendzeitung).

Kritiken: Benjamin Henrichs: Statt Klärung Verklärung. Süddeutsche Zeitung v. 11. 1. 1973. - Thomas Thieringer: Opfer. Frankfurter Rundschau v. 11. 1. 1973. - Josef Rölz: Theater, zerredet und zerfilmt. Kirche und Fernsehen v. 13. 1. 1973, Nr. 2. - H. G. Pflaum: Verachtung für Konflikte. Süddeutsche Zeitung v. 12. 3. 1973. - Erwin Schaar: Wildwechsel. Film-Dienst v. 3. 4. 1973 (FD-Nr. 18241). - Wolfgang Ruf: Wildwechsel. Medium, April 1973, Nr. 4. - Helmut Schmitz: Das Wild, das sich selbst hetzt. Frankfurter Rundschau v. 1. 9. 1973. - R. T. (Rudolf Thome): »Wildwechsel«. Der Tagesspiegel v. 21. 11. 1973. - Niklaus Loretz: Wildwechsel. Zoom-Filmberater v. 16. 6. 1976, Nr. 12.

Holl. (Ronald Holloway): Wildwechsel (Game pass). Variety, Vol. 283, Nr. 4, 2. 6. 1976. - Jonathan Rosenbaum: Wildwechsel (Wild Game). Monthly Film Bulletin, Nr. 516, Januar 1977. - Vincent Canby: Fassbinder, in ›Jail Bait‹, explores danger of women through girl, 14. The New York Times v. 16. 5. 1977. - Penelope Gilliatt: Prodigy. The New Yorker v. 30. 5. 1977; nachgedr. in: P. G.: Three-quarter Face. London: Secker & Warburg 1980, S. 274-277. - Stanley Kauffmann: Further Fassbinder. The New Republic v. 4. 6. 1977; nachgedr. in: S. K.: Before My Eyes. New York: Harper & Row 1980, S. 220-221. - George Morris: Fassbinder × 5. Film Comment, Vol. 17, Nr. 5, September-Oktober 1981.

Michel Devillers: Gibier de passage. Cinématographe, Nr. 47, Mai 1979. - P. A. F. (Pierre-Antoine Fabre): Gibier de passage. Ecran, Nr. 81, Juni 1979. - Jacques Petat: Gibier de passage. Cinéma, Nr. 245, Juni 1979. - Jean-Pierre Bertin-Maghit: Gibier de passage. La Revue du Cinéma/Image et Son, Nr. 340, Juni 1979. - Jean-

Claude Biette: Gibier de passage. Cahiers du Cinéma, Nr. 301, Juni 1979.

ACHT STUNDEN SIND KEIN TAG

Filmtext in: Fassbinders Filme 4/5. Zwei Bände. Frankfurt am Main: Verlag der Autoren 1991 (enthält auch die Drehbücher zu den nicht realisierten Folgen 6-8).

Interviews: Wolfgang Röhl: Kommt die Prolet-Welle? Konkret v. 22. 3. 1973, Nr. 13 (Interview mit Fassbinder). - Heiko R. Blum: Kritische Inhalte für ein verbrauchtes Genre. Frankfurter Rundschau v. 6. 9. 1972 (Interview mit Günter Rohrbach, WDR-Fernsehspielchef).

Material: Schön populär. Der Spiegel v. 23. 10. 1972, Nr. 44. - Texte in den Broschüren: Fernsehspiele Westdeutscher Rundfunk Juli-Dezember 1972 (S. 74-89), Fernsehspiele Westdeutscher Rundfunk Januar-Juni 1973 (S. 38-45). - Peter Märthesheimer: Die Okkupation eines bürgerlichen Genres. Fernsehen und Bildung 1973, Nr. 1. - Frank J. Heinemann: Abschied von geschminkten Proleten (Zur Absetzung der Serie). Frankfurter Rundschau v. 4. 6. 1973.

Kritiken/Analysen: Hermann Rosenbaum: Familienserie mal anders. Frankfurter Rundschau v. 28. 10. 1972. - Günter Zehm: Gänseblumen und Finkenschlag. Die Welt v. 31. 10. 1972. - Egon Netenjakob: Die falsche Film-Sprache. Funk-Korrespondenz v. 2. 11. 1972, Nr. 44. - Hellmuth Karasek: Bei Arbeiters. Die Zeit v. 3. 11. 1972. - Günter Wallraff: Nur mal drübergegangen. Der Spiegel v. 6. 11. 1972, Nr. 46. - Rolv Heuer: Maske in Rot. Konkret v. 9. 11. 1972, Nr. 26. - Josef Rölz: Acht Stunden sind kein Tag. Medium, November 1972, Nr. 11. - Wolf Donner: Idyllen eines TV-Jusos. Die Zeit v. 22. 12. 1972. - Wolfgang Ruf: Eine brüchige Utopie, ein problematisches Panoptikum. Kirche und Fernsehen, v. 23. 12. 1972, Nr. 49. - Heinrich Ackermann: Privater Sozialismus. Deutsche Volkszeitung v. 18. 1. 1973. - Karl Korn: Ein Spiel von der Betriebsgemeinschaft. Frankfurter Allgemeine v. 24. 1. 1973. - Manfred Delling: Industrielandschaft mit Einzelkämpfern. Deutsches Allgemeines Sonntagsblatt v. 28. 1. 1973/Frankfurter Rundschau v. 13. 2. 1973; dazu ein kontroverser Beitrag von Fritz Vilmar: Zur Diskussion gestellt. Frankfurter Rundschau v. 16. 2. 1973. - Josef Rölz: Äpfel und Birnen oder Falsche Kategorien helfen nicht weiter. Kirche und Fernsehen v. 3. 2. 1973, Nr. 5. - Siegfried Schmidt-Joos: Ungebrochen realistisch/Walter Schobert: Echter Fortschritt/Gernot Facius: Noch kein Gegenmodell. Das Parlament v. 3. 2. 1973, Nr. 5 (Beilage Tele-Forum) - dazu Stellungnahme von Peter Märthesheimer: ... andererseits. Das Parlament 1973, Nr. 9. - Wilfried Wiegand: Fassbinder und die verletzten Tabus. Kirche und Fernsehen v. 10. 2. 1973, Nr. 6. - Klaus Eder: Acht Stunden sind kein Tag. Medium, Februar 1973,

Nr. 2. - Sibylle Wirsing: Vogelhochzeit. Der Tagesspiegel v. 20. 2. 1973. - Heidrun Bleeck: Aus dem Schatzkästlein der Illustrierten. (Über die Frauen in »8 Stunden«). Süddeutsche Zeitung v. 18. 3. 1973. - mw (Martin Walder): »Acht Stunden sind kein Tag«. Neue Zürcher Zeitung v. 24. 3. 1973. - Wolfram Knorr: Was nicht ist, aber anregt, was sein könnte. Zoom-Filmberater v. 19. 4. 1973, Nr. 8 (eine Zwischenkritik erschien bereits 1973, Nr. 1). - Hanna Schygulla: »Wer wirft den nächsten Stein?«. Konkret v. 3. 5. 1973, Nr. 19.
Aufsätze: Wolfgang Gast, Gerhard R. Kaiser: Kritik der Fernsehspielkritik. Das Beispiel von Faßbinders »Acht Stunden sind kein Tag«. In: Jörg Drews (Hrsg.): Literaturkritik - Medienkritik. Heidelberg: Quelle & Meyer 1977, S. 103-116.
Richard Collins, Vincent Porter: Eight Hours Are Not a Day. In: R. C., V. P.: WDR and the Arbeiterfilm: Fassbinder, Ziewer and others. London: BFI 1981, S. 50-62. - Manuel Alvarado: Eight Hours are not a Day. In: Tony Rayns (Hrsg.): Fassbinder. London: BFI 1979 (2. Aufl.), S. 70-78.

BREMER FREIHEIT
Kritiken: Cordula Zytur: Leichtgewichtige Mordgeschichte. Funk-Korrespondenz 1973, Nr. 14. - Birgit Weidinger: Das Aufbegehren einer Unterdrückten. Süddeutsche Zeitung v. 8. 11. 1973. - Horst Ziermann: Kalter Kaffee aus Bremen. Die Welt v. 8. 11. 1973. (Vgl. auch die Kritiken der Bremer Theateraufführung von Klaus Wagner, Frankfurter Allgemeine v. 13. 12. 1971, Reinhard Baumgart, Süddeutsche Zeitung v. 14. 12. 1971, Peter Iden/Jürgen Schmidt, Frankfurter Rundschau v. 15. 12. 1971, Hellmuth Karasek, Die Zeit v. 17. 12. 1971 und Theater heute, Januar 1972, Nr. 1.)

WELT AM DRAHT
Material: Texte in der Broschüre: Fernsehspiele Westdeutscher Rundfunk Juli-Dezember 1973, S. 60-69.
Kritiken: Heiko R. Blum: »Die Welt am Draht«. Medium, September 1973, Nr. 9. - Andreas Wild: Mumpitz, aber appetitlich. Die Welt v. 16. 10. 1973. - Andreas Wild: Wie Stiller gerettet wird. Die Welt v. 18. 10. 1973. - Eckhart Schmidt: Vision von der dreifachen Wirklichkeit. Süddeutsche Zeitung v. 18. 10. 1973. - Hans-Dieter Seidel: Unterstzuoberst. Stuttgarter Zeitung v. 18. 10. 1973. - Wolf Donner: EDV-Elegie. Die Zeit v. 19. 10. 1973. - Michael Radtke: He, Löwitsch! Funk-Korrespondenz v. 17. 10. 1973, Nr. 42. - Wolfgang Ruf: Drei Stunden ohne Langeweile. Kirche und Fernsehen v. 20. 10. 1973, Nr. 38.

NORA HELMER
Kritiken: Friedrich Luft: Der Kuß ist wahrlich nicht von Ibsen. Die

Welt v. 5.2. 1974. - Wilfried Wiegand: Zimmerschlacht mit Nora. Frankfurter Allgemeine v. 5.2. 1974. - Momos (Walter Jens): Des Schlechten zuviel. Die Zeit v. 8.2. 1974. - Wolfgang Ruf: Flache Kunstfiguren, dekorative Posen. Kirche und Rundfunk v. 9.2. 1974, Nr. 11. - Hellmuth Karasek: Narziß und Goldrand. Der Spiegel v. 11.2. 1974, Nr. 7.

ANGST ESSEN SEELE AUF

Drehbuch: Bent Lantow, Per Praestekjaer (Hrsg.): Angst essen Seele auf. Kopenhagen: G. E. C. Gad 1978 (in deutscher Sprache) und in: Michael Töteberg (Hrsg.): Fassbinders Filme 3. Frankfurt am Main: Verlag der Autoren 1990, S. 51-96.

Material: Robert Fischer, Joe Hembus: Der Neue Deutsche Film. München: Goldmann 1981, S. 89-91.

Interview: Günther Pflaum: »Zu Gunsten der Realität«. Film-Korrespondenz, Februar 1974, Nr. 2 (auch Frankfurter Rundschau v. 9.3. 1974).

Kritiken: Peter Buchka: Kunst decken Wut (noch) zu. Süddeutsche Zeitung v. 4.3. 1974. - Uta Gote: Die unmögliche Heirat. Die Welt v. 26.3. 1974. - Günther Pflaum: Angst essen Seele auf. Film-Dienst v. 2.4. 1974 (FD-Nr. 18756). - Pierre Foulard: Angst essen Seele auf. Kino (Berlin), Nr. 13, 15.4. 1974. - Wilfried Wiegand: Der Abschied vom Literatenkino. Frankfurter Allgemeine v. 20.5. 1974. - Volker Baer: Stationen einer Einsamkeit. Der Tagesspiegel v. 23.5. 1974. - W. Waldmann: Die Geschichte von Emmi und Ali. Deutsches Allgemeines Sonntagsblatt v. 26.5. 1974. - Vinzenz B. Burg: Angst essen Seele auf. Jugend Film Fernsehen, (Juni) 1974, Nr. 2. - Wolfram Schütte: Lakonische Parabel. Frankfurter Rundschau v. 27.6. 1974. - Hans C. Blumenberg: Das traurige Glück von Emmi und Ali. Kölner Stadt-Anzeiger v. 12.-13.10. 1974. - Helke Sander: Die Darstellung alter Frauen im Film. Frauen + Film, Nr. 3, November 1974. - Franz Ulrich: Angst essen Seele auf. Zoom-Filmberater v. 7.1. 1976, Nr. 1. - Wolfram Knorr: Aschenbrödel-Melodramen. Weltwoche v. 14.1. 1976 (auch über FAUSTRECHT DER FREIHEIT). - ms. (Martin Schlappner): »Angst essen Seele auf«. Neue Zürcher Zeitung v. 8.12. 1976. Mosk. (Gene Moskowitz): Angst essen Seele auf (Fear Eats Out the Soul). Variety, Vol. 275, Nr. 2, 22.5. 1974. - Tony Rayns: Fear Eats the Soul. Sight and Sound, Vol. 43, Nr. 4, Herbst 1974. - Jan-Christopher Horak: Fassbinder Faces Life (»Ali«). The Village Voice v. 3.10. 1974. - Vincent Canby: Fassbinder Explores Racial Prejudice. The New York Times v. 7.10. 1974. - Richard Combs: Angst essen Seele auf. Monthly Film Bulletin, Nr. 490, November 1974. - Langdon Dewey: Fear Eats the Soul. Film (London), Series 2, Nr. 20, November 1974. - Derek Prouse: Fear Eats the Soul. The Movie, Chapter 80, 1981.

Jean de Baroncelli: »Tous les autres s'appelent Ali«. Le Monde v. 11.6. 1974. - Guy Braucourt: Tous les autres s'appelent Ali. Ecran, Nr. 27, Juli 1974. - Jacques Grant: Tous les »autres« s'appelent Ali. Cinéma, Nr. 189, Juli-August 1974. - Daniel Sauvaget: Sur trois film allemands. La Revue du Cinéma/Image et Son, Nr. 287, September 1974.
Aufsätze: Laura Mulvey: Fassbinder and Sirk. Pare Rib, September 1974; nachgedr. in: Visual and Other Pleasures. Bloomington, Indianapolis: Indiana University Press 1989, S. 45-48. - Judith Mayne: Fassbinder and Spectatorship. New German Critique, Nr. 12, Herbst 1977. - James C. Franklin: Method and message: Forms of communication in Fassbinders »Angst essen Seele auf«. Film/Literature Quarterly, Vol. 7, Nr. 3, Sommer 1979. - Rob Burns, Stephen Lamb: Social Reality and Stylization in »Fear Eats the Soul«: Fassbinder's Study in Prejudice. New German Studies, Nr. 3, 1981. - Denise Hartsough: Cine-Feminism Renegotiated: Fassbinder's »Ali« as Interventionist Cinema. Wide Angle, Vol. 12, Nr. 1, Januar 1990.

MARTHA
Material: Texte in der Broschüre: Fernsehspiele Westdeutscher Rundfunk Januar-Juni 1974, S. 74-85.
Kritiken: Hans-Dieter Seidel: Das enteignete Bewußtsein. Stuttgarter Zeitung v. 30. 5. 1974. - Armin Halstenberg: Ein Hauch von Horror. Kölner Stadt-Anzeiger v. 30. 5. 1974. - Brigitte Jeremias: Die Ehe als Vampirgeschichte. Frankfurter Allgemeine v. 30. 5. 1974. - Günter Zehm: Ein Haus des Schreckens. Die Welt v. 30. 5. 1974. - Hans C. Blumenberg: Lüstern und sadistisch. Die Zeit v. 31. 5. 1974. - Hellmuth Karasek: Eine tödlich perfekte Ehe. Der Spiegel v. 3. 6. 1974, Nr. 23. - Wolfgang Ruf: Abgeschmackte Trivialitäten. Kirche und Rundfunk v. 8. 6. 1974, Nr. 40.
Mosk. (Gene Moskowitz): Martha. Variety, Vol. 276, Nr. 3, 28. 8. 1974. - Jonathan Rosenbaum: London. Film Comment, Vol. 12, Nr. 1, Januar-Februar 1976. - George Morris: Fassbinder × 5. Film Comment, Vol. 17, Nr. 5, September-Oktober 1981.

FONTANE EFFI BRIEST
Filmtext in: Michael Töteberg (Hrsg.): Fassbinders Filme 3. Frankfurt am Main: Verlag der Autoren 1990, S. 97-174.
Material: Joe Hembus, Christa Bandmann: Klassiker des deutschen Tonfilms. München: Goldmann 1980, S. 123-125 (über drei Effi-Briest-Verfilmungen).
Interview: Corinna Brocher: »Die Sachen sind so schwer zu verändern«. Stuttgarter Zeitung v. 1. 12. 1972 (auch im Kölner Stadt-Anzeiger v. 14. 12. 1972 und im Tagesspiegel v. 11. 2. 1973).
Kritiken: Volker Baer: »Effi Briest«. Der Tagesspiegel v. 30. 6. 1974.

- Brigitte Jeremias: Aus lauter Natur gemacht. Frankfurter Allgemeine v. 1.7. 1974. - Friedrich Luft: Endlich einmal ein deutscher Treffer. Die Welt v. 1.7. 1974. - Wolfram Schütte: Respekt für sein »Cheyenne autumn«. Frankfurter Rundschau v. 1.7. 1974. - Peter Buchka: Das wichtige Licht. Süddeutsche Zeitung v. 6.-7.7. 1974. - G.P. (Günther Pflaum): Effi Briest. Film-Dienst v. 9.7. 1974 (FD-Nr. 18.889). - Eckhart Schmidt: Fontane mit Nutzanwendung. Deutsche Zeitung/Christ und Welt v. 12.7. 1974. - Hans C. Blumenberg: Kino der offenen Augen. Die Zeit v. 19.7. 1974. - Wolfgang Ignée: Viel zu schön? Stuttgarter Zeitung v. 14.9. 1974. - Hans-Jürgen Tast: Fontane Effi Briest ... Kino (Berlin), Nr. 18-19, 15.10. 1974. - Ursula Reuter-Christiansen: Die mißbrauchte Effi Briest. Frauen + Film, Nr. 3, November 1974. - Jörg Friedrich, Rainer Gansera: (Briefwechsel über Effi Briest). Filmkritik, Dezember 1974, Nr. 12. - Hans C. Blumenberg: Preußische Tragödie. Kölner Stadt-Anzeiger v. 18.1. 1975. - Gerhart Waeger: Fassbinder grüßt Fontane. Weltwoche v. 30.4. 1975. - mw. (Martin Walder): Filmisches Röntgenbild eines Romans. Neue Zürcher Zeitung v. 2.5. 1975. - Gerhart Waeger: Fontane Effi Briest. Zoom-Filmberater v. 21.5. 1975, Nr. 10. - Maria Frisé: Fassbinders Effi-Briest-Album. Frankfurter Allgemeine v. 2.11. 1979.

Hawk. (Robert F. Hawkins): Effi Briest. Variety, Vol. 275, Nr. 9, 10.7. 1974. - Vincent Canby: The Decline and Fall of Effi Briest. The New York Times v. 17.6. 1977. - Penelope Gilliatt: A German Masterpiece. The New Yorker v. 21.6. 1977; nachgedr. in: P.G.: Three-quarter Face. London: Secker & Warburg 1980, S. 277-280. - Stanley Kauffmann: Effi Briest. The New Republic v. 25.6. 1977; nachgedr. in: S.K.: Before My Eyes. New York: Harper & Row 1980, S. 222-225. - Renny Harrigan: Women Oppressed. Jump Cut, Nr. 15, Juli 1977 (über FONTANE EFFI BRIEST und *Die Marquise von O.*). - Jill Forbes: Fontane Effi Briest (Effi Briest). Monthly Film Bulletin, Nr. 530, März 1978. - Derek Elley: Effi Briest. Films and Filming, Vol. 24, Nr. 10, Juli 1978.

L.M. (Louis Marcorelles): »Effi Briest« de R.W. Fassbinder. Le Monde v. 22.6. 1975. - E.C.L. (Evelyne Caron-Lowins): Effi Briest. Positif, Nr. 173, September 1975. - Daniel Sauvaget: Effi Briest - La tendresse des loups. La Revue du Cinéma/Image et Son, Nr. 298, September 1975. - Jacques Grant: Effi Briest. Son ceur mis à nu. Cinéma, Nr. 201-202, September-Oktober 1975.

Aufsätze/Analysen: Peter Buchka: Filme der zweiten Reflexion. Film-Korrespondenz v. 7.8. 1974, Nr. 8 (über FONTANE EFFI BRIEST und *Made in Germany und USA*). - Wolfgang Ruf: (Vergleich der Effi-Briest-Verfilmungen von Luderer und Fassbinder). Medium, August 1974, Nr. 8. - Ulrich Greiner: Fontanes Bitterkeit oder Angstapparat aus Kalkül. Frankfurter Allgemeine v. 26.10. 1974

(Vergleich von drei Effi-Briest-Verfilmungen). - Volker Baer: Realismus und Manierismus. Der Tagesspiegel v. 3. 1. 1975 (Vergleich der vier Effi-Briest-Verfilmungen). - Helmut Schanze: Fontane Effi Briest. Bemerkungen zu einem Drehbuch von Rainer Werner Fassbinder. In: Friedrich Knilli, Knut Hickethier, Wolf Dieter Lützen (Hrsg.): Literatur in den Massenmedien - Demontage von Dichtung? München: Carl Hanser 1976. Reihe Hanser 221, S. 131-138. - Nikola Hoeltz: Fontane - mediengerecht. Kürbiskern, April 1979, Nr. 2. - Jürgen Wolff: Verfahren der Literaturrezeption im Film, dargestellt am Beispiel der Effi-Briest-Verfilmungen von Luderer und Fassbinder. Der Deutschunterricht, April 1981, Nr. 4. - Gaby Schachtschnabel: Der Ambivalenzcharakter der Literaturverfilmung. Mit einer Beispielanalyse von Theodor Fontanes Roman »Effi Briest« und dessen Verfilmung von Rainer Werner Fassbinder. Frankfurt am Main: Peter Lang 1984. Europäische Hochschulschriften XXX/16. - Hanns-Peter Reisner, Rainer Siegle: Stundenblätter »Effi Briest«. Stuttgart: Klett 1987, Stundenblätter Deutsch, S. 99-111. - Anke-Marie Lohmeier: Symbolische und allegorische Rede im Film. Die »Effi Briest«-Filme von Gustaf Gründgens und Rainer Werner Fassbinder. In: Heinz-Ludwig Arnold (Hrsg.): Theodor Fontane. München: edition text + kritik 1989, Sonderband v. »Text + Kritik«, S. 229-241. - Eva M. J. Schmid: War Effi Briest blond? Bildbeschreibung und kritische Gedanken zu vier »Effi Briest«-Verfilmungen. In: Franz-Josef Albersmeier, Volker Roloff (Hrsg.): Literaturverfilmungen. Frankfurt am Main: Suhrkamp 1989, st materialien 2093, S. 122-154.
Edith Borchardt: Leitmotif and Structure in Fassbinder's »Effi Briest«. Film/Literature Quarterly, Vol. 7, Nr. 3, Sommer 1979. - William R. Magretta: Reading the Writerly Film. Fassbinder's Effi Briest (1974). In: Andrew Horton, Joan Magretta (Hrsg.): Modern European Filmmakers and the Art of Adaption. New York: Ungar 1981, S. 248-262. - Jon Lewis: Effi Briest. On Film, Nr. 11, Sommer 1983. - Anna K. Kuhn: Modes of Alienation in Fassbinder's »Effi Briest«. In: Sandra Frieden u. a. (Hrsg.): Gender and German Cinema. Vol. 1. Providence, R. I.: Berg 1991.

FAUSTRECHT DER FREIHEIT

Kritiken: Walter Schobert: Das Faustrecht der Freiheit. Medium, April 1975, Nr. 4. - Volker Baer: Franz Biberkopfs Wandlung. Der Tagesspiegel v. 5. 6. 1975. - Brigitte Jeremias: Franz Biberkopfs Geschichte neu erzählt. Frankfurter Allgemeine v. 10. 6. 1975. - Hans C. Blumenberg: Der Rest sind Tränen. Die Zeit v. 13. 6. 1975. - Eckhart Schmidt: Traurige Erfahrungen eines Lottogewinners. Deutsche Zeitung/Christ und Welt v. 13. 6. 1975. - H. G. Pflaum: Wie fleischfressende Pflanzen. Süddeutsche Zeitung v. 14.-15. 6. 1975. -

BHR: Faustrecht der Freiheit. Film-Dienst v. 24.6. 1975 (FD-Nr. 19341). - Wolfram Schütte: Was ist los mit Fassbinder? Frankfurter Rundschau v. 11.7. 1975. - Bodo Fründt: Liebe und ein Schlag ins Gesicht. Kölner Stadt-Anzeiger v. 2.8. 1975. - Urs Jaeggi: Faustrecht der Freiheit. Zoom-Filmberater v. 17.9. 1975, Nr. 18. - mw. (Martin Walder): »Faustrecht der Freiheit«. Neue Zürcher Zeitung v. 4.2. 1976.

Mosk. (Gene Moskowitz): Faustrecht der Freiheit (Might Makes Right). Variety, Vol. 279, Nr. 3, 28.5. 1975. - Richard Eder: Faustrecht der Freiheit. The New York Times v. 27.9. 1975. - Roger Greenspun: Phantom of Liberty. Film Comment, Vol. 11, Nr. 6, November-Dezember 1975. - Jonathan Rosenbaum: Faustrecht der Freiheit (Fox). Monthly Film Bulletin, Nr. 504, Januar 1976. - Andrew Sarris: Let's take a look at foreign flicks. The Village Voice v. 2.2. 1976. - Simon Greig: Fox. Films and Filming, Vol. 22, Nr. 5, Februar 1976. - Ruth McCormick: Fox and his friends. Cineaste, Vol. 7, Nr. 3, 1976. - Bob Cant: Fassbinder's Fox; Andrew Britton: Foxed. Jump Cut, Nr. 16, November 1977.

Jean de Baroncelli: »Le droit du plus fort«. Le Monde v. 20.9. 1975. - Jacques Grant: Le droit du plus fort/Le temps d'aimer et le temps de mourir. Cinéma (Paris), Nr. 201-202, September-Oktober 1975; dazu Leserbrief und Antwort v. J. G. in: Cinéma, Nr. 209, Mai 1976. - M. M. (Marcel Martin): Le droit du plus fort. Ecran, Nr. 40, Oktober 1975. - Daniel Sauvaget: Le droit du plus fort. La Revue du Cinéma/Image et Son, Nr. 300, November 1975. - Serge Le Peron: Le droit du plus fort. Cahiers du Cinéma, Nr. 262-263. Januar 1976. - Jean-Claude Guiguet: Fassbinder et »Le droit du plus fort«. Masques, revue des homosexualités, Nr. 15, Herbst 1982.

WIE EIN VOGEL AUF DEM DRAHT

Interview: o. V.: »Irgendwas Schweinisches«. Der Spiegel v. 5.5. 1975, Nr. 19.

Kritiken: Wolfgang Paul: Adenauer-Ära. Der Tagesspiegel v. 7.5. 1975. - g. r. (Günther Rühle): Mira-culös. Frankfurter Allgemeine v. 7.5. 1975. - Eckhart Schmidt: Fassbinders Fehltritt. Süddeutsche Zeitung v. 7.5. 1975. - Manfred Sack: Brigitte Miras Männer. Die Zeit v. 9.5. 1975.

MUTTER KÜSTERS' FAHRT ZUM HIMMEL

Kritiken: Fritz Rumler: Rote Hilfe. Der Spiegel v. 14.7. 1975, Nr. 29. - Wilfried Wiegand: Der Dornröschenschlaf der Filmkunst. Frankfurter Allgemeine v. 10.7. 1975 (Berlinale-Bericht). - Ekkehard Pluta: Mutter Küsters Fahrt zum Himmel. Medium, Oktober 1975, Nr. 10. - Peter Buchka: Kopf hoch, wenn die Sicherung durchbrennt. Süddeutsche Zeitung v. 5.1. 1976. - Elvira Högemann-Ledwohn: Mutter Küsters überspielt Fassbinders Negativ-Idee. UZ (Wochenzeitung der DKP) v. 9.1. 1976. - Ellen Grebe: Mutter Küsters Fahrt zum Himmel. Die Welt v. 13.1. 1976. - Vinzenz B. Burg: Mutter Küsters Fahrt zum Himmel. Film-Dienst v. 20.1. 1976 (FD-Nr. 19630); etwas variiert auch in: Medien + Erziehung 1976, Nr. 1. - Hans C. Blumenberg: Hermann erschlägt seinen Chef. Kölner Stadt-Anzeiger v. 30.1. 1976. - Rudolf Thome: Die Wut über die verlorene Linke. Der Tagesspiegel v. 31.1. 1976. - witz (Günther Kriewitz): Mutter Küsters Fahrt zum Himmel. Stuttgarter Zeitung v. 31.1. 1976. - o. V.: Im Auftrag der Bourgeoisie: Hetze gegen die Kommunistische Partei. Rote Fahne (Zeitschrift der KPD) v. 4.2. 1976, Nr. 5.

Besa. (Peter Besas): Mutter Küsters Fahrt zum Himmel (Mother Kusters Trip to Heaven). Variety, Vol. 283, Nr. 1, 2.5. 1976. - Vincent Canby: Fassbinder Hits the Mark Again in a Pessimistic »Mother Kusters«. The New York Times v. 7.3. 1977. - Penelope Gilliatt: No Sadness That Art Cannot Quell. The New Yorker v. 28.3. 1977; nachgedr. in: P. G.: Three-quarter Face. London: Secker & Warburg 1980, S. 269-274. - Richard Schickel: Kuster's Stand. Time v. 28.3. 1977. - Stanley Kauffmann: Further Fassbinder. The New Republic v. 4.6. 1977; nachgedr. in: S. K.: Before My Eyes. New York: Harper & Row 1980, S. 218-220.

Françoise Maupin: Maman Kusters s'en va au ciel. La Revue du Cinéma/Image et Son, Nr. 303, Februar 1976. - Joël Magny: Maman Küsters s'en va au ciel. Cinéma (Paris), Nr. 218, Februar 1977. - Jean-Claude Bonnet: Maman Kuster s'en va au ciel. Cinématographe, Nr. 24, Februar 1977. - Guy Hennebelle: Maman Kusters s'en va au ciel. Ecran, Nr. 56, März 1977.

Aufsätze: Jean-Paul Fargier: Au délà du principe de P. Cahiers du Cinéma, Nr. 279-280, August-September 1977 (über *Le Camion* von Marguerite Duras, *Comment ça va* von Godard und MUTTER KÜSTERS' FAHRT ZUM HIMMEL). - Anne Micheu: Sur deux représentations de mères ouvrières: Mutter Krause et Mutter Kusters. Les Cahiers de la Cinémathèque, Nr. 32, Frühjahr 1981.

ANGST VOR DER ANGST

Material: Texte in der Broschüre: Fernsehspiele Westdeutscher Rundfunk Juli-Dezember 1975, S. 8-21.

Kritiken: Hans Vetter: Angst vor der Angst. Frankfurter Rundschau v. 8.7. 1975. - liv. (Balts Livio): Nicht mehr als trivial. Neue Zürcher Zeitung v. 10.7. 1975. - Michael Schwarze: Die Angst aus dem Nichts. Frankfurter Allgemeine v. 10.7. 1975. - Birgit Weidinger: Alleingelassen. Süddeutsche Zeitung v. 10.7. 1975. - Hans C. Blumenberg: Petra von Macbeth. Die Zeit v. 11.7. 1975. - P. C. H. (Peter Christian Hall): Depression, schick. Kirche und Rundfunk v. 12.7. 1975, Nr. 48.

Verr. (Addison Verrill): Angst vor der Angst. Variety, Vol. 284, Nr. 11, 20. 10. 1976. - Barbara Leaming: Fear of Fear. Take One, Vol. 5, Nr. 10, Juli-August 1977.

ICH WILL DOCH NUR, DASS IHR MICH LIEBT
Material: Texte in der Broschüre: Fernsehspiele Westdeutscher Rundfunk Januar-Juni 1976, S. 147-153.
Kritiken: Carl-Friedrich Theill: Moritat vom braven Mörder. Stern v. 18. 3. 1976, Nr. 13. - Bodo Fründt: Die Blumen der Sprachlosigkeit. Kölner Stadt-Anzeiger v. 24. 3. 1976. - Valentin Polcuch: Melodram dokumentarisch. Die Welt v. 25. 3. 1976. - WoS (Wolfram Schütte): Bestrafte Liebe, Frankfurter Rundschau v. 25. 3. 1976. - Wilfried Wiegand: Ich will doch nur, daß ihr mich liebt. Frankfurter Allgemeine v. 25. 3. 1976. - Gottfried Knapp: Depressives Gleichmaß. Süddeutsche Zeitung v. 25. 3. 1976. - rn. (Rolf Niederer): Fassbinders Melodrama vom ungeliebten Wohlverhalten. Neue Zürcher Zeitung v. 28.-29. 3. 1976. - Josef Rölz: Tote Demonstrations-Objekte. Kirche und Rundfunk v. 3. 4. 1976, Nr. 26.
Holl. (Ronald Holloway): Ich will doch nur, daß ihr mich liebt. Variety, Vol. 282, Nr. 10, 14. 4. 1976. - George Morris: Fassbinder × 5. Film Comment, Vol. 17, Nr. 5, September-Oktober 1981.
Jacques Grant: Ich will doch nur, daß ihr mich liebt, melodrame. Cinéma, Nr. 252, Dezember 1979.

SATANSBRATEN
Kritiken: Wolfram Schütte: Vor-Schau (II). Frankfurter Rundschau v. 26. 8. 1976. - Kraft Wetzel: Ein Höllenspektakel in Mannheim. Frankfurter Allgemeine v. 9. 10. 1976. - Hans C. Blumenberg: Schreie und Flüstern. Die Zeit v. 15. 10. 1976; nachgedr. in: H. C. B.: Kinozeit. Frankfurt am Main 1980. Fischer Taschenbuch 3664, S. 27-34. - Peter Buchka: Adieu, du holde Kunst. Süddeutsche Zeitung v. 26. 11. 1976. - WoS (Wolfram Schütte) in Frankfurter Rundschau v. 4. 12. 1976. - Karena Niehoff: Kein Walzer nach links. Der Tagesspiegel v. 11. 12. 1976. - Klaus Eder: Satansbraten. Medium, Dezember 1976. - Wilfried Wiegand: Filme wie Tagebuchblätter (über SATANSBRATEN und über das Buch v. H. G. Pflaum). Frankfurter Allgemeine v. 17. 12. 1976. - Hans-Dieter Seidel: Ein Überfall wüster Einfälle. Stuttgarter Zeitung v. 11. 2. 1977. - Rolf Thissen: Des Dichters rüdes Dasein. Kölner Stadt-Anzeiger v. 5. 3. 1977. - Thomas Engel: Satansbraten. Filmbeobachter v. 15. 3. 1977, Nr. 6 (dazu Auszüge aus einer Diskussion mit Kurt Raab und Michael Fengler). - Wolfram Knorr: Schriller Irrealitäten-Zoo. Weltwoche v. 23. 3. 1977. - Bernhard Giger: Satansbraten. Zoom-Filmberater v. 4. 5. 1977, Nr. 9. - hMa (Helmut M. Artus): Satansbraten. Film-Dienst v. 5. 7. 1977, Nr. 14 (FD-Nr. 20374).

Holl. (Ronald Holloway): Satansbraten (Satan's Brew). Variety, Vol. 285, Nr. 3, 24. 11. 1976. - Janet Maslin: »Satan's Brew« is cold and bitter. The New York Times v. 10. 8. 1977. - Penelope Gilliatt: Japanese Friends, a German Agent Provocateur. The New Yorker v. 15. 8. 1977; nachgedr. in: P. G.: Three-quarter Face. London: Secker & Warburg 1980, S. 281-282. - Andrew Sarris: A Summer Spate of Sugar and Spite. The Village Voice v. 29. 8. 1977. - Gilbert Adair: Satansbraten (Satan's Brew). Monthly Film Bulletin, Nr. 553, Februar 1980. - George Morris: Fassbinder × 5. Film Comment, Vol. 15, Nr. 5, September-Oktober 1981.

Raphaël Bassan: Le Rôti de Satan. Ecran, Nr. 69, Mai 1978. - Joël Magny: Le Rôti de Satan. Cinéma, Nr. 233, Mai 1978. - Daniel Sauvaget: Le rôti de Satan. La Revue du Cinéma/Image et Son, Nr. 328, Mai 1978. - Jacques Grant: Rôti de Satan. Téléciné, Nr. 229, Juni 1978.

CHINESISCHES ROULETTE

Kritiken: Hans C. Blumenberg: Schreie und Flüstern. Die Zeit v. 15. 10. 1976; nachgedr. in: H. C. B.: Kinozeit. Frankfurt am Main 1980. Fischer Taschenbuch 3664, S. 27-34. - Brigitte Jeremias: Deutsches Glasperlenspiel und der Hund im Sinai (Paris-Bericht über Fassbinder und Straub). Frankfurter Allgemeine v. 23. 11. 1976. - Wolfram Schütte: Von einem Kunststück. Frankfurter Rundschau v. 25. 11. 1976. - H. G. Pflaum: Kühle Kontrolle der Gefühle. Süddeutsche Zeitung v. 22. 4. 1977. - Peter W. Jansen: Gruppenbild mit Kind. Vorwärts v. 28. 4. 1977. - Eckhart Schmidt: Menschen wie Tiere im Zoo. Deutsche Zeitung/Christ und Welt v. 29. 4. 1977. - Günther Kriewitz: Das Spiel mit der Wahrheit. Stuttgarter Zeitung v. 29. 4. 1977. - Sven Hansen: Die Welt im Spiegel des anderen. Die Welt v. 13. 5. 1977. - Norbert Jochum: Spiele unter Plexiglas. Der Tagesspiegel v. 14. 5. 1977. - liv. (Balts Livio): »Chinesisches Roulette«. Neue Zürcher Zeitung v. 19.-20. 5. 1977. - S. F. (Sebastian Feldmann): Chinesisches Roulette. Film-Dienst v. 24. 5. 1977 (FD-Nr. 20319). - Edgar Wettstein: Das chinesische Roulett. Zoom-Filmberater v. 2. 6. 1977, Nr. 11. - Rolf Wiest: Stunde der Wahrheit. Kölner Stadt-Anzeiger v. 18./19. 6. 1977.

Mosk. (Gene Moskowitz): Chinesisches Roulette (Chinese Roulette). Variety, Vol. 285, Nr. 4, 1. 12. 1976. - Vincent Canby: Laughing with Fassbinder. The New York Times v. 22. 4. 1977. - Jan Dawson: Chinesisches Roulette (Chinese Roulette). Monthly Film Bulletin, Nr. 534, Juli 1978. - Richard Combs: Chinese Roulette and Despair. Sight and Sound, Vol. 47, Nr. 4, Herbst 1978.

Jean de Baroncelli: »Roulette chinoise«. Le Monde v. 5. 4. 1977. - Frédérique Moine: Roulette chinoise. Cinématographe, Nr. 26, April 1977. - Marcel Martin: Roulette chinoise. Ecran, Nr. 58, Mai 1977. - Jacques Grant: Roulette chinoise. Cinéma, Nr. 222, Juni 1977.

BOLWIESER

Material: Texte in der Broschüre: Das Fernsehspiel im ZDF, Heft 17, S. 27-31. - Eva-Suzanne Beyer: Kino vor dem Selbstmord. Stuttgarter Zeitung v. 24. 12. 1976 (Produktionsbericht).

Kritiken: Thomas Thieringer: Fassbinder verfilmt Oskar Maria Graf. Medium, Juli 1977, Nr. 7. - Günther Kriewitz: Leidenschaften einer demütigen Spießerseele. Stuttgarter Zeitung v. 28. 7. 1977. - Fritz J. Raddatz: Ein perfekter Untertan. Die Zeit v. 29. 7. 1977. - Rolf Thissen: Die Frauen als gemeine Luder. Kölner Stadt-Anzeiger v. 29. 7. 1977. - WoS (Wolfram Schütte): Prozeß einer Selbstzerstörung. Frankfurter Rundschau v. 30. 7. 1977. - Karl Korn: Geheimnisvoll getriebene, schuldlose Lügner. Frankfurter Allgemeine v. 2. 8. 1977. - Valentin Polcuch: Blech für Gold verkauft. Die Welt v. 2. 8. 1977. - Jörn Voss: »Das Gernhaben ist die Höll'«. Stern v. 3. 8. 1977, Nr. 32. - Karl Prümm: Aufwendiges Melodram, nicht kritischer Realismus. Kirche und Rundfunk v. 6. 8. 1977, Nr. 60. - Manfred Delling: Die Unfähigkeit zu lieben. Deutsches Allgemeines Sonntagsblatt v. 7. 8. 1977.

Holl. (Roland Holloway): Bolwieser. Variety, Vol. 288, Nr. 3, 24. 8. 1977.

Kritiken der Kinofassung: che. (Christoph Egger): »Bolwieser«. Neue Zürcher Zeitung v. 7. 6. 1983. - Angelika Kaps: »Bolwieser«. Der Tagesspiegel v. 9. 6. 1983. - Hans-Christoph Blumenberg: Hervorragend. Die Zeit v. 10. 6. 1983. - Peter Buchka: Eine gute Liebe lieben. Süddeutsche Zeitung v. 10. 6. 1983. - Hubert Haslberger: Bolwieser. Film-Dienst v. 12. 7. 1983 (FD-Nr. 24.080). - J. M. Thie: Bolwieser. Filmbeobachter, Juli 1983, Nr. 13; nachgedr. (gekürzt) in: Lothar R. Just: Das Filmjahr 1984. München 1984, S. 25.

Vincent Canby: Fassbinder's »Stationmaster's Wife«. The New York Times v. 25. 9. 1982. - Andrew Sarris: Acidity and amiability. The Village Voice v. 12. 10. 1982 (zus. mit VERONIKA VOSS). - David Ansen: Deutschland über alles. Newsweek v. 18. 10. 1982 (zus. mit VERONIKA VOSS). - Gerry Marta: Bolwieser. Films in Review, Vol. 34, Nr. 3, März 1983. - Die Kritiken v. Gerry Marta und Andrew Sarris sind (mit weiteren Kritiken) nachgedr. in: Film Review Annual 1983. Englewood, NJ: Jerome S. Ozer 1984, S. 1114-1119.

Colette Godard: La tragédie des ridicules. Le Monde v. 11. 6. 1983. - A. B. (Alain Bergala): Bolwieser de Rainer Werner Fassbinder (R. F. A.). Cahiers du Cinéma, Nr. 348-349, Juni-Juli 1983. - Didier Goldschmidt: Bolwieser. Cinématographe, Nr. 91, Juli-August 1983. - Joël Magny: La femme du chef de gare. Cinéma, Nr. 295-296, Juli-August 1983. - Jean A. Gili: La femme du chef de gare. Positif, Nr. 272, Oktober 1983.

Aufsätze: Karl Prümm: Extreme Nähe und radikale Entfernung. Rainer Werner Fassbinders Fernsehfilm »Bolwieser« (1977) nach dem Roman von Oskar Maria Graf (1931). In: Franz-Josef Albersmeier, Volker Roloff: Literaturverfilmungen. Frankfurt am Main: Suhrkamp 1989, st materialien 2093, S. 155-182. / Sheila K. Johnston: Kindred Spirits: Oskar Maria Graf's »Bolwieser. Roman eines Ehemanns«, Rainer Werner Fassbinder's »Bolwieser/The Stationmaster's Wife«. Philological Papers (Morgantown), 1985, S. 49-57.

FRAUEN IN NEW YORK

Kritiken: Fernsehaufzeichnung: C. M. (Clara Menck): Glitzernd und gallenbitter. Frankfurter Allgemeine v. 23. 6. 1977. - Thomas Thieringer: Hohle Monstren. Süddeutsche Zeitung v. 23. 6. 1977. Theaterinszenierung: Klaus Wagner in Frankfurter Allgemeine v. 20. 9. 1976. - Günter Zehm in Die Welt v. 20. 9. 1976. - Mechthild Lange in Frankfurter Rundschau v. 22. 9. 1976. - Benjamin Henrichs in Die Zeit v. 24. 9. 1976. - Gertie M. Schönfeld in Deutsches Allgemeines Sonntagsblatt v. 26. 9. 1976. - Jürgen Schmidt in Stuttgarter Zeitung v. 30. 9. 1976. - Werner Burkhardt in Süddeutsche Zeitung v. 7. 10. 1976. - Gerd Jäger in Theater heute, November 1976, Nr. 11.

George Morris: Fassbinder × 5. Film Comment, Vol. 17, Nr. 5, September-Oktober 1981.

DESPAIR / EINE REISE INS LICHT - DESPAIR

Produktionsberichte: Eva-Suzanne Bayer: Fassbinder-Film mit Flair. Stuttgarter Zeitung v. 16. 6. 1977. - Barrett Seaman: Fassbinder's Latest Despair. Time v. 27. 6. 1977, Nr. 29.

Kritiken: Maria Ratschewa: Kino-Journal. Medium, März 1978, Nr. 3. - H. G. Pflaum: Reise ins Land des Wahnsinns. Süddeutsche Zeitung v. 19. 5. 1978. - Hans-Dieter Seidel: Außerhalb seiner selbst zu geraten. Stuttgarter Zeitung v. 19. 5. 1978. - Dieter E. Zimmer: Lüge, Wahrheit und Wahnsinn. Die Zeit v. 19. 5. 1978. - Wolfram Schütte: Ich - was ist das?/Oder: Ästhetik als Widerstand. Frankfurter Rundschau v. 20. 5. 1978. - Siegfried Schober: Heitere Hölle. Der Spiegel v. 22. 5. 1978, Nr. 21. - Margarete von Schwarzkopf: Russische Verzweiflung in Berlin. Die Welt v. 22. 5. 1978. - Wilfried Wiegand: Festival der großen Namen (Cannes-Bericht). Frankfurter Allgemeine v. 22. 5. 1978. - Peter W. Jansen: Kino-Notizen (XXXVII). Kirche und Film, Mai-Juni 1978. - -rib- (Reinhold Iblacker): Die Reise ins Licht - Despair. Film-Dienst v. 20. 6. 1978 (FD-Nr. 20.813). - Hans Ohly: Eine Reise ins Licht - Despair. Filmbeobachter v. 1. 7. 1978, Nr. 13. - Volker Baer: Krankheit ohne Geschichte. Der Tagesspiegel v. 6. 7. 1978. - Klaus Eder: Der helle Wahn. Rheinische Post v. 22. 7. 1978. - Thomas Hesterberg: Hermanns verzweifelte Flucht vor der Angst. Kölner Stadt-Anzeiger v. 1. 9. 1978.

Mosk. (Gene Moskowitz): Despair. Variety, Vol. 291, Nr. 3, 24. 5.

1978. - Tom Milne: Despair. Monthly Film Bulletin, Nr. 535, August 1978. - Roger Greenspun: Films: in another country. Penthouse, September 1978. - Richard Combs: Chinese Roulette and Despair. Sight and Sound, Vol. 47, Nr. 4, Herbst 1978. - Will Aitken: Despair. Take One, Vol. 7, Nr. 2, Januar 1979. - Vincent Canby: A Cousin of Lolita. The New York Times v. 16. 2. 1979. - Simon Greig: Despair. Films and Filming, Vol. 25, Nr. 8, Februar 1979. - Penelope Gilliatt: Lamplights. The New Yorker v. 19. 3. 1979. - John L. Fell: Despair. Film Quarterly, Vol. 33, Nr. 1, Herbst 1979.
Philippe Carcassonne: Despair. Cinématographe, Nr. 39, Juni 1978. - Frédérique Moine: Despair. Cinématographe, Nr. 40, August-Oktober 1978. - Jean-Pierre Le Pavec: Despair. Cinéma, Nr. 238, Oktober 1978. - Daniel Sauvaget: Despair. La Revue du Cinéma/Image et Son, Nr. 333, November 1978.
Aufsätze: Thomas Elsaesser: Murder, Merger, Suicide: The Politics of »Despair«. In: Tony Rayns (Hrsg.): Fassbinder. London: BFI 1979 (2. Aufl.), S. 37-53. - Dolores M. Burdick: »The Life Down the Middle«: Politics and Sexuality in Fassbinder's »Despair«. In: Eugen J. Crooks (Hrsg.): Fearful Symmetry: Doubles and Doubling in Literature and Film. Tallahassee: University Presses of Florida 1981, S. 138-148. - Peter Ruppert: Fassbinder's »Despair«: Hermann Hermann Through the Looking-Glass. Post Script, Vol. 3, Nr. 2, Winter 1984. - Edward M. V. Plater: Fassbinder's »Despair«: A Political Allegory. Literature/Film Quarterly, Vol. 13, Nr. 4, Oktober 1984. - Edward M. V. Plater: The Externalization of the Protagonist's Mind in Fassbinder's »Despair«. Film Criticism, Vol. 11, Nr. 3, Frühjahr 1987.

DEUTSCHLAND IM HERBST
Produktionsberichte: Florian Hopf: Deutschland im Herbst '77. Frankfurter Rundschau v. 31. 12. 1977. - o. V.: Geballter Mut. Der Spiegel v. 9. 1. 1978, Nr. 2. - Christel Buschmann: Deutschland im Herbst. Konkret v. 26. 1. 1978, Nr. 2.
Interview: Renate Klett: Stimmen zur Zensur-Debatte. Theater heute, Juli 1978, Nr. 7.
Kritiken: Volker Baer: »Deutschland im Herbst«. Der Tagesspiegel v. 5. 3. 1978. - Wolfgang Limmer: Bilder aus der Wirklichkeit. Der Spiegel v. 6. 3. 1978, Nr. 10. - Wolfram Schütte: Herbst-Verwirrungen. Frankfurter Rundschau v. 8. 3. 1978. - Hans C. Blumenberg: Deutschland im Herbst (Berlinale-Bericht). Die Zeit v. 10. 3. 1978. - Peter W. Jansen: Deutsche Filme 78: Weggehfilme/Kino-Notizen (XXXV). Kirche und Film, März 1978. - Arnd F. Schirmer: Rückblick in die Gegenwart. Der Tagesspiegel v. 18. 3. 1978. - p. b. (Peter Buchka): Die Zeit der bewachten Gräber: »Deutschland im Herbst«. Süddeutsche Zeitung v. 22. 3. 1978. - Rolf Thissen: Klima-

wechsel in der Republik. Kölner Stadt-Anzeiger v. 23./24. 3. 1978. - Hans C. Blumenberg: Lage der Nation. Die Zeit v. 24. 3. 1978; nachgedr. in: H. C. B.: Kinozeit. Frankfurt am Main 1980. Fischer Taschenbuch 3664, S. 121-125. - o. V.: »Deutschland im Herbst« - Und was wird aus unseren Träumen »in diesem zerrissenen Land«? Rote Fahne (Köln) v. 29. 3. 1978. - Alfred Nemeczek: »Wer die Wahrheit weiß, der lügt«. Stern v. 30. 3. 1978, Nr. 14. - Christian Berndt: Die Außenwelt als Unterwelt. Rheinischer Merkur v. 31. 3. 1978. - Günther Kriewitz: Nach der großen Verwirrung. Stuttgarter Zeitung v. 1. 4. 1978. - Brigitte Jeremias: »Deutschland im Herbst«. Frankfurter Allgemeine v. 4. 4. 1978. - Eckhart Schmidt: Demagogie im Frühjahr. Deutsche Zeitung/Christ und Welt v. 7. 4. 1978. - Wolfram Knorr: »Wer die Wahrheit weiss, lügt«. Weltwoche v. 3. 5. 1978. - Hannes Sternthal: Resignation als staatstragendes Klima. Deutsche Volkszeitung v. 11. 5. 1978. - Bernhard Giger: Wer erschoß Polizist Heusler? Cinema (Zürich), Mai 1978, Nr. 2 - Karsten Witte: Die Kontingenz von Kraut & Rüben. Subjektivität als Aneignung von Wirklichkeit. Medium, Mai 1978. - Wolf-Eckart Bühler: Die Kinder in Kleiderschränken. Anmerkungen zu Harry Alan Potamkin & Deutschland im Herbst. Filmkritik, Nr. 257, Mai 1978. - Reinhold Jacobi: Deutschland im Herbst. Film-Dienst v. 28. 5. 1978. (FD-Nr. 20705). - Urs Jaeggi: Deutschland im Herbst. Zoom-Filmberater v. 6. 6. 1978, Nr. 11. - Hartwig H. Neumann: Deutschland im Herbst. Filmbeobachter v. 15. 6. 1978, Nr. 12. - Knut Boeser: Ohnmächtig ohne zu resignieren; Lothar Schwab: Friedhofslandschaft mit Polizei; Alexandra v. Grote: Das Wetter bleibt trübe. Ästhetik und Kommunikation, Nr. 32, Juni 1978. - Heike Hurst: Vom großen Verhau zum großen Verschnitt: »Deutschland im Herbst«. Frauen und Film, Nr. 16, Juni 1978.

Holl. (Ronald Holloway): Deutschland im Herbst (Germany In Autumn). Variety, Vol. 290, Nr. 8, 29. 3. 1978. - Jan Dawson: Germany in Autumn (...). Take One, Vol. 6, Nr. 12, November 1978. - John Pym: Deutschland im Herbst (Germany in Autumn). Monthly Film Bulletin, Nr. 540, Januar 1979. - Ruth McCormick: Germany in autumn. Cineaste, Vol. 9, Nr. 3, Frühjahr 1979. - Vincent Canby: 13 Directors Make ›Germany in Autumn‹. The New York Times v. 5. 4. 1979. Marc Silberman: Introduction to Germany in Autumn. Discourse (Berkeley), Nr. 6, Herbst 1983.

Claude Arnulf: L'Allemagne en automne. Cinématographe, Nr. 41, November 1978. - Jacques Grant: L'Allemagne en automne. Cinéma, Nr. 239, November 1978. - Jean de Baroncelli: »L'Allemagne en automne«. Le Monde v. 7. 11. 1978. - Henri Behar: L'Allemagne en automne. La Revue du Cinéma/Image et Son, Nr. 333, November 1978 (enthält auch Auszüge aus der Pressekonferenz). - Yves Alion: L'Allemagne en automne. Ecran, Nr. 74, November

1978. - Daniel Sauvaget: L'Allemagne en automne. La Revue du Cinéma/Image et Son, Nr. 334, Dezember 1978. - Thérèse Giraud: L'Allemagne en automne. Cahiers du Cinéma, Nr. 296, Januar 1979.
Analysen: Gerhard Gericke: Deutschland im Herbst. Medien Praktisch, 15. 9. 1978, Nr. 3./Eric Rentschler: Life with Fassbinder. The Politics of Fear and Pain. Discourse, Nr. 6, Herbst 1983.

IN EINEM JAHR MIT 13 MONDEN
Drehbuch: In a Year of Thirteen Moons. October, Nr. 21, Sommer 1982.
Material: Exposé in: S!A!U! (München), Nr. 2 und 3, 1978. - Informationsblatt Nr. 1 des 9. Internationalen Forums des Jungen Films, Berlin 1979.
Kritiken: Hans C. Blumenberg: Angst in der Stadt. Die Zeit v. 10. 11. 1978; nachgedr. in: H. C. B.: Kinozeit. Frankfurt am Main 1980. Fischer Taschenbuch 3664, S. 157-160. - Wolfram Schütte: Liebe - ein Wahnsinn. Frankfurter Rundschau v. 17. 11. 1978. - Brigitte Jeremias: Hölle Frankfurt oder Elviras Leiden. Frankfurter Allgemeine v. 18. 11. 1978. - Hans-Dieter Seidel: Monströse Frankfurter Passion. Stuttgarter Zeitung v. 18. 11. 1978. - Pankraz: Pankraz, Fassbinder und seine Liebesgeschichte. Die Welt v. 20. 11. 1978. - Detlef Bluemler: In einem Jahr mit 13 Monden. Filmbeobachter v. 1. 12. 1978, Nr. 23. - Peter Buchka: Tod in Frankfurt am Main. Süddeutsche Zeitung v. 8. 12. 1978. - Heiko R. Blum: Glückloser Wunsch-Traum. Rheinische Post v. 9. 12. 1978. - BHR: In einem Jahr mit 13 Monden. Film-Dienst v. 20. 12. 1978 (FD-Nr. 21033). - Thomas Hesterberg: Erwin alias Elvira. Kölner Stadt-Anzeiger v. 3./4. 1. 1979. - Karena Niehoff: »In einem Jahr mit 13 Monden«. Der Tagesspiegel v. 25. 2. 1979. - Peter W. Jansen: Kino-Notizen (46). Kirche und Film, März 1979, Nr. 3. - Niklaus Loretz: In einem Jahr mit 13 Monden. Zoom-Filmberater v. 20. 6. 1979, Nr. 12.
Mosk. (Gene Moskowitz): In einem Jahr mit 13 Monden (In a Year with 13 Moons). Variety, Vol. 294, Nr. 5, 7. 3. 1979. - Martyn Auty: A Fassbinder Suicide. Sight and Sound, Vol. 49, Nr. 4, Herbst 1980. - Don Ranvaud: In einem Jahr mit 13 Monden (In a Year with 13 Moons). Monthly Film Bulletin, Nr. 561, Oktober 1980. - Vincent Canby: Unalterable Condition. The New York Times v. 8. 10. 1979.
C. G. (Colette Godard): La mort à Francfort. Le Monde v. 9. 7. 1981. - Alain Carbonnier: L'année des treize lunes: je veux seulement qu'on m'aime. Cinéma, Nr. 273, September 1981. - Yann Lardeau: La complainte d'Elvira. Cahiers du Cinéma, Nr. 327, September 1981. - Daniel Serceau: L'année des treize lunes. La Revue du Cinéma/Image et Son, Nr. 364, September 1981. - Carine Varène:

L'Année des treizes lunes. Cinématographe, Nr. 70, September 1981.

Aufsätze: Robert Burgoyne: Narrative and Sexual Excess. October, Nr. 21, Sommer 1982. - Timothy Corigan: Illegible Films. In: T. C.: A Cinema without Walls. New Brunswick, N. J.: Rutgers University Press 1991, S. 67-71. - Sandra Frieden: In the Margins of Identity: Fassbinders »In a Year of 13 Moons«. In: S. F. u. a. (Hrsg.): Gender and German Cinema. Vol. 1. Providence, R. I.: Berg 1991.

DIE EHE DER MARIA BRAUN

Filmtext: Joyce Rheuban (Hrsg.): The Marriage of Maria Braun. New Brunswick, NJ: Rutgers University Press 1986 (Filmprotokoll, Materialien). - Lars Bardram (Hrsg.): Die Ehe der Maria Braun. Kopenhagen: Gjellerup & Gad 1987 (Filmtext in deutscher Sprache, Materialien in dänisch).

Literarische Nacherzählung: Gerhard Zwerenz: Die Ehe der Maria Braun. Roman. München: Wilhelm Goldmann 1979. Goldmann-Taschenbuch 3841; Vorabdruck in: Stern 1979, Nr. 9 ff.

Material: Robert Fischer, Joe Hembus: Der Neue Deutsche Film. München: Goldmann 1981, S. 160-163.

Kritiken: Hellmuth Karasek: Berlinale: Deutschland im Frühling. Der Spiegel v. 19. 2. 1979, Nr. 8. - Volker Baer: »Die Ehe der Maria Braun«. Der Tagesspiegel v. 21. 2. 1979. - Wilfried Wiegand: Die Ehe der Maria Braun. Frankfurter Allgemeine v. 21. 2. 1979. - Friedrich Luft: Kriegsbraut mit Schneid. Die Welt v. 22. 2. 1979. - Alfred Nemeczek: Ein Frauenleben aus der Nachkriegszeit. Stern v. 22. 2. 1979, Nr. 9. - Claus Rehnig: Ein Alptraum vom unmöglichen Glück. Kölner Stadt-Anzeiger v. 22. 2. 1979. - Wolfram Schütte: Mehrfachkalkül. Frankfurter Rundschau v. 22. 2. 1979. - Hans-Dieter Seidel: Stationen einer Deutschen. Stuttgarter Zeitung v. 22. 2. 1979. - Karena Niehoff: Eisblume, eingefroren für den großen Tag. Süddeutsche Zeitung v. 23. 2. 1979. - Hartwig H. Neumann: Die Ehe der Maria Braun. Filmbeobachter, März 1979, Nr. 4. - Peter W. Jansen: Kino-Notizen (46). Kirche und Film, März 1979, Nr. 3. - Peter W. Jansen: Vor der Machtübernahme. Die Zeit v. 23. 3. 1979. - Gottfried Knapp: Fassbinders Deutschstunde. Süddeutsche Zeitung v. 23. 3. 1979. - Nikolaus Marggraf: Liebe, Treue und Verrat. Frankfurter Rundschau v. 30. 3. 1979. - Hans-Dieter Seidel: Die Kunst der Stereophonie. Stuttgarter Zeitung v. 30. 3. 1979. - Thomas Hesterberg: Die Zukunft ist alles. Kölner Stadt-Anzeiger v. 31. 3. 1979. - Wolfram Knorr: Mutter Courage der Wunderjahre. Weltwoche v. 11. 4. 1979. - rn. (Rolf Niederer): Eine Welt der aufgeschobenen Gefühle. Neue Zürcher Zeitung v. 12. 4. 1979. - P. H.: Die Ehe der Maria Braun. Film-Dienst v. 18. 4. 1979 (FD-Nr. 21.181). - Urs Jaeggi: Die Ehe der Maria Braun. Zoom-Filmberater v. 18. 4. 1979, Nr. 8.

Mosk. (Gene Moskowitz): Die Ehe der Maria Braun (The Marriage of Maria Braun). Variety, Vol. 294, Nr. 4, 28. 2. 1979. - Jan Dawson: Women present tense. Take One, Vol. 7, Nr. 8, Juli 1979. - Stanley Kauffmann: Through the War Years. The New Republic v. 29. 9. 1979. - Vincent Canby: The Marriage of Maria Braun. The New York Times v. 14. 10. 1979. - Andrew Sarris: Nostalgic Gamble. The Village Voice v. 15. 10. 1979. - Frank Rich: High Camp. Time v. 22. 10. 1979. - T. Buckley: Last Match of Director and Actress. The New York Times v. 26. 10. 1979. - Jack Kroll: The Boom Goes Bust. Newsweek v. 29. 10. 1979. - Renate Adler: The Current Cinema. The New Yorker v. 29. 10. 1979. - Tom Noonan: The Marriage of Maria Braun. Film Quarterly, Vol. 33, Nr. 3, Frühjahr 1980. - Ruth McCormick: The Marriage of Maria Braun. Cineaste, Vol. 10, Nr. 2, Frühjahr 1980. - Richard Combs: Ehe der Maria Braun, Die (The Marriage of Maria Braun). Monthly Film Bulletin, Nr. 559, August 1980. - Derek Elley: The Marriage of Maria Braun. Films (London), Vol. 1, Nr. 1, Dezember 1980.
Jean de Baroncelli: Procès d'un miracle. Le Monde v. 19. 1. 1980. - Gérard Courant: Le mariage de Maria Braun. Cinéma, Nr. 254, Februar 1980. - Yann Lardeau: Le mariage de Maria Braun. Cahiers du Cinéma, Nr. 308, Februar 1980. - Daniel Sauvaget: Le mariage de Maria Braun. La Revue du Cinéma/Image et Son, Nr. 347, Februar 1980. - Jean-Claude Bonnet: Le mariage de Maria Braun. Cinématographe, Nr. 55, (März 1980). - Jean-Philippe Domecq: Comment désire la femme au temps du miracle allemand. Positif, Nr. 228, März 1980. - Ginette Gervais: Le mariage de Maria Braun. Jeune Cinéma, Nr. 125, März 1980. - Marcel Oms: Le mariage de Maria Braun ou l'enfer des riches. Les Cahiers de la Cinémathèque, Nr. 32, Frühjahr 1981.
Aufsätze: H.-B. Moeller: Das destruktive Ideal? Fassbinders Leinwand-Nationalcharakterologie in Die Ehe der Maria Braun. German Studies Review, Vol. 5, Nr. 1, Februar 1982; nachgedr. in: Sigrid Bauschinger u. a. (Hrsg.): Film und Literatur. Bern und München: Francke 1984, S. 105-123. - Anton Kaes: Leiden an Deutschland. »Geschichtsergänzung« und Systemkritik in Rainer Werner Fassbinders »Die Ehe der Maria Braun«. In: A. K. Deutschlandbilder. München: edition text + kritik 1987, S. 75-105. - Inge C. Schwerdtfeger: Übungen zu einem Kunstspielfilm. Beispiel: Die Ehe der Maria Braun (Fassbinder). In: I. C. S.: Sehen und Verstehen. Arbeit mit Filmen im Unterricht Deutsch als Fremdsprache. Berlin u. a.: Langenscheidt 1989, S. 123-142. / Robert C. Reimer: Memories from the Past: A Study of Rainer Werner Fassbinder's »The Marriage of Maria Braun«. Journal of Popular Film and Television, Vol. 9, Nr. 3, Herbst 1981. - Anton Kaes: The Presence of the Past. Rainer Werner Fassbinder's »The Marriage of Maria Braun«. In: A. K.: From Hit-

ler to Heimat. The Return of History as Film. Cambridge, Mass., London: Harvard University Press 1989, S. 73-103. - Jeffrey Alan Triggs: The Faustian Theme in Fassbinders »The Marriage of Maria Braun«. Studies in the Humanities, Vol. 16, Nr. 1, 1989. - Mary Beth Haralovich: The Sexual Politics of »The Marriage of Maria Braun«. Wide Angle, Vol. 12, Nr. 1, Januar 1990. / Manfred Engelbert: Le leurre du blanc historique à propos de »Die Stunde Null« et »Die Ehe der Maria Braun«. Les Cahiers de la Cinémathèque, Nr. 46-47, 1987.

DIE DRITTE GENERATION
Material: Rainer Werner Fassbinder: »Die dritte Generation«. I. Der deutsche Spielfilm und die Wirklichkeit. II. Ein Film - Ein Titel. Frankfurter Rundschau v. 2. 12. 1978. - WoS (Wolfram Schütte): Stinkende Feigheit. Attentate auf Fassbinders »Dritte Generation«. Frankfurter Rundschau v. 4. 10. 1979.
Kritiken: Wilfried Wiegand: Terrorismus als Karneval. Frankfurter Allgemeine v. 15. 5. 1979. - Florian Hopf: Warum braucht der Fahndungscomputer Anarchisten? Stuttgarter Zeitung v. 16. 5. 1979. - Gottfried Knapp: Trotziges Scheitern an der Gegenwart. Süddeutsche Zeitung v. 16. 5. 1979. - Wolfram Schütte: Filme und Konfektschachteln. Frankfurter Rundschau v. 16. 5. 1979 (Cannes-Bericht). - Peter W. Jansen: Kino-Notizen (51). Kirche und Film, September 1979, Nr. 9. - Wolfgang J. Fuchs: Die dritte Generation. Filmbeobachter, September 1979, Nr. 18; nachgedr. in: Lothar R. Just (Hrsg.): Das Filmjahr '79. München: Filmland Presse 1980, S. 42-43. - Hans C. Blumenberg: Ein geisteskrankes Märchen. Die Zeit v. 14. 9. 1979; nachgedr. in: H. C. B.: Kinozeit. Frankfurt am Main 1980. Fischer Taschenbuch 3664, S. 231-234. - Jochen Brunow: Komische Wahrheit, traurige Lüge. Tip (Berlin) v. 14. 9.-27. 9. 1979, Nr. 19. - Peter Buchka: Terror als Komödie. Süddeutsche Zeitung v. 15.-16. 9. 1979. - Günther Kriewitz: Der Terror ist ein Mummenschanz. Stuttgarter Zeitung v. 15. 9. 1979. - Wilhelm Roth: Respektlosigkeit mit einem Ton der Trauer. Spandauer Volksblatt v. 15. 9. 1979. - Volker Baer: Terror als Mummenschanz. Der Tagesspiegel v. 16. 9. 1979. - Wolf Donner: Wackere Charaktere. Der Spiegel v. 17. 9. 1979, Nr. 38. - Wolfram Schütte: Ein Feyerabend für die Gemütlichkeit. Frankfurter Rundschau v. 17. 9. 1979. - Eckhart Schmidt: Terror als Mummenschanz. Deutsche Zeitung/Christ und Welt v. 21. 9. 1979. - Ellen Wietstock: »Die dritte Generation«. Die Tageszeitung (Berlin) v. 25. 9. 1979. - Joe Hill: Die dritte Generation. Film-Dienst v. 2. 10. 1979 (FD-Nr. 22.189) und in: Zoom-Filmberater v. 2. 7. 1980, Nr. 13. - Peter W. Jansen: Unverhüllte Wirklichkeit. Vorwärts v. 4. 10. 1979.
Mosk. (Gene Moskowitz): Die Dritte Generation (The Third Generation). Variety, Vol. 295, Nr. 3, 23. 5. 1979. - Vincent Canby: Fassbinder on Terrorism. The New York Times v. 9. 9. 1980. - Martyn

Auty: Dritte Generation, Die (The Third Generation). Monthly Film Bulletin, Nr. 561, Oktober 1980. - Richard Linnett: The Third Generation. Cineaste, Vol. 11, Nr. 1, Winter 1980-81. - Peter Mascuch: The Third Generation. Films in Review, Vol. 32, Nr. 1, Januar 1981. Jean-Claude Bonnet: La troisième generation. Cinématographe, Nr. 49, Juli 1979. - Marcel Martin: La troisième generation. Ecran, Nr. 82, Juli 1979. - Daniel Sauvaget: La troisième generation. La Revue du Cinéma/Image et Son, Nr. 341, Juli 1979. - Jacques Grant: La troisième generation. Cinéma, Nr. 247-248, Juli-August 1979.
Aufsätze: Frieder Butzmann: Zwei aktuelle Beispiele für den Einsatz von Filmmusik und Filmton. Die Tageszeitung v. 24. 10. 1980 (über DIE DRITTE GENERATION und *Eraserhead*). / Thimothy Corrigan: Spinning the Spectator. In: T. C.: A Cinema without Walls. New Brunswick, N. J.: Rutgers University Press 1991, S. 211-218.

BERLIN ALEXANDERPLATZ
Drehbuch in: Der Film BERLIN ALEXANDERPLATZ. Ein Arbeitsjournal von Rainer Werner Fassbinder und Harry Baer. Frankfurt am Main: Zweitausendeins 1980 (das Buch enthält auch umfangreiche Materialien zur Produktionsgeschichte des Films; Rezension des Buches: Hartmut Lange in: Medium, Dezember 1980, Nr. 12).
Material: Rainer Werner Fassbinder: Die Städte des Menschen und seine Seele. Einige ungeordnete Gedanken zu Alfred Döblins Roman »Berlin Alexanderplatz«. Die Zeit v. 14. 3. 1980; nachgedr. in: Fritz J. Raddatz (Hrsg.): Die ZEIT-Bibliothek der 100 Bücher. Frankfurt a. M. 1980. suhrkamp taschenbuch 645; franz. in: Cahiers du Cinéma, Nr. 321, März 1981 (der deutsche Text auch im Arbeitsjournal). - o. V.: Fassbinders Mann an der Kamera: Xaver Schwarzenberger. Film & TV Kameramann v. 20. 6. 1980, Nr. 6. - Texte in der Broschüre »ARD Fernsehspiel Oktober November Dezember 1980«, S. 20-41. - (Kontroverse zum Sendetermin:) Peter Buchka: Fassbinder ist verbittert. Süddeutsche Zeitung v. 27. 8. 1980/Brigitte Desalm: Selbstzensur oder Rücksicht? Kölner Stadt-Anzeiger v. 27. 8. 1980/Michael Schwarze: Das Fernsehen als Oberlehrer. Frankfurter Allgemeine v. 27. 8. 1980/WoS (Wolfram Schütte): Für Fassbinder ist das Zensur. Frankfurter Rundschau v. 27. 8. 1980.
Produktionsberichte: Eckard Presler: Ein dufter Verrückter. Stern v. 12. 7. 1979, Nr. 29. - Gerhard Zwerenz: Die süße Rache der Autoren. Börsenblatt für den Deutschen Buchhandel v. 4. 9. 1979, Nr. 71. - Eva-Suzanne Beyer: Halbzeit für Franz Biberkopf. Stuttgarter Zeitung v. 14. 12. 1979. - Thomas Honickel: Dreharbeiten in München, nur rund 300 Meter auseinander. Film-Korrespondenz v. 15. 1. 1980, Nr. 1 (über BERLIN ALEXANDERPLATZ und Bergmans *Aus dem Leben der Marionetten*). - Thomas Honickel: Die neue Hose zum 100. Drehtag. Film & Ton-Magazin, März 1980, Nr. 3. - Michael

Dittmar, Horst Wegener: Fassbinders Millionenwerk. Der Tagesspiegel v. 13.4. 1980. - Michael Dittmar, Horst Wegener: Der gute Mensch von Berlin. Tip (Berlin) v. 25.4.-8.5. 1980 (mit Interview).
Interviews: Eckhart Schmidt: Sympathie für Biberkopf. Süddeutsche Zeitung v. 29.11. 1979. - o. V.: »Alles, was ich mache, hat auch mit mir selbst zu tun«. Kino (Hamburg), Nr. 2, 15.2. 1980. - Klaus Eder: Warum denn Ärger mit Franz Biberkopf? Frankfurter Allgemeine v. 29.12. 1980.
Kritiken: Günther Kriewitz: Prolog für Fassbinders Superding. Stuttgarter Zeitung v. 28.8. 1980. - Michael Schwarze: Das Prinzip Hoffnung. Frankfurter Allgemeine v. 3.9. 1980. - Peter Kurath: Döblins Atlanten neu aufgeschlagen. Film-Korrespondenz v. 9.9. 1980, Nr. 9. - Angelika Mechtel: 14 Folgen für 13 Millionen. Stern v. 2.10. 1980, Nr. 41. - Sigrid Schniederken: »Berlin-Alexanderplatz« - ein Roman und seine Verfilmung. Funk-Korrespondenz v. 8.10. 1980, Nr. 41. - Klaus Eder: Ästhetik des Melodrams? Deutsche Volkszeitung v. 9.10. 1980. - Ulrich Greiner: Die Schrecken der Liebe. Die Zeit v. 10.10. 1980. - Thomas Honickel: Von der Unmöglichkeit der Liebe. Tip (Berlin) v. 10.10.-23.10. 1980, Nr. 21. - Wolfram Schütte: Franz, Mieze, Reinhold, Tod & Teufel. Frankfurter Rundschau v. 11.10. 1980; engl. in: Fassbinder. New York: Tanam Press 1981, S. 99-109. - Peter Buchka: Gibt es ein Leben vor dem Tod? Süddeutsche Zeitung v. 11.-12.10. 1980. - Karsten Witte: »Man muß die Welt sehen können«. Deutsches Allgemeines Sonntagsblatt v. 12.10. 1980. - o. V.: Fassbinder: »Der Biberkopf, das bin ich«. Der Spiegel v. 13.10. 1980, Nr. 34 (Titelgeschichte). - Wolfgang Würker: Franz Biberkopf sucht seinen Weg. Frankfurter Allgemeine v. 14.10. 1980. - Franz Ulrich: Ungewohnte TV-Dimensionen: »Berlin Alexanderplatz«. Zoom-Filmberater v. 15.10. 1980, Nr. 20. - Ulrich Greiner: Reinfall? Peep-Show? Die Zeit v. 24.10. 1980. - Hans Bachmüller: Vom futuristischen Roman zum Melodram. Kirche und Rundfunk v. 25.10. 1980. - Birgit Weidinger: Da hat jeder seine Schwierigkeiten. Süddeutsche Zeitung v. 28.10. 1980. - Hermann Peter Piwitt: Herrenballett. Konkret, November 1980, Nr. 11. - o. V.: Dunkler Sinn. Der Spiegel v. 3.11. 1980, Nr. 45. - Paul Corneil: Die »stupende Intensität der Adaption« und wir. Vorwärts v. 13.11. 1980. - Thomas Thieringer: Mir scheint, die Filmkritiker haben doch recht gehabt. Kirche und Rundfunk v. 29.11. 1980, Nr. 94. - Thomas Thieringer: Wer nur »Dunkles« sieht, will nicht sehen. Süddeutsche Zeitung v. 2.12. 1980. - Edwin Elliker: »Und hätte die Liebe nicht ...«. Film & Ton-Magazin, Dezember 1980, Nr. 12. - Christian Klaist (d. i. Wolf Donner): Ein Monument falscher Gemütlichkeit. Tip (Berlin) v. 19.12. 1980-1.1. 1981, Nr. 26. - Peter Dyckhoff: Fassbinders dunkler Kanal. Stern v. 23.12. 1980, Nr. 1. - Ulrich Greiner: Fassbinder zum letzten. Die Zeit v. 26.12. 1980. - K. H. Kramberg: Handschrift eines

Unbekannten. Süddeutsche Zeitung v. 29.12. 1980. - Thomas Thieringer: Trotz allem - ein Meisterwerk? Frankfurter Rundschau v. 29.12. 1980. - Michael Stone: Welch ein Jahrhundert! Der Tagesspiegel v. 29.12. 1980. - Günther Zehm: Döblin und Fassbinders Obsession und Tremolo. Die Welt v. 31.12. 1980. - Karl Korn: Berlin - metaphysisch. Frankfurter Allgemeine v. 2.1. 1981. - Hans Bachmüller: »Mach's gut, Hiob«; Thomas Thieringer: Ein Lichtblick in finsterer Fernsehzeit. Kirche und Rundfunk v. 10.1. 1981, Nr. 2. - Marianne Eichholz: Die Mythe vom Kaputtmacher und seiner Närrin. Courage, Februar 1981, Nr. 2. - Harald Jähner: Spätbürgerliches Paradox. Medium, März 1981, Nr. 3. - Vinzenz B. Burg: Berlin Alexanderplatz. Medien + Erziehung, (April) 1981, Nr. 2. - WoS (Wolfram Schütte): »Ein Monument des Modernen Kinos«. Frankfurter Rundschau v. 10.8. 1983 (über Kino-Vorführung in New York). - Silvie Wickert: Die differenzierten Dunkeltöne wahrnehmen. Süddeutsche Zeitung v. 13.9. 1983. - Karsten Witte: Hölle & Söhne. Frankfurter Rundschau v. 18.10. 1983. - Herbert Glossner: Die Wiederholung wirbt. Deutsches Allgemeines Sonntagsblatt v. 26.8. 1984. - Lutz Hachmeister: Das Ende der Überschätzung. Kirche und Rundfunk v. 1.9. 1984, Nr. 69. - Mechthild Zschau: Im Strom des Geschehens geblieben. Süddeutsche Zeitung v. 3.9. 1984.
Mosk. (Gene Moskowitz): Berlin Alexanderplatz. Variety, Vol. 300, Nr. 7, 17.9. 1980. - Vincent Canby: Is »Berlin Alexanderplatz« a Vision of the Movies? The New York Times v. 10.7. 1983. - James M. Markham: A Great Novel's Journey to Film. The New York Times v. 7.8. 1983. - Stanley Kauffmann: Maximum Opus. The New Republic v. 8.8. 1983. - Vincent Canby: By Fassbinder »Berlin Alexanderplatz«. The New York Times v. 10.8. 1983. - Richard Corliss: Germany Without Tears. Time v. 15.8. 1983. - Andrew Sarris: A Requiem for Fassbinder. The Village Voice v. 16.8. 1983. - Jack Kroll: The Agony and the Ecstasy. Newsweek v. 12.9. 1983. - Die Kritiken v. Richard Corliss, Jack Kroll und Andrew Sarris sind (mit anderen Kritiken) nachgedr. in: Film Review Annual 1984. Englewood, NJ: Jerome S. Ozer o. J., S. 62-67.
Serge le Peron: Le feuilleton de R.-W. Fassbinder. Cahiers du Cinéma, Nr. 321, März 1981.
Aufsätze: Klaus Lüdersen: Im Abgrund der Verletzlichkeit. (Nicht nur) Kriminologische Anmerkungen zu Fassbinder/Döblins »Berlin Alexanderplatz«. Frankfurter Rundschau v. 17.1. 1981; nachgedr. in: K. L.: Kriminalpolitik auf verschlungenen Wegen. Frankfurt am Main: Suhrkamp 1981, st wissenschaft 347, S. 438-450, und in: K. L.: Produktive Spiegelungen. Recht und Kriminalität in der Literatur. Frankfurt am Main: Suhrkamp 1991, st 2080, S. 118-122. - Thomas Basgier: In Memoriam Rainer Werner Fassbinder. Filmfaust, Nr. 53, Juni-August 1986 (Filmanalyse). - Hanno Möbius, Guntram Vogt:

Rainer Werner Fassbinders »Berlin Alexanderplatz“ oder Berlin im Zimmer. In: H. M., G. V.: Drehort Stadt. Marburg: Hitzeroth 1990, S. 121-135. - Kristina Zerges: Die TV-Serie ›Berlin Alexanderplatz‹ von Rainer Werner Fassbinder. Dokumentation und Analyse eines Rezeptionsprozesses. In: Spiel: Siegener Periodicum zur Internationalen Empirischen Literaturwissenschaft, 1983, Nr. 1./Susan Sontag: Novel into film. Vanity Fair, September 1983. Eric Rentschler: Terms of Dismemberment: The Body in/and/of Fassbinder's »Berlin Alexanderplatz« (1980). New German Critique, Nr. 34, Winter 1985; nachgedr. in: E. R. (Hrsg.): German Film and Literature: Adaptations and Transformations. New York, London: Methuen 1986, S. 305-321. - Thomas Elsaesser: »Berlin Alexanderplatz«: Franz Biberkopf/S/Exchanges - Fassbinder's spiritual autobiography. Wide Angle, Vol. 12, Nr. 1, Januar 1990.

LILI MARLEEN

Drehbuch: Lars Bardram (Hrsg.): Lili Marleen. Kopenhagen: G. E. C. Gad 1984 (in deutscher Sprache).

Material: Hans Jürgen Weber: Auch ein Blick zurück. Der Tagesspiegel v. 26. 10. 1980 (Produktionsbericht). - Thomas Honickel: Fassbinder - wiedermal am Wendepunkt? Kirche und Film, November-Dezember 1980, Nr. 11-12 (Produktionsbericht). - I. N. (Ivan Nagel): »Lili Marleen« in New York. Frankfurter Allgemeine v. 23. 7. 1981.

Interview: Thomas Giebelhausen: »Vielleicht wird es der erste deutsche Horrorfilm«. Film & TV Kameramann v. 20. 12. 1980, Nr. 12 (Interview mit Xaver Schwarzenberger).

Kritiken: Eckhart Schmidt: Die reine Unschuld. Rheinischer Merkur v. 9. 1. 1981. - Peter Buchka: Der Autorenfilm ist tot! Es lebe der Autor! Süddeutsche Zeitung v. 15. 1. 1981. - Bodo Fründt: Wunderbar wie Hollywood. Stern v. 15. 1. 1981, Nr. 4. - Hans C. Blumenberg: Fassbinders »Lili Marleen«. Die Zeit v. 16. 1. 1981; nachgedr. in: H.-C. B.: Gegenschuß. Frankfurt am Main 1984. Fischer Taschenbuch 3692, S. 72-75. - Peter W. Jansen: Wie einst Eduard v. Borsody? Tip (Berlin) v. 16. 1.-29. 1. 1981. - Friedrich Luft: Opas Kino in Aspik. Die Welt v. 16. 1. 1981. - Karena Niehoff: Deutschland, bleicher Vater. Der Tagesspiegel v. 16. 1. 1981. - Wilhelm Roth: Verschwimmende Positionen im perfekten »Hit«. Spandauer Volksblatt v. 16. 1. 1981. - Ruprecht Skasa-Weiß: Grob, genial und gefährlich. Stuttgarter Zeitung v. 16. 1. 1981. - Brigitte Desalm: Heimweh nach den großen Gefühlen. Kölner Stadt-Anzeiger v. 17. 1. 1981. - Wolfram Schütte: Verstimmtes Klavier. Frankfurter Rundschau v. 17. 1. 1981. - Michael Schwarze: Sie sang doch nur ein Lied. Frankfurter Allgemeine v. 17. 1. 1981. - Michael Fischer: Schmachtende Töne mit optischem Tusch. Deutsches Allgemeines Sonntagsblatt v. 18. 1. 1981. - o. V.: Frühling für Hitler und Lili Marleen. Der Spiegel

v. 19.1. 1981, Nr. 4. - Hans Ohly: Lili Marleen. Filmbeobachter, Januar 1981, Nr. 1-2; nachgedr. in: Lothar R. Just (Hrsg.): Das Filmjahr '81/82. München: Filmland Presse 1982, S. 151-152. - Siegfried Wormser: Lale, Lili, Ullstein, Roxy, Tobis und ... na wie heißt er noch? Fassbinder? Genau! Die Neue v. 22.1. 1981. - Reinhold Jacobi: Lili Marleen. Film-Dienst v. 27.1. 1981 (FD-Nr. 22.758). - Klaus Eder: Chance der Aufklärung ...; Reinhard Opitz: ... oder Kino der Verklärung. Deutsche Volkszeitung v. 29.1. 1981. - Norbert Jochum: »Nur ein Lied ...«. Filme, Nr. 7, Januar-Februar 1981. - Peter W. Jansen: Kino-Notizen (66); Klaus Kreimeier: »Lili Marleen« oder die Ufa in unseren Köpfen; D. Sch. (Dietmar Schmidt): Fassbinder oder Ein Rad ist schnell überdreht. Kirche und Film, Februar 1981, Nr. 2. - Edgar Wettstein: Lili Marleen. Zoom-Filmberater v. 18.2. 1981, Nr. 4. - rn. (Rolf Niederer): »Lili Marleen«. Neue Zürcher Zeitung v. 19.2. 1981. - o. V.: Lili Marleen. Filmkritik, Nr. 292, April 1981. - Erwin Schaar: Lili Marleen. Medien + Erziehung, (April) 1981, Nr. 2. - Hans-Joachim Schlegel: Nazinostalgisches Illusions-Kino; Siegfried Zielinski, Dietrich Klitzke: Faschismus-Abziehbilder: Exportschlager fürs Kino. Film und Fernsehen (DDR), (September) 1981, Nr. 9. - H. G. Pflaum: Die fragwürdige Kooperation zwischen Kunst und Macht. Süddeutsche Zeitung v. 28.1. 1985 (zus. mit Zadeks »Ghetto«).

Holl. (Ronald Holloway): Lili Marleen. Variety, Vol. 302, Nr. 1, 4.2. 1981. - Andrew Sarris: Is History Merely on Old Movie? The Village Voice v. 8.7. 1981. - Harlan Kennedy: From Berlin. Film Comment, Vol. 17, Nr. 4, Juli-August 1981. - Tom Milne: Lili Marleen. Monthly Film Bulletin, Nr. 574, November 1981. - Derek Elley: Lili Marleen. Films and Filming, Nr. 327, Dezember 1981. - Karen Jaehne: Lili Marleen. Film Quarterly, Vol. 35, Nr. 2, Winter 1981-82. - Die Kritiken v. Karen Jaehne, Tom Milne und Andrew Sarris sind (mit weiteren Kritiken) nachgedr. in: Film Review Annual 1982. Englewood, NJ: Jerome S. Ozer 1983, S. 660-670.

François Cuel: Lili Marleen. Cinématographe, Nr. 66, März-April 1981. - Louis Skorecki: L'amour n'est pas plus fort que l'argent. Cahiers du Cinéma, Nr. 322, April 1981. - Gaston Haustrate: Lili Marleen: les apprentis sorciers. Cinéma, Nr. 268, April 1981. - Daniel Sauvaget: Lili Marleen. La Revue du Cinéma/Image et Son, Nr. 360, April 1981. - Jacques Siclier: »Lili Marleen«, de Rainer Werner Fassbinder. Le Monde v. 17.4. 1981. - Matten Meitzel, Marcel Oms: Lili Marleen. Les Cahiers de la Cinémathèque, Nr. 32, Frühjahr 1981. - A. M. (Alain Masson): Lili Marleen. Positif, Nr. 242, Mai 1981. - Annie Goldmann: Un nouveau »Juif Süss«: Lili Marleen. Le Monde v. 16.5. 1981. - Ginette Gervais: Lili Marleen. Jeune Cinéma, Nr. 135, Juni 1981.

Aufsätze: Thomas Elsaesser: Lili Marleen: Fascism and the Film

Industry. October, Nr. 21, Sommer 82. - Judith Mayne: The Feminist Analogy. Discourse (Berkeley), Nr. 7, Herbst 1985. - Paul Coates: Late Fassbinder and popular culture: A propos »Lili Marleen«. In: Gorgon's Gaze: German Cinema, Expressionism, and the Image of Horror. Cambridge: Cambridge University Press 1991, S. 135-144.

LOLA

Material: Birgit Lahann: Tanz der Mieze. Stern v. 23. 7. 1981 (Bericht und Fassbinder-Interview). - Ansichten eines Beteiligten. Mario Adorf über den Film »Lola« und die Zusammenarbeit mit Rainer Werner Fassbinder. Stuttgarter Zeitung v. 21. 8. 1981. - o. V.: Der Blaue Engel der Adenauer-Zeit. Der Spiegel v. 31. 8. 1981, Nr. 36 (Titelstory).
Kritiken: Manfred Hobsch: Lola. Filmbeobachter, August 1981, Nr. 15; nachgedr. in: Lothar R. Just (Hrsg.): Das Filmjahr '81/82. München: Filmland Presse 1981, S. 152-153. - Wilhelm Roth: Mit artistischem Raffinement und voller Ironie. Volksblatt Berlin v. 20. 8. 1981. - H. G. Pflaum: Von der Moral des Wohlstands. Süddeutsche Zeitung v. 21. 8. 1981. - Friedrich Luft: Strip in Löschpapier. Die Welt v. 21. 8. 1981. - Helmut Schmitz: Die Lage war keineswegs so ernst. Frankfurter Rundschau v. 21. 8. 1981. - Michael Schwarze: Die Lust der frühen Jahre. Frankfurter Allgemeine v. 21. 8. 1981. - Günther Kriewitz: Gebremster Amoklauf. Stuttgarter Zeitung v. 22. 8. 1981. - Karena Niehoff: Graues, grell gestrichen. Der Tagesspiegel v. 22. 8. 1981. - Hellmuth Karasek: Der blauäugige Engel. Der Spiegel v. 24. 8. 1981, Nr. 35. - Norbert Grob: Lola in Rosa. Die Zeit v. 28. 8. 1981. - Michael Fischer: Der indiskrete Charme der Adenauer-Ära. Deutsches Allgemeines Sonntagsblatt v. 30. 8. 1981. - Peter W. Jansen: Alles auf Sumpf gebaut. Vorwärts v. 3. 9. 1981. - Hans Gerhold: Lola. Film-Dienst v. 8. 9. 1981 (FD-Nr. 23.095). - Klaus Eder: Wirtschaftswunder, ironisch. Deutsche Volkszeitung v. 10. 9. 1981. - Peter W. Jansen: Kino-Notizen (71); Dietmar Schmidt: Fassbinder - ganz ohne Position. Kirche und Film, September 1981, Nr. 8. - Christoph Schertenleib: Lola. Zoom-Filmberater v. 16. 9. 1981, Nr. 18.
Klad. (Leonhard Klady): Lola. Variety, Vol. 304, Nr. 5, 2. 9. 1981. - Chris Auty: Lola. Monthly Film Bulletin, Nr. 579, April 1982. - Sheila Johnston: Lola. Films and Filming, Nr. 332, Mai 1982. - Stanley Kauffmann: Latter day Lola. The New Republic v. 2. 8. 1982. - Vincent Canby: Fassbinder Looks at the 50's. The New York Times v. 4. 8. 1982. - Andrew Sarris: The Lola-Lulu-Lilith-Complex. The Village Voice v. 10. 8. 1982. - Jack Kroll: Bavarian Brew. Newsweek v. 30. 8. 1982. - Die Kritiken v. Chris Auty, Jack Kroll und Andrew Sarris sind (mit weiteren Kritiken) nachgedr. in: Film Review Annual 1983. Englewood, NJ: Jerome S. Ozer 1984, S. 651-660.
Pascal Bonitzer: Lola et le pantin. Cahiers du Cinéma, Nr. 329, November 1981. - Louis Audiberti: Lola, une femme allemande.

Cinématographe, Nr. 72, November 1981. - Joël Magny: Lola, une femme allemande: des fantasmes de la petite-bourgeoisie liberale et des leurs consequences politiques. Cinéma, Nr. 275, November 1981. - Daniel Serceau: Lola, une femme allemande. La Revue du Cinéma/Image et Son, Nr. 366, November 1981. - Jacques Siclier: Le nouveau Fassbinder. Le Monde v. 19. 11. 1981. - Yann Tobin: Denn das ist meine Welt, und sonst gar nichts ... Positif, Nr. 249, Dezember 1981.
Aufsatz: E. Ann Kaplan: Fassbinder as Political Voyeur: Lola and Veronika Voss. Social Policy, Vol. 14, Nr. 1, Sommer 1983.

THEATER IN TRANCE
Kritiken: Wolfram Schütte: Doppel-Dokument. Frankfurter Rundschau v. 10. 10. 1981. - gesta: Wortgottesdienst aus dem Off. Stuttgarter Zeitung v. 13. 11. 1981. - Brigitte Jeremias: Der Kölner Dom in grünen Wiesen. Frankfurter Allgemeine v. 13. 11. 1981. - Thomas Thieringer: Fassbinder kam gar nicht vor. Süddeutsche Zeitung v. 13. 11. 1981.

DIE SEHNSUCHT DER VERONIKA VOSS
Interviews: Hans-Günther Pflaum: »Frauen haben in dieser Gesellschaft mehr Freiheiten«. Film-Korrespondenz v. 16. 3. 1982, Nr. 6 (Interview mit RWF). - Colette Godard: Rosel Zech, la course contre la peur. Le Monde v. 1. 7. 1982.
Kritiken: Wolfram Schütte: Kunst und andere (Kino-)Drogen. Frankfurter Rundschau v. 19. 2. 1982. - Peter Buchka: Mimikry der fünfziger Jahre. Süddeutsche Zeitung v. 20.-21. 2. 1982. - Volker Baer: »Die Sehnsucht der Veronika Voss«. Der Tagesspiegel v. 20. 2. 1982. - Ruprecht Skasa-Weiß: Andernfalls wär' er jetzt tot. Stuttgarter Zeitung v. 20. 2. 1982. - Hellmuth Karasek: Film: Ein deutscher Nostalgie-Frühling. Der Spiegel v. 22. 2. 1982, Nr. 8. - Michael Schwarze: Die Tristesse des Augenblicks. Frankfurter Allgemeine v. 22. 2. 1982. - Norbert Jochum: Das Kino bringt es ans Licht. Die Zeit v. 26. 2. 1982. - Josef Nagel: Die Sehnsucht der Veronika Voss. Filmbeobachter, Februar 1982, Nr. 4. - Frank Ripploh: Wie haben Sie das gemacht, Herr Fassbinder? Tip (Berlin) v. 26. 2.-11. 3. 1982, Nr. 5. - Hubert Haslberger: Die Sehnsucht der Veronika Voss. Film-Dienst v. 9. 3. 1982 (FD-Nr. 23.333). - Jörg Bundschuh: Kinonotizen. Kirche und Film, April 1982, Nr. 4. - Wolfram Knorr: Strandgut am Ufer des Lebens. Weltwoche v. 14. 4. 1982. - che. (Christoph Egger): »Die Sehnsucht der Veronika Voss«. Neue Zürcher Zeitung v. 20. 4. 1982. - Urs Jaeggi: Die Sehnsucht der Veronika Voss. Zoom-Filmberater v. 21. 4. 1982, Nr. 8.
Holl. (Ronald Holloway): Die Sehnsucht der Veronika Voss. Variety, Vol. 306, Nr. 4, 24. 2. 1982. - Richard Roud: Fassbinder's prizewinning use of light and dark. Sight and Sound, Vol. 51, Nr. 2, Frühjahr

1982. – Vincent Canby: Fassbinder's »Veronika Voss«. The New York Times v. 24.9. 1982. – Richard Corliss: Master without Masterpieces. Time v. 27.9. 1982. – Andrew Sarris: Acidity and amiability. The Village Voice v. 12.10. 1982 (zus. mit BOLWIESER). – David Ansen: Deutschland über alles. Newsweek v. 18.10. 1982 (zus. mit BOLWIESER). – Steve Jenkins: Die Sehnsucht der Veronika Voss (Veronika Voss). Monthly Film Bulletin, Nr. 588, Januar 1983. – Julian Petley: Veronika Voss. Films and Filming, Nr. 340, Januar 1983. – Gerry Marta: Veronika Voss. Films in Review, Februar 1983. – Die Kritiken v. Steven Jenkins, Gerry Marta und Andrew Sarris sind (mit weiteren Kritiken) nachgedr. in: Film Review Annual 1983. Englewood, NJ: Jerome S. Ozer 1984, S. 1294-1303.
Claude Baignères: La machine molle. Le Figaro v. 30.6. 1982. – C. G. (Colette Godard): Trop tard pour m'aimer. Le Monde v. 1.7. 1982. – Petrick Thevenon: Le miroir de Fassbinder. L'Express v. 2.7. 1982. – C. V. (Christian Viviani): Die Sehnsucht der Veronika Voss. Positif, Nr. 257-258, Juli-August 1982. – Louis Skorecki: L'amour tardif de l'actrice Veronika Voss. Cahiers du Cinéma, Nr. 339, September 1982. – Daniel Sauvaget: Le secret de Véronika Voss. La Revue du Cinéma/Image et Son, Nr. 375, September 1982. – Louis Audiberti, Jean-Pierre Royer: Le secret de Veronika Voss. Cinématographe, Nr. 80, Juli-August 1982. – Daniel Sauvaget: Le secret de Veronika Voss. La Revue du Cinéma/Image et Son, Nr. 375, September 1982. – Jacques Petat: Le secret de Veronika Voss. Cinéma, Nr. 285, September 1982.
Aufsätze: Felix Tretter: »Die Sehnsucht der Veronika Voss«: Ein Film zur Sucht oder für Cineasten? In: Hans J. Wulff (Hrsg.): Filmbeschreibungen. Münster: MAks 1985, S. 173-195. / E. Ann Kaplan: Fassbinder as Political Voyer: Lola and Veronika Voss. Social Policy, Vol. 14, Nr. 1, Sommer 1983. – Theodore Braun: The Helplessness of Immersion: Melodrama, »Vivre sa vie«, and »Veronika Voss«. Spectator (USC, Los Angeles), Vol. 8, Nr. 2, 1988. – Marsha Kinder: Ideological Parody in the New German Cinema: Reading »The State of Things«, »The Desire of Veronika Voss«, and »Germany, Pale Mother« as Postmodernist Rewritings of »The Searchers«, »Sunset Boulevard«, and »Blonde Venus«. Quarterly Review of Film and Video, Vol. 12, Nr. 1-2, Mai 1990.

QUERELLE
Drehbuch in: Querelle Filmbuch. Hrsg. von Dieter Schidor und Michael McLernon. München: Schirmer/Mosel 1982 (mit zahlreichen Abb.); engl.: Querelle The Film Book. Translated by Arthur S. Wensinger and Richard H. Wood. New York: Schirmer/Mosel and Grove Press 1983 (mit einem Vorwort von Andrew Sarris).
Material: Angelika Kaps: Verfremdende Künstlichkeit. Der Tages-

spiegel v. 21. 3. 1982 (Produktionsbericht). - Kurt Raab: Querelen um Querelle. Konkret, Juni 1982, Nr. 6. - Dieter Schidor: Rainer Werner Fassbinder dreht »Querelle«. München: Wilhelm Heyne 1982. Heyne-Buch 6090 (Entstehungsgeschichte/Die Dreharbeiten/ Die Stars/Nach Drehschluß; mit dem Text von Wolf Wondratschek zu *Der Bauer von Babylon*). - Querelle-Zyklus. Zeichnungen von Jürgen Draeger. Nach dem Roman »Querelle de Brest« von Jean Genet. Gewidmet Rainer Werner Fassbinder. Heidelberg: Edition Braus im Verlag Brausdruck 1982 (mit einem Interview von Bernd Lubowski; die Zeichnungen entstanden während der Dreharbeiten des Fassbinder-Films). - V. B. (Volker Baer): Zwei Dokumente einer letzten Arbeit. Der Tagesspiegel v. 17. 10. 1982 (über die Bücher v. Schidor). - Edwin Elliker: Totenmasken. Dokumentarisches Material zu Fassbinder und »Querelle«. Medien + Erziehung, (Februar) 1983, Nr. 1.
Interviews: Interview Dieter Schidor - Rainer Werner Fassbinder am 9. Juni 1982. In: Dieter Schidor: Rainer Werner Fassbinder dreht »Querelle«, S. 128-139; vorabgedr. in: Filmbeobachter, September 1982, Nr. 17. - (Interviews mit Jeanne Moreau:) Angelika Kaps: Filmen keine Harmlosigkeit. Der Tagesspiegel v. 11. 4. 1982. - Rüdiger von Naso: Jeanne Moreau. Frankfurter Allgemeine, Magazin v. 21. 5. 1982.
Kritiken: Ruprecht Skasa-Weiß: Der schöne Mord als rote Oper. Stuttgarter Zeitung v. 1. 9. 1982. - Michael Schwarze: Fassbinders »Querelle«: Favorit für den Goldenen Löwen. Frankfurter Allgemeine v. 2. 9. 1982. - Peter W. Jansen: Wenig Beifall für Fassbinder. Der Tagesspiegel v. 3. 9. 1982 (Venedig-Bericht). - Hellmuth Karasek: Fassbinder: Der Tote in Venedig. Der Spiegel v. 6. 9. 1982, Nr. 36; nachgedr. in: H. K.: Kulturkritik. Hamburg: Rasch und Röhring 1988, S. 139-142. - Wolf Donner: Requiem für einen Mörder. Tip (Berlin) v. 10. 9.-23. 9. 1982, Nr. 19. - Armgard Seegers: Fassbinder, Genet und die Ästhetik von Lust und Tod. Deutsches Allgemeines Sonntagsblatt v. 12. 9. 1982. - Wilhelm Roth: Ein tödliches Traum-Spiel in Orange und Blau. Volksblatt Berlin v. 15. 9. 1982. - Volker Baer: Ein warmes Licht, das frösteln macht. Der Tagesspiegel v. 17. 9. 1982. - Hans-Christoph Blumenberg: Garten der Lüste. Die Zeit v. 17. 9. 1982; nachgedr. in: H.-C. B.: Gegenschuß. Frankfurt am Main 1984. Fischer Taschenbuch 3692, S. 75-79. - Peter Buchka: Liebe ist kälter als der Tod. Süddeutsche Zeitung v. 17. 9. 1982. - Wolfram Schütte: Im Herz der Finsternis. Frankfurter Rundschau v. 17. 9. 1982. - Michael Schwarze: Liebe, kälter als der Tod. Frankfurter Allgemeine v. 17. 9. 1982; nachgedr. in: M. S.: Weihnachten ohne Fernsehen. Frankfurt am Main 1984. suhrkamp taschenbuch 1143, S. 79-82. - che. (Christoph Egger): Gefangen in einem verwickelten System. Neue Zürcher Zeitung v. 23. 9. 1982. - Robert Fischer: Querelle - Ein Pakt mit dem Teufel. Filmbeobachter, September 1982, Nr. 17; nachgedr. in: Lothar R. Just (Hrsg.): Das Filmjahr '82/83.

München: Filmland Presse 1983. - Hans Gerhold: Querelle - Ein Pakt mit dem Teufel. Film-Dienst v. 5. 10. 1982 (FD-Nr. 23654); eine revidierte Stellungnahme der Katholischen Filmkommission enthält: Film-Dienst v. 3. 11. 1982 (FD-Nr. 23707). - Bernhard Giger: Querelle. Zoom-Filmberater v. 6. 10. 1982, Nr. 19. - Jörg Bundschuh: Bewußtseinserweiternde Abenteuer; Michael Kötz: »Aus dem Himmel der sich vermählenden Ebenbilder«. Kirche und Film, Oktober 1982, Nr. 10. - Karsten Witte: Ballett der vergeblichen Gefühle. Hauptstadt! (Berlin), Nr. 2-3, (Oktober) 1982; nachgedr. in: K. W.: Im Kino. Frankfurt am Main 1985. Fischer Taschenbuch 4454. - Peter Kremski: Fassbinders letzter Film. Medien + Erziehung, (Dezember) 1982, Nr. 6. Mosk. (Gene Moskowitz): Querelle. Variety, Vol. 308, Nr. 5, 1. 9. 1982. - Vincent Canby: Fassbinder's Last. The New York Times v. 29. 4. 1983. - Andrew Sarris: Selective homophobia and other critical vices. The Village Voice v. 3. 5. 1983. - David Ansen: Fassbinder's lurid farewell. Newsweek v. 9. 5. 1983. - Joseph Hurley: Querelle: Films in Review, Vol. 34, Nr. 6, Juni-Juli 1983. - Ed Sikov: Querelle. Cineaste, Vol. 13, Nr. 1, September 1983. - Steve Jenkins: Querelle. Monthly Film Bulletin, Nr. 597, Oktober 1983. - David Shipman: Querelle. Films and Filming, Nr. 349, Oktober 1983. - Die Kritiken v. Joseph Hurley, Steve Jenkins, Andrew Sarris und Ed Sikov sind (mit weiteren Kritiken) nachgedr. in: Film Review Annual 1984. Englewood, NJ: Jerome S. Ozer o. J., S. 918-928.
Hervé Guibert: La braise du vitrail; Michel Cournot: Un roman très ouvert. Le Monde v. 2. 9. 1982. - Claude Arnaud: Querelle; Bertrand Philbert: Abscences répétées. Cinématographe, Nr. 81, September 1982. - Alain Carbonnier: Querelle. Cinéma, Nr. 285, September 1982. - Marcel Martin: Querelle. La Revue du Cinéma/Image et Son, Nr. 376, Oktober 1982. - Olivier Assayas: L'enfer de Brest. Cahiers du Cinéma, Nr. 340, Oktober 1982. - Milorad: »Querelle« au cinéma. Masques (Paris), Nr. 15, Herbst 1982. - Jean-Philippe Domecq: Paradis de la honte. Positif, Nr. 261, November 1982.
Aufsätze: Wilhelm Solms: Rainer Werner Fassbinders »Querelle«. In: Der neueste deutsche Film. Vorträge eines Symposiums. Marburg: Philipps-Universität 1985. Augen-Blick 1, S. 22-29. - Renate Fischetti: Querelle bei Fassbinder und Genet. In: Albrecht Schöne (Hrsg.): Kontroversen, alte und neue. Bd. 10. Tübingen: Niemeyer 1986, S. 330-338 (Beiträge zum VII. Internationalen Germanisten-Kongreß). - Hermann Barth: Erotisches Gespräch zwischen Männern. Redestrategien und ihre Vermittlung in Rainer Werner Fassbinders »Querelle« (1982). In: Klaus Kanzog (Hrsg.): Der erotische Diskurs. Filmische Zeichen und Argumente. München: Schaudig/Bauer/Ledig 1989. Diskurs Film 3, S. 71-91. / Christopher Sharett: The Last Stranger: »Querelle« and Cultural Simulation. Canadian Journal of Political and Social Theory, Vol. 13, Nr. 1-2, 1989.